看不见的契约

Learning Couples

"自我启发之父"阿德勒的婚姻课

[以] 齐薇特·艾布拉姆森◎著

美同◎译

北京联合出版公司
Beijing United Publishing Co.,Ltd.

图书在版编目（CIP）数据

看不见的契约 ／（以）齐薇特·艾布拉姆森著 ；美
同译 . — 北京 ：北京联合出版公司，2022.1
ISBN 978-7-5596-5749-7

Ⅰ．①看… Ⅱ．①齐… ②美… Ⅲ．①婚姻－家庭关
系－研究 Ⅳ．① C913.13

中国版本图书馆 CIP 数据核字 (2021) 第 235176 号

看不见的契约

著　　者：[以] 齐薇特·艾布拉姆森
译　　者：美　同
出 品 人：赵红仕
选题策划：北京天略图书有限公司
责任编辑：孙志文
特约编辑：高锦鑫
责任校对：郝　帅
装帧设计：朝圣设计

北京联合出版公司出版
（北京市西城区德外大街 83 号楼 9 层　　100088）
北京联合天畅文化传播公司发行
北京彩虹伟业印刷有限公司印刷　　新华书店经销
字数 344 千字　　889 毫米 ×1194 毫米　　1/16　　25 印张
2022 年 1 月第 1 版　　2022 年 1 月第 1 次印刷
ISBN 978-7-5596-5749-7
定价：60.00 元

前 言

这本书的来历

以色列全国发行的日报《新消息报》[①]有个类似"亲爱的艾比"[②]的情感专栏，我在那里回答了大约 5 年的读者来信。读者来信是原样刊登的，同时刊出的还有我的回复。

编辑雅艾尔（Yael）希望我能为来信寻求帮助的读者提供多个解决方案，而非只是一个。提出这一建议时，她并不知道，我的咨询工作其实源自阿德勒[③]的理论，后者的基本原则之一是：在任何情况下，人都拥有多种选择。所以，她并不知晓，她的建议对我来说有多么合适。

在这几年里，我的专栏收到了许多读者反馈。信中常说，他们喜欢我的思考过程、分析方法和结论建议，此外还学到了许多实用的行为原则。我总想告诉这些读者，那些话其实是阿德勒说的。

在他们的激发下，我想把我的回复解释得更细致、更深入一些。同时，我也想以明白易懂的方式介绍阿德勒的理论要点和我咨询背后

---

① 《新消息报》（*Yediot Aharonot*），以色列第一大报。——译者注

② "亲爱的艾比"（Dear Abby）是美国专栏作家阿比盖尔·范·布伦（Abigail Van Buren）于 1956 年开设的女性情感问答专栏，因读者来信多以"Dear Abby"开头而得名。——译者注

③ 阿尔弗雷德·阿德勒（Alfred Adler，1870-1937），奥地利精神病学家，心理治疗师，个体心理学创始人，人本主义心理学先驱。——译者注

的思考过程，好让普通人也能独立运用它们来改善自己的生活和人际关系。这就是我写这本书的初衷。

书里写了什么（以及没写什么）

这本书关注夫妻关系从建立，遭遇困难，直到解体（婚姻的结局之一）的整个过程，所以我选取的也是这方面的读者来信。

我也希望，这本书能帮助拥有伴侣的读者理解夫妻关系，解决所遭遇的困难，把日子过下去，过得更好，以及在必要时决定是否延续这一关系。我的设想是，夫妻俩会一起看这本书，在不同的章节里寻找熟悉的经历，就书中的内容展开讨论，并且在这些内容的帮助下获得更强大的武器来击碎阻碍我们实现美好婚姻的重重困难。

在书后的附录中，我将介绍阿德勒理论的核心概念。尽管它们不是正文，但是，在我看来，首先阅读这一部分，或是在阅读中时常查阅这部分内容的读者更能对书中提及的思考过程和行动建议达成深入而全面的理解。所以，我也使用了脚注来引导读者查阅附录中的相关内容，以便厘清概念和术语。

书中的读者来信是原样引用的，没有经过编辑，只是做了匿名化处理。

目 录

第2章 伴侣契约是可以改变的

如果伴侣契约失去平衡,那么伴侣中的一方或双方有朝一日要求做出改变和调整就几乎是必然会发生的事……在以下几种典型情形下,伴侣契约常常需要做出改变……

第3章 有时期待注定会落空

没有的,终究也不会有

没有人会主动"拿头撞墙",然而,在婚姻中,这样的人却比比皆是。为什么他们会乐此不疲,有时甚至一撞就是几十年呢?为什么他们总是认为那些从未发生过的变化会出现呢?因为他们不知道他们面对的是一堵墙。他们以为那是一扇门,总有一天会打开……

第4章　战　争
争斗、竞争和控制

为什么和谐相处如此困难？因为人特别缺乏以下两样东西：
伴侣相容力和自尊……好消息是，伴侣双方可以通过学习来掌握
和平解决问题的方法……

第 6 章　偷情与婚外恋

所有人都想得到伴侣的爱和欣赏，都想得知自己是重要的，是被对方所需要的。因此，最容易出轨的，是那些被伴侣熟视无睹、忽视和羞辱的人，也是那些不再能够从伴侣那里得到对方当初在伴侣契约中所承诺过的东西的人……

第 7 章　全部结束了吗？是的

夫妻离异可能会彻底毁掉一个人的生活，这是一场巨大的冲击。虽然，跟出轨一样，离婚也早已不是什么新鲜事，但这从来都不意味着它影响小，不重要……

附录：阿德勒理论的十大原则

第 *1* 章

伴侣契约

亲密关系发展的最初阶段是心理契约的形成。

如果你有伴侣，你们之间就存在一份这样的契约。

无形的伴侣契约

每一对伴侣（是的，所有的伴侣）之间都有一份伴侣契约。这不是那种有时在律师的指导下所签署的财产契约，而是一种心理契约。伴侣双方可能会了解其中的个别内容，但主要的部分他们并不知晓。

当未来的伴侣第一次见面，或者在他们刚开始交往时，他们会在不知不觉中签下一份无形的契约。这份契约中的条款详细规定，在未来的相处中，他们各自将付出什么，得到什么，以及责任将如何分配。与通常需要律师来协助签署和达成的书面契约不同，伴侣契约的形成来自伴侣双方在刚开始约会时所交换的各种或明显、或隐晦的语言或非语言信息。

由于伴侣契约没有体现为白纸黑字，所以自然会包含许多含混和误解。例如，双方各自"签署"的契约版本可能会稍有不同，一方版本中包含的某些条款或词句可能并不见于另一方的版本。例如，在我们随后会介绍的一个个案里（见第 56 页），K 女士所"签署"的契约版本中这样写道："我会努力承担日常生活的琐事。我不会抱怨，也不会要求得到任何特别的关注。"不过，这一条款的后面还附加了一项子条款："……除非我生病了。"可她的伴侣并不知晓这一点，所以没有提出异议，否则当初他可能就不会"签"下这份契约了。

我们经常犯这样的错误，想当然地认为，只要对方承诺给予，我们就能在**任何条件下**得到，并且永远如此。例如，有一项条款这样写道："女方承诺，无论事关过去的痛苦（你的苦难童年），还是此刻的不快，我都会认真倾听，同时奉上理解和支持。"但是，随后的子条款中却"写"明了例外情形："我会始终倾听你的心声，给你支持，条件是'不论做什么都要按照我的方式来做'。"或者，"……除非痛苦是由我造成的。"她的伴侣不知道这项子条款的存在，他的契约版本上只写着："你会始终倾听我的心声，给我支持。"可以看出，契约的大部分内容实际上只"签署"于某一方和自身之间，其中遗留了大量的隐患。下面的个案能帮助我们进一步理解这一点。

承诺中的隐含条件

伴侣双方"签署"的契约条款大多包含并未明确说明的信息。

人习惯于把原生家庭中的父母和兄弟姐妹投射到伴侣身上，并且期待伴侣能够以某个家庭成员特有的方式行事。然而，这么做却可能会让他做出错误的假设。例如，"我们见面时，你非常关心我的感受，我有什么愿望你都满足我，这让我想起了我的父亲。所以我猜（同时也写入伴侣契约当中），无论我选择工作、学习，还是跟我的女性朋友甚至男性朋友一同外出，你都会像我父亲那样对待我。"她不知道的是，她的伴侣在契约里是这样写的："你要什么我就给你什么，条件是你必须待在家里。"艾蒂·安克里（Etti Ankri）的一首歌[①]里就讲

[①] 即1990年发行的《你的眼神说明了一切》（*I Can See It In Your Eyes*）。——作者注

述过这种在承诺中包含隐含条件的伴侣契约：

"……你会给我一个家，给我温暖，

你会给我筑起墙，

你会给我装好灯，

这样我就有了光……

你会包容我，

原谅一切……

你会爱我，无人能及……"

条件是："我在镜子里照不到**自己**。"

歌词的含义是：男方会给她"一切"，除去自我实现，因为这一点不可能在男方为女方建造的高墙内实现。换句话说，男方给她宠爱，条件是后者的生活要始终处在前者的控制之下。

女方终于发现，**她的伴侣不是父亲**。如果女儿在其他人（包括男性朋友）的陪伴下玩得很开心，做父亲的会很高兴，但伴侣却可能会生气，也很容易因此而痛苦。我们也可以在纳森·奥尔特曼（Nathan Alterman）的一首诗中窥见这种体现了窒息之爱的伴侣契约：

"……你若想要饼或酒，

我就会猫腰出去，

卖了我的两只眼睛，

来给你饼和酒。

但如果你在朋友的聚会上笑，

我却不在你身边。

我无声的嫉妒就会蔓延，

然后烧掉你和你的房子。"①

―――――――――

① 选自 1971 年发表的《古代戏剧》（*Nigun Atik*）。——作者注

男方付出爱的条件清楚地呈现在这里，但这一条件通常并不存在于父女之间。

伴侣初次相见时，有的人会觉得对方像是自己的某位原生家庭成员（许多心理学理论都解释过这一现象）。然而，随着时间的推移，这其中的错误会表现得越来越明显。虽然某些行为能够让父母做出某种特别的反应，但同样的行为却可能使伴侣做出截然不同的反应。在童年时代，只要她哭，妈妈就会心软，进而做出让步。然而，现在，她的哭泣只会让丈夫更加封闭，更加疏远自己，甚至背过身去睡大觉！随着这种事情反复发生，两人各自都会逐渐看清与他们建立了亲密关系的另一半究竟是一个怎样的人，进而再去修正伴侣契约中的各种错误。

归属感与价值感

我们在前面提到过，与其他契约一样，伴侣契约里也包含一些重要的约定，例如双方各自付出什么，得到什么，哪些事能做，哪些事不能做，等等。所有这些条件都不是巧合。这份契约的本质是双方在不自觉中向对方"许诺"，以此来为对方提供归属感和价值感。①

每个人都有获得这种感觉的条件。② 根据对方的性格和行为方式，每个人都能在极短的时间内感觉到对方是否是那个能帮助自己达成这一条件的人。这就是我们选择另一个人作为伴侣并与之相爱的原因。

---

① 根据阿德勒的理论，获得归属感、价值感和意义感（以上词汇所指的都是同一种感受）是所有人都为之奋斗的目标，我们在生活中所做的一切都是为了达成这一目标。归属感是指我们在社会、工作、家庭和亲密关系里都拥有一席之地。关于归属感的更多信息见附录第七篇（归属感）。——作者注

② 早在童年早期，孩子就会形成一种"理论"，认为只有达成特定条件，他才能获得归属感、价值感和意义感。例如，只有成为众人关注的焦点，或是成为父母眼里的"好孩子"，或是所有人都听他使唤，他才能感受到自己的价值，才能觉得内心安宁。关于这一主题的更多信息见附录第八篇（生活风格）。——作者注

这些听起来很复杂，不过，我会在接下来的几页里做出解释，还会提供一些个案来予以说明。下面是几个简短的个案。

埃亚勒获得价值感的条件是，他是唯一的掌控者，一切要按照他的方式来。塔玛的条件是，她要活得轻松而舒适，她不想面对成年人要面对的那些事情，也不想做决定。她不反对他决定所有的事情。这样一来，她就满足了男方的条件。反过来，男方也默许她不去承担沉重的家庭责任。这也给了女方所需要的内在舒适。这就是他们之间的伴侣契约。

还有这样的个案。男方比较娇惯，长相俊俏，酷爱打扮，单纯可爱。在他看来，只有当人们喜欢他时，他才拥有价值。女方勤奋高效，工作努力，善于独立解决问题，不喜欢寻求帮助。她扮演关心、帮助和给予的角色。如果男方对她的牺牲和努力表示赞赏和感激，她就能够肯定自己的价值。男方愿意认可女方的努力（只要无需他自己付出努力），而女方则迷恋男方的魅力，并且乐于娇惯对方。虽然女方从内心深处认为男方在能力方面不如自己，但这一点似乎并没有对男方造成困扰。他们双方都获得了价值感，这种方式对他们来说是有效的。

问题是，当他不再满足于她的迷恋，而是想去打动更多人时，她就会陷入更加困难的境地。特别是在一个孩子生病，另一个孩子需要送去上芭蕾课，她还要去上班，保姆还没有赶到，同时他还去健身房的时候，她会更加分身乏术。生活有时会变得非常困难，有时还会难上加难，这就是他们为自己"签"下的契约所支付的代价。不过尽管如此，他们之间仍然是存在一份约定的。

好契约与坏契约

为什么亲密关系总是出问题？

亲密关系并非总会出问题，只是在双方订立了坏契约时会如此。

伴侣契约有好有坏。如果伴侣之间存在矛盾、愤怒和争吵，进而引发痛苦、失望和沮丧情绪，两人就必须去查看他们的契约。问题的根源就在契约的条文里。

责任不对等的契约都不是好契约，关系的破裂只是早晚的事。

鲁道夫·德雷克斯[①] 说："不平等的社会关系都不稳定，注定会走向冲突和失调。"伴侣关系就这样的典型。

好契约是这样的：

双方在付出努力、关心对方、欣赏对方、善待对方、拥有个人发展机会、承担责任、满足需要、展现真实自我，信任对方承诺等方面**全部平均分配**。

能够做到这一点的通常是这样的人：

· 他们的归属感相当坚实，不受他人影响，[②] 并且时常能够得到"社会兴趣"[③] 的滋养。例如，萨拉是一位成功的职业人士，拥有丰富的社交生活，回到家也是贤妻良母，她的归属感从不依赖于她的伴侣亚伯拉罕会怎么做。与此同时，阿亚拉从小娇生惯养，很早就结了婚，她相信丈夫戴维会保护她，会给她想要的一切，并且无需她付出努力。这时，她的归属感就要取决于戴维能够

① 鲁道夫·德雷克斯（Rudolf Dreikurs, 1897-1972），阿德勒的追随者和继承者。他不仅把阿德勒理论的原则和概念引入以色列，还通过他的课程和多本著作将它们传播到全世界。这些著作有《儿童：挑战》《婚姻：挑战》和《教师：挑战》。——作者注

② 人的归属感有时需要建立在他人的特定反应之上（例如关注、赞扬、服从，等等），有时也需要自身做出特定的行为（例如贡献、服务、成长、活跃、被他人所需要，等等）。——作者注

③ 社会兴趣（social interest）是人对以下事实的深刻感知，即，所有人都共同生活在同一个宇宙当中，他人不是敌人。他们知道，个人利益与社会利益是一回事。而且，只要身边有人在承受痛苦，他们的内心就无法平静。于是，社会兴趣会激发人去做出贡献，承担责任和展开合作。最能体现社会兴趣的领域是伴侣关系。关于这一主题的更多信息见附录第六篇（社会兴趣）。——作者注

在多大程度上履行他的伴侣契约了。

· 他们知道即便没有彼此也可以生活（他们不相互依赖），但他们想要彼此陪伴，因为这样感觉更好。

· 他们不竞争，他们合作。①

· 他们的问题主要产生自生活中的困难，而非来自两人的互动。② 不过只要伴侣关系出现问题，他们就会努力寻找问题的根源，然后在平等交流的基础上共同解决问题。③

坏契约的特征是缺乏平等。这样的契约会为将来埋下祸根，并且最终导致伴侣关系解体。

看清契约

契约中的部分内容是伴侣双方都知晓的，这些是公开谈论过的。例如，"你想要几个孩子？""我们将来住在哪儿？""我得先完成学业，然后才能开始赚钱。"等等。不过，契约中也有隐藏的内容。

---

① 根据阿德勒的理论，竞争视角是人与人难以相处的核心原因。努力"超越"他人的做法不利于关系的维持。这一视角所关注的不是建设美好生活，而是个人发展，以及没完没了地计算自己在设想的梯子上的位置。它是一种垂直视角的世界观。那些不关注竞争，而是关注如何达成共同目标的人是合作者。他们拥有的是水平视角的世界观。在他们看来，所有人都是平等的。关于竞争视角的更多信息见附录第三、四篇（垂直视角与水平视角）。——作者注

② 萨拉和亚伯拉罕忙着解决如何送孩子上学的问题。亚伯拉罕上班走得早，萨拉担心安全问题，所以不想让孩子们乘坐公共汽车。与此相对照的是，阿亚拉埋怨戴维不理解，不关心，不体谅她。——作者注

③ 每个人都真心尊重对方的感受和对事情的看法。每个人都认真倾听对方，并且真正付出努力去理解对方。面对问题，他们一起寻找能够同时满足双方需求的解决之道。找到这样的解决方案时，他们都不觉得自己做出过让步。关于这一主题的更多信息见附录第五篇（主观感知与客观事实）。——作者注

如果伴侣中的一方想在不询问对方的情况下知晓这些内容，他（她）就可以回想（如果是眼下正在发生的，那就注意观察）比方说早先约会时一起去某家餐馆时的情形。他们是如何决定去那里的？他有没有说："我要带你去……"或者是问她："你想去哪里？"还是她首先问他："我们接下来去哪里？"或者提议："我们去吃鱼吧，怎么样？"还是她直接决定："我们去吃鱼。"我们可以从所有这些互动中了解很多信息，例如做决定的是谁？具体做事的是谁？决定是如何做出的？谁倾向于取悦对方？谁比较被动？谁经常主动提议？等等。

契约是如何达成的
伴侣是如何选择的（两者实际上是一回事）

在一次聚会上，丹尼遇到了埃德娜。这场聚会比较拥挤，宾客很多，而自助餐远在房间的另一头。

丹尼："要不要喝点什么？"

埃德娜："嗯，麻烦你给我拿点果汁吧。"

丹尼："好！"

他穿过人群，找到一瓶橙汁，倒了一些在玻璃杯里，然后返回，同时尽力不让橙汁洒出来，最后把玻璃杯递给了她。

埃德娜："这是橙汁吗？我想喝西柚汁。"

丹尼："没问题，马上回来。"

于是，他又去了一次，这次端回的是一杯西柚汁。

埃德娜笑着说："你真好，谢谢！我不喜欢喝橙汁。"

那天晚上，他们一直说个不停，最后还决定约会。两人相爱了。

丹尼的归属感建立在取悦他人的基础上。如果别人对他满意，他的感觉就会很好。**取悦的前提是，他需要一位明确知道自己想要什么**

并且能把这一点清楚地表达出来的女性。如果在那场聚会上,有一位女性主动提议给他拿饮料,那么他肯定不会对她动心。别人为他付出努力会让他觉得不舒服(例如产生无价值感),因为他怕自己的需求会惹别人生气,让别人不高兴。而给埃德娜拿了西柚汁后,他则必定会获得价值感。**她能够被取悦**。如果换作另一位只有在得知"无论做什么事都不会得到赞赏"时才会产生价值感的男性,那么他爱上的就会是哪怕换了西柚汁(哪怕是鲜榨的)也仍旧高兴不起来的女性。

埃德娜的价值感建立在有人照顾她并且满足她所有愿望的基础上。在她小时候,他的父母很可能就是这样对待她的。为了让自己拥有价值感,她想要什么就必须得到什么,而这一条件需要她身边的人来帮她达成。丹尼通过他的行动向她保证,他会确保她能达成这样的条件(即获得归属感所需的条件)。他传达出的信息是一项承诺——任何障碍都不能阻止我满足你的愿望。

旁观者可能会误解,两人的关系存在某种不对称,一方幸福,另一方不幸福。这种看法是错误的,两人都是这段关系的受益者。诚然,随着时间的推移,事情会变得复杂起来,问题也会出现(因为他们的角色分配是不平等、不平衡的)。但就目前而言,他们之间仍然是存在一份契约的。

伴侣关系是主动选择的结果 [1]

有些人不知道这一点。在他们看来,爱上某人纯粹只是巧合。很多人都觉得,他们是在不知不觉中被拖进婚姻里的。也有人认为,这是父母或伴侣强迫的结果。然而,事实从来都不是这样的,它是人主动选择的结果。尽管促成这一选择的因素有很多,有些因素是我们知

---

[1] 这里并不包括父母主导的包办婚姻等强迫式婚姻,这里仅指两个人之间的自由婚姻。——作者注

道的，有些是我们不知道的，但我们总会在见过的人当中挑选我们想要的特定的人，把爱付出，这绝不是巧合。

这是怎么回事？我们做出选择的依据是什么？

我们已经谈到过，我们都想实现目标，都想拥有归属感和价值感，这是我们的内在驱动力。但是，我们实现这一结果的方式却各不相同。**我们选择的伴侣正是那个在我们看来能帮助我们实现价值感的人。**

在运用这一标准选择配偶之前，我们还会根据另一些标准来对他人进行初步的筛选。例如，我们倾向于选择拥有同样国籍、信仰同样宗教、经济状况相似的伴侣。不过，这些标准并不绝对，是否有利于我们实现价值感才是我们择偶的首要因素。

例如，如果一个人需要感受到自己很"特别"才能拥有价值感，那么他就可能会爱上在国籍、宗教信仰或受教育水平方面与自己不同的人，进而与对方形成"特别"的伴侣关系。如果一个人需要拥有优越感才能肯定自身的价值，那么他就可能会选择他认为在种族、宗教信仰或收入等方面比不上自己的配偶。

择偶的另一大依据是**对方是否具有自身所缺乏的某种特质**。每个孩子生来都具有向诸多方向发展的潜力。在无穷无尽的可能性当中，我们都会逐渐形成包含特定能力和典型行为方式（性格）在内的特定生活风格，而其余的可能性最终都会消失。这就如同，每个新生儿都拥有学会任何语言和口音的潜力，但最终也只能掌握极少数的语言和口音。在个性方面，儿童通常会形成不同于其兄弟姐妹的特质，从而使他免于与他们竞争。①

例如，如果有这么一个孩子，他的哥哥很会做家务，常受父母夸奖，那么他就不会选择在这一方面跟他哥哥竞争，他甚至连一点家务都不会去做（他对第二名完全不感兴趣），而是在哥哥不大擅长的社交方面发展，进而在此方面胜过他的哥哥。成长为一个善于社交的人之后，他的身边就会聚拢一些擅长打理家务的人。等他长大后，他也会寻找

---

① 为了理解为什么我们会与我们的兄弟姐妹和其他人竞争，我建议你阅读附录理论部分中与竞争有关的内容，即第三篇（垂直视角）。——作者注

善于持家、然而在社交场合却可能羞赧拘谨的伴侣。结为夫妻后，他会承担起家庭对外联络的责任。换句话说，他选择了一位既拥有他所缺乏的特质，同时又缺乏他所拥有的特质的伴侣。

对他来说，这么做的结果是好的，原因如下：首先，家务是必须有人来承担的。我们未能具备的许多能力和特质仍然是生活所不可或缺的，所以我们需要有人来为我们填补短板。如果我们不善言辞（例如，当我们出生时，我们的姐姐已经伶牙俐齿，能言善辩），我们有时就需要有人来为我们说话。如果我们动手能力较差，我们就需要有人来为我们打理生活。正如上面那个例子，弟弟根本不跟哥哥比家务，所以他也不会介意妻子善于持家。另一方面，在他所擅长的社交领域，他相对于妻子的位置也非常安全，因为他们根本就不会在这一点上产生竞争。

最后一个因素能解释一种常见的说法，即人们会选择与自己互补的人结伴，以此来获得完整的自己。随着伴侣之间竞争减少，他们会倾向于放弃对优势领域的绝对掌控，进而通过相互学习来取长补短。如果伴侣之间存在明显的竞争关系，以上局面就不会出现。例如，约瑟夫会对玛丽说："你连支票都不会填，为什么还要来掺和家里跟银行和金融有关的事？"而她则会说："你最好不要进我的厨房，除了瞎捣乱，一点忙也帮不上。"如若换作非竞争性的伴侣关系，她就会想要了解家里的经济状况，而他也会欣然应允，同时帮她答疑解惑，进而使她能够在需要时充当帮手。而当他偶尔想要一展厨艺，或者当她需要他做饭时，她也能高兴地看到有人能帮她分担做饭的重担。

在择偶过程的最后，双方会"签"下一份心理契约。这份契约规定了双方各自需要给予什么（这里不是传统意义上的给予，例如埃德娜给予丹尼取悦她的机会）以及将会得到什么。以下是一些常见的伴侣契约。这些读者来信（以及我的回复）的个案都是一些出了问题的例子。它们都是双方缺乏归属感的契约，也都是缺乏相互尊重的不平衡的契约。我们可以从中一窥这些契约所产生的负面影响。

一方比另一方更重要？
双方都以各自的方式为家庭出力，并且每一份努力都有意义

外人通常看不出的是，有些伴侣会感受到，他们当中有一方地位高，同时另一方地位低。这一感受的依据可能是一方"家世显赫"，另一方"背景普通"；可能是一方挣钱多，另一方挣钱少；可能是一方长相出众，另一方相貌平平；也可能是一方来自"上等种族"，而另一方不是；等等。在所有这些个案当中，伴侣双方所形成的契约都很糟糕，都为日后的不和埋下了隐患。正如 A 女士信中所述：

我们结婚五年了，有三个孩子。我的丈夫是个好人，顾家，忙里忙外，有爱心，尽职尽责。那么问题出在哪里呢？早在我们约会的时候，我就觉得他有一种强烈的、超过正常限度的嫉妒心。即使在那时（跟现在一样），他这么做也没有让我感到高兴，但我也没有想太多。他总是一副缺乏信任、疑神疑鬼的样子。在家里，他总是寻找另一个男人出没的蛛丝马迹。比如他看到水槽里有两个杯子，他就会开始四处搜罗线索。即使在我怀孕 9 个月的时候，他也仍旧暗示我在和别的男人交往。我是一名独立又自信的女性，有积蓄，有房子，有稳定的工作。我知道他的嫉妒源自不安全感，害怕失去我。但是，这些年来，他的这一点已经开始让我感到不安。我不再回答他的"审问"，而且我对他越冷淡，他就越没有安全感。实际上，我觉得他已经完全不正常了。

除了这个问题之外，他不思进取这件事也让我十分苦恼，他不愿意做任何努力，只是原地踏步。这让我小瞧他，鄙视他，对他气不打一处来。也许我已经没有回头路，而他也没办法改变了？可他不思上进是他自己的选择，我可不想让他拖我后腿！不管做什么事，我都会感到压力重重，生怕他胡思乱想。可是想到孩子们那么爱他，我就不知道该怎么办了。

我给她回信：

如果你认为，尽管某个人具有某些负面特质（对你丈夫来说就是嫉妒），但你还是和他结了婚，那么事实通常完全不是这样。所有的行为特质都有其优点和缺点，或者换句话说，都有收益和成本，无一例外。但遗憾的是，我们更容易意识到的往往是成本，而非收益（如果我们知道怎样认识其中的收益，我们的生活就会变得更加快乐和惬意）。

你为自己挑选了一个有嫉妒心的好人，与此同时，你也选择了一个能让你拥有稳固地位的人。他出于"害怕失去你"而频繁心生醋意（如你所写），这等于是在向你保证他不会离你而去，他在乎你，因为你对他很重要。这是一种非常好的感觉，你能从中获得安全感。伴侣一方的不安全感，换到另一方反而是安全感的增强。不过总的来说，你也并非仅仅因为这一优越感才嫁给他。你挣钱养家，房子是你的，你也有稳定的工作。看样子你根本不需要他，而他不仅过去需要你，现在也需要你，甚至可以说依赖你。我用"看样子"这几个字，是因为你当然也需要他所给予你的东西——爱、忠诚和奉献。实际上，你们之间的交易是公平的，任何婚姻契约都是如此，因为如果不公平的话，婚姻本身就不会建立。但是，你们两人都不了解这笔交易的全部细节，于是在你们主观看来，你都是"高高在上"，而他只是一个快要疯掉的唠叨鬼，没了你就惶惶不可终日。

这样时间久了，常见的结果就会发生在你身上。你于是越来越觉得，你为你自以为的优越感付出了太多的代价。我说"自以为"是因为，谁能说"爱、忠诚和奉献"一定比不上追求个人发展？很多人的观点还恰恰相反呢，只是他们也拿不出什么证据。难道不是每种品质和行为都有其价值，而问题仅在于此刻什么适合你，什么不适合你吗？

于是，你继续觉得自己高人一等，你成长，你独立，你有知识，而你丈夫的担忧也"开始让你感到不安"。毫无疑问，你所描述的情形是非常令人不快的。可另一方面，跟这个三个小孩所深爱的父亲、这个尽职尽责的居家男人生活也有积极的一面。而且即便对孩子们来讲，父亲无微不至地关爱他们，母亲独立又上进，这样的平衡也好处多多。这样的组合能满足孩子们更加丰富的需求，也能让他们体会到非常不同的行为模式。这样当他们长大后，他们就能选择最适合自己的行为模式。

在目前的情况下，你丈夫从你这里得到的信息是，你对他的嫉妒行为越来越受不了，你对他的认可和期待也越来越少。这样一来，问题只会持续升级。显然，这一信息令他的自尊降低到了前所未有的水平，这反过来又让他更加担心你会离开他，导致他的焦虑进一步加重。结果是，他对你的嫉妒只会更加强烈，而这又会让你更加厌恶他，如此恶性循环。

那么，你能怎么做呢？

你可以离开他。如果你不再需要他的爱、忠诚和奉献（这些都是你在来信中所提到的关于他的特质），也不需要他平时照料孩子，你就可以遗憾地告诉他，你想与他分开生活。这样就不会有人来怀疑、审问和唠叨你了。这样一来，不论你的丈夫是否选择与其他女性结婚，他也很可能不会再像原来那样紧张兮兮了（有时你会发现，害怕的事情发生了，结果却可能会是一种解脱，因为就算如此也往往比整天生活在恐惧里强）。

另一方面，你也可以选择忽视他，贬低他，羞辱他，在做自己的事情时完全不去考虑他，尽可能地远离他，好像他不存在。这么做会进一步加重他的痛苦和无助感，直到他某一天突然发现，其实他也很重要，他值得拥有比你所给予他的更好的对待，进而离开你去为自己营造更有尊严的生活。

还有一种可能。你可以把他当作你的朋友，主动去理解他的痛苦和担忧，并且想方设法让他的感觉好起来，让他感受到，也让他知道，他对你和你们的孩子非常重要。你可以让他认识到他对整个家庭的贡献，让他知道，尽管他做出的贡献与你不同，但同样重要且不可缺少。你可以跟他一起讨论你想做的事情，可以跟他分享你的工作经验（或者任何你认为能让人"进步"的东西），也可以通过各种方式告诉他，他的担心完全没有必要，你想要的是个人发展的自由，而非性或爱的自由。这么做可能会让你的丈夫知晓，你不仅感谢他，爱他，同时你也需要他，进而让他认识到，他对失去你的担忧有些过度了。所有这些做法都能提升他的自尊，缓解嫉妒心理，进而改变前述的恶性循环。但是，这么做的代价是，你会失去优越感。我的直觉告诉我，这对你来说并不容易接受。

最重要的是，不管你决定怎么做，你都决不能让孩子们感受到你不尊重他们的父亲。

A女士选择了一位爱孩子又顾家的人作为伴侣。她主观认定丈夫不如自己。她认为自己"独立，自尊，经济条件好，拥有稳定工作，还比他有学问"。所有这些都是她的主观感受，她认为自己比丈夫强，于是她不尊重他，看不起他。这样的伴侣契约是严重失衡的。

A女士选择了一位她看不起的配偶，这并不是巧合。其一，她希望获得自己很重要的感觉（她需要优越感才能感到自己很重要）。其二，她的丈夫具备她所缺乏的特质。

她犯了以下两个错误：

首先，有人会把找到"忠诚、奉献、有爱心……并且很受孩子喜欢"的男性（比如A女士的丈夫）等同于婚姻成功和幸福。很多人都会这么看。

其次，有人可能会对她说："没必要为了获得自己很重要的感觉而去选择你觉得不如自己的伴侣。你是有价值的，即便你的伴侣是你所欣赏的人，是跟你一样值得尊重的人，你的价值也不会遭受丝毫减损。"在垂直视角看来，你需要在比较中胜出才能拥有归属感。你可以把垂直视角转换为水平视角，把你们看作各自都在做自己喜欢的事的"平等的个体"。一人专注于家庭，另一人在外面打拼。每个人都贡献自己的一份力量，进而集合为一个家庭，后者的存在得自双方的贡献。

显然，丈夫也感受到了他与妻子之间的"阶层差异"和妻子对他的轻蔑。有人或许认为，丈夫也要对这一情形负责，他自认没有价值，所以才通过奉献和爱来在家中获取一席之地。但是，这么做还不够。跟他的妻子一样，他也觉得自己配不上她，所以他认为自己注定将是被抛弃的那一方。为了确保这种事不会发生，他便想方设法去控制她。这就是他嫉妒的原因。我们"制造"出自身所需的情绪（嫉妒），以此来激发行动，这样我们才可能逐步接近我们的目标。妒火吞噬了他，让他痛苦万分。与此同时，嫉妒也为他提供了反复尝试控制对方的借口。在他看来，嫉妒使他有权"审问"妻子，并且要求她汇报自己的一举一动。

这样的安排可能暂时奏效。但是，终有一天，他的伴侣会无法忍受，她会怀疑这笔交易是否值得，一如上面个案中的 A 女士。她问自己是否还想继续承受丈夫没完没了的限制和骚扰，而继续从丈夫的恐惧中"获取"价值感又是否"值得"。她知道她已经厌倦了丈夫的束缚，但她并不知道，与此同时，她也在这当中获取鼓励（"既然他如此害怕失去我，那么我一定很重要"）。

由于从一开始，他们之间的契约就严重失衡，所以如今只能陷入僵局。要想获得和谐的生活，双方就必须相互尊重。

在下面的个案中，虽然伴侣契约中的不平等表现形式不同，但其中同样缺乏相互尊重，因此他们的生活也不会安宁幸福。

美女野兽二人组的奥秘
为什么美女会与野兽相伴？

有些夫妻给人的印象是，他们当中似乎一个人很优秀，而另一个人却很糟糕。例如，一个善良、热情、友善的男人却娶了一个吝啬、刻薄的女人。一个风度翩翩的男人却娶了一个没有教养、脾气暴躁、整天阴沉着一张脸的女人。一位乐于助人的优雅女性，却嫁给了一个既是酒鬼又是赌徒的恶棍。还有下面的个案里，一个温柔又勤劳的天使般的女人，却嫁给了一个粗鲁又专横的懒汉。在所有这些情形中，人们都会从旁观瞧，同时一边点头，一边议论纷纷："他怎么跟个母夜叉生活在一起？"又或者："她怎么能受得了这样的渣男？"

问题是，事情从来都不是我们看上去的那样。隐藏在这些夫妻背后的真相往往是另一番模样。"坏"的一方往往因为无法给他人留下正确印象而无辜遭受痛苦，而"好"的一方却很可能只是"玩弄心态的高手"，除此之外乏善可陈。他们总是用自己的"出色"来羞辱配偶。

我想用下面的例子来鼓励那些被伴侣羞辱、同时又被其他人所误解的"坏"人。我想向他们传达这样的信息——你们跟配偶一样好，也跟他们一样坏，其他人也是如此。而对于那些"优秀"的人，我想说的是：停止你们的羞辱。不要再从对方配不上你的错觉中获取自尊。你若想跟对方一起生活，你就要尊重他们，然后寻找别的方式来提升你的价值感。

我怎么也想不通，所以给您写这封信。我说的是一对普通的夫妻，他们都没有躯体或精神疾病，所以他们的问题应该是可以解决的！

妻子是一个温柔、顺从、宽容、聪明、勤奋的人，无论在家里还是家外都是如此。她的几个孩子非常优秀，都接受了很好的教育，这全都得自于她对他们的倾力付出，她甚至不惜以牺牲自己为代价。

考虑到她的生活状况，我认为她的家庭经营得非常成功！

丈夫是一个傲慢自大、脾气暴躁、整天怒气冲冲、懒惰、不去工作、自以为是、喜欢发号施令、怨天尤人的人。可是，他对孩子的担心却又到了一种极端和病态的程度，他甚至限制他们的自由。

不过他不酗酒，也没有暴力倾向。

结果是，他们的孩子情绪低落、伤心沮丧，两人整天大吵大闹，搅得邻居都不得安宁，没有人愿意与他们做朋友！是什么原因让这样的女人继续跟那样的男人生活呢？为什么她不把他一脚踢开？为什么她不为自己考虑，让他得到他应得的结果呢？她在害怕什么？

我实在想不通，没准您能帮我解开这一困惑。

一个百思不得其解的人 [1]

我在回信中写道：

对于这位妻子的情形，我也没有现成的答案。想知道这一点的话，我们得"打电话问她"。如果她也不知道这是怎么回事，我们就可以帮助她找到答案。我只能提出一些方向性的思考。接下来，我会先谈谈你信中的一些相互矛盾的叙述。

- 如果一个女人是"温柔、顺从"的，那么就不会发生"两人整天大吵大闹，搅得邻居都不得安宁"的事情。如果她顺从（这是一项优点吗？），她就会听从丈夫，接受他本来的样子，赞同他的愿望和想法。如果他们每天都吵架，那就意味着她确实并不怎么顺从。
- 她养育的孩子可能"非常优秀，都接受了很好的教育"，但他们同时也可能是"情绪低落、伤心沮丧"的。你不能说她只培养了这些孩子的一部分个性，而他则培养了其余的部分。孩子身上的一切都取决于父母双方和他们之间的关系，而夫妻关系当然也要由双方来共同负责。孩子情绪低落，妻子对此所应当承担的责任一点都不比她的丈夫少。
- 妻子对孩子们"倾力付出"是很好的，但是一旦达到"以牺牲自己为代价"的程度，这种做法就有害了，无论对孩子还是对她来说都是如此。在家庭关系中做出牺牲是有害的做法，所有的家庭成员最终都会为此而支付代价。

对于你的问题，我想说的是，如果一个人选择保持婚姻关系，那

---

[1] 来信者的身份不明。——作者注

就意味着这一关系适合他，并且能让他从中获得某种东西，哪怕这一点只发生在潜意识层面。人能从伴侣关系中获得什么与能够给予他们重要感的具体条件密切相关。总有一些情形能让他们获得重要感。例如，有些人只有在自己是最强大（或者最聪明、最公正、最有知识）的那一个时才会感到自己很重要，这里的具体条件有无数种可能性，但它们大多与"超越所有人"，或者至少也要"超越一部分人"有关。

当然，在主张人人平等的人眼里，所有这些条件都建立在错误的假设之上。似乎只有在特定的条件下，人才拥有价值。但事实上，你总是有价值的，不论遇到什么情形都是如此。只要你存在，你在人类社会中就拥有一席之地。

我们来继续讨论你在信中所描述的那对夫妇。妻子获得重要感的条件似乎是出色、积极和奉献。在她无时无刻不在与"糟糕"丈夫的比较中，这一重要感被反复强化。谁都看得出，她要比他强得多，工作更努力，更有牺牲精神，更温柔，更爱孩子。事实上，她不会放过任何一个机会去从他的身上掠夺价值感。而另一方面，丈夫却似乎是那个时常在家里遭受羞辱的人。所有人（包括丈夫、妻子、孩子、邻居和亲戚）都知道他有多么糟糕，他们都有你在来信中提及的同样的疑问：这么优秀的女人为什么会跟这么差劲的男人一起生活呢？丈夫的自尊似乎非常不足，于是他想方设法去管孩子和妻子的事情，想显示自己的能力，以此来提升他在自己和别人眼中的价值。然而，他没有成功。他的妻子正在以压倒性的优势赢得这场战斗。你在信中说他是"怨天尤人的人"，可这一描述也完全适用于他的妻子。看起来，丈夫要为她所有的麻烦和问题，以及孩子的所有问题负责，而她却无须担负任何责任。

当然，所有这一切都是非常悲哀的。当家庭中的荣誉和尊重分配失衡时，情况就往往会是这般模样。因此，只要有人在"谁更……"的竞争中获胜，夫妻关系就会遭受损害，他们的孩子也会为此而支付代价。

你问她为何不结束这段婚姻。我建议所有人（我不知道你是丈夫、妻子，还是单身者）都不要忘记，他也可以结束这段婚姻，去营造另一段不只他尊重对方，对方也尊重他，他不仅得到批评，也得到鼓励的婚姻。为什么？因为形势对他来说很不利，非常不利！（其实对她来说也没什么两样）。事实上，如果最终是他提出离婚，我也不会感到惊讶。你在信中没有写清楚他从这段婚姻中得到了什么，以及是什么让他仍旧守候在这段关系里。不管怎样，除非双方都能醒悟过来并去寻求专业的帮助，否则他们的关系不会得到改善。那些真心想要帮助他们的人应该尽力去鼓励他们这样做。

每个人都有获取重要感的特定条件，这一条件几乎总是与跟别人比较联系在一起，如果一个人不理解这一点，那么他就无法理解这样的伴侣关系。这样一个善良温柔的女人竟然跟一个如此差劲的男人生活在一起，这似乎确实让人难以理解！但事实上，这种可以被称作"好配赖"的夫妻关系并不鲜见。而且无一例外，他们当中的一方都会通过某种方式从自身和伴侣的行为和互惠中获取归属感。

不用说，这是一份非常糟糕的契约，其代价十分高昂。它剥夺了夫妻双方和孩子本应在生活中享受到的安宁和幸福。丈夫想要证明自己的价值，于是他"发号施令"，拼命想要影响他的妻子和孩子。然而，迎接他的却是来自妻子和她的仰慕者们的无休无止的讽刺和羞辱。显然，他所感受到的羞辱越重，他就越想去施加影响，越想竭力表现出在他看来能够兑换重要感的特定特质。然而，他这么做反而招致了更加猛烈的批评和羞辱。

在日复一日确保自己"出色"的过程中，妻子也付出了高昂的代价。首先，她的生活缺乏爱与柔情。其次，她的丈夫始终不断质疑她的"出色"，想要把她从她死不让位的神坛上拉下来。于是，这份契约最终陷入了僵局。

很多夫妻都生活在优越感和羞辱的地狱里，因为在他们眼里，只有一方值得尊重。下面是另一个这样的例子。

你是垃圾，我是金子
我要从与你的比较中获取重要感

"别理他，他能知道些什么？"

"她应该去上大学？就她那榆木疙瘩脑袋……"

"就凭他挣的那点钱，我们怎么能负担得起……"

有时，伴侣契约中会包含大量批评、轻蔑和羞辱。在这种情况下，你会时常听到其中一方或双方对对方的反对、诋毁和毫不留情的贬损，使得外人经常会在他们背后窃窃私语："他是怎么说她的？"或者，"她跟他那么说话，他对此怎么想？"这种契约的当事双方通常是自尊心极低的人，他们需要一个无论在家还是在公共场合都能随便羞辱的配偶，以此来为自己制造一丁点可怜的价值感，同时从外界获取尊重。

请看下面这个例子：

"我，伊塔马尔·雅各比，40岁，在这里郑重宣告，我突然发现，我生来就是为了享受。今晚，我要去斩断我跟好友雷弹头的友谊。我不会再去找他喝茶，我也不会再跟他玩牌了。我要伤害他，刺痛他；我要抛弃我们的友谊，让他孤零零一个人，这样他就会明白他的地位有多低，以及我的地位有多高。我要伤害他，刺痛他。我要刺痛他，伤害他。我会热烈祝贺我的成功，同时亲切地亲吻自己——我是伊塔马尔·雅各比。"[1]

通常，遭受羞辱的一方也会以自己的方式，用蔑视来反击对方。这一反击的表现形式不同、也不是那么直接，但威力却一点也不小。在这样的个案中，人与人之间的关系十分不堪。看到、听到这些事后，你就会忍不住问自己——这是人过的生活吗？人结婚难道就是为了这个？

---

[1] 节选自以色列戏剧大师汉诺赫·列文（Hanoch Levin）的经典喜剧作品《雅各比和雷弹头》（*Ja'acobi & Leidental*）。——作者注

如同 B 女士在原本写给丈夫的信中所写的那样：

我们在一起生活了近 30 年，养育了几个可爱的孩子，经历过离婚、复婚，以及没完没了的财务、个人、家庭和婚姻危机，我给您寄的这封信原本是写给我丈夫的，但是，我一直没有勇气寄给他。

为什么我一直紧抓着你不放手？

毕竟，我曾经多少次为你、为你的行为举止和粗俗言语而感到羞耻。过去，每当我带你去见我的朋友之前，我都会确保你已经剪了头发，确保我已经给你买了合适的衣服，同时还要预先警告你，"别让我难堪。""不要说这个或那个。"等等。

我经常在我的家人、朋友、同事、邻居和咱们的孩子面前说你的坏话。我跟所有人抱怨你的粗鲁、你的暴躁、你的狂怒、你寒酸的收入、你卑微的工作（晚上、周末和假期都无法休息），你是多么糟糕的养家者、你的经济状况如何糟糕、你如何情绪低落、你如何不负责任，以及我必须独自承担养家糊口和抚养孩子的重压。我讨厌与你有关的一切，我讨厌，批评和贬低你的餐馆（对你来说是整个世界）、你的朋友、你的爱好、你的工作、你的员工和你的家人。

我不允许你靠近我们的孩子，没有我在场，你甚至都不能和他们说话。我一个人参加他们的聚会、家长会和学校组织的旅行。我自豪地宣布，并且确保所有人都能听到：我是一位多么伟大的母亲，而你却把所有时间都花在工作上，完全不管孩子。

近来，你一直尝试想跟家人亲近，想花更多时间陪伴家人，我想了很多办法来阻止你这么做。

我细心地打理家务，照顾孩子和我自己，这样一来，当你工作 16 个小时后回家睡觉时，你就会发现你错过了什么。你花在工作上的时间越来越长。你一周工作 7 天，没有周末，没有节假日，什么都没有。另外，你也没有稳定的薪水。只有无数次要求、恳求和哀求之后，你才肯给钱。但是我绝不会可怜你。

我给她回信：

你的来信让我想起两则笑话。在第一则笑话里，有人遇到朋友并对他说：

"恭喜我吧，我结婚了。"

"恭喜你！"朋友说，"你妻子怎么样？她漂亮吗？"

"丑死了。"这人回答。

"那她肯定是个好主妇了？"

"好什么好！家里乱得一团糟！到处都是灰尘！你看了都怀疑人生！"

"那她应该做饭厉害吧？"朋友一脸迷惑地问。

"她做的饭难吃死了！"

"那是……她心地善良？"朋友问。

"她那么狠毒的人，你肯定没见过。"

"那，那你为什么要娶她呢？"朋友问，他再也按捺不住自己的好奇了。

"你知道吗？"这人难过地回答，"这是口味问题。我，说心里话，并**不喜欢**她。"

我想说的是，我有种感觉，你个人而言并**不喜欢**你丈夫……

读你的信时（你的信并不可笑），我还想起另一则笑话。笑话来自伍迪·艾伦[1]，写的是养老院里有两个老人在抱怨食物。"太淡了，色、香、味一个都没有，真是难吃得要命！"一位老人说。

"而且还不够吃。"另一位老人接过话茬说。

听你的描述，你的丈夫简直糟透了，我怎么也想不明白，你为什么会嫌弃他在外面待那么久，你应该高兴还来不及呀。谁会喜欢大口吃馊饭呢？原因只能是馊饭里有那人想要的东西。你觉得你丈夫满足了你的哪一种欲望——以至于你跟他离婚后又复婚？

是不是对你来说，由于你知道你比他强，所以他就成了你获取满足感的无尽源泉？我的意思是，你的自尊可能不够强大。一个人自尊

---

[1] 伍迪·艾伦（Woody Allen），美国导演、编剧、演员。——译者注

不够强时，他就可能会通过以下两种方式之一来提升自尊，其一是努力成为一个有用的人，无论做什么事都竭尽全力获取成功，以此来提升自尊；其二是跟他认为不如自己的人待在一起，在比较中获得自尊。

在《充斥时间的记忆》（The Pure Element of Time）一书里，作者哈伊姆·毕厄（Haim Beer）提到这样一个家庭。家里的女主人总是对儿子或明确或隐晦地说父亲的坏话，导致儿子无法与父亲建立积极的关系，进而无法认可他的各种特质。你的孩子们懂得认可他们辛勤劳作的父亲吗（显然，他去工作是为了整个家庭）？你的丈夫花在工作上的时间越来越长，想尽办法不回家，这一点也不奇怪。谁会愿意去一个他们会遭受鄙视，会被别人当作耻辱，会反复被提醒他们有多么糟糕和无用的地方？你又做了哪些努力来使他愿意在周末回到家中？就目前的情况看，即便他有一天完全不回家，我也不会感到惊讶。

你为什么对自己如此刻薄，要生活在这种永无尽头的厌恶和仇恨当中？现在，他正试图接近这个家。你真的一定要去制造阻碍吗？如果是这样，那你为什么还要跟他在一起？现在不正是停止让生活再这样继续下去的时机吗？

但是，我不该给你提建议。你不是在寻求建议，而是在寻找同情、怜悯和钦佩——而且你已经得到它们了，不知道你觉得它们有没有用。我觉得它们没用，而且我也忍不住为你丈夫感到难过。

训练有素的读者知道，这里的关键信息是，"我跟所有人谈论（他的一长串缺点）……以及我必须独自承担养家糊口和抚养孩子的重任。"来信者是想通过与她的丈夫生活在一起，并且嫁给他两次来**证明自己的价值**。她的意图并不坏，也说不上卑鄙，但她需要不断证明自己是有价值的、值得钦佩的，只因她自己并不认可这一点。如果她跟她仰慕的人生活在一起，她就会感受到自己的自卑和无用。于是在第二次婚姻当中，她没有嫁给这样的人，而是再次嫁给了先前的丈夫。

很明显，这是一份双方都不满意的坏契约。尽管我们不知道丈夫是如何从中获得价值感或归属感的，但毫无疑问的是，他也不快乐。

　　这世上到处是喜欢贬低、羞辱、伤害、批评和诽谤他人的人，这只是因为，他们被自卑感所困扰，于是他们通过这样的方式来让自己产生某种短暂的错觉——我是有价值的。如果我们能给予他们某种形式的鼓励，[①]让他们感受到自身的价值，他们就不再需要去与"更糟糕"的人比较。这样一来，他们的行为方式就会发生改变。能够肯定自身价值的人是有归属感的人，在他们眼里，别人都是同行者，都是手挽手的兄弟（兄弟间无需对抗）。

　　单是攀比和竞争的需要就足以使人绞尽脑汁贬低对手。相反，在竞技体育领域，所有运动员都会聚精会神提高自身水平，以此来超越对手，而不是想方设法去贬低对方。这是一种危害较小的竞争形式。在现实生活的竞争中，人可能也会投入同样多的精力去奋发向上，或者通过贬低他人来超越对手。对于那些不相信自己有能力凭借优点、特长或他们看重的各种特质来赢得胜利的人来说，第二种方式更为常见。

　　问题是，从长远来看，贬低他人的做法并不会产生任何价值，即使对其自身来说也是如此。这种做法是无底洞，它无法真正给人归属感，也永远无法让人获得内心的宁静。由贬低他人所产生的价值感从来都不是稳定的，要想维持这种价值感，比较就得没完没了地进行下去。

　　所有人都想拥有良好的伴侣关系。我们都需要友谊和亲密感，需要有人关心我们，关心发生在我们身上的事情，或者在我们遇到麻烦时为我们担心。然而，当我们与他人竞争时，当我们全心关注自己的价值时，这些就全部离我们而去了。你总不能说，"让我把你踩在脚下，批评你，羞辱你，但是，你还要爱我，善待我，关心我。"这些根本就是水火不容的事。朋友之间必须平等相待，相互尊重。

　　当然，这一点不仅体现在伴侣关系当中，同时也体现在所有人际关系当中。因此，如果有人询问竞争有什么错，以上就是回答之一。

---

　　①　在阿德勒的理论当中，"鼓励"一词的内涵相当宽泛。任何有助于提升人的价值感的事都属于鼓励。它可以表现为多种形式，例如倾听、赞赏（前提是听者认为这一赞赏是真诚的）、向对方发出邀请和向对方寻求帮助，等等。在从鼓励中获得勇气和自我认可的同时，人甚至会忘掉自卑感。——作者注

救世主与"没有他就无法生活的人"
人无法（也不应该）去为他人的人生负责

缺乏尊重也会表现为超过限度的帮助和支持。

伴侣中的一方对另一方承担了多少责任？对后者的幸福承担了多少责任？一个人应该承担多少责任？能够承担多少责任？伴侣中的一方能够在多大程度上忍受，比方说，另一方的坏心情，而无需对方去为此负责？伴侣双方各自为自己的生活和幸福承担了多少责任？在他们眼里，对方应当承担多少责任？

如果在伴侣契约中，一方把自己的生活和幸福过多地寄托在另一方身上，而自己却很少承担，那么结果是双方都不会快乐。

成年人要对自己的幸福负责，负全责。他们可以帮助别人，也可以得到别人的帮助，但这与为别人承担全部责任或把全部责任转嫁给别人完全不同。

23 岁的 G 先生在来信中写道：

过去半年，我都在跟一个可爱的女孩谈恋爱。大约在两年前，她有一段被强奸和谋杀未遂的痛苦经历。这个女孩患有抑郁症，而且经常发作。我很同情她，也很想帮她，以至于我们之间的亲密关系给我带来了巨大的压力。我爱她，愿意一直帮助她。我成功地让她明白，她是受害者，必须寻求心理帮助。我继续陪伴她，并且在一个月之前督促她去做了心理治疗。

有时，我觉得我可能给了她太多压力，然后我就放手了。然而我又觉得，如果我不给她压力，她就不会进步。她特别容易抑郁，我觉得心理治疗对她没什么作用。除了早上工作，她几乎从不离家。下午回家后，她也没有娱乐或休闲等安排。她把自己关在房间里，谁也不想见。她不喜欢她的样子，也讨厌她的身体。

我已经没力气哄她开心了。我有点崩溃了。我们之间的联系过于紧密，以至于我们无法分开去继续各自的生活。我们已经意识到这一残酷的现实，而且我们都知道，我们将来不可能在一起。但是，我们谁也不知道该怎么做才能在不伤害彼此的前提下结束这段感情（我个人认为，我们都需要暂时分开或分手，这样才能打开新的世界，找到新的伴侣）。我考虑过做心理治疗或心理咨询，可能跟她一起做，也可能只是我自己做。我不敢去想，假如她发现我想跟她分手，结果会发生什么。

我给他回信：

这件事在你理解生活和你自己方面给你上了精彩的一课。它告诉你什么是可能做到的，什么是不可能做到的。如果你能认真学习这一课，你将来就不会再像现在这样身陷一段注定不会有结果的感情了。

你想在女友的生活里扮演上帝的角色，你想"拯救"她。也许我夸大了，也许不是上帝，也许只是一个理解她，想要帮助她，督促她，推动她，带领她走出抑郁，实现"进步"的救赎天使。你发现，你无法使她产生真正的改变。你觉得"如果你不督促她，她就不会进步"，但是，你也意识到了，尽管你给了她压力，她也还是没有进步。没有人能真正改变另一个人的生活，除非那个人自己想要改变。当然，我们有很多方法可以帮助她，我们有上千种专业的做法，容易接受的做法，充满爱与支持的做法。但是，如果当事人没有下决心去做出改变，你就帮不了她。显然，这跟躯体疾病的治疗是完全不同的。在有些情况下，为了救人性命，医生可能会强制为患者打针，输液，甚至动手术。但是即便如此，实际做起来也非常复杂。如果你想不经患者同意就为其进行某种治疗，你就必须履行特定的法律程序。但是，在这里，我们谈的是在精神和心理上提供帮助。

那么，为什么你跟女友的联系如此紧密，以致她对你的影响如此之深呢？答案是，在受害者和他们百折不挠的救世主所缔结的契约里，双方在心理上都能获得很多好处。你的好处（心理上的好处，并非完全能意识到）是你在为他人幸福负责的过程中所获得的个人价值感。它让你感受到自己很强大，让你感受到自己被他人需要，让你觉得你是重要的，不可替代的！"如果你没有（施加压力，推动，指导，在场），她就会迷失。"我们都想成为他人需要的、有用的人，而能够帮人摆脱厄运更是大功一件！所以你怎么会放过这个机会呢？但是，你已经发现，首先，你对她的帮助并没有你想象中的那么大；其次，你身心俱疲。事实上，你并没有获得满足感，这么做其实没什么意义。这样的伴侣关系不是互惠的。在这样的关系里，你们两个当中没有谁关心你和你的需求，于是你就被边缘化了，而她则同时是你们两人的关注焦点。她对自己的生活完全不承担任何责任。她什么也不做，一切都由你负责。你是唯一一个在行动，在担心，在想方设法，在努力改变的人。她不仅哪里也不去，而且即便她去做心理治疗，她在那里也不会付出任何努力（在接受心理治疗时，来访者是需要付出努力的）。

毫无疑问，你的女友非常痛苦。而且你已经帮她认识到，她是那次强奸和谋杀未遂事件中的受害者，这是很好的。然而，她仍然没有下定决心要从这次经历中走出来。她选择继续抑郁下去，而且如果那就是她自己的选择，那么人世间是没有什么力量能撼动她的。实际上，事情很可能是，只要你对她的命运负责，她就不会承担这份责任。所以，你很可能不仅没有帮助到她，反而阻碍了她的改变。当一个人"过度保护"另一个人（比如孩子）时，同样的情形也会出现。那么，你该怎么办呢？

我有一种感觉，事实上你自己也说过，你现在想要离她而去。对你来说，这可以叫做放假，暂时分开或分手，总之你想要从中挣脱。你这样想是没问题的。想要寻找由两个健康的成年人所构建、各自对自身幸福负责、同时也愿意帮助对方满足所需的伴侣关系，这是一种健康的渴望（而非像你现在这样，撺掇她去做她不想做的事。你伸出援手的前提应该是对方首先有所需求）。你不应该担心你想要结束这段关系这件事本身会带来怎样的后果，你无需为她的生活和感受负责。不过，你还是可以先试着跟她谈谈，给她机会通过付出一些努力来留住你。例如让你看到，你付出的一切是有意义的，让你看到她正在变得越来越积极，正在心理治疗中取得进步，也正在一步步告别痛苦。

你也可以继续和她相处，同时努力去改变你自己，而不是去改变她。你要改变你的做法，不要再告诉她应该做什么。反过来，你还要让她考虑你的需要和需求（例如分手）。你要把改善她处境的责任从肩膀上卸下来。不管你如何选择，你都需要通过练习来做出上面的改变，不然即便你们分手了，你还是可能会再去找另一个"痛苦的女孩"。

练习改变典型行为（我们有时称之为性格）是一个需要时日的缓慢过程。这一切都始于自我观察。一开始，人或许只能在做出他们想要改变的行为后才能意识到这一点，然后他们告诉自己："嗯，我刚才做了……"到了第二个阶段，人会在行为发生的过程中注意到它，并且对自己说："我现在正在做……"只有到了最后的阶段，人才会在想要改变的行为发生之前意识到这一点，进而改变行为方式。改变最好从很小的事情开始，只有小的事情改变了，它们才能累积成为巨大的改变。有的人仅靠自己就做到了这一点，而另一些人则选择接受专业人士的帮助。这个过程并不容易，需要相当的决心。

G先生获得归属感的方式是扮演救世主的角色，即救人于水火。他乐于助人，是个好人，他毫不利己，专门利人，这样他就能感觉到，他自己拥有非常特殊和高贵的位置。他选择了一位有可能让他实现这一切的女友，只是效果不甚理想。他试图把自己的帮助强加给对方，就像那个"强迫老奶奶过马路"的童子军（这样他就能每天做好事，进而拥有好感觉了）。

问题在于，G先生获得自我价值感的方式只是看起来很好。它满足的不是**当下情形的需要**，而是他内心深处的需求。于是他不得不为此而付出代价——身心俱疲。

对于这种情况，有效的应对方式之一是用尊重的态度来面对——既尊重自己，也尊重女友。要做到这一点，他可以更多地关注自己，做自己想做的事。这样一来，他就能信任女友有能力帮助她自己。在她这样做的时候，他也能在她的请求下促成改变的发生。

如果伴侣契约中缺乏相互尊重，那样的生活就会像缺氧一样难受。正如我们所看到的那样，不敬与羞辱既可以表现为批评、愤怒，也可以表现为过度保护，它们是戕害心灵和毁灭生活的毒药。

相互尊重意味着伴侣双方都尊重自己，也尊重对方，他们认为，他们当中的每个人都是独立的个体，都有能力去处理自己的事情，同时也能尽最大努力去为家庭的幸福贡献力量。

而非像下面这样。

养家是男人的事
女人的字典里没有"养家"二字

伴侣双方结成的心理契约中也包含与财务有关的条款。这里不是指具体多少钱，谁拥有哪些财产，也不是指分手后各自能得到些什么，而是指谁来养家。通常，这是男人的事。

女人常说："钱对我来说不重要。"好像这只是生活里的一点小事，她们完全看不上。也有时候，她们一提起这个问题就一副不屑的样子，好像这种事对她们来说太过物质，也太过粗鄙了。然而，这样的态度与伴侣双方的平等是格格不入的。

实际上，对养家的责任就是对生活的责任。《创世记》中这样写道：当人们走出伊甸园时，新规则就诞生了——"你必汗流满面，才得糊口。"

从那时到今天已经有些时日了，事情也发生了一些变化。首先，你不再需要亲自流汗来种植、收割小麦。你可以通过做其他有用的事情来得到金钱，再用金钱去交换"面包"。其二，女性开始要求（这种要求是正当的）男女平等。但是，作为常遭歧视的人群，她们过去和现在所高扬的都是权利平等。而对于支付账单、养家糊口、工作挣钱这种事，她们所表现出的对男女平等的追求却游移许多，从容许多。

例如，D女士在来信中这样写道：

我有两个女儿，现在都已结婚。过去30年，我都在跟我先生幸福地生活，他很有魅力，也非常善良。自从我们的第一个女儿出生后，我就成了专职主妇。

我遇到了一个小问题，那就是我丈夫不喜欢按时还款，导致债务越积越多。我想尽了办法跟他说这件事，我的两个女儿也尝试过，但都没什么效果。我非常绝望，不知道怎样做才能让他回到过去那种按时支付账单、也无需跟别人借钱的状态。简单说吧，我们的债务正变得越来越沉重，而且我也想不出有什么办法能让我们从中挣脱，回到过去的状态。

请告诉我应该怎么做才能让事情回到10年前的样子。

不管怎么说，我的家庭还是非常幸福的，我对此也感到非常满足。

我在回信中写道：

很遗憾，我无法像你认为这是一个"小问题"。在我看来，这可能是一个相当重大的问题。如果夫妻双方无法在养家的问题上做出同等的努力，承担同等的责任，结果就可能引发一系列问题。

在名剧《玩偶之家》里，剧作家易卜生描绘了一幅常见的夫妻图景——丈夫包揽家里的所有花费，而镙子儿不挣的妻子则只管花钱（按照"购物预算"），并且对全家的经济状况一无所知。这出剧讲的是金融危机后，丈夫发现自己无力养家的故事。我怀疑，你也不了解你家的经济状况，当然家里也没有属于你的资产。我这么怀疑是因为，如果你有资产，你大可以自己把债务还上，而不是去徒劳地唠叨你的丈夫。

你信中让我印象最深的是，你压根儿就不了解家里到底发生了什么，以致你丈夫无法及时还账（仅仅是拖延问题，还是说根本还不上？）你说他"不喜欢按时还款"，这是什么意思？谁会喜欢还款？这和喜不喜欢有什么关系呢？而且，他一开始为什么要去借钱呢？

我设想了两种可能的情形：

第一种情形是，你善良的丈夫总是把你打扮得美美的，你想要什么他都给你买，同时却不让你承受生活的艰难和挣钱的辛苦。你们之间有一份看不见的合同，里面规定，他独自一人负责养家，而你不了解这方面的具体事务，所以假如他碰到问题的话，那也是他自己的问题。这样的情形可能是你获得快乐的源泉之一。可是10年前的某一天，你丈夫的生意开始下滑。突然之间，事情就变得不那么顺利了。和往常一样，他没有告诉你这件事。为了让你能够延续你习惯的生活方式，他开始借贷。然而，由于生意仍旧没有起色，他不仅无法获得足够的资金来偿还这些借款，反而还需要借更多的款。他做所有这些事情，目的只是为了不必让自己站在你面前说：我们需要降低我们的生活水准。

就这样，这种情况一直持续到现在。家里的生活水平尚未受到影响。他仍然没有告诉你问题所在以及问题的严重程度，也仍然没有请你来帮他解决你们所面临的困境。他认为，所有的问题都应当由他来解决。他孤身一人，焦虑无比。他承受的压力越来越大，这些压力不仅来自债权人，也来自其他家庭成员，后者认为他只是更想把钱存在银行里，因而"不喜欢"还款。他找不到人来讨论对策或寻求帮助。他有一位他深爱的妻子，可她却希望一切都能神奇地变回10年前的样子。这是一位对生活缺乏现实感的妻子，她甚至不知道她的丈夫已经遇到了麻烦。

第二种情形是，你的丈夫是个赌徒。在这种情况下，他也没有资金来偿还债务。不过这时，问题就不再是生意下滑，而是与某种形式的成瘾有关的巨额支出。他经常需要用钱，但他不能，也不会告诉你这一点，于是他只能越陷越深。

当然，可能的情形有无数种。所以，我建议你用温柔的态度跟他认真谈谈，做一些改变。不要说教，而要多问他一些问题。打破砂锅问到底，直到你确切了解问题的起因和此刻的状况。你有权知道这些事情，因为你们是夫妻，他的债务同时也是你的债务（如同在好年景里，他的收入也是你的收入）。如果你们的情形类似于第一种可能性，那么你或许真的可以成为你丈夫的得力助手，跟他一起找到解脱困境的可行方法，例如大幅降低生活水平（可能需要换房、搬家）。你也可以考虑出去工作。毕竟，你的两个女儿已经离开家很久了。如果你们的情形类似于第二种可能性，你就可以要求他去接受特定的康复治疗（这类信息很容易找到）。如果他不愿意改变，或者继续对你隐瞒问题真相，而且情况还在持续恶化，你或许就得考虑离婚了，以此来为自己保住一些财产。你也可以向社会福利机构寻求帮助。我觉得，想让生活回到10年前的样子似乎很难做到。但愿你了解到的实情不会太坏。

    根据这对夫妇的契约，D女士的角色只是一个孩子。她不懂，也不会处理财务方面的事情。她也没有为家里带来任何收入。自从有了第一个女儿后，也就是在大约25~29年前，她就不再工作了。当家庭背负债务时，她不知道如何应对，只知道"跟他说这件事"，催他还账。她从来都没有想过，例如说，**她自己**去偿还债务。换句话说，她从来都没有想过要去做一点所有借了钱的成年人都应该做的事（债务也有她的一份），去想方设法赚钱（例如找一份工作），或者至少减少她的支出，以此来偿还债务。D女士的表现就像负债家庭中的孩子。那些孩子担心，于是他们跟爸爸"说这件事"，他们迫切希望生活重新好起来。

    这是一份责任分配不均的伴侣契约。与任何不平等的伴侣契约一样，它也会使双方都陷入痛苦之中。这时，女性一方往往更需要醒悟，成长，了解，并参与分担养家的责任。在这一个案中，丈夫已经**不堪重负**，独木难支，他需要有人来与他共同面对，但他找不到这样的人！他所"签订"（下意识地）的婚姻契约过去可能适合他，他选择的妻子能满足他的需求之一，即让他感到自己强大，有能力，能够独自供养他的家庭。这给了他一种价值感。像他这样的人常常觉得，向别人请教、寻求帮助会让自己在与他人的比较中落于下风，直到他们的价值感最终幻灭。他的妻子很乐意让他独自掌管家庭财务，同时自己也愿意做一名家庭主妇。她或许能够从"女主人"的角色中获得某种价值感，而这一点就来自他们的伴侣契约。

但人不应该这样生活。为了妥善应对生活中的挣扎，人需要帮助，需要同伴来共同面对，也需要哪怕仅仅只是在了解实情后所提出的一条中肯建议。

丈夫与"孩子"般的妻子遇到了问题。如果他们不能认清现实，进而成为两个平等的成年人，我们就很难相信他们能有效地处理他们的问题。他们必须修改契约。

我们再来谈关于"女性"的话题，这里说的不是 D 女士，而是承担"妻子"角色的女性。她们迫切要求享有平等权利，并为之而奋争，这完全是正当的！但她们如何看待责任平等呢？如何看待养家糊口的责任呢？有多少妻子在认真对待这件事？有多少妻子发自内心地认为，如果家庭遭遇经济困难，或者如果她们想买更多的东西，花更多的钱，那么她们就需要去赚更多的钱（孩子可以上日托，或由保姆照看）？有多少妻子能接受丈夫这样的建议："我想在家陪伴孩子两年，我觉得这样安排对他们的成长最为有益。"就像她们接受自己这样做一样？如果离婚时孩子跟随父亲生活，那么有多少母亲认为自己理应承担子女的抚养费？难道她们认为抚养孩子不是她们的责任吗？法院没有强制母亲支付子女的抚养费，而女权组织至今也没有呼吁修改这一法律。[①]

这是怎么回事？

在不平等的情形下，伴侣双方都能获益，哪怕是弱势一方。"优势"一方拥有地位、控制权和荣耀，但同时也承担责任，一旦出现问题就会受到指责。"弱势"一方（即被动的一方）无权做决定，但同时也无需对他们的生活、有时甚至是他们自身的行为负责。责任是一副重担，一旦压上肩膀，就很难卸下去。

于是，通往平等的努力总是同时遭遇来自双方的反对。首先，反对来自"优势"一方。他们不喜欢自己的地位被降低，不喜欢失去优

---

① 此处是指以色列的法律规定。在中国，《民法典》规定，未成年的或不能独立生活的子女，可以要求父母给予抚养费，一方抚养子女的，另一方应负担必要的生活费和教育费的一部分或全部。——译者注

越感，更不愿失去他们手里的特权。一个被不愿独自承担家务的妻子"拖"来做夫妻治疗的丈夫曾坦承："我理解她的要求是正当的，但我很难放弃只需说一句'煮咖啡'就有咖啡喝，喝完也不用收拾的权利。"

但"弱势"一方也常常反对改变现状，如同戴维·弗里斯曼（David Frishman）笔下那个被释放的奴隶。这个奴隶说："我爱我的主人、我的妻子和我的孩子。"他爱妻子和孩子很容易理解，但他为什么会爱他的主人呢？他为什么不去把握获得自由的机会呢？答案就在于奴隶从他们的"弱势"地位中所获得的利益。在奴役和服从当中，奴隶虽然丧失了尊严、自由和对命运的掌控，但他们也得以免除为生存而奋斗的责任。自由的缺失使他们不必为生活地点、生活方式以及诸如收入和如何支配自由时间等问题而做出选择。此外，他们还拥有批评、抱怨、责备、发泄不满和自我怜惜的权利。这就是人们倾向于放弃自由、只求权利平等而不求责任平等的原因。

但是，最终，奴隶必须得到解放。美国的非裔美国人甚至主张为他们在身为奴隶时的劳动付费。所有人都追求自由、独立、选择的自由、尊重和平等。但是，放弃舒适的生活并不是一件容易的事，因而无法一蹴而就。

她坚信的"唯一的爱"
已婚男性与单身女性之间同样存在伴侣契约

伴侣契约的双方并非一定是已婚或正式恋人的状态，它也可以存在于 H 女士所遭遇的以下情形当中。

我是一名学生，26 岁。过去一年半，我和一个 29 岁的已婚男性（他是我唯一的爱！）谈了一段刻骨铭心的恋爱。他说他爱我，他只想要我，却还是和那个"不再有浪漫"的人生活在一起。最近，我再也受不了他这样做了，所以我们分手了。

在这段时间里，我尝试跟别人约会，几乎没跟他说过话。但我深信，他是我"唯一的爱"。无论如何，我们都必须（也将会）在一起。我知道我正在糟蹋我的生活，但我太爱他了，爱得心痛。我相信他也爱我。所以，我想请你帮我回答下面几个问题：

我是否应该坚强起来，继续不给他打电话，也不跟他见面？

他有多大可能会离开她，然后和真正给他快乐的女人（我）在一起？

我怎样才能摆脱这种让我抓狂的心痛？

非常感谢！

他心爱的女人

我在回信中写道：

伴侣契约的缔结需要男女双方对未来有共同的期待。然而，在单身女性和已婚男性的关系中，情形似乎有所不同。但是，假如这一契约无法满足双方的需要，它就不会存在。如果你说，这段关系无法满足你的需要，可你却仍然"爱得心痛"，那我只会告诉你，我们所爱的人只能是那些能够满足我们深层需要的人，而这些需要通常是在我们意识之外的。

你爱的已婚男性想要什么？他想要两个世界。通常，他表现得像是在犹豫不决，他的感受也是如此，但事实上，他两个女人都想要。一个是他"迷恋"的女人，另一个是他已经"习惯"的女人。就像艾蒂·安克里在她的一首歌[1]中所写的那样："对你，我迷恋；对她，我习惯……"他需要你这个"跟他浪漫"的女人，也需要那个为他做饭、洗衣服、抚养孩子、共同经营家庭的女人，他已经习惯了她！

即便情人要求他做出选择（就像你做的那样），已婚男性也几乎从来不会考虑与妻子分开。原因很简单，与人们惯常的想法不同的是，

---

[1] 即1990年发行的《你的眼神说明了一切》（*I Can See It In Your Eyes*）。——作者注

人一般不会"为了别人"而离开自己的配偶，而只会在婚姻结束后离开对方。一个已经结束婚姻的人是自由的，也是可以得到的。而已婚男性的婚姻通常并没有结束，即便他爱上了别人（我丝毫不怀疑他爱你），他也不会为了那个人而离开自己的妻子。

一个女人想从已婚男人那里得到什么呢？有时，她想确定对方不会要求她嫁给他（她想跟他享受浪漫，却不想为他洗衣服，做饭，清洗碗碟）。她只想停留在生活与爱的快感地带，而不想涉足凡俗，体验长相厮守的爱。有时，她想再次经历童年时父母对她的拒绝，而这一次，她或许能改变它，克服它，或者学会如何处理它。显然，其他原因还有很多。但它们都无法解释，在本应找个伴侣一起生活的年龄，你选择了一个并不适合跟你一起生活的人来作为你"唯一的爱"。

对于你提出的问题，我想说的是：

你没有必要强忍着不去见他。问题不在于你和他见面，而在于你的眼里只有他，没有别人，你只想要他，不管他是否在你身边。这才是需要解决的问题，而非你该不该见他。如果这个问题不解决，在他之后，你还会给自己找另一个不可能跟你结婚的人。

他离开妻子的可能性很小，眼前的证据便是，当你决定和他分手时，他接受了。他没说要跟你一起生活。所以，艾蒂·安克里在她的歌中愤怒地对他说："跟你习惯的她一起去吧！"要想摆脱心痛，只有通过治疗才可能实现。

人选择与单身者谈恋爱是因为这么做符合他们的目标，而这些目标又关联着他们的归属感和自我价值感。当单身女性爱上"不可能跟她结婚的人"时，她们的感受也服务于特定的目标。当已婚男性爱上无需名分的女性时，情况也是如此。这种看似不合理也不适当的情感体现了当事人对特定目标的努力追寻。在他们看来，对方（不管结婚与否）能帮助自己实现目标。因此，即使在已婚男性和单身女性之间也存在有助双方实现目标的伴侣契约，直至它无法继续满足双方所需时，这一伴侣契约才会崩解。

不论是已婚男性在妻子和情人之间的无尽犹豫，还是情人在等待已婚男子和离他而去之间的艰难取舍，都不过是一种复杂的心理机制，它让我们**既**能做自己想做的事（他想同时拥有两个女人，而她则想与已婚男性生活）**又**不觉得自己不道德或犯傻。因为，既同时拥有两个女人，又明目张胆地宣称这是自己的意愿是令人作呕的，没有人想令人作呕。这么做会拉低他在自己和别人眼中的价值感。常年陪伴一个不想跟自己结婚的已婚男性，同时还对自己和他人宣称"这就是我要的生活"也是让人不舒服的，因为这么做会透露出，这个女孩还没有做好成家的准备。这就是他们不断犹豫，反复摇摆的原因。这种挣扎的感受使他们可以避免给自身打上消极的标签。但是，如果你想知道他们真正想要什么，想选择什么，那么只要看他们如何行动就可以了。

伴侣契约自查

拥有伴侣关系的读者可以通过下面的测试来一窥你与对方的伴侣契约中的部分内容。这一测试既可以各自分开做，也可以一起做。

如果双方各自对对方的价值感做出评价，那么这些评价本身是难于理解的。但是，你们可以列出在决定、担责和行动等领域的分工。

接下来，你们可以就各个领域分别展开讨论，并且相互了解当前的安排是否适合你们，是否需要做出调整或改变。

下面举例说明：

双方需要回答一些问题，一般性的问题在前，细节性的问题在后。例如：

· 在我看来（以及在你看来），我们中间通常谁做决定？

· 在我看来（以及在你看来），这些决定是如何做出的？

· 在你看来，你是否得到了我的认可？你认可我吗？

· 在你看来，在我们共同的生活中，谁承担了大部分的责任（以及事情没能做成时所受到的责备）？

· 在我们的伴侣关系中，你得到的是什么？给予的是什么？

接下来是一些涉及具体事务的问题：

谁来决定（谁负责）……

· 孩子的教育（负责的一方即是出问题后担责的那一方）

· 财务

· 汽车

· 住房

· 家具

· 清洁

· 休闲娱乐

· 社交

· 度假

· 双方都可以添加共同生活中的其他事务

回答完以上问题后，双方需要继续讨论下面两个话题：

如果双方看待事情的方式不同，例如你们的回答不一样，这时就要认真听对方解释自己的意思，直到彼此理解为止。

针对不同事务的每一个问题和回答，双方都要问对方："你觉得这样分配可以吗？"如果有一方认为需要改变，那么明智的做法就是把伴侣契约修改得更平等些。

以上是我建议关系还算和睦的伴侣所采用的自查法。

契约内容需要定期核查，决不能想当然，否则等到伴侣契约把生活拖入僵局时，你可能就会发现，这时再改会困难许多。

这就是下一章我们要讨论的话题。

第2章

伴侣契约是可以改变的

改变的必要性缘何增加

如果伴侣契约失去平衡，那么伴侣中的一方或双方有朝一日要求做出改变和调整就几乎是必然会发生的事。[1] 这时的表现既可能是"地震"（例如伴侣中的一方由于不满而出现不忠行为），也可能是渐进、缓慢、几乎不为人察觉的过程，直到产生特定结果。一方想要改变的愿望可能会以公开、明确、友好的方式呈现，也可能（更为常见）隐藏在指责、批评和愤怒背后，以隐晦的方式呈现，进而在双方之间引发冲突。

在以下几种典型情形下，伴侣契约常常需要做出改变：

A. 一方成长
"签署"了不平等契约（也许是在无意中）的一方希望得到另一方的某些特权，或者要求另一方与自己分担责任。

---

[1] 阿德勒理论认为，只要存在不平等，潜在的纷乱就总会发生，并最终会以"劣势"一方追求平等的形式公开爆发出来。——作者注

对于这种情况，如今最常见的例子是，女性起初在伴侣契约中扮演"小女孩"、"懵懂少妇"、"天真妻子"或"粘人小猫"（例如很多事情不懂，无法独自出国旅行）等"劣势"角色，后来逐渐成长，直至开始希望改变最初的伴侣契约。许多女性都接受了这样的契约，因为她们的世界观仍然受到"男性处于优势和控制地位"的世俗观念的影响。这样的女性会通过崇拜、欣赏、接受男性权威等方式来为对方提供某种价值感和完全的掌控感。作为交换，男性则往往为她"遮风挡雨"，使她不必为生存而奋斗，不必为自己和孩子们的生计担忧，不必参与除家务、抚养孩子和组织家庭娱乐（例如邀请客人来家里做客，购买电影票）之外的任何活动。对这样的女性来说，她的价值感来自充当伴侣的"公主"（如同她曾经是她父亲的"公主"），甚至"小甜心"。她从可爱、漂亮和魅力中获取大部分价值感。在她们眼里，男性的价值感源自对方"懂得更多"或"地位更高"（他往往是她的指挥官、老板、教授，或者当他们相遇时，他可能比她年长，富有，阅历丰富）。

随着时光的流逝（10年、20年、30年、40年过后），两人之间的情形会发生一些改变。"小可爱"式妻子对成长的需要（这种需要是健康、积极、自然的）逐渐苏醒，她想要成熟，想要学习，发展，想要知道她不知道的事情，想要依靠自己获取成功。她走出家门，求学，工作。换句话说，她调整了过去的伴侣契约。

在这种情况下，事情可能会向两个方向发展：

第一种可能性是，丈夫能找到某种方式，使自己即便与如今已变得聪慧、成功的妻子（不只可爱、美艳，还值得欣赏）一同生活，也仍然能拥有价值感。他不再需要感觉"比妻子强"来获取归属感。他有能力，也愿意成长和发展。因此，他可以接受改变，并且与妻子签下一份新的、平等的契约。在这种情况下，他就与同一位妻子展开了"婚姻的新篇章"。

另一种可能性是，当丈夫突然被要求在他过去擅长的领域尊重他的妻子时，他无法接受契约的改变。出于自卑，他迫切需要维持虚幻的优越感。于是，在绝望和焦虑中，他蔑视妻子，尽可能贬低她的成就，并想方设法羞辱她，无论在家里还是在外面。通常，这种挣扎对恢复旧日的契约毫无帮助。这就像是丈夫在说："你下去。我们过去已经谈好了，你无权改变。你可能厨艺高超，我不会跟你在这一领域竞争。但是，你不能挑战我在专业领域、收入水平和知识方面的优势，因为你这样做会让我觉得自己毫无价值，这是我不能接受的。"如果丈夫如此反应，那么夫妻双方就往往会爆发激烈的冲突。需要说明的是，无论是以上哪一种情形，这一过程通常都不为双方所知，当然，他们也就不会根据契约的变化来安排这一过程。

在类似第一种情形的伴侣当中，在某一刻开始想要成长，想要与伴侣平起平坐的往往是女性。但是，促成这一改变的源动力却往往来自男性。受易卜生戏剧的影响，这种婚姻有时被称为"玩偶屋婚姻"，其中的丈夫时常会因为妻子没能在关键时刻发挥出一个成年人所应有的作用而大发雷霆。他开始抱怨："我没有伴侣，我孤身一人。"这些抱怨表明，他不愿为优越感付出代价，也拒绝接受他想要的"崇拜他，任由他完全掌控家庭外部事务的娇小妻子"的令人不快的一面。但是，即便丈夫发出了这样的抱怨，这也并不意味着他想改变契约。这通常只是说，他只想对伴侣契约做轻微的调整，而且这一调整还必须符合他的期待，即，只要他想，妻子就会突然成为一个与他平等、可以信任的成熟伴侣。

女性对平等地位的争取正如火如荼，没有哪一对伴侣能避开这一话题。在沟通中，每对伴侣都会根据各自对女性地位的看法，找到适合他们的生活方式。许多伴侣都在共同的生活中经历着这样的改变。

需要改变伴侣契约的另一种典型情形是：

B. 发现代价

伴侣双方确实都因为他们所得到的东西而欣喜异常，然而，他们当时并不知晓，所有的优点都与代价相伴。得知这一点后，他们会非常震惊，并且会做出相当激烈的反应。例如：

从一开始，W 女士就觉得 Z 先生是一个善良、专情、忠诚、乐于奉献的人，这一点很合她的心意。可她没有想到的是，这同时也意味着，他对他的母亲也同样是专情和忠诚的（而且他已经习惯专情于母亲）。对于这一点，她完全无法容忍。再如，H 先生比较被动，所以他非常乐于见到 T 女士能把家里的大事小事全部包揽下来。然而，他却没有考虑到，这样一个女人同时也会试图来掌控他。这是他无法接受的。再如，Y 先生很喜欢 K 女士的安静，但令他有些苦恼的是，她同时也不喜欢说话，不愿意讲述她的经历，甚至有点无聊。再如，M 女士很喜欢 L 先生同意她说的每一句话，从不与她争论或提出要求，可令她生气的是，他同时也不敢要求老板加薪！

通常，如果遇到下面这种情况，那么要让不平等的伴侣契约保持下去将会非常困难：

C. 生活环境改变

当生活环境发生改变时，我们会很容易发现，那些并非由成熟、负责任的个体所组成的伴侣是没法应对现实生活的，更不用说去战胜艰难险阻了。

例如，如果伴侣契约规定，伴侣中的一方（通常是丈夫）不参与家务等琐事，那么这份契约最多可以保持原样到第二个孩子降生之前。第一个孩子出生后，妻子尚且应付得过来。她不仅独自承担所有家务，还能照顾丈夫。然而第二个孩子降生后，旧契约中的规定就超出了人类的能力。

再如，根据伴侣契约，N 先生宠爱 S 女士，照顾她的生活，而后者只负责开心。他从不需要她的任何帮助，[①] 他们甚至从未想过会遇到这样的事。然而，突然间，他病了（或者残废了）。他需要帮助，需要支持。如果不修改契约，他们两人都会非常痛苦，而两人的关系也会最终破裂。

再如，根据伴侣契约，丈夫在性生活中主动，而妻子被动。但是，由于生病或年龄的关系，丈夫开始需要妻子的主动刺激。如果不修改契约，夫妻生活就只能中断。

---

① 当然，所有的示例都适用于相反的性别，没必要把所有情形都写两遍。——作者注

伴侣契约能否改变

如果伴侣双方对最初形成的契约感到不适（那时，他们并不真正理解将来的共同生活会是什么样子），那么此时最好不要压抑沮丧情绪，把问题搁置，因为愤怒迟早会爆发出来，到那时可能一切都晚了。另一方面，他们也不应该抱怨或指责。**永远不要因为伴侣拥有不切实际的期待而责怪对方。**他们应该设法去改变他们之间的伴侣契约。

那么，当人们想要尝试改变契约时，他们能做些什么呢？伴侣契约可以改变吗？

答案通常是肯定的。正如上一章所提到的那样，即使"诸事顺遂"，伴侣双方也仍然可能拟出一份新的、在意识领域之内的伴侣契约。而且，即便问题已经出现，伴侣关系也仍旧可以调整和优化。为了达到这样的结果，我们应当首先知晓如下几条规则：

规则一：伴侣关系并非那种莫名其妙就"发生""退步"或"变坏"的东西，也不能用人们在描述彩票等意外之喜（或意外之灾）时所使用的任何其他语汇来表达。它不是无缘无故的（即使彩票也并非完全是意外。要想中奖，首先必须买彩票，而要买彩票还必须工作挣钱）。**为了建立和维持良好的伴侣关系，双方必须投入"努力"。**改善并不会自动发生。这是一个好消息，因为这意味着，如果愿意做出努力，改变就有可能发生。

规则二：**世界上只有一个人的行为是我们能够控制的，那就是我们自己。**改变一个人也只能由那个人自己来完成。我们可以**要求**他们做出改变，可以**建议**他们做出改变，也可以向他们解释为什么需要这样做，以及这样做为什么很重要，但是，我们无法控制他人的行为。因此，伴侣双方都必须知晓："我无法决定我的伴侣要做什么，但是，我完全可以控制我自己的行为。"

规则三：当一对夫妻经历痛苦时，两人往往都认为责任完全在对方身上。

有伴侣的读者可以来做这样一个小测试。闭上眼睛，把下面这句涉及伴侣关系的描述补充完整，"如果……，我们的生活就会变得无比美好，无比快乐，无比幸福。"

现在来看结果。你的回答是"如果他（她）……"，还是"如果我们……"，或者"如果我……"吗？换句话说，你把实现幸福的责任放在对方身上，双方身上，还是自己身上？

大多数人对这一测试的回答是："如果他（她）改变他（她）的行为，停止……，理解……，能够……，那么一切就都会好起来。"他们说的这一切或许都是真的，但重要的是要记住：**伴侣双方的行为制造了生活中的痛苦，并且任何一方所制造的痛苦都至少与对方一样多。**伴侣关系遭遇困难，双方都负有责任。对于伴侣关系中所发生的一切，双方都能施加巨大的影响。

规则四：虽然伴侣关系中的困难是由双方通过自身的行为造成的，但是，当这一关系每况愈下时，**只要双方中的一方能够做出改变，其结果就足以使关系的恶化得以逆转。**

如果伴侣中至少有一方能理解这些规则，那么这一点或许就会成为改变伴侣契约和改善伴侣关系的第一个转折点。理解以上规则的一方得出结论："对于我们面临的困难，有一半责任在我身上。我有能力通过改变自己的行为来改变环境，而且我能控制自己的行为。如果改善关系对我来说很重要，我就必须做好为此付出努力的准备。我能接受事情并非完全会像我希望的那样发展。因此，我可以在我和伴侣之间首先主动改变一些事情。我可以提供支持，而非制造障碍；我可以建议对方来帮我，而非要求对方这么做；我可以主动分担一些事情，而非发号施令；我可以鼓励对方，而非批评。我可以做出改变。"

我们来看下面这个例子。艾丽丝"喜欢整洁有序"，于是她经常责备丈夫彼得。如果他鞋底带了泥巴回家，或是他没有把东西放回原处，或是他把盘子丢进水槽而没有洗掉（类似的事情还有很多），她都会非常生气。

这对夫妇经常为此争吵。彼得说她在折磨自己，并且要求她不再管自己。据他所说，他根本不会把家弄脏或弄乱。

双方为此而闹得很不愉快。

对彼得进行深入了解后，我得知他有点故意想惹妻子生气，或者至少没有在整洁方面花费太多心思。这是他暗中对抗艾丽丝的方式。当别人告诉他该做什么时，他的自尊心和价值感受到了伤害。于是，他便使用这种方式间接地表明："谁都不能使唤我做这做那。"

艾丽丝相信，只要彼得努力满足她的要求，他们的关系就会改善。而彼得则真心认为，只要她不再管自己，所有的争吵就都会烟消云散。

事实上，根据规则四，改善伴侣关系的大门对他们二人来说都是敞开的。彼得可以认真倾听妻子的话，了解她最在意的是什么，并且让她知道，从现在起，他会竭尽全力使她快乐，同时还要保证，需要他做什么他都会做好，并且是按照她喜欢的方式。做出这样的承诺后，他必须信守诺言。彼得不是要像妻子那样成为一个喜欢整洁的人，而是在为改善两人的关系而改变自身的行为。这是他的选择。根据阿德勒的理论，驱动我们的不是环境或缘由（它们发生在过去，因而是无法改变的），而是我们为自己所设定的目标。彼得不再把证明没人能使唤他作为自己的目标，而是决定与妻子改善关系，并且为此目标而改变自己的行为[①]。

丈夫在行为上的改变会打动艾丽丝，同时也会唤醒她对丈夫的感情。当她发现，丈夫确实在努力改变，而且她理解这并非因为他需要整洁，而是为了改善关系，于是她就很可能会对他制造的脏乱（他往往意识不到这一点。当然，他本身并没有改变）更加宽容，进而会比以往更愿意做随后的清洁工作。

不过，根据规则二，艾丽丝自己也可以为愤怒和争吵的恶性循环画上句号。她可以这样想："虽然我需要整洁有序才能安心（整洁有序能给她某种对生活的象征性的掌控感，或是某种成就感、归属感或

---

① 人可以自由选择自己将要踏上的道路，关于这一主题的更多信息见附录第十篇（人可以自由选择）。——作者注

安全感），但这是**我**的问题，所以也应该由我来付出代价。我丈夫并不介意东西没有放在该放的位置上，这种事只困扰我。因此，把它们放回原位的应该是我。这样一来，我们的关系就会改善。"这时，艾丽丝对整洁的需求没有改变，改变的是她的行为。她明白，自己的行为在他们二人的冲突中扮演了重要的角色。她不再认为这完全是对方的错。她不再生气，不再责备，不再说教。她会对彼得说出自己的想法，也会让他知道，她决定自己去满足她对整洁的需要。当然，她也会加上一句，如果对方能考虑到她对整洁的需求，那么她的生活会更加幸福，但她不会再要求他这么做了。

作为回应，彼得也不再会觉得对方想要控制自己了。艾丽丝在行为上的改变打动了他。于是为了让艾丽丝开心，他也很可能会做出往日从未做过的努力。

现在，伴侣双方都开始努力改变自己的行为，然而，在过去，他们的所有努力都集中在试图改变对方的行为上。那是一项永远都不会获得收益的投资。他们不再努力实现各自的目标（权力、控制），而是行动起来去实现改善伴侣关系的共同目标。

通过以上的方式，两个人几乎都能给这段关系带来变化。

但是，当了解以上规则的一方改变了自己的态度和行为，努力改进，而另一方却没有表现出任何改变的迹象时，那就说明，后者不愿意或无法满足对方的期望。在这种情况下，我们还要记住：

规则五：**与养育子女不同，婚姻是可以退出的**。如果一方确信另一方已经不适合与自己共同生活（过去可能是适合的），那么他（她）是可以退出的。这只是一种选择。与所有其他选择一样，退出也意味着要承受相应的代价（经济状况、社会状况、孤独、失败感，等等），但不管怎么说，退出的大门是永远敞开的。

改变伴侣契约的具体做法

了解了这些规则，那些想要修改伴侣契约的人就可以向对方提出重新协商契约条款的建议了。那么这时该怎么做呢？

下面的做法只适用于友好相待的伴侣，他们不想与对方去争输赢，争高低，争对错，争权力。

A. 表达自己的感受，寻求帮助，详细表达自己的愿望，请求对方回应并等待。如果收到答复，则认真倾听。不要命令，不要施压，不要争论 [1]。

B. 如果对方回应了你的期待，并且在行为上做出了实际的改变，那么你就必须**立即鼓励对方，绝不能拖延**。困难情形往往会在这一阶段浮出水面。

心存疑虑的伴侣会这样回应对方："我还不想说什么好话。首先，我们得看这种改变能持续多久。我认为这种情况不会持续太久。"一段时间后，这些吝啬鼓励的人（直到确认改变能够持久才愿意给予鼓励）就会发现，他们是正确的。因为，**未能立即得到积极反馈的改变总是会逐渐消失**。毕竟，在改变当中，做出改变的一方需要付出很大的努力。如果他们得不到反馈，发现自己的努力打了水漂，他们就会对自己说："我何苦费这么大劲呢？反正她又感觉不到这其中有什么区别。"于是，致力于改善两人关系的改变和努力就会走到终点。接着，双方都会哀叹："唉，我做不到。我试过了，但是没用。"

吝啬鼓励的另一些人是钟爱完美的人，即完美主义者。这些人很难因为一些微小的进步而给予对方鼓励，他们甚至完全**看**不到变化，除非这一变化达到完美的程度。他们会说："是的，她正在努力，可她仍然没有……"于是，他们眼前刚刚出现的变化也会迅速夭折。

---

① 关于沟通主题的更多信息见附录第五篇（主观感知与客观事实）。——作者注

再说一遍，上面的建议并不是为那些相互竞争的伴侣所准备的。我们稍后会看到，这些伴侣的字典里根本找不到鼓励二字，他们想要的反而是通过羞辱对方来增加自己的价值。

鼓励能给做出改变的一方提供额外的推动力来促使他们付出更多的努力。而改变越多，鼓励也会越多，然后进入良性循环，直到新的行为养成习惯，融入性格。到这一步，你就实现了"性格的改变"。

关于改变伴侣契约的沟通示例

（给完美主义者的警告：没有哪对伴侣能完全以这样的方式谈话。下面的示例仅用作说明问题。）

艾丽丝："彼得，我想跟你聊聊，现在方便吗？"

彼得："你想聊什么？"

艾丽丝："关于我们之间的一些让我感到为难和困扰的事情。"

彼得："艾丽丝，饶了我吧，别再说整理东西的事了，你都唠叨100遍了，还不肯罢休吗？"

艾丽丝："不，我不是要让你整理东西。我想说点别的事。"

彼得："？"

艾丽丝："我想说的是，我们经常吵架，这让我感到非常难过。我爱你，我希望我们能在一起开开心心的，可我们却总是吵个不停。"

彼得："那你为什么就不能不说呢？你的唠叨要把人烦死的。"

艾丽丝："因为这对我来说很困难。如果家里乱七八糟，到处都脏兮兮的，我就没法放松下来。"

彼得："但是你都要把我烦死了。"

艾丽丝："我唠叨你整理东西让你感到很烦，是吗？"

彼得："当然了，我都受不了了。我妈过去也总是唠叨我，我以为等我长大了就没人唠叨我了。"

艾丽丝： "我过去想，我结婚以后，我的家会是世界上最干净整洁的地方。所有的东西在任何时候都必须一尘不染。但我现在明白了，这只是我的心愿，不是你的。所以，把东西放回原处并且清理干净应该只是我自己的事。不过我还是想问你，你能不能在我特别受不了的一些事情上帮帮我呢？"

彼得： "嗯，好吧，你说吧，我看行不行（意思即，没人能对我发号施令）。"

在接下来的几天里，彼得注意到，艾丽丝对他的唠叨比从前减少了一半，于是他说（鼓励）："我以为你只是说说而已。嗯，让我怎么说呢，我现在回家感觉好多了。来，让我亲一下。"

艾丽丝说（鼓励）："亲爱的，谢谢你，你把各种东西都放回原处真的让我很感动，我知道这其实并不是你的需要，你这么做只是因为我很在乎这件事，这让我感觉特别好（拥抱）。"

过去的契约规定：艾丽丝负责家里的事。对此，彼得的理解是：她可以在家里做她想做的任何事。可艾丽丝的理解是：家里的事都归我管，所有人都必须按照我说的去做。

新的契约规定：两人分担保持家里整洁的责任，但艾丽丝要在这一方面投入更多努力，因为她明白，整洁只是她的需要。

当伴侣中的一方试图改变，而另一方却拒绝做出必要的努力时，前者毫无办法，只能接受这一现实，然后再决定是否继续与另一方共同生活。

如果他（她）决定带着问题继续与对方生活，那么最好停止纠结，停止要求对方改变，转而选择接纳[1]。

----

[1] 只有那些没有被宠坏的人才能真正接受与个人愿望相矛盾的东西。自我放纵，这损害了生活的各个方面，尤其不利于夫妻导向能力。一个被宠坏的人的感觉是，不符合他们愿望的情况是根本不可能的。因此，在很多情况下，伴侣继续试图改变对方，却不

如果他（她）既认为对方没有可能改变，又不想接受现状，那就只有分手了。

下面是伴侣中的一方希望调整契约的几个个案。例如，Z女士遵循了上面提到的规则，最终得到了她想要的结果！

察觉细微改变并加以鼓励
赞美、喜爱、关注……她要得太多、太急了

谈话，聊天，分享生活，表达感受（主要是积极感受）和爱意，所有这些都是可以学习的，多少都能学会一些。学的一方需要拥有改变的意愿，教的一方则需要给予大量的鼓励。

Z女士在来信中这样写道：

我们结婚快40年了。孩子们都长大了，各自有了家庭。最近，自从家里就剩我们俩之后，我觉得我丈夫对我的关注越来越少了。他可以说是一位忠于家庭的丈夫，也挣钱养家，可他对我的爱和关心都是不够的。顺便说一下，他一直都是这样的，我过去觉得这就是他的性格，没办法改变。就算在他年轻的时候，他也从不向我表达爱意和夸赞。但那时候我并不怎么在意，因为我还得照顾几个孩子，家里也到处都是他们的身影。但是，现在，这一点对我的影响变得更大了，因为家里现在空荡荡的。有时，他下班回家都不想跟我说话，不是看电视就是看电脑，我们的交谈也只涉及家里的事，而且也聊不了几句。我觉得我只是一个跟他住在一起的人，而不是一个妻子。

大约两周前，我决定和他谈谈这件事，我甚至表现得非常生气。他说，我提到的问题只是我的主观想象，不过他最终还是同意尝试改变。从那以后，情况略微有了一些变化，他对我不再视而不见，跟我

接受对方的拒绝。"战争"由此爆发（见第4章相关内容）。——作者注

说话也更多了。不过，他对我还是没有表现出多少爱意，但这对我来说已经足够了。只是，假如他能给我更多关注的话，比如赞美或者别的，那样我就会更高兴。

你觉得我跟他说这件事说得对吗？我是不是应该再跟他说一遍，让他知道，他已经做出了一些改变，这非常好，但是还不够，我还想让他改变一些习惯，多关心我，偶尔夸夸我。还是说，我应该忽略这些问题？我想跟他说，我已经感受到了他的变化，虽然不是那么明显，但还是极大地改善了我的心情。我还想说，如果这个问题能解决掉，我的生活就会变得非常完美……你觉得我再跟他谈一次会有用吗？还是说，你认为这只是他的性格使然，所以不需要苛求？

我给她回信：

人的所谓"性格"就是他们特定的行为方式。在我们的一生当中，我们每个人都有自己特有的行为方式。当然，这种行为方式在某种程度上是可以改变的，证据之一就是你丈夫已经做出了这样的改变。我认为，你选择跟他谈这件事是很好的。已故的以色列前总理伊扎克·拉宾[①]在阵亡将士纪念日（Memorial Day）前后讲过一句在以色列家喻户晓的名言，大致可以翻译成："朋友（或伙伴、同志），我们来谈谈。"（指与巴勒斯坦的和谈。）我建议所有期待幸福生活的夫妇都把这句话作为座右铭。你们俩人已经做到了。你跟他谈话，而他则像一个朋友那样回应了你。如果你们也像很多夫妻那样相互争夺权力，他就不会这么爽快地同意去努力改变在过去 40 年里养成的习惯。我认为你们是一对佳偶，这不仅仅是因为他做出承诺并信守诺言，还因为你提到，假如"这只是他的性格使然，所以不需要苛求"，这说明你愿意接纳他本来的样子。事实上，幸福的夫妻基本上都是这样：通过谈话来促成改变（与

---

① 伊扎克·拉宾（Yitzhak Rabin，1922-1995），两度担任以色列总理，在任期间组织签署多项和平协议，推动了中东和平进程，1994 年获诺贝尔和平奖，1995 年遇刺身亡。——译者注

"要求"对方改变习惯相比，"询问"是更好的做法。"要求"只可以通过法律赋予的权利来实现。但不幸的是，目前还没有与给予爱意和夸赞有关的法律……），然后接受无法改变的。

关于你们谈话的内容和类型，在我看来，你认为有些责任是要由他来全部承担的，可实际上，你也应当承担其中的一半。情况似乎是，在多年的共同生活里，你们对彼此的谈话都不够走心，即便你跟他谈话，你说的也主要是孩子和家里的事。现在，你想做出一些改变，可你却把这件事完全甩给了他。你说"我们的交谈也只涉及家里的事"，这句话是什么意思？为什么"交谈"是这句话的主语？我建议你换一个主语，比如，"我们两个只谈论家里的事。"你想谈论其他事情，可你并没有这样做。为什么在你看来，你只能谈论他提出的话题呢？你不是也有你喜欢的话题吗？

我建议你不要"再跟他说一遍"，而是跟他展开新的谈话——不同的谈话。在谈话中，你首先要强调，在他做出改变后，你的感受得到了怎样的改善。在这里，**最基本的规则是：为了确保改变能够持续并固化为习惯，你就必须立即给他积极、直接和充满热情的反馈。**如果你没有这样做，变化就会很快消失，进而让所有牵涉其中的人都尝到失落和绝望的苦涩。因此，鼓励是首先要做的事。一般来说，伴侣双方（以及其他所有人）都需要听到表示鼓励、关爱和欣赏的话语，它们永远都不能缺失。把伴侣的改变视作理所当然就算不会彻底毁掉你们之间的关系，也会让它失去应有的温度。

随着谈话的进行，你可以询问（而不是要求）你的丈夫是否能够并且愿意做出进一步的改变。你这么做对他来说或许意义重大，因为你给了处于生命当前阶段的他一种发展和成长的可能性，从而使他先前未能展现出的某种个性得以彰显。至于如何回答，做什么样的决定，那自然是他的事。不要泛泛地说"多爱爱我"这样的笼统的话。他很可能不知道你指的是什么，也不知道你到底想要什么。毕竟，他很多年都没有这么做过。你必须说得更具体些。你要确切地告诉他，在什么样的情况下，你才能感到"非常完美"。有没有这样一种可能，你自己对此也不是十分清楚呢？把这件事完全甩给他是不是毫无意义呢，毕竟他还不如你知道得多？你要考虑两个人！而不仅仅是他能为你做什么。在这次谈话当中，你还要问他，他心底里是否也对你有一些期待。他是不是也希望你能改变某些做法？如果是这样的话，那么请他说出来。同时，你也要用同样的勇气（是的，他已经表现出了这样的勇气，因为，你先前对他说的话也可以被理解为批评，而他则可以用愤怒和防御来回应你）和同样积极的态度（如同他接受你所说的一样）来接受他的话。当你试图改变你自己的某种标志性行为时，首先，你会发现这其中的难度有多大，这样你就能更加深刻地体会到丈夫做出改变的不易。其次，你也会意识到，如果一个人真心想做出改变，那么是完全可能实现的。

在收到积极的鼓励和反馈（例如，"你无法想象，你……后我有多么高兴，我的感觉有多么美妙！"）后，Z 女士的丈夫可能会惊讶地发现，对妻子说出表达爱意的三个字竟然给她带来了如此巨大的快乐。他可能会对自己说："我做这种事虽然看起来有点傻，但是，如果这么做能让她感觉这么好，那我可以专门为她这么做。"

在下面的个案中，K 女士不要求丈夫做出很大的改变，她只是想通过某种拐弯抹角的方式来让已经失衡的伴侣契约恢复平衡。但是，她完全可以使用更加直接的方式，而这往往是更好的选择。

她一直在照顾他
她想让对方在自己生病时关心自己

在一些伴侣契约中，受到关注的只是两人当中的一方。双方的兴趣都聚集在这一方身上，他们都关心这个人。然而，对另一方来说——却什么都没有，他（她）只能携着阴郁的心情，踽踽独行。如果有一天，这个人突然想让对方也为自己做点什么，那么这一点也不奇怪。这就是发生在 K 女士身上的事情。但是，她所期望的对契约的改变并不容易实现。对于刚刚迈出第一步的她来说，她自身还需要做一些功课。

K 女士在来信中写道：

我们家的气氛特别好。我爱我的丈夫和我的孩子，我希望我的丈夫也有同样的感觉。问题是，每当我生病、感觉不舒服，或者至少需要跟他谈谈我的身体情况以及如何解决问题时，他都不感兴趣，不给我想要的关心。这让我非常难过。

对夫妻来说，身体不舒服和生病这种事是很难藏得住的。我们都不年轻了，接下来会有各种各样的事情。

将来该怎么办呢？

我回信道：

这个关于丈夫和生病的案例很有趣，不是吗？有位女士告诉我，她的丈夫感冒了，躺在床上，大声叹气，呻吟，整个屋子都听得清清楚楚。他偶尔还大声喊叫："哦！我要死了！我快要死了！"他对妻子说："每隔几分钟过来一下，看看我是不是还活着！"但是，如果妻子胆敢生病，丈夫就会非常生气，"去看医生，让他告诉你该怎么办，该怎么办就怎么办，你为什么总把事情搞得这么复杂？"

不是所有的丈夫都是这个样子——但是，我觉得，大部分都是。

不管具体是什么情况，这都与你们的婚姻契约有关。这份契约不是书面的，不是你能明确说出的那种契约，这种契约既没有白纸也没有黑字，只是一份心理上的约定。问题有没有可能是，在你们的"契约"当中，你是那个应当独自克服一切困难的人？那个任劳任怨、靠自己就能把所有事情全部搞定的人？因为，如果是这样的话，那么你生病这件事就根本不会出现在这份契约当中。这一点对你的丈夫来说是完全无法适应的。你不应该出问题，他也绝对不应该听到，进而去特别关注这种事，更别说去提供意见了！我相信，他爱你就像你爱他一样多，但这并不意味着他愿意给你当医生。也许，在你们的伴侣契约当中，关心伴侣只是你自己要承担的责任。

而你呢，你是什么角色呢？有没有可能，这是因为你活得像个英雄，一个坚忍卓绝的人，一个独自面对一切的实干家？有没有可能，你这种形象太过鲜明，所以为平衡起见，你也渴望得到一点关心？一点照顾？或者至少是一点认可？一点关注？有没有可能，你并不知道如何呼求并接受这些东西，因此你才委托"健康问题"、虚弱和生病来为你代言？很多人都有这样的感觉："我可能不值得拥有关心、照顾和关注，但我的疾病——它们值得拥有一切。这意味着，当我必须让自己获得这些东西的时候（因为我太缺少它们了，我都快受不了了），我就必须生病。"有一类孩子常会有这种感觉，他们的母亲没有太多时间或耐心来照顾他们，可是当他们生病时，这些妈妈们却突然拥有了这世上所有的时间，接着便会把各种食物、故事、游戏、关心、关注，不论是什么，通通送到病床上。她们担心这些生病的孩子，甚至会在一定程度上冷落孩子们的兄弟姐妹，让他们心生妒意。小孩子都很聪明，他们学得非常快，转眼就能找到问题的根源。他们明白：没有什么比生病更能让他们得到他们所理解的爱了。从那时起，直到生命尽头，他们都能通过某种神秘的心身感应，神奇地创造出无穷无尽的、不断恶化的"健康问题"（有时是真实、严重的）。然而，他们却吃惊地发现，这个世界（即你的丈夫）对此的反应竟然跟母亲完全不同。于是，他们感到茫然无措。

我确信，如果父母们不用关心、照顾、纵容、免除责任来回应孩子身体上的不适，那么这世间的病痛就会减少一半。但是，这一情形很难改变，因为父母的这种反应是非常自然的，也是可以理解的。在生活中，还有什么事能比孩子生病更让人忧心呢？既然如此，它又怎能不成为人们优先考虑的事项呢？结果，发生在你身上的事情还是可能会继续发生。我给你的建议是，首先检查你有没有跟你的丈夫谈论你自己、你的感受、你的想法和你的生活的习惯。如果有，那么下一步是，当你和丈夫分享积极、正面、愉快的事情，或者对你来说非常重要的事情时，他表现出的关注和兴趣有多少（与谈论你的疾病时相比较）？你可能会发现，除了"健康问题"，你甚至都不会谈论你自己。你也可能会发现，他实际上非常喜欢听你谈论你的生活，但对你的疾病却提不起兴趣。在这种情况下，你就不得不去找你的女性朋友和医生（医生是不错的听众）来谈论你的疾病，而去跟丈夫谈论其他事情。至于疾病的治疗（如你所说，"我们都不年轻了"），你可以购买医疗服务、长期护理服务和附加保险，这样你就不用去依赖一个"对你的疾病不感兴趣"的伴侣了。你还有另一种选择，就是期望真到了你需要他的时候，你能指望上他。

你有一个气氛和睦、充满爱的家庭。你应该问问你的丈夫，看他是不是下面所说的这种人，即只喜欢在（他认为）需要的时候**做**事情，却不喜欢**说**这些事的人？如果他确信自己是这样的人，那么你或许就可以相信，假如你不幸生病了，需要他来照顾（而不只是动动嘴皮子），那么他就会站出来承担责任。

原契约中包含 K 女士的承诺："提供关心是我的事，我会去做。"她之所以这样保证，是因为她感受价值感的方式是独自搞定所有事情。接受帮助会减少她的价值（在她看来），除非她生病了。在生病的情况下，她才觉得自己值得拥有关注，并期待得到它。这不是一份好的契约，因为它在关心和帮助方面缺乏平等。如果不能偶尔得到他人的关注、关心、爱护和温柔，生活就会无比艰难。在某种程度上，所有人都需要这些东西。而在丈夫的契约版本里，妻子永远都不会得到这些东西。然而，有一天，她生病了，于是她觉得（根据她的契约版本）自己确实应该得到一些这样的东西，可丈夫却找不到理由来改变他的习惯。他的契约版本里没有"规定"由他来照顾对方，无论对方健康还是生病。这不是他的事，也不是他多年来在形成自己性格的过程中所养成的习惯性行为。但是，现在，他的妻子要求他做出改变。

她所要求的改变对他来说不啻为一项挑战，因为他需要培养和发展出新的行为。这么做能丰富他的行为方式，也能使他内心中尚未发芽的种子得以生长。那些种子就在他的心里，从我们出生的那一刻起，我们的身体里就埋藏了所有的可能性。

K女士应该参照上面的建议与她的伴侣沟通，与他分享自己的痛苦，告诉他自己心底浮现的需要和她所在意的事情，她应当向他表达自己的愿望，并倾听对方的回应。

如果丈夫改变了他的习惯，哪怕只是一点点，她也应该表示高兴和感谢（这是对他的鼓励）。

在接下来的个案中，丈夫违反了契约。与前面几个个案不同的是，他的妻子既不明白到底是什么给了她不好的感觉，也不知道她究竟想从丈夫那里得到些什么。这种不知情的情形非常普遍，当然，这也使得寻找解决方案的道路变得崎岖难行。

网聊给他的兴奋和刺激突破了她的"底线"
对他们来说，这是前所未见的变化！

有时，伴侣中的一方制造了新的情形，却不知道自己已经违反了伴侣契约。于是，另一方便因此而深受其苦。伴侣双方必须知道他们"签署"了怎样的契约，以及自己的行为违反了哪些条款。这样的事就发生在了如下个案中的R女士身上。她突然发现，自己陷入了痛苦的旋涡。

R女士在来信中写道：

我的丈夫小我几岁，已经和我一起生活了超过25年。我们经历了很多起起落落，既因为我丈夫的才华而积累过巨额的财富，也因为生意上的失误而遭受过惨重的损失。他很成功，而我则是一直陪伴他的那个人。近来，在一些或明显或隐晦的动机和一些冲动、隐藏的欲望、无聊、中年危机等因素的驱动下，他迷上了网聊。我被他撇在一边，只能一边看着他身上发生的变化，一边对眼前正在发生的事情纳闷不已。他像一只随风摇摆的茧，正在被一张密密麻麻的网吞噬，进而失去自我。

聊天的时间越来越长，指尖在键盘上不断冲撞，字母组成词，词又组成句……

我的丈夫也是我唯一的朋友，他认为与我分享这些是合适的，只为揭开这件事的神秘面纱。他向我展示了一个充满欲望的世界，一个虚拟游戏式的满足性幻想的世界。在那里，现实和幻想交融，男性是主人，女性是奴隶。

看着眼前的一切，我感到被他背叛，我生气，我愤怒，却无能为力。

如果你的丈夫（或妻子）整天把自己关在房间里，背对现实，满脸兴奋，那么我想告诉你们的是：你们的伴侣也迷失在这片虚幻的地带。

我在回信里这样写道：

在我听来，你发出的警告就像是：不要把电炉带到家里，因为你的孩子可能会被它烫伤。好像它是一件危险的物品，可能会伤害无助又什么事都不管的家庭成员。对此，我有不同的看法。就像这个世界和生活一样，互联网也为每个人提供了无尽的选择。人可以按照自己的想法和喜好从生活（和互联网）中获取、给予和创造任何东西。但与此同时，这个人（如果他是成年人的话）也要为自己的选择和行为负责。互联网不是洪水猛兽，只是生活所提供的素材，你可以选择去触碰它，也可以选择不去这样做。跟生活一样，所有人都会自然而然地选择他们想要的、能在意识或潜意识层面满足他们所需的东西。对你丈夫来说，情况也是这样。

看起来，你认为你的丈夫是个有点孩子气、同时也充满天赋的人，他像玩玩具那样做各种生意，有时成功，又多次遭受"惨重的损失"。但是，更加成熟（我这里不仅指年龄）的你却总是原谅他，永远和蔼可亲地面对他。不仅如此，我在想，你在他所有的冒险中都是他的伙伴，甚至可能也在扮演鼓励者、支持者和宽容者的角色。然而，现在的情形却有些不同。这一次，**你被彻底排除在外了！**这一次，他在冒险和寻找刺激（听起来，你的丈夫像是一个非常喜欢冒险和刺激的人，甚至可能沉迷其中？）的过程中完全抛开了你。在我看来，这就是你最不能接受的事情，或许也是你唯一无法接受的事情。

这是可以理解的。我们都想拥有归属感，想要住进他人心里。如果那人是作为你"唯一的朋友"的另一半，那结果就更是如此了。你想成为他的世界的中心（所有的伴侣通常都想这样），想让他的两眼专注在你身上。如果他被别的事情所占据，你就想要与那些事情发生某种形式的联系，或者想要参与其中，或者想要与你的丈夫结伴去经历。然而，他却独自坐在房间里，为了与别人共同经历的事情而兴奋不已（是的，即便通过互联网，这也是他与别人之间的事），这是你所无法忍受的！

正如我说过的那样，我认为问题的根源不在互联网。如同其他伴侣身上所发生的类似问题一样，那些人的问题根源也不在他跳舞，或者她学习，或者他痴迷于足球或工作，或者她在学业上取得进展。这不是问题所在。伴侣双方都可以，而且也应该拥有自己的职业与兴趣领域。关键在于，双方各自在多大程度上需要两个人在一起的感觉，需要彼此连接，需要分享，需要交流，需要另一个人进入自己的生活，进入自己的内心？或者说，双方各自在多大程度上需要独处，甚至从对方身边逃开（通过现实或虚拟的方式）？

我认为，把你丈夫对网聊的沉迷归因于互联网这头"野兽"的狰狞面目（据你所说）是错误的。我认为，你最好去探寻究竟是什么原因使他需要沉浸在这样的兴奋当中。他的生活是怎样的？他的性格中有没有相关的特质？他最近遇到了什么事情？你们两人的关系怎样？为什么他偏偏要选择"男性是主人，女性是奴隶"的聊天场景？这里的兴奋显然并非只与性有关，而是有重要的社会心理因素蕴藏其中。这一场景赋予了他高于女性的、属于奴隶主阶级的社会地位。

你说得没错，人们确实应该注意那些"整天把自己关在房间里，背对现实，满脸兴奋"的人。但是，在我看来，我们最好不要把他们看作受到诱惑的人，而是要把他们看作在现实生活（家庭、工作、朋友或以上全部）的压力下不得已逃到网上天堂去寻求庇护的人。

这意味着，那些网络成瘾者的伴侣并不像你所感觉的那样无奈或无助。他们可以就下面这个问题展开大胆而深入的调查：究竟是什么事情让他们的伴侣如此为难？进而努力做出改变。他们可以问对方这样一些问题，"你上班期间感觉怎么样？""你感觉压力最大的事情是什么？""你晚上睡觉前会想些什么？""你对我们之间的关系满意吗？""你对孩子满意吗？"等等。对一段关系展开调查意味着认真倾听，同时摒弃所有批评、争论和说教。否则，对方就不会愿意说出自己的想法。如果这样的尝试没有奏效，他们还可以建议对方在专业人士的帮助下认清这些问题。

R女士的丈夫不知道他正在做一些新的、不同的事情，而这件事正在伤害他的妻子。他非常熟悉伴侣契约中那些允许他冒险并寻求刺激的条款。他知道，R女士愿意和他一起承受这些结果。但他不知道的是，这一条款还附加有一条小小的限制条款，上面写着：你想做什么就做什么，但是要**跟我一起，有我参与**，绝对不能把我排除在外。

情况很可能是，R女士已经习惯从"被丈夫需要"和"对丈夫有用"中获取价值感。可她突然发现，就算没有她和她的帮助，她的丈夫也依然能够满足自己的情感需求。于是，她的价值感在一瞬间土崩瓦解。在她看来，丈夫这么做剥夺了她本来能够从伴侣关系中获得的东西。

从丈夫的角度来看，他很可能会认为是她违反了契约。或许在他看来，她应该为他所做的一切鼓掌，并且毫无异议地接受所有的结果，就像她过去接受他在生意上犯错一样（她的信中隐含地提到了这一点）。然而，令他感到吃惊的是，这次她并没有这样做。她没有为他鼓掌。他不明白，她的契约版本里并不允许他拥有自己的娱乐和与性有关的消遣。他也不知道，她的契约版本里还有这样一条规定——他必须依赖她。

对过去无论做什么都会得到丈夫支持的妻子来说，如果她沉浸在她感兴趣、并且能结识许多同道的学业或新工作中，却突然遭遇丈夫的反对和满腔怒火，那么这时的情形通常也与上面的个案类似。这类妻子不知道丈夫的契约版本里还有这样一项条款：她只能从事或学习能使她为家庭做出更大贡献的女性职业。在丈夫眼里，选择什么职业应该让他知晓，还要得到他的许可。但是，当新的学习或工作发生在与他毫无关系的领域，当妻子学到的知识或技能使她成为新的、陌生领域的专家时，他可能就会觉得这是一种冒犯，一种对伴侣契约的违背。他觉得自己被丢到了一旁，于是怒不可遏。而妻子却一脸困惑，不明白丈夫为何会突然收回她所熟悉的、慈父般的支持。丈夫也不明白，他之所以感到难过，只是因为妻子所从事的事情完全跟自己无关，而只与她自己有关。这类妻子有时学法律，有时甚至学工商管理，有时选择在医学领域深造，有时只是修习自己钟爱、对方却一无所知的专业。也有时候（例如在涉及"灵性"时），她所学的东西并非是对方的信仰。对丈夫来说，所有这些都是对伴侣契约的公然违反。

身处伴侣关系中的两个人很难仅靠自己就看清伴侣契约中的全部内容。有时，他们确实能窥见其中的部分内容，并且通常也知道他们想对这些内容做出怎样的改变。但一旦遭遇困难，他们往往还是需要专业人士的帮助。

认清过去的伴侣契约和自身期待做出的改变，然后修改过去的契约或拟定新的契约（可能与过去的契约稍有不同，也可能大不相同），这是关系咨询中改变伴侣契约的方式之一。

改变伴侣契约还有另一种方式，那就是——引爆它。

引爆契约

人有时会对自己说：够了，够了——然后做出改变。但是，假如伴侣双方未能解决真正的问题（例如，他们没有为妻子手里的控制权设置一定的限度），那么结果就会导致争吵，乃至使关系步入死局。忍受一份不可接受的伴侣契约而静等危机到来是不明智的做法。在危机发生之前，双方最好先把问题讨论一番。否则，发生在以下 S 先生身上的一幕就可能会重演。

S 先生在来信中写道：

我今年 42 岁，妻子比我稍小。过去一年，我们之间的关系很不融洽。我们只说必要的话，而且尽可能言简意赅。我妻子控制欲很强，家里不管什么事，她都想做主。我默默地接受了她的大部分决定（实在没有别的选择），因为我不想当着孩子们的面跟她争吵。但是，这个问题在一年前恶化到了极点。当时，我妹妹过 40 岁生日，我们也在邀请之列。我妻子不想参加，因为她们两人过去发生过一些不愉快。如果她不想去，那我肯定不会让她去。可她也不想让我去，还威胁说，如果我去了就会"造成负面结果"。我心里对自己说："我受够了。"然后，我就去参加聚会了。回到家后，她真的像她威胁的那样去另一个房间睡了，以此来惩罚我。我以为这件事一两天就会过去。可两天后，她往卧室里搬了一张单人床，一个人睡在了上面。即便这样，两周后，我还是来到了她的床前，可她拒绝了我。又一个月过后，我再次来到她身边，她再次拒绝了我，还说："别烦我。"

最近，我发现她有一个新情况。睡觉的时候，她穿着非常透明的睡衣，非常悠闲地躺在床上，面对着我。我觉得她是在暗示我什么。我的妻子非常漂亮，也非常性感，我实在无法抗拒。于是我下了床，走到她的床前。可是，我刚碰了她一下，她就冲我大喊："别碰我。"我现在完全理解为什么会有人怀疑妻子在剥夺自己的权利了。

我不知道该怎么办了。作为一位心理学家，你会给我们什么建议呢？我也想知道这种行为背后的原因，为什么她对我那么凶，反复拒绝我，同时又穿着透明的衣服悠闲地躺在我面前？

我们已经咨询过家庭生活咨询师。听了我们各自的描述，他们只是说："以你们的年纪，你们应该能够自己解决问题了。"

我在回信中这样写道：

你和你妻子的契约当中有一条最重要的条款，它规定了她是占主导地位的那个人，她是"家里的决策者"。这么安排非常适合你们两人的性格。对她来说，决策者的地位很重要。对你来说，不争吵很重要（顺便说一句，不仅仅是为了孩子。我敢打赌，在你们有孩子之前，你就已经让她做决定了）。一年前的一天，你做了一件石破天惊的事，你打破了过去的契约。尽管你妻子要求你不去参加你妹妹的生日聚会，可你还是去了。我不知道是什么事情让你突然改变了态度。也许，就像你希望与你的妻子和好一样，你和你妹妹的关系对你来说也很重要。只是这一次，你更喜欢的是你妹妹，而不是你的妻子。因为不管怎么样——你还是去了。

当伴侣中的一方违反契约时，这就意味着他们的行为方式已经不同于他们此前所习惯的方式，这就需要另一方来适应这一改变，同时也需要另一方拥有一定程度的灵活性。换句话说，以你的情况为例，当你没有听从"老板"时，这一情形就会迫使她接受这样一种情况——有时，在极少数情况下，总有一些事情会违背她的意愿。对此，有些人可以从容应对，接受新的局面，而另一些人则会紧紧抱住过去的"条款"不放。而你的妻子就属于这里的第二种人。实际上，她已经向你明示："自从你违反契约，没有按照我说的去做的那一刻起，我们的联系就中断了。我不会在这样的条件下跟你走近。"于是她抽身离开。她断绝了一切身体的、友好的联系。她正在展示她的力量，那样子似乎在说：让我们来看看，到底是谁说了算。

你问她穿上透明睡衣和悠闲地躺着有什么意义。嗯，我猜，从你最近的表现看，你像是已经适应了新的情形，并且接受了现实。你已经有一段日子没有去尝试亲近你的妻子了，这对你来说似乎已经不再重要了。但是，**如果缺少了被征服得目瞪口呆的观众，对力量的展示就会毫无意义**。身边的观众一走掉，即便是孩子也会立即停止发脾气。如果除了示威者没有其他人在场，也没有人评论，那么这样的示威也是毫无意义的。只要想展示一个人想要展示的，表现一个人想要表现的，观众就必不可少。而你，已经不再注意她了。在我看来，这就是你的妻子采取措施来重新吸引你的注意，以便让你更想亲近她的原因。如果你连问都不问，她又如何拒绝？

看起来，你们需要接受专业的咨询。你先前提到的咨询师所说的话至少是非常奇怪的。老年人也会有咨询的需求。我从未见过哪个咨询师跟来访者讲，以他们的年龄可以自己解决问题了。医生也不会这样跟自己的患者讲。换句话说，你还是可以去找一位真正的咨询师。从你妻子跟你一起去接受咨询的事实推断，她其实也想解决这个问题。

你应该问问她，看她是否喜欢与你做爱。她可能从前就对这种事不感兴趣，所以她可能只是在利用你们之间的争吵来借机摆脱她所应尽但却不甚喜欢的义务。

如果她过去确实喜欢与你做爱，那么她就是在通过疏远你来惩罚她自己。这说明，她真的无法忍受契约改变，一次也不行。这也说明，在借助治疗来改变这一点之前，如果你想赢得她的好感，你就必须永远、永远按照她说的去做，永远都不能违背她的意愿。你愿意这样吗？

如果事实证明，你的妻子从未享受过这种性关系，那么你们最好在冲突结束后去接受性治疗。

你可以跟她谈谈，试着让她开口说话，问她你能做些什么来结束这种"不快"。如果她同意提出她的条件，你就可以考虑是否接受这些条件。如果不能接受，你们就必须去接受关系咨询了。

如果在丈夫违反契约前，妻子能够享受他们的性生活，那就意味着她牺牲了自己对性的享受，以此来确保她的自我价值感（控制他人）不会再次遭到破坏。阿德勒理论认为，这类人拥有"窄条件"（narrow condition），即，只有当这一条件得到满足时，他们才能感受到自己的地位和价值①。也就是说，任何偏离这一条件的行为都会被认定为一场灾难，一种必须竭力防止出现的情形。因为，这种情形会让他们觉得，

① 更详细的解释及示例见附录第七篇（归属感）。——作者注

他们似乎已经失去了他们的位置和他们的世界。看起来，S先生妻子的条件是要能够控制身边的人，或者换句话说，确认自己是主事人。为了做到这一点，当然事事都要直接交与她决断，而非由她的伴侣来决断[1]。很明显，归属感和重要感的丧失（即妻子对丈夫摆脱她控制的理解，也是她对他不顾反对，坚持去参加他姐姐的生日聚会，从而使她在与他的争斗中败下阵来的理解）比放弃基本需求（如性）的满足更加难以承受。

"宽条件"（wide condition）意味着灵活。例如，它可以意味着，一个通过控制周围人来获取重要感的人在遭遇特定情况而失去这一控制时，他（她）的重要感并不会完全丧失。在这种情况下，他们的安全感可能会稍有减损，但他们仍然知道自己在这世上拥有一席之地。因此，这样的人能表现出一定的宽容，他们不会一遇到伴侣契约被打破就必定剧烈反应，掀桌子不玩了。

拥有"窄条件"的人**只有**在条件满足时才会觉得自己有价值，而拥有"宽条件"的人则只是**更喜欢**条件得到满足，但即便没有满足，他们也会继续发挥自己的作用，与对方合作。可以说，第二种人的性格更加平衡和健康。他们能更好地应对生活的挑战，与他们一起生活感觉更舒适，他们当然也拥有更高的"伴侣相容力"（couple capability）。

拥有"窄条件"的人改变起来更难得（总要经过大量治疗才能实现改变），因此，想要与这样的人变更契约是非常困难的事。

改变伴侣契约并非不可能做到。这是伴侣双方遭遇困难，并且通过改变一次又一次地克服困难的必由之路。每一次，两人的感受都会变得更加愉快和舒适。

伴侣契约的改变必须始终朝向更加平等、相互尊重、相互理解和密切合作的方向。

[1] 当然，针对例子中所描述行为的许多解释和理解可能是不准确的。这是因为，这本书的目的是为思考和行为方式提供原则，而不是为个案中的人物做心理分析，这没有意义。从这个意义上讲，写这些信的人和他们的伴侣实际上扮演了志愿者的角色，他们愿意帮助我澄清观点。——作者注

而且，这样的改变越早发生越好。

但是，并非一切都可以改变，也并非某样东西在任何时候都可以改变。

我对本章内容中所透出的无限乐观主义有两点说明。其一，不是所有的伴侣契约都可以改变。其二，伴侣之间的问题也并非都能得到解决。一个人不可能得到他想要的一切。即使条件并不苛刻，一个人也不可能完全满足对方。

此外，我们也要面对另一些现实，例如身心限制、病理状态、失能、性格僵化、情绪固执、严重而顽固的障碍和无法治愈的严重疾病。

在下一章里，我们将借助几个个案来解释上面的这些情形。

第 *3* 章

有时期待注定会落空

没有的，终究也不会有

改变可能吗？希望存在吗？
丈夫对妻子很不好，原因是他有精神病，还是他讨厌对方？

以下个案讲的是一位深为夫妻关系所苦，并想做出改变的妻子所面临的问题。她能做些什么吗？他是想故意伤害她，于是和解可能解决问题，还是说，他无法控制自己的行为，因而她无论怎么做都无济于事？她应该接受这一状况，还是说，她仍然有可能通过采取某种措施来改善两人的关系？

找出这些问题的答案始终是非常重要的。有了这些答案，当事人才能做出决定，选择向哪里出发。

T女士在来信中写道：

我写这封信，是想跟你说一件非常奇怪的事，想听听你对我们有什么建议。我丈夫58岁，过去6年一直患有精神疾病。医生认定他的残疾度为70%，但实际应该是100%。他曾经多次自杀未遂，并住院治疗。现在，他正在接受一位精神科医生的治疗，医生给他开了药，他跟我待在家里。顺便说一句，我丈夫"原来"是一个极有道德的人，聪明，幽默，职业道德无可挑剔，但那是很久以前的事了。

他最后一次住院后，我们之间已经没有了先前的恩爱和默契——我们成了两条平行线。他对什么都不感兴趣。他不再跟我说话，不再跟我打招呼，不再吃我做的饭，也不再参与任何由我提议的活动，例如散步、看电影、看戏剧、旅行等。他躲开我，只想一个人待着。他说："你想做什么就做什么。"而且他根本就不关心我要去哪里，要做什么。我努力用各种活动、兴趣爱好、朋友和家人等内容来填充我们的生活，但我心中仍然留有一个巨大的空洞，不过我也仍然希望这一切在将来能够得以改变。然而另一方面，只要一走出家门，他就会精神焕发，谈笑风生，讲笑话，谈政治，装作什么都没有发生，好像他跟别人没什么两样。你们打破头也不会想到，他是怎么问候我的（或者说，他是怎么对待我的）。即使是我的家人也不会想到，就算在外面，他也懒得看我一眼。在过去一年里，他的想法又发生了进一步的改变和扭曲，他对我的忍耐度越来越低，而且什么家务都不做。

4个月前的一天晚上，他外出后整夜未归。早上7点钟，他回来了，还跟我说了一件十分可疑的事。我不相信他的话，但我什么也没说。可是，这样的事情又接二连三地发生，而且他也不告诉我那些晚上他都干了些什么。我终于发火了，又羞又恼。一次他外出不归时，我打电话让他回话，却意外地听到了一个女人的声音，口音像是来自苏联的移民。于是我意识到，他的病情更严重了。在过去的4个月里，他的精力十分充沛，好像要"上天入地"一样。他想解决这世上所有的不公。他什么都想干，好像有一种无所不能的力量潜入了他的体内。可是在这一切当中，我的位置在哪里呢？他对我说，你想做什么就做什么，我不管。我得不到哪怕一丁点关注，更别提我需要的那种温情了。他在折磨我。他什么事都不跟我说，想做什么就做什么。我觉得他越来越陌生，我的心情也越来越低落。这么下去会发生什么？医生总是跟我说精神疾病是可以康复的，可这就是他们所谓的康复？我跟他的精神科医生谈过，也跟那家医疗机构的负责人谈过，以上情况我也跟他们说了一些，但他们好像对此满不在乎。他们一个月来家里一次，跟我丈夫面谈5分钟。我丈夫告诉他们他很满意——然后就没说别的了！他们倒是省心了，不用再为他的事操心了。

我想问一个不够成熟的问题：接下来会发生什么？他还会做出些什么事情？我很想知道这些，这样我才能明白，我接下来该怎么办。

我给她回信：

首先，我得澄清一下，你没有找对人。我不是精神科医生（我是心理治疗师），我在精神疾病方面的知识非常有限，所以我犹豫过是否要回复你的信。虽然，我最后决定这么做，但我要强调一点——我所提供的只是初步的建议，这些建议仅仅出自我的善意，而非别的东西。

你的处境非常艰难，要我说的话，甚至可以说悲惨。在恩爱伴侣的一方生病后，另一方所面临的情形差不多都跟你一样严峻。当这种病属于存在于心智或心灵的精神疾病时，情况在一定程度上说还要更加困难。这种病虽然不会引起发烧、疼痛和疲劳，也不会影响身体活动，但它仍旧是一种严重的疾病。我们无法用肉眼看到它，这一点或许正是你感到茫然无措的原因。对于精神疾病，这一点有时是免不了的。你在信中也表达了你的困惑。你关心他，想帮他走出困境（这是对配偶生病的自然反应），你也关注他对待你的方式，并且因此而感到**愤怒、受伤和羞辱**（正常人大多会如此反应）。你描述了疾病的一系列典型表现，也提到了你所说的"没有了……恩爱和默契"的特有行为。一方面，你认为你丈夫的表现是由疾病所引起的症状（当你发现他和别的女人有染时，你的结论是"他的病情更严重了"）。但是，另一方面，你也在责怪他，而且会问："我的位置在哪里呢？"这说明，你期待他能像一个健康人那样给你关注，给你理性而体贴的回复。你对你丈夫的描述杂糅了两种东西，一种是疾病的特有症状，一种是丈夫冷落妻子的典型表现。当然，只要是疾病引发的行为表现，我们都没有理由加以指责。但是，如果他的某些行为源自你们两个人之间的关系，那你就仍然有一探究竟的空间。我建议你首先去找一位专业的精神科医生，问他以下两个问题：第一，让他为你详细说明，你丈夫的哪些行为是由他的疾病所引起，而哪些能反映他对待你的态度。换句话说，他的行为在什么时候是疾病使然，又在什么时候是想要惹恼或疏远你。第二，让他告诉你，针对这种病，有没有比目前的治疗手段更好的方法？就我所知，这样的方法是有可能存在的。

如果你发现，你丈夫的表现只是因为他生了病，那么决定权就在你手中了。有的夫妻感情很深，一方患病，另一方不离不弃，"直到死亡将他们分离"[1]。而另一些人（特别是当疾病为精神疾病时）则会选择与对方分手。你在这件事上的决定可能会在一定程度上取决于精神科医生对第二个问题的回答。如果缓解和稳定你丈夫的病情是可能做到的，那么将来你们就有可能改善夫妻关系。那时，你会更清楚自己有多少把握来挽救你们的感情。如果你丈夫的病情已经无法逆转，那么恐怕你也无法改变现实。

另一方面，如果他的行为主要是冲着你来的，那么你就能在其中发挥作用，因为你在你们的关系中扮演着重要的角色。问题的关键是，你所面对的究竟是一个客观的生活事件、一种无法改变的遭遇，还是一段已经破裂的关系——或者二者兼有？

哪种情形更严重？

被丈夫抛弃的女性通常会说，这种情形还不如让她们去守寡。她们的意思是说，如果她们的配偶生病去世，即便那种结果将会是一场令她们饱受痛苦和悲伤的悲剧，那也不会对她们的重要感和归属感造成打击。

---

[1] 爱尔兰女作家艾丽斯·默多克（Iris Murdoch, 1919–1999）的丈夫约翰·贝利（John Oliver Bayley）写了《艾丽斯·默多克回忆录》（*A Memoir of Iris Murdoch*），书中讲述了他照顾患有阿尔茨海默病的妻子的故事。——作者注

大多数归属感不甚稳固的人会发现，与生活中的困难相比，配偶对自己的拒绝更加难以面对。

另一方面，有强烈归属感的人却不会因为自我价值或自身地位受到打击而烦恼，他们的想法更为现实。对他们来说，患病这样的客观情形要比可能会被他人解读为耻辱的情形更加糟糕。

不过，有一点是清楚的：人的行为中存在一些无法改变的因素。那些因为伴侣的这些因素而遭受影响的人就得决定，他们到底是要把它们作为伴侣契约的组成部分而加以接受，还是要选择离开。

下面是另一个类似的个案，但它与疾病无关。

到底是谁的问题
他的冷漠源自敌意，还是源自他不知道她想要他怎样

我们都知道这样一个事实：女性想要亲密和语言交流，而男性——至少是一部分男性——少了这些也能过得下去。

如果伴侣中的女性一方受不了这种事（很多女性都是如此！），那么她首先需要问自己：对方是否有能力与自己建立这样的关系？如果答案是否定的，那么施加压力就是没有意义的事！而她也没有理由为此而生气。但是，如果他能够做到却不想做，那么这就是在斗气了。拒绝实现对方的愿望是伴侣战争中的常规武器。

R女士在来信中写道：

我的问题是，我想改善我们的夫妻关系。我们是一对四十多岁的夫妇，结婚15年了，有两个孩子。另外，我们都接受过高等教育。

几年来，我感觉我和我丈夫之间的距离越来越远。我们之间并没有发生什么特别的事，但是却有什么东西在逐渐地、缓慢地蚕食着我们的生活。我丈夫工作时间很长，很晚才回家，他的心思全在工作上。

我们一家人或者夫妻在一起的时间是非常少的，但是最近，即便是这样的时刻甚至也完全不存在了。周末，我丈夫总是非常累，通常只是看看报纸，跟孩子看看电视，逗逗他们，或者帮他们写家庭作业。除此之外，每当我想要跟他聊聊他的工作或者其他问题时，他都会说，没有什么新情况，一切都是老样子。我感觉，他跟我越来越疏远，甚至就算他待在家里，那种感觉也跟他不在家一个样。当我试着跟他谈论这个问题的时候（有一次我甚至建议我们去做夫妻心理治疗，却被他明确拒绝），他说，所谓的问题只是我认为存在，他并不觉得有什么问题，或者并不觉得有什么大问题。

我能做点什么来拉近距离，而不至于将来沦落到感情破裂的境地呢？

我在回信里写道：

你好。

与以往一样，要想知道现在能做点什么，我们必须首先弄明白问题出在哪里。与你的描述所对应的问题可能有很多种，而相应的应对方法或解决方案也可能有很多。例如下面这两种相当不同的解释。

第一种解释对你来说可能很难接受（因为你问了，所以我才会说。如果你想改变，那么只能搞清楚问题所在，除此之外别无选择）：你丈夫对你失去了兴趣。他对你的感受发生了变化，这种感受可能介于愤怒和冷漠之间。原因可能是他不再奢望你做出他曾经期待过的某种改变，可能是他对你不再感兴趣，也可能是他为了某些与你无关的原因（孩子、经济状况，等等）而决定与你继续生活。在这种情况下，他很有可能仍旧需要言语交流、分享和倾听，只是他满足这些需要的对象已经成了别人。这时，他回家只是为了维持婚姻的形式，同时尽一份父亲的责任。

另一种完全不同的解释是，你的丈夫缺乏通过言语与你建立亲密关系的能力，他只是缺乏这方面的技能。通常，如果这方面的技能存在缺失，当事人就不会真正需要这样的关系。在求爱期间，为了能够与你组建家庭，他付出了巨大的努力来与你进行必要的沟通。他从来没有对别人说过那么多话。他告诉你他过去的事情，也听你讲述你的生活，等等。但是，当你们结婚后，他的这一目的就已经达成。对他来说，他不再需要这么做了。当求爱过程结束后，这样的人通常会放松下来，他们不再需要说那么多话。他们已经拥有了家庭，而现在则可以安心工作了（专业领域的沟通有明确的目的）。下班后，他们只想看报，休息，当然还有最重要的，即保持静默和独处。这样的人通常十分认真，负责，对家庭非常忠诚。通常，你并不需要担心他们会突然做出什么不同寻常的事来，他们的想法往往不会出乎你的意料[1]。

当然，还有其他的可能性。我建议你不要放过这件事，至少也要弄明白到底发生了什么。你要密切观察。怎么做呢？性生活是一个不错的信号。不过，你在信中并没有提到这方面的情况。他对性生活感兴趣吗？他有没有这方面的欲望？有没有主动提议？你们享受性生活吗？你可以回顾过去，想想过去的情形是否与现在相同，如果不同，那么变化有多大。你可以开始稍稍关注他的日常生活："工作时间很长，很晚才回家"——如果你发现了异常的情况，你也可以偶尔不打招呼就去他的办公室找他。

但是，如果你发现，这种情形只是他的本性使然，换句话说，你嫁的这个男人原本就是这个样子，而且他也只能是这个样子，那么你就要想一想，你是否愿意跟他继续生活下去。抱怨无法改变的事情是没有意义的。不是所有的人都能变成能说会道的人，变成能跟你促膝谈心的人。如果你想继续跟他生活，你就得找别人来跟你谈心，而停止去要求他给你他没有的东西。直到今天，能够成功地让石头流出水来的也只有摩西一人而已[2]。另一方面，你大可以想说多少就说多少，

---

[1] 你可以从约翰·格雷（John Grey）所写的《男人来自火星，女人来自金星》一书中了解男性和女性在语言表达、对话和交流方式上的差异。格雷强调，男性的言语具有注重效能的工具性特征，目的在于寻找解决问题的方法。而女性的言语具有亲密性的特征，目的在于表达个人感受和制造亲密感。——作者注

[2]《圣经》中记载，摩西曾带领遭受迫害的以色列人离开埃及。途经西奈半岛的沙漠地带时，摩西拿着牧羊杖击打一块磐石，一股泉水应声流出。——译者注

而不是要求对方去说，你来说就可以了。如果他虽然不想说却忠诚于你，那么他会愿意每天听你说一些的。

　　但是，如果你发现，他的这种冷漠和疏远只是在针对你，那么你就可以采取你喜欢的某种方式来大幅改变你对他的态度，以此来迫使他用不同的方式来回应你。你可以展现出与你以往完全不同的行为方式（如果你总是和蔼可亲，那么不妨怒形于色；如果你总是默默忍耐，那么不妨吵闹哭泣；如果你总是大声指责，那么不妨温柔如水；如果你总是冷若冰霜，那么不妨小鸟依人；如果你总是朴素保守，那么不妨梳妆打扮；如果你总是整洁有序，那么不妨大大咧咧。你知道你该怎么做）。你在行为上的改变可能会促使他用新的方式来回应你。有问题直接问他，而且要清晰明确、毫不含糊。告诉他，不管是什么原因，你都要知道！（当然，前提是你确实**想**知道）。你说得很对，最好不要坐等你们的感情沦落到无法挽救的境地。

　　奇怪的是，对于配偶感到无法忍受的事，另一方却说："这事并不困扰我。"这怎么可能？他们不是夫妻吗？换句话说，他们的命运不是紧密交织在一起的吗？那么，如果一方感到无法忍受，另一方又怎能安之若素呢？

　　我想再次强调的是，当伴侣中的一方对另一方不满时，弄清问题出在哪里至关重要。我建议伴侣中不满的那一方、对另一方有所期待却无法如愿的那一方，想方设法弄清下面的问题：**这是否是因为有些因素超出了对方的控制，还是说，对方的行为只是在伴侣关系的范围内达成某种目的？换句话说，对方有多大能力给予伴侣所要求的事项？以及，对方需要付出多少努力来改变自己的典型行为（即性格）才能实现这一给予？**

　　对 R 女士的丈夫来说，如果他只是不喜欢说话，那么这一情形就与他厌倦妻子或生她的气（因此他不与对方交流）完全不同。

　　再举一例，有的伴侣比较邋遢，家里脏了乱了，他不仅不打扫，反而还会把家里弄得更脏更乱。如果他这么做是故意的，目的是回击伴侣施加给他的保持整洁的压力，那么这种情形就与他本身并不觉得家里脏乱，如果不加提醒根本意识不到的情形完全不同。很多男性，特别是长子，对家里的卫生状况毫无感觉。在他们很小的时候，他们的眼里只有他们自己，没有人会期待他们去打扫或整理房间。这样的人尽管大多想努力取悦妻子，成为她的"乖乖男"，可结果却仍然可以令钟爱整洁的女人头痛不已。

再如，如果妻子不喜欢听伴侣讲他在工作中遇到的事情是因为她听不懂（这对她来说太过复杂，或者她不如他聪明），那么这种情形就与原因在于她想让对方询问**她的**工作情况而非只就自己的工作喋喋不休完全不同。

换句话说，你得弄清楚：对方到底是做不到，还是故意不这样做！

如果是后一种情况，那么你们就得用心经营你们的感情了。但是，如果只是第一种情况，那么你需要考虑的就只是你自己该如何选择。

我该放弃从他那里听到一句好听的话吗？
口渴了，与其去找石头，不如去找水龙头

我们总是碰到同一个问题——那是一只水龙头，哪怕是关上了的水龙头，还是只是一块石头？你可以尝试再次拧开水龙头，期待有一天能接到一些水。但是，假如那是一块石头，这样的期待就极可能落空。除了西奈沙漠中的摩西，别人还没有做到过。

伴侣一方应当投入多少精力去改变另一方？这些精力应该投向何处，如何投？还有，要投多久？

要想回答这些问题，我建议所有对另一半抱有怨言的人都要彻底弄清楚一件事，那就是，对于他们的期望和要求，对方能否真的做到（只是对方不愿意这样做），还是说，这些期望和要求不过是想让石头里流出水来。试想，一个人走进一家商店要面包，遭到拒绝。然后，

他日复一日、年复一年地对同一家商店提出同样的要求——面包，却从来没有注意到，这家商店不是面包店，而是药店。他最好弄清楚自己去的究竟是什么店，去那里反复要面包是否有意义。另一方面，他也应该注意到，药店里也有很多他可能会用到的东西……

A 女士在来信中写道：

我结婚 35 年了。我丈夫是一个诚实正派的人，而且很有能力。他责任心强，非常可靠，从无例外。但是，他很矜持。他从不表达任何感受，从不夸赞我，从不说一句好听的话，也从不拥抱或亲吻（他讨厌亲吻），哪怕是跟我们的孩子。

在他看来，表达感受和跟别人进行身体的密切接触都是十分俗气的事，而浪漫也只是仅仅存在于肥皂剧中的虚假的东西。

他说，他对我的爱也不浪漫。他不是享乐型的人，不喜欢出去吃饭，购物，看电影，过夜生活。他只喜欢待在家里看电视，看体育比赛，看芭蕾舞，听古典音乐。他非常清高，认为所有其他形式的娱乐都粗俗不堪。他挑剔、专横，总是极力保护自己的隐私，维护自己的独立。

最近，我让他晚上睡觉前冲个澡，刷个牙，他以前从来没这样做过。我的这一要求让他感到非常生气。他说，人脏了才需要洗澡，还让我不要管他，因为我管不到他，等等。我告诉他，我不想每天晚上都监督他洗澡，他应该负责任地、自觉地做这件事。我不管让他做什么，他都坚决反对，他觉得我在控制他，在跟他对着干。

由于我的这一要求，他对我更加疏远了。特别是最开始的两周，我们基本上没说过话。这种沉默是他惩罚我并且与我保持距离的方式。他这么做让我非常难过。现在，我们又能说一些话了，但我们之间仍然缺少亲密，缺少温柔，什么都没有。麻烦的是，每隔一个晚上，他都会不洗澡，他觉得这么做没有必要。他说，我需要重新考虑我提出的要求，因为这么做很麻烦，等等。所以，每天晚上，我们都没法关心生活品质，没法享受亲密和欢笑，而只是消化我们对彼此的一贯的愤怒。我憋了一肚子气，所以告诉他，既然如此，那么要么他去睡客厅，要么我去睡客厅。问题是，我家客厅里没有一张合适的床，所以我最后往往只能睡在他身边，心里又悲伤又难过。心想，又一个晚上在苦涩、寂寥和冷落中过去了。只有沉默、隔阂和悲伤（问题是，只要交谈基本上都是我先开口）。当我问他，现在是不是该停止这种毫无意义的斗气时，他说，在他看来根本什么事情都没有，还问我到底想怎样？情况似乎是，这种冷漠、疏远和悲伤只是折磨我一个人。而且，我也没有足够的勇气起身走掉。

他早上去上班的时候，我总是为他感到难过，因为我觉得他很痛苦，不知道如何享受生活，而且，由于我进一步加深了他的痛苦，我生怕会有不好的事情因为我而降临在他身上。

我现在真是一团糟。我该怎么办呢？对他让步，晚上不再要求他去洗澡？为什么他不考虑我的感受，不为我和"我们两个人"做点什么呢？为什么他不觉得难过，不觉得这样的生活是虚度光阴呢？

一起散步，一起逛商场，一起去咖啡馆，一起跳舞——所有这些我都放弃了，只因为他不想做这些。那么在这件事上，我也应该放弃我的愿望吗？

在给她的回信中，我这样写道：

用"放弃"这个词似乎有点不大合适。拥有是放弃的前提。例如，你得先拥有100万美元，然后才能放弃它们。假如你既没有100万美元，也不会得到100万美元，那么谈"放弃"是没有意义的，这是显而易见的事。同样地，你也无法放弃改变你丈夫的性格和行为，因为他的性格是一种既存的现实，你本来就改变不了，因而也谈不上放弃。

人们为改变自己的伴侣而付出的不懈努力着实令人惊叹。他们身上表现出的令人钦佩的乐观主义中夹杂着狂妄与自大。你对你丈夫的描述细致入微！你太了解他了！你对他的个性的分析也十分生动而精准。你完全知道他是一个什么样的人，而不是什么样的人，你知道他会有什么样的反应，又不会有什么样的反应。然而，你却从未停止想把他变成另一个人的努力，就像雕刻家想把一块石头变成他们脑中所想象的形象。即使面对孩子，我们也做不到这一点，更不用说是面对已经完全发育成形的配偶了。不要误会我的意思。我并不是说你不应该提出任何要求。相反，你想要什么通常都得开口。但是，你的这种要求（想要你丈夫表现出他性格中没有的东西）只是来自你的一种幻觉，一种你拥有别人所没有的能力的幻觉。你要的敏感、感性、亲密、享受、兴奋和温柔，所有这些根本就不存在，他原本就没有这些特质。这就是他对自己的生活感到满意，并且不知道你的不满从何而来的原因。你的要求给了他很大的压力，但仍旧不足以促使他去努力满足那些要求。你不用担心你会让他痛苦，他并不痛苦。相反，你很敏感，你能充分表达你的感受，而且你渴望体验兴奋和刺激。于是你总觉得生活不过瘾，无法找到内心的宁静。那么，我们能做些什么呢？

对于不想要的已知事实，我们所能做的只有哭泣，尽可能远离它们，与它们抗争，或者接受它们，带着它们一起生活。你可以关注它们的消极面，关注它们缺失的东西，也可以关注它们的积极面（"一个诚实正派的人，而且很有能力。他责任心强，非常可靠"——这样的男人有多少？有些人能给你温暖的感觉，能与你亲吻，跟你亲切交谈，可是却什么事也办不成，他们不负责任，完全靠不住。你能跟这样的人生活在一起吗？）无论你做什么，既定事实还会是它原来的样子。这个世界上只有一个人可以让你改变一点点，那个人就是你自己。所以，我建议你把努力让石头流出水来的无限精力投入别的方面，例如，开始为自己打造一种不依赖他就能实现的充满情感和兴奋的生活。你可以去有小溪或泉水的地方找水，哪怕仅仅是水龙头也行。

最后，在客厅里摆一张像样的床必定是可以做到的。所有人都有权睡在或不睡在他们所选择的人身边。你不能强迫你的丈夫洗澡，但是当他不洗澡时，你有权不睡在他身边。《人权宣言》里就是这么写的。

下面是另一封情况类似的来信：

　　我叫 B，今年 54 岁，我丈夫 56 岁，我们有 3 个孩子，现在都已经成年。我丈夫是一个负责、忠诚又聪明的人，他什么都懂，知识丰富，还有很多艺术细胞。他喜欢跟我说他的想法，但是不大愿意倾听，他没有耐心听。我百分百确信，而且他也说过（不过是在我问了之后），没有人像他那样爱过我和爱着我。可他的行为跟他所说的并不一致。他讨厌亲吻，也不喜欢拥抱。他可能觉得这种事太尴尬。他也不亲、不抱我们的孩子。他说，我们之间的感情"不是浪漫"，浪漫是骗人的，还说他对我的感情远远超出了浪漫。我们之间完全没有亲密。即使是性爱，那也是一种不带有任何感情、温存和亲密的性需求。尽管他和我做爱时非常体贴，可他也从不抚摸我的脸和头发，甚至都不看我一眼，仿佛躺在床上的只是我脖子以下的部分。当我让他抚摸我的脸或头发时，他就会生气，还把这种事叫做"任务"。我丈夫不喜欢外出旅行（而我很喜欢远足）。每次外出，他都会说："好的，来吧，我带你去。"每次出去逛街，他就待在车里，只开车带我到不同的地点。如果我提议去咖啡馆小坐，他虽然会跟我去，可他也不怎么说话，只是在那里无聊地坐着。对他来说，出游和散步只是浪费时间，所以每次出去都十分难受。我只能心烦意乱地回到家，一言不发，默默难过。如果我问他："你为什么总是生我的气，总是心情不好呢？"他就会回答："你为什么总是攻击我？我跟你说了什么？我不是已经做了你想要的吗？"

　　我觉得我像是陷入了一种类似受虐的魔咒。而他反倒成了受害者，埋怨"你到底想让我做些什么"。他不知道我为什么总是不幸福，还说那是我自己造成的，等等（我们无论做什么都高兴不起来）。我想破除这个魔咒，可是该怎么做呢？无论去哪都不叫他一起去吗？我提出的每一个建议，在他听来都像是我在强迫他，"我真的能说不同意吗？"他说，我总是拽着他去这里去那里。我告诉他：我是邀请，不是拽。你要是不想去——就别去。

　　如果你能告诉我有什么方式能应对这种局面，以及他这么做如何能意味着他爱我，我会非常感激。

我给她回信：

你在渴望一些东西。有些人总是想让配偶展现出他们所没有的特质和能力，而你所做的也跟他们一样。你的基本假设是，不管你要什么，只要你丈夫想满足你，只要他决定这么做，那么他都能做到。所以，当他没有给你想要的东西时，你就会一次又一次地伤心失望。事实上，我觉得经过了这么多年，你可以开始考虑这样一种可能性：（某些）你想从他那里得到的东西——**他本身并没有**。他没有的东西，他当然也无法给你。而且，他根本不知道你在说些什么，也不明白你为什么不幸福。

你丈夫是个行动派。他非常爱你，并且发自内心地希望你能幸福。为了达到这个目的，无论你要他做什么，他都会去做。这就是他所能知道和理解的东西。尽管他不喜欢去咖啡馆，也不觉得去那里有什么意义，但他还是会按照你的要求去做。在他看来，他是通过这种方式来表达他对你的爱。但是，他的个性中缺少情感的、身体的、浪漫的语言。这一点与你无关，而必须追溯到他的童年时期。为了不感到内疚，为了保护自己不被贴上失败的标签，他形成了一些特别的信念，例如浪漫是骗人的。

你问，他这么做如何能意味着他爱你，我想说的是，**对于"爱"，每个人都有完全个人化的主观理解**。很少有人能够用相同的方式来理解爱。所以，当他说他爱你的时候，他就是真的爱你，只是他只能按照他对这个字眼的理解和定义来爱你。他一辈子都不会明白，爱与去咖啡馆或逛街有什么关联。但是，他确实认为爱就意味着要做你想做的事情，而且他确实也这么做了。所以，他完全不明白，为什么他明明已经做了你要求他做的事，你却还要攻击他。

此刻，你可能会问：如果他性格里没有这种东西，那我就该一辈子过这种缺乏亲密的生活吗？我就永远都不能去咖啡馆谈心，去享受浪漫和爱抚，或者哪怕只是去散散步吗？当伴侣中的一方发现另一方因为不具备相应的技能而无法满足自己的特定需求时，他们仍旧拥有几种选择。塔尔玛·巴拉夫（Thalma Barav）在她所写的《感人的生活》（*Touching Life*）一书中介绍了其中的一些选择。你可以拒绝接受令人失望的现实，继续强迫自己去改变对方，很多人这么一做就是60年。你也可以维持目前的状态，继续抱怨，顾影自怜。另一方面，你也可以接受这一悲哀的现实（即，虽然你的丈夫拥有许多优点，但他还是缺少一些你真正希望他具备的特质）。如果你无法或不愿接受这一现实，你可以选择离婚。如果你发现他的优点多于缺点，那么你可能会选择维持现有的伴侣关系，同时用积极的心态接纳现实，把注意力集中在生活的积极面。对于尚未得到满足的需求，你还可以去寻找不依赖于配偶的其他解决方案。总之，你必须做出自己的选择。例如：如果你选择留在你丈夫身边（在我看来，这就是你的选择），你可以向他求助，让他告诉你他眼中的爱是什么，以及在他看来，他做什么能体现出他对你的爱。我认为，只要你仔细倾听，你就能得到你的答案（即使他说的很简略，你也要仔细听，尝试去理解。如果你不理解，那就继续问，只是不要跟他争论）。这样的交流能使你最终明白，你们是两个不同的人，你们对事物的看法也不尽相同。我对你的另一个建议是：你丈夫喜欢艺术，也理解艺术。有许多艺术作品的主题都与你想要拥有的那种爱有关。或许，你能借助它们来让你丈夫明白你在说些什么。

你可以注意这样一件事，你丈夫做了你要求他做的所有事情，那么，你要对此表达你的感激之情。如果他喜欢跟你去咖啡馆，很乐意这么做，那么这也没什么大不了。但你要注意的是，他表达爱的方式恰恰是，**即便**他不喜欢去咖啡馆，他也仍然这样做了。所以，你要感谢他对你的付出。"我知道你特别讨厌去咖啡馆，你在那里无聊得很，但你还是去了，只为了陪我，你这么做让我非常感动。"如果你能这么说，你们的关系就能翻开新的一页，你丈夫会又惊又喜。他接下来所做出的反应也可能会出乎你的意料。

与此同时，你也可以开始寻找其他伙伴来满足你目前尚未得到的各种东西（除了性！这里需要排除所有其他人。对于性生活，你需要接受你丈夫给你的一切，并且尝试去享受它。另外，在现实中缺少的也可以在幻想中实现）。很多女性都会与女性朋友做下面这些事：去咖啡馆、购物、谈心、旅行。这些需求并非都能由同一人来满足，这种情况甚至不大可能发生。

没有人会主动"拿头撞墙"，然而，在婚姻中，这样的人却比比皆是。为什么他们会乐此不疲，有时甚至一撞就是几十年呢？为什么他们总是认为那些从未发生过的变化会出现呢？因为他们不知道他们面对的是一堵墙。他们以为那是一扇门，总有一天会打开。

你怎么知道？你怎么知道它到底是一堵墙，还是一扇关上的门？换句话说，你如何才能确定，你所渴望的转变究竟有没有可能发生？

在这一章里，我们讨论的是改变不可能发生的情形。读者可能会问，如何才能知道这样的可能性是否存在？怎么弄清楚这一点呢（做决定时需要参考）？有时，如同我在给 T 女士的回信中所写的那样，你可以询问专业的精神科医生、心理医生或神经科医生，这样的改变是否受控于伴侣的自由意志？有时，你也可以完全靠自己去把问题弄清楚。你可以后退一步，从新的角度来观察配偶，就像看待一个陌生人一样，然后诚实地问自己：她是否有能力成为一个放松的人？他是否有能力成为一个聪明的、有创意的、自动自发的人（就像成功、高效的商人那样）？她能成为一个热爱运动的人，享受周末的耐力长走吗？他能变得温柔可爱、深情款款吗？

对于上面的最后一个问题，答案可能是——是的，他能，但不是对我。换句话说，有时，我们对面确实有一扇门，但它只会为别人敞开。这很难说。

明智的做法是友善地询问，请求，努力去理解，同时不施加压力。不用大棒，不用逼迫，不用操纵，也不用抱怨——只运用尊重。对对方已经做出的努力表达感激，同时向对方吐露你因为有些东西求而不得而产生的缺失感。如果这样做（最好持续地努力一段时间，就像很多人持续施加压力，说教，抱怨，厉色强求那样）没有带来任何改变或改善，那么很可能，你所期待的那些东西根本就不存在。

有时，如果对方愿意接受伴侣治疗或个体治疗，那么改变是有机会实现的。但是，在很多情况下，例如上面的多个个案，配偶完全拒绝接受咨询服务，这时，当事人就只能靠自己去把问题弄清楚了。

而且，正如我们说过的那样，如果事实证明，改变超出了对方的控制能力，或者对方不认为自己需要改变，那么求之不得的痛苦一方就必须在分手和接受现实之间做出选择。真正的接受意味着不再有痛苦，也不再试图改变伴侣契约。

如果想要的改变没有发生，许多伴侣就会选择争吵和冲突。

我们将在下一章里讨论这一情形。

第4章

战争

争斗、竞争和控制

关系——最初的意图

有时，想到那些已经在对抗、怨恨和敌意中生活了很多年的（众多）夫妇，我就不禁想要重提我们发明亲密关系（或伙伴关系）的初衷，即，人类（无论在伊甸园，还是在地球上）不应该是孤独的。上帝已经得出结论，人孤单是不好的。而且，由于人类婴儿至少需要两人合作照顾（一人觅食，一人看护），于是上帝决定让人两两交往。可是，并非所有人都同意这么安排，有些人更偏爱独处。不过从我们的行为来判断，大多数人仍旧接受这一安排，选择两两交往。

"不孤单"是什么意思？它意味着两个生命结盟，共同处理生活事务。这就是友谊。两个人站在一起，互相帮助，互相扶持，无论顺境还是逆境（特别是逆境）。两个人都希望对方生活得好，都因为看到对方获得幸福而欣喜。当一方成长、进步、克服困难和享受生活时，另一方都真心感到满足。两个人都喜爱、欣赏对方，同时也会把这样的情感表达出来。这样看来，这个最初的想法还不错。可是它为什么会行不通呢？为什么在很多时候，事情总是一团糟？两个人不仅各行其是，壁垒分明，而且，如同我们即将看到的那样，他们甚至激烈争斗，并因此而遭受痛苦，完全不去体谅对方的想法。这究竟是怎么回事？

为什么和谐相处如此困难？因为人特别缺乏以下两样东西：

· 伴侣相容力

· 自尊

伴侣相容力

伴侣相容力是一个人为建立亲密关系而与对方和谐相处的能力。这种能力与人的相貌、身高、教育程度、社会地位、经济状况和年龄等客观条件毫无关联。如果缺乏伴侣相容力，那么纵使有人在所有这些特征上都得到高分，他（她）也一样可能会在建立亲密关系的道路上遭遇滑铁卢。伴侣相容力包括：

· 愿意接受这样的事实：你不会得到你想要的一切，也不是每件事都能如你所愿。

· 能够从对方的角度看待问题，接纳对方，能发现并欣赏对方的积极人格特征，并且用相应的方式与之交往。

· 自主，即能够在生活、工作、目标等问题上自给自足，并且能够从自己的内心获取满足感，而非期待他人给予。

人通常会与伴侣相容力与自己处于同一水平的伴侣相处。

如今的伴侣相容力为何如此之低

原因之一在于，今天的孩子很少接受关于贡献和给予的训练。我们这个时代所信奉的是：个体是最重要的；自我实现、个人幸福、个人成就和个性发展优于一切，是大多数人理所当然的追求目标。所以，我们没有足够的空间、时间、兴趣和精力留给任何其他人，即使那人是我们的伴侣。

善意的父母们向他们的孩子传达这样的信息：快乐是首要的追求。溺爱孩子的父母们促使他们的孩子认为，最重要的是自己过得舒服，享受所有美好和轻松，并且得到他们想要的一切，而且还是当下立刻！他们的口头禅是，"你喜欢这个吗？这个好玩吗？"

当这样的孩子长大，并且走进一段亲密关系后，他（她）还会期望自己的优越地位能够保持下去。而当伴侣无法像父母那样满足他（她）的需求和愿望时，他（她）就会大感吃惊。在他们眼里，对方都是自私的，因为对方只关心他们想要什么，而不关心自己想要什么。他们是对的。因为对方也很在意他们在恋爱后达成的契约中得到了什么，得到了多少，他们一直在盘算"自己是否玩得开心"，"这对自己来说是否是一件好事"。他们的所做所想完全是一样的。

两个人所学会的只是关注自身，少劳多得，在这种情况下，想要建立一段令人满意的关系将会非常困难。要想实现这一目标，他们必须愿意至少让自己的付出不少于得到，他们必须付出相当的精力来给予。这种给予可以有许多种形式，例如，倾听伴侣的需求，在需要时做一些乏味的家务，或者参与任何能让对方感到开心的活动。

要想在伴侣关系中形成友谊，双方都必须事先接受相应的训练，而这种训练必须在儿童早期进行。他们必须都能熟练地观察对方，关心对方此刻的遭遇、需要、感受和想法，以及在对方情绪低落时主动提供关怀。然而，这种训练在大部分伴侣的原生家庭中是缺乏的。

最重要的是，共同生活还需要双方充分训练如何合作。与任何其他关系相比，婚姻对合作的要求都要更高。毕竟，亲密关系没有周末，没有节假日，也没有休息日。而且，合作对很多具体事项也至关重要，例如财务、子女教育、休闲娱乐、居家生活——无所不包。合作训练的最佳窗口期是童年，但只有少数父母为孩子提供了足够的训练机会。

父母们似乎并不知道，在养育孩子的时候，他们的主要任务之一就是确保他们的孩子获得伴侣相容力。

自尊

低自尊伴侣的自信和归属感依赖于他人的认可和与他人的比较，所以他们倾向于订立非平等的伴侣契约。

双方都缺乏自尊和自爱，进而导致相互尊重缺失，这样的伴侣关系将很难改善。

自尊和自爱是一个人能够尊重他人的必要条件。只有拥有了这样的感受，人才可以在不以自我为中心，不始终关注自身价值的条件下与他人建立联系。自尊不是一种二元现象（即你要么拥有自尊，要么没有自尊），每个人都拥有一定程度的自尊。因此，我们可以这样说：一个人的自尊、自爱和自我接纳越多，他们就越能尊重对方，身处在自信心不足的人看来可能会危及自身价值的情境时，他们就越能耐心、实事求是地加以应对。鲁道夫·德雷克斯说，相互尊重始于自尊。

对自身价值缺乏自信的人会不住地担心和害怕受到伤害和羞辱，反过来，他们往往也容易伤害和羞辱他人。自尊依赖于与他人比较，依赖于比他人"更……"的人会强迫性地强调自己的优越和他人的卑微。反过来，同样受困于自卑感的对方也在做着同样的事，于是我们就会看到双方的激烈竞争：争吵、踩踏，甚至战争。试想，有人正试图去搭救一个溺水的人。由于溺水者惊慌失措，害怕自己沉入水中，于是拼命拉拽救人者。救人者被拉到下面时，溺水者会产生上浮的错觉，可实际上，他们两人都在下沉。感觉到危险后，救人者也会用完全相同的方式拉拽溺水者，直到两人双双沉入水中。

下面是一个现实生活中的例子：

当G先生下班回家时，他发现妻子D（家庭主妇和孩子的母亲）瘫在沙发上，既没有打扫房间，也没有做饭、洗衣服。

D向他哭诉："我做不了。自从有了孩子，我就什么都做不了了。我什么事都得自己做，我太累了。"实际上，D的意思是，"我不懒！我不是一点用都没有！只是家务活太多了，我做不过来。"

她这样说，一方面是想挽回她对自己的尊重，另一方面也是想挽回丈夫对她的尊重。

"我真搞不懂，" G 说，"有些女人（比如我妈妈）有 5 个孩子，却还能把每件事都做好，不论是做饭、打扫，还是收拾房间。" G 这样说是因为他自己有不安全感，他认为自己挣钱太少，因为 D 的话在他听来实际上是这样的，"如果你挣钱多，我们就能请得起保姆。"于是，他就通过羞辱妻子来挽回自己的颜面，而她也用同样的理由反过来羞辱他，但这一次说得很明确："我的朋友家里都有保姆，只有我们请不起……"他们都是自卑心理的受害者。

倘若 G 拥有更多的自信，他就会这样回应 D 的抱怨："既要照顾孩子，又要收拾房间，这对你来说确实太难了。我要是能请得起保姆就好了。"而 D 则会回应说："没关系，也许等你升职了我们就请得起了。你这么优秀，这么敬业！我相信那一天很快就会来的。"但是，由于他们都忙着维护自己的自尊和形象，所以他们只能争吵，相互羞辱，并且品尝其中的痛苦。

幸运的是，那些伴侣相容力和自尊有所不足的人可以通过学习来掌握营造美满伴侣关系的艺术。一旦他们认清自己的行为方式和这么做所能造成的破坏，同时了解怎样做是建设性的行为（沟通原则、决策过程、变竞争为合作，等等），那么他们就可以下定决心，做出对未来有深远影响的改变，进而极大地改善他们之间的关系。

争斗，冲突，关系恶化

那些关系不睦的伴侣究竟在吵些什么，争些什么？通常，他们争的是谁更强大（谁将赢得这场争斗），谁拥有更多权力和控制力，谁更好（谁更代表正义）。不过，所有这些东西以及其他东西最后都会归结为极其常见的一点——谁正确。他们争吵，彼此都想证明他们是对的。有趣的是，大多数人都会指责与他们争吵的家人："他们总是争吵！

每件事都得跟他们争论！他们总是要证明自己是对的。"他们这么说是很有意思的，因为他们忘记了，争论需要两个人。如果对方在争论，那就意味着一定有人在和他们争论。如果他们一直试图证明他们是对的，那就意味着，与他们争论的人也同样认为，证明自己正确很重要，否则争论就不会发生。几乎所有人都希望自己是正确的。这是人的天性，是满足感的来源。问题是，我们是否一定要如此，哪怕毁掉伴侣关系也在所不惜？

下面这则笑话虽然不怎么可笑，但是却说明：避免争吵也是一种选择。

一个年轻人走近一位老者，向他讨教长寿的秘诀。

"在过去的每一天里，我从来都没有争论过。没什么是值得争论的。"老人回答。

"这不可能！"年轻人表示反对。

"哦，那就不是这样。"老人回答。

在拥有正确还是拥有美满的伴侣关系之间，选择后者的人会停止争论，放弃"正确"。他们理解以色列诗人耶胡达·阿米亥（Yehuda Amichai）所写的：

在我们正确的所在
永远不会有鲜花
盛开在春天里。

当然，这一退让对那些需要从"我正确"中获取重要感的人来说尤其困难。处于同一情形的还有那些以其他条件获取重要感的人，例如需要拥有权力的人（为了获得良好的伴侣关系，他们必须不再渴望自己永远是权力更大的那一个）、需要从头控制到尾的人（为了获得良好的伴侣关系，他们必须不再渴望自己成为始终发号施令的人），等等。为了改善伴侣关系，伴侣双方必须摆脱垂直视角的世界观，同时还要理解，事情也可以用以下方式来看待：

"即使我没有证明我是对的（或者没有赢得争吵，没有展现出我更好，等等），我也是有价值的，跟从前同样重要的。我喜欢包含平等、友谊和分享的伴侣关系，因此我不再竞争。我的伴侣并不是在反对我。他（她）并非站在我的对立面。他（她）是我的家人，是我选择去爱的人。改善我与他（他）的关系，让他（她）感觉良好也能带给我价值感。而且，这一价值感并不低于我从'我正确'（或其他任何竞争性的目标）中获取的价值感。"

伴侣双方应该鼓励彼此去面对家庭生活、工作和社会生活中的困难，让对方感到自己是重要的，有意义的。然而，相反的是，他们却常常成为羞辱对方的排头兵（"我走到哪里都受到夸赞，只有回到家里例外"）。这是多么巨大的浪费啊！

在下面这些个案中，人类结为伴侣的初衷已经被完全遗忘了。

关系恶化的过程

伴侣关系的恶化是如何开始的？

A. 相互冲突的欲望浮出水面

相爱的年轻伴侣常常认为，他们的愿望总是一致的。在他们看来，他们是如此的和谐，以至于他们总是会步调一致地思考、感受和行动。当然，这种不切实际的事只会发生在童话世界中。伴侣双方是两个不同的人，他们在两个不同的家庭中长大，每个人都有自己的世界观、情感反应模式、优先考虑事项和愿望。

婚礼过后一周：

他："艾瑞克和达芙妮邀请我们周六中午去烧烤。我已经答应他们我们会去。"

她："你什么意思，你已经告诉他们我们要去了？我们周六中午要去我父母家。"

他："我们为什么要去你父母家呢？上周不是刚去过吗？我跟你说清楚，我可不想每周都去你父母那里。"

如果他们没有良好的决策能力和问题解决能力，如果他们没有足够的"伴侣相容力"和（或）自尊，结果就会是这个样子。她感到十分震惊。因为在她看来，他没有表现出对她的尊重。他感到愤怒。因为他先前确信，他想要做的也是对方想要做的。于是争斗就开始了。

双方欲望之间的矛盾是不可能不浮出水面的。一方认为自己想要什么都一定会实现，却惊讶地发现另一方并不这么认为，于是怒从中来。

B. 伴侣优点的另一面暴露出来

伴侣一方所具有，又被另一方所看重的品质一般都有其反面（通常没有例外）。如果有人不愿意付出相应的代价，愤怒就会产生。

他：（你不修边幅、与众不同、信马由缰、不切实际，你还让我来安排一切，你真让我着迷！）"你就不能准时一次吗？！！难道你不明白，当你买了一套房子，并且安排与卖方和律师一起见面时，你必须准时到场吗？！！！看在老天爷的份上！！！"

C. 伴侣契约中的隐患凸显

伴侣契约在签订时越不平等，隐患就越大，双方将来为此所付出的代价也就会越沉重。当伴侣中的一方违反了既定的契约条款，或者当他（她）想在里面补充新条款时，怒火就会点燃。

在所有这些情况下，如果伴侣双方指责、争吵和谩骂（而不是表达感受，提出愿望和发出询问），双方就会陷入长时间的相互伤害，直至"战争"爆发。

好消息是，伴侣双方可以通过学习来掌握和平解决问题的方法。

一份冲突解决方案

伴侣双方可以选择相互尊重。这么做既是为了对方，也是为了自己。然后化解冲突。

冲突是如何解决的？

鲁道夫·德雷克斯已经为我们准备好了一份方案，即"解决冲突的四个步骤"。它们分别是：

1. **双方相互尊重**。这意味着双方需要提前约定，一方的愿望并不比另一方的愿望来得重要，哪怕他（她）是男性（我说了算！）或女性（要尊重女性！），哪怕他（她）说得更有道理（你说得没道理！）或者更正确（你错了！），哪怕他（她）知识更丰富（你懂什么？！）或者遭受了更多的痛苦（我受不了了！我头快疼死了！），哪怕他（她）掌握更多权力（照我说的做！否则……）或更柔弱（你必须这样做，因为我做不了！），哪怕他（她）非常可怜，非常难过（哭泣），或者非常愤怒（如果你不……我就不知道自己会做出什么事来！），哪怕他（她）施加压力（我告诉过你多少次了！），等等。虽然当下的所有感受和需求都必须考虑进去，但双方的期待都是同等重要的。双方的愿望都应该得到尊重。

2. **找出问题所在**。双方所争论的话题从来都不是问题的根源所在。唇枪舌剑背后总是少不了理解、解释、期待和情感。例如：一对伴侣在为谁应该在早上使用家里的汽车而争吵。对情况经过一番了解后，我们可能会发现，H 这样做是希望早上多睡半个小时，同时还能按时上班，而 Z 这样做则是为了给办公室的同事留下好印象。了解情况可以借助谈话的方式进行。在谈话中，双方各自表达他们对这一话题的感受和想法。如果情况升级为更剧烈的争斗和相互伤害，那么这就意味着，真正的问题在于，双方都在为各自的地位和价值而焦虑，因为在他们看来，他们所争论的话题会威胁到他们的自尊。于是，他们相互伤害另一方的价值感，剥夺对方拥有价值感的可能。在这种情况下，如果没有专业人士的帮助，他们通常很难找到问题的真正根源。

3. **达成协议**。在真正理解问题根源的基础上，伴侣双方一起寻找解决方案。上面例子中的伴侣双方可以选择由 Z 带 H 去上班，这样一来，车就是由他来开。通过这种方式，她可以多睡半个小时，而他也可以向他的同事们展示，他有了一辆新车。如果两人发现，在冲突背后，伴侣双方的自我价值感受到了伤害，那么解决方案也必须包括停止这一伤害。

4. **分担责任**。双方分头实施伴侣契约中由各自负责的部分，并且为此承担全部责任。

下面是另一个例子。

她还想要孩子，而他不想
问题的根源究竟在哪里

德雷克斯说过，对于所有的严重冲突，找到问题的真正所在不仅是可能的，而且非常必要，因为它往往会同时伤害双方的自尊。没有人能受得了自尊受到伤害，这是一种无法忍受的痛苦。于是，两个人都必须以某种方式为自己制造一种感觉，即自己是有价值的，拥有一席之地的。如果有人像下面这个例子中的 J 先生的妻子那样追求某种结果，那就意味着他（她）的生活，或者说他（她）的价值感，依赖于它。只要这一根本问题没有浮出水面，没能得到解决，冲突就无法息止。

J先生在来信中写道：

我请求您的帮助，越快越好！我的生活简直成了地狱，您必须帮帮我。事情是这样的。我大约40岁，妻子年龄与我相仿。我们结婚大约20年了，有4个孩子。老大已经高中毕业，最小的6岁。我们住在一套相当宽敞的公寓里，过得还不错。从收入上说，我们只是上班族，但过得还不错（尽管还欠银行不少钱）。我妻子过去在家照看孩子，最近才开始工作。问题是，她现在想要第5个孩子。我不想要这个孩子，原因有很多：收入、家里的空间、目前没有这样的需求、也不想要，等等。对于我的态度，我妻子却不接受。她说，对她来说，这是必须的，她必须要生第5个孩子，而我则必须同意。目前的情况是，我们因为这件事已经紧张了好几个月，她别的事情都不关心，只是从早到晚一个劲儿地想要说服我（哭泣、施压、喊叫，无所不用其极），让我意识到自己错得有多么离谱，以及我为什么必须得同意她生第5个孩子！！

十万火急，请帮我分析一下，告诉我该怎么做。我们两人的生活正变得一天不如一天。我让她去咨询，她也不去。我说我要考虑一下，我现在还没有准备好，她却说我必须把怀孕的日子告诉她。

我给他回信：

首先我想说，你有选择是否要孩子的权利。我们的社会（总体上说）、司法体系，特别是妇女都认为应当由父亲来对他的孩子的命运负责（这么看当然是对的！）。从孩子出生的那一刻起，即使你没有计划要孩子，或者没有想到他们会降生，你也得负责把他们养育成人。你必须在他们成长的过程中陪伴他们，并在你其后的一生中为他们提供支持、帮助、鼓励和指引，就像这个社会对妈妈的要求一样，特别是在经济上。如果让男性来承担责任，却不让他在决定是否要孩子的问题上享有平等的参与权，这是不可以的。生孩子通常需要两个人，也就是说，两个人都要同意。如果有一方不同意，那么这件事就没法办。与此相关的权利和义务就说到这里。

当然，你所谈论的并不是这一点，而是你和你妻子间越来越糟糕的关系。她需要依赖你来实现她一个非常强烈的愿望。而且，我们也很容易理解，当你不同意这样做时，她受到的打击有多么大。你觉得她在强迫你做一些你目前并不愿意做的事情，而你还没有准备好屈从于她的意愿。

这里到底发生了什么？

在大多数情况下，当孩子长大后，成年人的生活重心通常就会从孩子转移到他们自己的生活上，转移到夫妻关系上，转移到社会生活和工作上。当然，孩子仍然是生活中非常重要的一部分，但他们已经不再是整个家庭运转的轴心。这就是你目前的状况。你对你的生活相当满意，你想充分享受你眼下的生活。可是，你妻子心里显然却在经历一场越来越严重的恐慌，因为她的世界里再也没有需要她照顾一切的小孩子了。我们可以推断（当然，这一假设可能是错的），她对重新回去工作不是很热心（她过去长年待在家里陪孩子，只是最近才开始工作）。她在家里和孩子们在一起的感觉可能要比她在工作时要好。我猜，你和她的关系也没有让她感到满足。有可能，跟许多女性一样，她在这个世界上的身份和地位也主要是围绕母亲这一身份而构建的。在这种情况下，孩子们终有一天会离开家的预期就可能会在她的生活里留下一个黑洞——"我是谁？我算什么？"这是一种非常难受的感觉，是一种失去归属感的痛苦。下面是我的几点建议。

你可以对你的妻子说：我们来看看，为了让你的生活充满欢笑，我到底能做点什么——除了再要一个孩子。她愿意让你们之间的关系变得更加密切吗？有没有什么事情是你们两个人能一起做的，以此来给你们的生活增添新的内容？你们可以去旅行吗？可以一起学习吗？可以一起做运动吗？或者，你也可以建议你的妻子辞职（这样就不需要以生孩子为借口），直到她找到一份真正能带给她快乐甚至能让她感到兴奋的工作再走出家门，这么做或许能让她高兴。或者，她应该去接受职业咨询。以上建议供你和她一起尝试，以此来了解她真正想要的是什么，并且帮助她（即使付出一定牺牲）收获精神和情感的满足和自尊，而无需再通过要孩子来达到这一目的。

如果事实证明，这么做没有效果，你的妻子仍旧在坚持她的要求——再要一个孩子，这时，你就可以说得更明确一些。例如，你可以说："如果我们能去做心理咨询，在专业人士的帮助下弄明白，为什么再要一个孩子对你来说如此重要，以至于你对其他事情都不感兴趣了，那么我愿意认真考虑这个问题。我们有 4 个孩子，年龄有大有小，我很难理解你的这一需求为什么如此强烈。如果没有第三方提供帮助，我不会考虑你的请求。他们会跟我们解释背后的原因，我们也会更清楚我反对的理由。"只有深入理解了问题的根源，你才能知道下一步该怎么办。

你也可以同意。谁知道呢，也许这个孩子会成为你的掌上明珠……

解决伴侣冲突的过程分为 4 个阶段：

1. 伴侣双方尊重彼此的意愿。如果他们说的是"你胡说""你想要第 5 个孩子，疯了吧？""你懂什么？""你错了"这样的话，或者展现出类似的态度，问题就没有机会解决了。我想再次强调，相互尊重的起点是伴侣双方都明白："你的愿望很重要，有道理，很正当，应当得到满足，就像我的愿望一样。由于我们有许多愿望相互矛盾，这就会引发一个问题，似乎无论我们做什么，我们当中的一方都会非常不开心。而由于我们在一起生活，导致即便愿望得到满足的一方也会因此而痛苦，所以，我们两个人早晚都会不开心。对于这个问题，我们必须用同时考虑你和我的方式来解决。"相互尊重的指导原则是"不争也不让"。"争"是对对方不尊重，"让"是对自己不尊重。

   当拒绝让步表现为温柔的坚持，甚至带有理解和同情（"我知道你还想要个孩子。我明白你很想这么做。我知道你特别喜欢照看小孩，你过去就做得非常好。我觉得我无法给你想要的，这也让我非常难过"），而非表现为轻蔑（"你休想逼我这么干！你除

了生养孩子就没别的事情可做了吗？"）时，这一拒绝就会充满
力量。当一方对达成公平、令人满意的解决方案感到绝望时，敌
意就会上升。反过来，敌意却也常常会紧随对方所释出的理解和
尊重而烟消云散。

双方对对方的鼓励（提升自我价值感）对这一过程至关重要。

2. 伴侣双方共同发现（无论是否有外部帮助）当前的问题对他们
各自意味着什么。或者说，这件事与他们的归属感有怎样的联
系？他们的自尊在哪里受到了伤害？到底是什么让他们感到羞
辱、受伤或失败？

对深层问题的准确认知能加深两人之间的相互理解。理解对方
的意愿和解决冲突的愿望是与目标紧密相连的。那些想要维持
和改善伴侣关系的人，那些喜欢并想要拥抱对方的人，那些积
极看待对方和平等相待的人渴望去理解，去原谅，去让对方快乐。
而那些对继续共同生活不感兴趣的人则龟缩在自己的角落里，
拒绝从对方的角度看待问题。

3. 在相互理解的基础上提出解决方案。例如，假如两人认识到，
妻子想再要一个孩子是因为，她不想继续目前的工作，可她仍
然想做点什么，让自己拥有价值感。这时，J 先生就可以建议她
先把工作辞掉，再去寻找她真正感兴趣的事情，无论是学习、
工作，还是志愿服务（当然，收入的因素必须考虑在内）。只
有这么做才有可能解决真正的问题，而非在似乎困扰他们的表
面问题上兜圈子。

一旦找到双方都满意的方案，两人都愿意为之贡献力量（当然，
双方也都要为此付出代价），共识就形成了。奇妙的是（这一
点再怎么强调也不过分），只要一方（通常是任意一方！）转
变态度就足以扭转先前的恶性循环，令冲突得以解决。寻求和
解的一方总是可以单方面地选择这样做，并且怀着对对方感受
和意愿的尊重和理解去行动和表达。

真正的解决方案绝不是妥协，绝不是在压力和胁迫下达成的"共

识"，也绝不是讨好的产物。这样的妥协是无效的，并不能真正满足和照顾到双方的需要和感受。借助威逼利诱而达成的所谓"共识"蕴藏着冲突再度爆发的火种。

4. 伴侣双方共同负责解决方案的实施。每一方都要积极推动方案中与自己有关的事项。

下面是另一个与冲突有关的个案。

丈夫一人出去玩令妻子痛苦
他心里有她吗

有的人极为害怕有人来控制他们，决定他们做什么，以及侵犯他们的个人自由。这样的人结婚后，他们会坚决反对伴侣剥夺他们来去自由的权利，这对他们来说非常重要。

当伴侣中的一方不确定自己在伴侣关系中的地位时，他（她）就可能会担心想要独自出去玩（不承诺何时返回）的一方会离开自己。

在一方看来，失去自由等于失去自尊。在另一方看来，对方拥有自由又等于自己丧失自信。

我们可以把这种（常见的）情形叫做相互踩踏（为了使自己拥有归属感）。

T 女士在来信中写道：

经过 5 年的交往，我和丈夫最近结婚了。我们非常爱对方，我们的关系很好，只是有一个让人头痛的问题总是出现，不断出现，并且将来很可能还会出现。我丈夫是个"独立"的人，喜欢有自己的"空间"。不过他喜欢晚上（大约一周一次）和朋友们出去玩（没有我！而且没有叫我一起去！）。还有，他喜欢去参加"哥们旅行"（只限男性），一去就是好几天。对于第一种情况，我总是感到很难受。看着他打扮，弄头发，喷香水（在我看来，他这么做显然是为了吸引女性注意），留下我一个人睡觉，我觉得很恼火。我不会像他那样跟女性朋友出去玩，因为很遗憾的是，我已经有一段日子没有女性朋友了。

对于第二种情况，我一想到就会气得直揪自己的头发。对我们来说，时间和金钱都是非常宝贵的（因为他工作挣钱不多，也因为我们是年轻夫妇，需要节省），我认为他花费这些东西的方式对我不够尊重，他没有叫我一起去。我工作也很努力，我也想去度假。可他总是跟我说，他要去参加"哥们旅行"……

我给她回信：

你的丈夫对自由有强烈的需求。除此之外，他还可能不容易接受这样一个事实，即，自从结婚以后，他支配空闲时间和与女性交往的方式就受到了重重的限制。很多年轻人都知道，自从他们与自己选来与其共度余生的人结婚后，求爱、一夜情和与异性的种种浪漫都会一去不复返（许多人十分害怕失去这些可能性，甚至为此而避免结婚）。因此，只要想到这一点，他们就会跌进怅然若失和焦虑不安的深渊。在大多数情况下，这些年轻人最终都能适应新的情形。显然，他们与伴侣相处得越愉快，越融洽，越满足，他们就越容易放弃其他可能性。听起来，你丈夫就像是心里怀有这种恐惧的人，但这并不意味着他不爱你，或者他打算离开你，或者他对你不忠，等等。

问题是，这样的情况有可能会变得更严重。

为什么呢？因为，对自由和独立的需要有这样一个特点——压抑越大，反弹越大。或者简单说，这种欲望越压抑就越强烈。以你的情况为例，你丈夫每周和朋友出去玩一次，我想知道，你每次是如何对此表达不满的？还有，对于他去参加"哥们旅行"，你又是如何回应的？到目前为止，你觉得这只是因为"他喜欢"，你是这么说的。但我猜，每次他表达这种欲望时，你都会勃然大怒，猛烈指责，让他非常难受。我猜，每次发生这种情况，你都会把你写给我的内容再次解释给他听。

你总是使用同样的措辞来证明，他花钱和时间去与除你以外的其他人度假是多么不合情理，多么不可饶恕。我不是在怪你，我只是担心，你越给他压力，越生气，他就越可能想要去"旅行"。你试图抑制他的自由，却使他更害怕失去这一自由。于是为了克服这种恐惧，他觉得有必要再次跟你说他要出去……他这么说让你"气得直揪自己的头发"，让你对他的反对更加难以抑制，于是恶性循环。

顺便提一下，有一种说法叫做"伴侣应该一起做所有的事情"。你对此的理解或许是："结婚后，什么事都不能分开做。"这在新手伴侣中是非常普遍的认识（伴侣关系是需要学习的，因此，与其他领域一样，这里也有"新手"和"老手"的区别）。心理学家和婚姻咨询师认为，这是一种非常容易造成误导的、对共同生活有害的观念。伴侣之间的许多争吵都与信奉这一观念有关。不要忘记，结了婚的两个人并不会变成一个人，他们仍然是两个人。因此，两人各自拥有自己的朋友，并且各自与他们见面，这都是完全可以的。我建议你好好想一想，然后回答下面这个重要的问题：你是想让这个问题把你的生活搅得一团糟，还是说，你愿意在最大程度上尊重对方对独立的需求，同时避免做出夸张的反应？你应该认识到，你嫁给了一位需要保留一定自由度的丈夫。想想你自己，你愿意过什么样的生活，不愿意过什么样的生活。在你考虑清楚这一点后，把你的想法告诉你丈夫。在那之后，你要停止抗议你已经同意接受的东西，同时也要明确你所能容忍的你不愿接受的东西的限度。例如：他每周和朋友出去一次，你可以接受，但你不能接受他每周和朋友出去两次。再如：你不能接受他和他的男性和女性朋友一起出去，却没有叫你一起去。关于自由的话题，我们先讨论到这里。

对于钱的问题，你应该知道，关于你们两个怎么花钱、度假花多少钱、度几次假、跟谁度假等问题只是你们必须共同决定的许多事项之一（例如，你们有车的话谁来开，多少预算用来买衣服，谁来做饭，几点吃饭……这样的事情数不胜数）。很多伴侣只是单方做决定，根本不跟对方讨论。比如有人负责预算，有人（可能是妻子）负责买食物、去哪里玩，等等。在这种情况下，你们当中的一方可能会不满对方做出的某些决定（往往未经讨论），于是愤怒总有一天会爆发。明智的做法是公开讨论这些问题，各自说出自己的想法和愿望，共同寻找同时适合双方的解决方案。我建议你们循序渐进地进行这样的讨论，首先从相对不重要的事情开始，接着才能讨论涉及钱的问题，比如要花钱买什么，如何决策，等等。如果有一天，你们到了不得不谈论他的"哥们旅行"的时候，你们在共同决策方面就已经拥有了足够的经验，你们就能准确地表达你们的感受和主张了。在此之前，你可以把这个问题绕过去，以防陷入我在上面提到的恶性循环。

我猜，这位丈夫觉得很丢脸，因为他觉得自己已经被妻子控制了。对他来说，重要的是要向自己和她强调，他是一个自由的人，可以不带她去参加"哥们旅行"，以及，"我做什么她管不着"，或者，"我不受她摆布"。很多人（主要是男性）觉得，当有人（主要是女性）能决定他们做什么或不做什么的时候，他们的自尊便会受到威胁。也就是说，丈夫的真正问题不在于他有多么想去参加"哥们旅行"，而在于他害怕失去自尊。因为在他看来，这与他的行动自由密切相关。当然，这只是一种猜测，我们对他一无所知。

T女士的新婚丈夫出去玩不带她，甚至去度假也不带她，这可能会让她觉得自己的价值受到了伤害。在她的主观感受里，这可能意味着，"如果我对他很重要，很特别，如果我是他的妻子，那么他就必须（或者应该）跟我一起做所有的事情，而且还要在多数时候希望我们永远在一起。"也就是说，她把他不想带她出去理解为了他不再看重自己，于是，她的自我价值也跟着受到了伤害。

因此，真正能解决丈夫的问题的方法是让他知道："别担心，你是一个自由的人，没有人在控制你，也没有人想这么做。我们结婚后，你没有成为任何人的受气包。你的妻子只是爱你，想确定她在你心里很重要。"

而真正能解决妻子的问题的方法是向她解释：要知道，所有结了婚的人都有想和别人在一起，而不只是跟自己的伴侣在一起的时候，都有想单独做某些事的时候。这绝对不意味着你对他不重要。即使他和朋友们谈论漂亮女孩，那也不是不尊重你，他这么做只是在维护他的自我形象，他需要这么做来获得良好的自我感觉。

如果双方都接受这些令人安心的事实（让失去重要感的焦虑得以缓解），冲突就会消失，他们也就能用合适的方式来决定跟谁去，什么时候去，以及去哪里。

再强调一遍：

- 第一步，尊重对方的需求和愿望。她要承认他有权去外面玩，他也要承认她有权因为他这么做而感到痛苦。这样一来，他们就不会生气。
- 第二步，理解问题的真正所在，即争论的关键。他们需要一起尝试理解，为什么对他来说，出去玩如此重要？这对他意味着什么？而两个人不能在一起对她来说又意味着什么？他们发现，他害怕自己被婚姻困住，而她则听说过有丈夫单独出去玩，最后证实是出了轨。他用新的方式重申他对她的爱，并且说明，这跟他对他的朋友们的感情完全是两回事。
- 第三步，寻找解决方案并达成共识。他们做出决定，他可以出去玩。在他这样做的夜晚，她需要找一件开心的事情来做，而他则需要告知对方他在哪里，并且允许她（如果她愿意的话）去查看，以此来让她确信，他真的只是跟他的朋友们在一起。
- 第四步，付诸实施，双方各自承担属于自身的责任。不过，要想让伴侣双方担负起他们在制造和解决冲突中所应担负的责任，他们就得首先认识到，他们自身也是问题的始作俑者。在大多数情况下，伴侣双方都会把对方视为冲突的制造者，认为问题都是对方造成的，而自己则扮演受害者的角色。如果有人这样看问题的话，他（她）又需要承担什么责任呢？因此，愿意并且能够从对方的角度看待冲突也是解决冲突的必备条件。

在下面这个关于 Y 女士的个案中，伴侣一方的讲述就只是从自己出发的。

他是疯了还是只是非常生气
从不同的角度看待同一段伴侣关系

Y 女士在来信中写道：

我们结婚 30 年了，有 5 个孩子和 5 个孙辈。在过去十年里，我们（我丈夫和我）之间一直缺乏交流。他做起事来非常生硬，非常伤人，也非常欠妥。他有时会突然发怒，开始骂人，说脏话。这样的事情发生后，我无法原谅他，日常生活也乱了节奏。我受到了伤害，一副怒气冲冲的样子，对家人很凶。我丈夫最近变得更坏了，更恶毒了。对于他的这种表现，我完全无法原谅。我们一起去看戏，演出开始前，我和他说了一些我们 22 岁儿子所做的不好的事情。他不喜欢我跟他说这些，非常生气，甚至站起来说："我要走了，把我的钱包和车钥匙给我（它们在我的手包里）。"他起身离开了剧场，丢下我一个人。到了晚上 11 点半，我没有现金，没有电话，也没有汽车，只好叫了出租车回家，然后从家里拿钱付车费。这件事让我非常生气，我无法原谅他做出这种卑鄙的事。我对他冷冰冰的，只把后背给他，完全不理睬他，仿佛他是空气一样。还有一件事，我发现我的乳房上出现了可疑的肿块，所以我去医院做了详细的体检。大约一周后，我收到了检查结果，当时我丈夫问我："你还没有告诉我你的检查结果，是吧？"我回答他说，我正在寻找一位好的专家，以便确保它不是恶性的。我丈夫接着说："别担心。坏人是不会得癌症的。"那件事已经过去三个星期了，我非常愤怒，无法原谅他，心里也恨死了他。我在家生闷气，对身边的人也不好，我也没有把检查结果和医生进一步的意见告诉我丈夫。

他曾经尝试含蓄地问我发生了什么事："怎么了，你不舒服吗？"我回答说："我感觉好极了！！！"

我不知道该怎么办了。把这个家拆散对我来说不是件容易的事，这太复杂了。请你告诉我该如何对待一个从不对自己的行为表示歉意，也从不请求我原谅的丈夫。我觉得他性格有问题。我很难继续这样生活下去。

我想听听你的意见，谢谢！

我给她回信：

你丈夫不仅"突然"骂人，说脏话，还把你单独留在电影院，让你没办法回家，这种情况可能有两种不同的解释。第一种是，他患上了某种精神疾病。第二种是：他在生你的气，对你非常愤怒，以至于他都无法控制自己。

如果第一种解释是正确的，那么我就没办法帮忙了。因此，我们只讨论第二种可能性。我们人类有一种奇怪的倾向。很多时候，当我们经历一段情感关系、对话或互惠关系时，我们只能看到和听到对方做了什么，说了什么。我们看不到自己，也意识不到自己做了什么，说了什么。也就是说，我们对我们自身在当前事件中的责任视而不见。事实上，整件事情的参与者是两个人。可我们却只能听到其中一方（即另一方）所说的话。这意味着，当我们描述这种关系和互动（包括做了什么，说了什么）时，我们只会描绘出一幅毫无意义的离奇画面。其中有好多东西是难以理解的。有些事情甚至荒谬到我们不得不假设事主所描述的人是精神病的程度。为了证明这一点，我想给你看一封假设是由你丈夫写给我的一封信，其中的所有描述都来自你的信。

我们结婚很多年了，有孩子也有孙辈。在过去十年里，我妻子有时会突然"发作"，一副怒气冲冲的样子，对家人很凶。她有时对我冷冰冰的，只把后背给我，完全不理睬我，仿佛我是空气一样。特别是：

她最近做了体验，发现乳房上出现了可疑的肿块，但她没有告诉我检查结果，后面进一步的消息我也一无所知。在过去的三个星期里，她一直非常愤怒，对什么都不满意。她经常生闷气，对身边的人也不好。我曾经尝试含蓄地问她发生了什么事："怎么了，你不舒服吗？"她却回答说："我感觉好极了！！！"

我不知道该怎么办了。把这个家拆散对我来说不是件容易的事。我该怎样对待这样的女人？我想听听你的意见。

这是一封假想的来自你丈夫的信。他说他不理解你为什么会这样做，而完全不管他对你做了什么，你听他这么说不生气吗？当他只看到你对他做了什么时，你难道不认为这根本不客观，你是被冤枉的吗？这是冲突的悲剧性根源之一。事实上，一方眼里的景象永远无法与另一方眼里的景象相同。事实上，一方只是看到他们受到了怎样的对待，同时却认为，他们自己的言行明显只是针对对方言行的合理反应，本身并不应该遭到报复，因为它只是被动的反应……我们人类的这种倾向制造、激发和拖延了无法尽数的各种"战争"，从政治领域到情感世界，不一而足。

你向我征求意见。我的看法是，如果你认为，这种无法解释的攻击行为是由精神疾病导致的，那么你要充满同情地对待你丈夫，同时尽你所能带他去看精神科医生。但是，如果你认为他的表现可能与你们之间的关系有关，可能是你在某种程度上让他感到沮丧和失望，那么你就要主动询问他："告诉我，你是不是因为什么事生我的气了？你为什么跟我说坏人不会得癌症？你为什么把我一个人丢在剧院里？你为什么对我这么急躁和生硬呢？"如果他在回答中列出了你的种种罪状（这是他所感受到的），你就必须避免做出常见的、不加思索的错误反应，即立即开始与他争论，告诉对方他是错。试着耐心倾听，并且真正理解是什么让他生气。然后，问他是否愿意听你说说，你从你的角度是如何看待这些问题的。如果你们自己找不到解决方案，我建议你们接受伴侣治疗。

单看 Y 女士的描述，她的丈夫肯定是疯了。在一起生活了这么多年，有了 5 个孩子和 5 个孙辈，怎么可以这样？？这太残忍了！

评判自身时，我们依据的是自己的意图和感受。评判他人时，我们依据的却是结果，也就是行为。如果只看到丈夫的行为，我们会很容易认同 Y 女士的震惊，认同她惩罚和不理睬对方的决定。但是，如果我们有机会听到他的感受，那种导致他做出如此野蛮和刻薄行为的感受，以及他这样做到底是为了什么——我们就可能得出不同的看法。

我们知道，如果伴侣一方寻求个体治疗，他们就会从治疗师那里得到完全的理解和支持。于是，治疗师也会跟他们一样认为，问题在于他们的伴侣行为恶劣（治疗师并不认识他们），所以来访者的愤怒是绝对可以理解的。问题在于，如果他们的伴侣去做个体治疗，他们的治疗师也会以同样的方式看待问题，只是方向恰好相反。只有伴侣双方共同接受治疗，将完整的关系呈现出来，双方各自所应担负的责任才能得以凸显。如果伴侣双方都把对方看作是行动的发出者，而自己只是根据对方的行动做出反应，也就是说，当他们把对方的行为看作原因，而把自己的行为看作结果时，两人的关系就会陷入悲惨的境地。在他们看来，只要对方能用不同的方式对待自己，他们就会愉快而热切地把两人的关系推入和平的轨道。显然，只要让丈夫改正他的行为方式，Y 女士就会非常愿意与他友好相待。但是，反过来，假如她能表现得像个正常人，他也会愿意与她重建温馨而和睦的关系。于是，在这样的僵局下，争斗就会无休无止，没有人愿意迈出第一步。

在下面的个案中，我们能明显地看到，冲突难以解决源自不平等的伴侣契约，也源自与之相伴的竞争性关系。

她想翻新厨房，而他认为这没必要
决策过程

写了下面这封信的 K 女士和 L 先生签订了一份不平等的伴侣契约。

他们各自守护自己的权力边界，从而避免竞争与争论，直到他们遇到问题，这才发现，不平等的伴侣关系根本无助于问题的解决。他想做决定，但她却不同意！

K女士在来信中写道：

我不愿意说我丈夫是个吝啬鬼，他确实不是。但是，有时候，当他决定不做一些必要的事情时，他也会让人生气，让人恼火，以至于让我们陷入长期的争吵。比方说现在，我们需要翻新厨房，现在的厨房又破又旧，没法用，所有的东西都很旧，完全过时了，可我丈夫完全不同意。我不想透露他的具体职业，但他的收入是很高的。可以说，我们是富裕阶层。请相信我，我们花这些钱是没有任何问题的。我不知道现在该怎么办，因为我认为我不应该退让。但是，另一方面，我们吵来吵去却又毫无结果。如果他能把银行账户的签名权给我，我就能自己决定与家庭有关的所有开销了，就像他自己决定与他有关的所有开销一样，这么做会让事情简单很多。让他来决定是否做某些事情是不公平的。你建议我怎么做？我怎样才能说服他？

L先生在来信中写道：

我看到了我妻子写的信，我必须解释一下。我是不可能给我妻子银行账户的签名权的，因为她花钱大手大脚，如果我放松了这一点，我们很快就会债务压身。我妻子每周都会收到相当多的一笔钱用于家庭开支，我认为她没什么好抱怨的。另外，我们的厨房很好，我真希望你能看到它的样子，里面什么也不缺。而且，我不喜欢乱花钱，这些钱是我努力工作挣来的。我希望我妻子能体谅我，放弃她想要的某些东西。

我在回信里写道：

目前，整个西方世界正处于一个过渡时期，从过去有人做决定、有人奉命行事的状态过渡到人人平等的状态。如果有一天，社会平等完全实现，那么就没人来为与他人有关的事情做决定了，而是要由这些人来召开会议，展开讨论，表达各自的观点，听取他人的意见，最后共同做出所有人都能接受的决定。共同的决定意味着所有人都要承担同等的责任（这一点非常重要），例如执行所决定事项的责任和对最终结果（无论成功还是失败）所承担的责任。

当你在谈论是否要翻新厨房时，你一定会对我在这里大谈理论疑惑不已，但厨房就是一个完美的例子，它能反映当今许多夫妻在做决定时所经历的困惑。

一方面，你表现得像旧时代那样，好像丈夫是老板，你是他的雇员。根据这种安排，他就成了家庭生活的唯一供养者（你虽然没有在信中提及你是否拥有工作，但我能看出，你不是家庭的重要经济来源）。这意味着，如果家庭出现经济困难，你将不会感到自己有任何责任，反而（我猜）还会抱怨丈夫挣钱不多。在这种伴侣关系里，妻子的经济状况与一个孩子并没有太大的不同。孩子也没有自己的钱，必须向父母要钱，而父母则有权告诉他们可以买什么，不可以买什么。在过去，所有人都接受这样的安排，没有抱怨。男人负责生计，女人管他们要钱来充作家庭开销。

今天，空气中到处弥漫着平等的气息，没人能忽视这一点，因为这一气息无处不在。于是，你站起来说，等一下！我不同意。我想成为平等的婚姻伴侣，我也想在家庭的财务问题上拥有决定权，我也在用自己的方式（家务）为家庭做贡献。所以，对于我想买或者我认为家里需要的东西，我为什么要去乞求另一半呢？

这么想是没有问题的，只是不要忘记，作为平等的伴侣也意味着要承担同样的责任。这意味着，如果他挣得不够多，你就得问问自己，你该如何帮他平衡预算。这意味着，你要了解银行账户的变化，并且在考虑特定花销时考虑这一变化。这也意味着，当你发现家庭经济状况紧张时，你要限制自己的消费需求，而无需你丈夫来让你这么做，你还得想方设法压缩开支，改变过去的生活方式，或者去挣更多的钱。

你真的想付出这样的努力，承担这么多责任吗？

　　而你，作为丈夫，如果你只想要一个无需承担责任、只为你做家务的小甜心，那就继续每周给她零花钱，不要让她使用银行账户。如果她表现乖巧，那就给她奖励。另一方面，如果你想要一个能够为你提供支持、真正与你平等的伴侣，那就要在财产和银行账户上给她应有的位置，并且接受你不再是家庭唯一决策者的事实。如果你这样做了，有些事情可能就不会按照你的意见和看法去完成，而钱也会花在你认为没必要的项目上。如果你认为你的妻子真的是一个不负责任、不谙世事的人，会让你们两个深陷泥潭，那么你这么做确实需要小心。与其如此，你是否还不如要一个被宠坏的、无拘无束的幼稚妻子？或者，她的不负责任可能与她不知道你的经济状况有一定关系，她以为你挣非常多的钱，所以才会主张翻修厨房。为了做出明智、审慎的决定，她必须能够准确了解你的财务状况，并且能够时刻得知最新的变化。

　　我们来看看，摆在你们两个人面前的有哪些选择？

　　你们两人可以继续采用"老板与叛逆雇员"的互动方式。在这种情况下，决定当然还是老板来做，他的决定是无可争辩的（他的收益），这是他的权利，因为他要背负沉重的责任。在困难时刻，只有他一个人会因为担心而彻夜难眠（他的代价），而这种事与他的雇员无关，她还能继续领取她过去的薪水（她的收益）。他掌握决定权（他的收益），但他也是孤独的（他的代价）。如果你们选择这个选项，那就意味着不会翻新厨房。那就意味着L先生不愿意分享控制权，于是，他就不会有朋友式的伴侣。他有一位愿意把控制权交给他的妻子，这样她就不必长大，不必面对家庭之外的生活。她想让他给自己比从前花更多钱的权利，但她对改变伴侣契约没有兴趣。

　　或者，你们也可以选择相反的方式，让K女士来决定所有的花销。"L对厨房知道些什么？这种事为什么要听他的呢？让他去工作，赚钱，让K来花钱。"如果K花钱花得开心，L也高兴，那也不是不可以。如果这是你的选择，你们就会翻新厨房。在这样的伴侣契约中，太太为所欲为，先生在为她工作，而他要获得价值感只需满足她的需求。在以上两种情况下（一种是丈夫掌握决定权，一种是妻子掌握决定权），你们必须考虑到情感的隔阂、疏远和你们每个人内心中逐渐积累的痛苦。

不过，还有第三种方式。你们可以结成平等的伙伴关系——在责任和决策方面。在这种情况下，你们需要对你们的财务状况有同等程度的了解（民主的前提条件之一是公民拥有知情权。这是做出明智和负责任决定的基础），对银行账户有同等的控制权。如果有人认为需要花一些钱来做某件事情（例如翻新厨房），他们就要展开讨论，考虑所有信息（包括提出建议者的意愿的强烈程度，这也是好朋友之间决定事项的重要因素），最后共同做出双方都可以接受的决定。

无论如何，在就是否翻新厨房一事做出决定之前，双方必须对如何做出决定这件事达成一致，同时还要准备好承受不同方式可能带来的不太愉快的结果。

伴侣双方相互竞争，每个人都确信，他们在自己所从事的领域中是最优秀的，而对方"对这些事情一无所知"。他们自视高人一等，互相批评，想尽办法要把对方踩在脚下。

于是就有了"到底谁来做决定"的纷争。

这一切的根源是，双方在实际上都接受了不平等的伴侣契约。K 女士接受 L 先生"给"她钱。她不认为他们的钱是共同的，而且即使他同意"给"她银行账户的控制权，她也只会对家庭内部的开销做决定。也就是说，她能够接受自己的权利受到一定限制。而他则仍然对金钱拥有控制权，这只是他"同意"的结果。L 也理所当然地认为，就像支出的最终决定权在他手中一样，他也有权"给"或者"不给"。所有这些都显示了伴侣双方的纵向视角。他们认为，无论是什么事情，人都有高下之分，有人做决定，有人服从决定。

如果伴侣双方不知道如何解决冲突，不懂得相互尊重，如何共同决策，他们的关系就可能沦落为一种旷日持久的痛苦争斗，就像如下个案中的 B 女士和她的丈夫那样。

到底该听谁的
婚后要一起做决定

　　下面是一对夫妇的经历。毫无疑问，在一起走过红毯的时候，他们的眼里闪耀着光芒和兴奋，希望"从此幸福地生活在一起"。然而，在过去的近 20 年里，他们却一直深陷痛苦、失望、屈辱和绝望之中。从共同生活伊始，他们显然就缺乏对对方欲望的尊重。他们的生活里充斥了轻蔑与羞辱。双方经常通过强力来代替或逼迫对方做决定，经常在谁更有价值，谁工作更辛苦，谁赚钱更多，于是也应得到更多的问题上激烈竞争。读到这样一种充满敌意和憎恶的夫妻生活是非常遗憾的。当然，他们还可以有别的相处方式。当伴侣一方获得成功时，他们可以善待彼此，一起庆祝。他们可以互相尊重，而非彼此贬损。这是可以做到的，只是需要学习。

　　B 女士在来信中写道：

　　我今年 36 岁，有 4 个孩子，大的 17 岁，小的 4 岁。在我们刚结婚的时候，我们跟他父母一起住在一套公寓里。一年后，我们在一个小镇买了一套"年轻夫妇住房项目"下的两居室，然后住在那里，直到我们的第三个儿子出生。当时，我丈夫想在他父母住处附近给我们找一套更大的公寓（有两间半卧室）。我反对，因为我当时没有工作，搬家会让我们背上沉重的债务。为了说服我，起初他承诺，我们可以住在我父母家（在另一个城市）附近。随后，他敷衍了事地搜索了一番，然后表示，由于我不工作，所以我没有权利要求我们住在我父母家附近，而是要住在他父母家附近。结果，我们债台高筑，无力偿还，于是我努力找了一份工作。他也在平常工作之外开始从事建筑物清洁，以此来使我们摆脱困境。他还要我感谢他没日没夜地为了让我们摆脱困境而努力，感谢他为了一家人而累得腰都直不起来。这让我非常生气，好像是我把这个家弄到这种地步似的。所以，我把我的想法明明白白地告诉了他。

工作几年后，我租了一辆汽车。我们以前从未拥有过汽车和驾照。我等他学开车等了好几年，他却一拖再拖。最后，我给他下了最后通牒，如果你不在某一天之前学开车，那我就去学，于是我就去学了。随后，他也去学了。我每天开车（去另一个城市）上班。他很少开车，因为他有班车接送。每到修车和洗车时，他都会说这辆车是我的，因此要由我来负责，包括支付保险、年检、油费、充气、保养等费用。

银行账户在我手里，我负责花销和收入（我们两人用一个账户）。可是，当他想买某样东西（譬如一台音响）时，他就会坚决要求这样做，而不考虑账户此刻是什么状态，也不管这些钱从哪里挣。

他工资很低，有时会说：我在这里住不下去了，我需要一台空调。或者：我们的车已经开了三年了，应该贷款换一辆车了。如果我们的账户余额变成了负数，我当然就会成为罪魁祸首。他看不到他买的昂贵的音响系统，却只是看到孩子们每天吃的"昂贵"面包。他向孩子们承诺，会给他们买球或音乐播放器这样的东西，却要求我遵守诺言，因为我是"财政部长"。

孩子学校开家长会是我的事，孩子们有作业需要完成是我的事，做家务、打扫卫生是我的事，孩子生病看医生也是我的事。而他生病后，我还得提醒他吃药。要是他约了医生，我照样还是要提醒他。

我觉得，我丈夫不仅不是一个能跟我交谈，给我支持和理解的丈夫，反而却是一个整天唠叨、苛责不断的丈夫，他巴不得我多摔几个跟头，多犯几次错误，这样他就能幸灾乐祸了。有时候，我觉得我背上好像背着一座山。每次我跟他说这个问题时，他都会生气，发牢骚，还说我不爱他。我气坏了，都想跟他离婚了。听到"离婚"这个字眼，他非常害怕，于是他承诺会对我好，还说从现在开始，一切都会好起来。然后，他会开始亲吻我。他还会跪下来，给我送花，端咖啡，等等。我不忍心看到有人这样作践自己，这样哭，我很同情他。我告诉自己"要有悲悯之心"，我应该原谅他。

如果他确实帮上了什么忙，他就会抱怨自己多么可怜，多么痛苦，因为我而受了多少罪。我告诉他，我不喜欢有人在旁边诅咒我，我也不喜欢他光着膀子在家里晃来晃去，而他却故意这样做。他还曾穿着短裤去我体面的工作场所，就像个混混。当我跟他指出这一点时，他却说："你嫌弃我。"我确实嫌弃他。我避免跟他一起参加社交活动。他爱发脾气，说话很冲，而且没有逻辑。

我们的婚姻是通过媒人促成的。我父母给我施加了很大的压力，因为他们认为他们给我找到了理想的伴侣。我是十个兄弟姐妹中的老大。

我真诚地希望，你能帮我了解我自己和我生活于其中的这段关系。我该如何修复它？还是说，我应该走出这段关系？如果这么做能给我的生活带来平静和安宁的话，那么我已经准备好这么做了。

我给她回信：

没人教过你们两个如何做决定，直到现在，你们还是不会，这真是一件非常遗憾的事。两个年轻人结婚了。一个想住在 A 城市，另一个想住在 B 城市，他们是如何做决定的？一个认为音响是必需品，而且买得起，另一个认为这是浪费，没必要，他们是如何做决定的？一个认为孩子们应该吃昂贵的面包，另一个认为这么做没必要，他们是如何做决定的？一个喜欢穿短裤，光着膀子在家里走来走去，另一个却喜欢他穿别的衣服。他们是如何决定由谁来做决定的？标准是什么？或许是谁更强大？谁更正确（显然，你们都认为自己正确）？还是说，谁更可怜？谁更痛苦？你丈夫肯定认为，更可怜、更痛苦的那个人是他。

决策是一种应当学，也能够学会的技能！很清楚的是，你们都认为，只要某项决定与自己的愿望和想法不符，那么它就是荒谬的。这意味着，你们彼此都不尊重对方的看法。以你为例，在你看来，只要你丈夫的想法跟你不一样，你就会觉得他错得离谱，而从未考虑过，事情也可以从他的角度来看待。顺便说一句，民主，一言以蔽之就是尊重与你不同的观点。

你们两人必须学会共同决策。但是，你们的主要问题在于，你们当中的每个人都在极力羞辱对方。不过，你在这方面占了上风，所以你丈夫自觉遭受了更大的羞辱。那些感到羞辱的人总是会想方设法反过来羞辱对方（以此来重建他们对自己的尊重）。这样一来，你们两人就一起堕入了无休无止的报复和相互伤害当中。于是，你把你的（负面）想法"明明白白地告诉了他"；你拒绝对他从事建筑物清洁工作表示肯定；他向你寻求肯定却让你感到非常生气，只因你认为是他把你带入这种境地。你原本可以感激他为了让家人住上更宽敞的公寓而"累得腰都直不起来"，但是你没有！你无法接受的是，当前决定所满足的是他的意愿（住在他父母家附近的一处大一点的公寓里），而非你的意愿（住在你父母家附近的一处小一点的公寓里）。可是，这两者之间有什么区别吗？无论是哪一种情况，它都不是你们共同的决定。唯一不同的是，在这件事上，你感受到了挫败，于是你向他展开报复。

而你比他先拿到驾照，车几乎总是由你来开，这时就轮到他感到挫败了，于是他也为此向你展开报复，即，所有与汽车相关的事务和开销都由你来负责。如果愿意，他完全可以帮你。可是，人并不愿意帮助那些在争斗中赢了自己的人。

你管理银行账户，挣的钱比你丈夫多，你也掌管着家里的经济资源。这种状况让你丈夫感到羞辱，于是他答应给孩子买东西，以此来增加他在他们眼中的价值，但是你不同意！你不允许这种事发生。你提醒他，你是钱袋子的保管人。你从不理会他关于什么该买什么不该买的看法，却惊讶地发现他并不"支持和理解"你。如果你事事都不征求他的意见，不考虑他的想法，他还会支持你那些让他感到遭受了轻视和羞辱的做法吗？当你告诉自己"要有悲悯之心"时，他心里也感受到了这一点，并且为此而感到羞辱。

为了报复你并获得某种形式的胜利，他就穿了会让你感到尴尬的衣服到你的工作场所，以此来让你蒙羞。

注意，你对他的看法是非常负面的（"说话很冲，而且没有逻辑"），以至于你都避免和他一起参加社交活动。有人会对这样的对待给予"支持和理解"吗？正因为如此，他才巴不得你"多摔几个跟头，多犯几次错误"，并且"幸灾乐祸"。他这么做并非是因为他恨你，而只是想获得一种感觉——他与你是平等的。你们两人必须学会如何切断这一恶性循环，必须学会如何鼓励，而非批评，必须学会如何支持，而非贬损。你需要一个能给你"支持和理解"的丈夫。毫无疑问，他也需要一个能给他"支持和理解"的妻子。你愿意成为这样的人吗？若非如此，你就永远都不会找到你所苦苦追寻的东西——平静与安宁的生活。而且，不要等他来迈出第一步！

此外，你也可以求助于心理咨询，或者报名参加伴侣治疗。即使你们没能挽救你们的婚姻，这么做也能让你们为各自的下一段感情打下更加坚实的基础。

这封来信表明，在竞争性的伴侣关系中，即使是获胜的一方也会受到伤害。B女士是双方长期争斗中的赢家，但她并不享受他们在一起的生活。她好不容易爬上顶点，却发现她无法享用这一胜利。她想要温暖的、支持性的伴侣关系，但胜利的代价是，在争斗中落败的一方只想看她的笑话，只想让她在自己的羞辱中尴尬。于是她发现，跟一个跪着的男人维持伴侣关系是没有意义的。

很明显，在他们的生活中，一切都是"非此即彼"的，不是他，就是她。不是她做决定，就是他做决定。不是她成功，就是他成功。不是离他父母家近，就是离她父母家近。钱不是花在他想要的东西上，就是花在她想要的东西上。他们从来没有学会如何做出对他们双方都合适的决定。

实际上，他们可以学到，不争，不抢，不斗，不相互敌视，这样的共同生活也是可能的。

最大的困难是开始。那些决定撤出战场、抛掉竞争梯子的一方必须以极大的勇气来克服他们对失败的恐惧。那些脑子里只装着胜败的人非常害怕停止争斗。他们害怕，一旦这样做之后，他们就会成为败军之将，失去存在的价值。正如我们在前面提到过的那样，这是他们最不能忍受的痛。换句话说，B女士需要拿出巨大的勇气才能告诉她的丈夫，她感激他对家庭的付出，她跟他一起生活不是出于同情，也不是因为他"亲吻"他，而是因为她需要他，她选择了他（这是事实。没有人仅仅出于怜悯而与对方生活在一起）。为了抛掉竞争的梯子，重新站立于地面，跟她的丈夫平等相待，B女士必须克服恐惧，不再害怕丈夫踩她、贬低她，或者和像她自视高人一等那样用同样的态度对待她。

如何摆脱两人对权力的争斗呢？

那些希望摆脱权力争斗的人可以遵循下面这条规则：不要争，也不要让。也就是说，既要尊重他人，也要尊重自己。

这意味着，不要试图命令别人他们必须做什么（不要争），而要想清楚自己想做什么（不要让）。例如：

· "我不能也不会强迫你去考驾照，但我可以选择自己去考驾照（而不需要发出最后通牒）。"

· "我不能强迫你像我希望的那样在家里穿衬衫，但当你光着膀子走来走去时，我可以去另一个房间。"或者，"我尊重你以自己认为舒服的方式在家里走来走去的权利（即便我已经告诉过你，我更喜欢你穿些衣服）。"

· "我可以选择从现在开始尊重你，不再批评你，即使你仍然想方设法羞辱我，伤害我。"

· "如果我实在无法在内心里感受到对你的尊重，那么我会选择离婚，我也不会羞辱你，批评你，责怪你。"

但是，在决定离婚之前，B女士应该注意，当她与对方平等相待时，当她停止羞辱，并且开始与对方分享她的感受、经历和想法时，当她与对方商量，考虑他的意见和愿望，偶尔也对他的正面行为表示肯定时，这时发生了什么。

只有当她做到了这一切，她才会知道，她的婚姻可能成为什么样子。谁知道呢？也许会很美满……

赢家总是更容易讲和。败者觉得自己处于劣势地位，只会为了摆脱困境而决意战胜对方，羞辱对方，打败对方。然后，他们才能怀抱自尊，甚至怀抱相互尊重的态度直视对方的双眼。即使是在"六日战争"中战败的埃及第三任总统安瓦尔·萨达特这样爱好和平的人，他也需要先获得一场军事胜利才能向以色列伸出和谈之手。[①] 因此，占了上风的人更容易做出改善伴侣关系的选择，因为他们无需包扎伤口。

M女士的感情生活也充满了痛苦和争斗，不过与B女士相反的是，手握控制权，并且让对方感到害怕的是她的丈夫。

我丈夫控制了我的生活
只有你能控制你的生活

什么是控制？

"我丈夫控制了我的生活"。这是什么意思？一个人能够控制另一个人吗？也许能，但前提是要得到对方的准许。不过，既然是准许，那就不能叫控制。事实是，我们都是平等的，自由的，所有人都可以按照自己的选择和决定去行动，只要他们选择去承担相应的代价。

M女士在来信里写道：

我结婚了，有三个很小的孩子。

我的丈夫控制了我的生活。他不仅管我怎么穿衣服，还管我怎么打扫房间，怎么照顾孩子。还有，我挣的钱也要交给他来管。他回家

---

① 1967年6月初，第三次中东战争爆发，因持续6天，又被称为六日战争。在这场战争中，以色列大败由当时的埃及总统安瓦尔·萨达特领导的埃叙（叙利亚）约（约旦）联盟。1973年10月，第四次中东战争爆发，萨达特领导的埃叙联盟在战争初期占了上风。这种心态为埃以和谈以及埃及的门户开放铺平了道路。1978年，埃以签署了在中东和平进程中具有历史意义的《戴维营协议》，同年，萨达特获得诺贝尔和平奖。1981年，萨达特不幸遇刺身亡。——译者注

时需要我先到家等他。如果我回去晚了，他就会冲我怒吼，让我不要把他一个人丢下，还说我不在乎他和孩子们。如果没有我陪他，他就哪里也不去，哪怕是逛杂货店，见朋友，陪孩子们散步和去公园玩。即使在家里，我也没有隐私。他要看着我洗澡，上厕所。

如果我得到了他人的夸奖，他就会侮辱我，伤害我，让我难过，说如果没有他我就什么都不是，说我永远都不能离开他，说我是他唯一的家人。

为了避免跟他在一起，我一直加班到晚上六七点。他让我感到恶心。我不想再跟他有任何争吵或争斗。

如果我选择离婚会怎么样？他还会继续骚扰我和孩子们吗？我应该担心这一点吗？

我给她回信：

没有人"应该"担心。然而，我通常还是强烈建议你要小心。是的，你确实要小心一点。如果一个人依赖另一个人达到了你丈夫依赖你的程度，那么一旦突然遭到抛弃，他们就可能会做出非常可怕的事情。

在回答你的问题之前，我想借这个机会先谈谈依赖和控制，它们是密不可分的。下面这句话，我已经没有必要跟你说了，因为你已经知道了 [1]，但是很多人并不知道这一点，而且，这些人可能大多是女性。我想说的是：一个人是不可能永远控制另一个人的（一群人也不可能在相当长的时间里控制另一群人。同样地，一个人对另一个人的控制也是如此。当"控制者"诉诸暴力时，这可能会威胁到被控制者的生存，但替代选择总是存在的。不服从永远都是可能做到的，哪怕是在极端情况下选择死亡）。

所谓一个人控制另一个人（比如丈夫控制妻子），实际上是被控制的一方给了对方控制他们、替他们做决定的权力。在民主制度里，人们这么做是有意识的，也是自愿的，他们还要为此承担责任。例如，

---

[1] M 女士已经提到离婚。——译者注

我投票选了某位首相，用这种方式给了他控制政治活动的权力，而政治会反过来影响我的生活。在你们的伴侣关系中，这一过程的发生不是有意识的，也不是自愿的，也没有人会为此负责。但从本质上说，这是一回事，即，一个女性选择了一个男性，并且把对自己生活的控制权也交给了他。为什么说，这一过程不是有意识的？这是因为，她不知道自己在这样做，为什么要这样做，以及这样做是为了什么目的。她不知道自己从中得到了什么，以及她为什么需要这些东西。但是，只要她继续这样做，那就意味着她确实在一定程度上需要它们。例如，这么做能给她某种价值感，因为有人竟然会如此强烈地需要她，依赖她。那些看似掌握控制权（或试图去控制）的一方其实是依赖看似被控制的一方的。对你们来说，这看似被控制的一方就是你。女性委托男性控制她的生活还有另一种可能，那就是，对方的控制能让她远离另一些让她更为害怕的东西。例如，她害怕离婚，或者害怕必须在经济上独立（这里说的不是你）。再比如你丈夫，他错误地认为，他离开你会一无所有，一文不值。这种感觉会让他想要去控制你（他所依赖的对象）的生活。所有人都是这样的。如果没了你，我就受不了，那么我也很可能想要去控制你，想要决定你什么时候来，做什么，去哪里。另一方（比如你）以为自己依赖"控制者"，但实际上，这些关系在依赖和控制方面完全是相互的和双向的。

你允许你丈夫控制你的生活，你为什么这么做？或者，更确切地说，你这么做到底为了什么？我们不知道。你没有说明你为什么要这样做，但很明显的是，你现在已经不需要这样做了，你现在想拿回你的自由。你的恐惧是完全可以理解的，因为你丈夫确实极其害怕有一天会失去你。这里的危险是，如果你没有做足准备就离开他，他就会错误地认为自己活不下去了，他的（也许还有你的）生活也没有了意义，这是有先例的。我在想，你和其他类似遭遇的女性能够做些什么呢？

这种情形可以比作你即将离开一个病人（比如肾病患者）。在这种情况下，如果你不能确保对方能够在你离开后得到适当的照料，你的谨慎和责任心就会阻止你离开对方。我建议你邀请你丈夫一起接受心理治疗。你们可以选择一位同时擅长伴侣治疗和个体治疗的治疗师。告诉你的丈夫，为了改善你们的关系，你们需要做伴侣治疗。一定要去尝试。如果有效，那就太棒了。毕竟，你还有三个很小的孩子。如果没有效果，那么在离婚过程中，治疗师也能在心理上为你丈夫提供支持。在伴侣治疗过程中，夫妻双方通常也会分别去见治疗师。在这种一对一的谈话中，你可以向治疗师解释你的情况，要求对方在你一旦决定离婚后为你丈夫提供支持。如果你们的治疗师也是离婚调解方面的专家，那么他（她）也可以陪伴你走过离婚的整个过程，这样你就不必经历双方律师之间的口水战了。

如果你丈夫断然拒绝跟你一起去做治疗，你可能就得编造点理由，好比你正在经历某种心理危机，因此不得不离开他，例如精神崩溃等类似的原因。我的意思是，你要想些办法来防止他把离婚归结为他的过错（以此来避免伤害他的自尊心），而是要让他认为，这是你的原因，是你不再有能力继续共同生活。这需要想象力、创造力和十分敏感的内心，你可能会需要心理咨询师来帮你准备这样的理由。你也可以寻求心理咨询或治疗来为你采取其他措施做好准备。

例如，你说你"不想再跟他有任何争吵或争斗"，那就停止这样做！争吵和争斗都需要至少两人参与！一个人是做不到的，所以不参与就可以了。与此同时，你也要学会礼貌而坚定地说话，比如：这是目前来说对我最好的安排。或者，这对我来说不方便。或者，我请你离开（洗手间）。你愿意并且能够学会如何做到这一点吗？如果你的答案是肯定的，你甚至可以挽救你们的婚姻。

人们经常觉得有人在控制自己，就像 M 女士所感受到的那样。然而，事实上，"被控制者"只是把控制权交给了"控制者"，前者决定按照后者的指令行动。为什么有人要把对自己生活或行动的控制权交给别人呢？因为他们感到无助，而且对他们来说，似乎除此之外别无选择。

这其中可能有两个原因。

第一个原因是，被控制者也认为（他们从童年起就这样理解事物），由于某种原因，控制者拥有特权，而他们作为被控制者无权享有独立和自由。例如，很多女性过去都认为（很多人如今仍旧这么看），她们的伴侣有权控制她们，包括控制她们的财产和行动，只因为他们是男性。再如，生活在法国大革命前的君主制度下的民众从小就认为，那些生来就是贵族或君王的人有权决定他们如何处置自己的财产和生命。在这些情况下，服从源于这样的信仰——人与人是不平等的。

人们把对自己生活的控制权交给别人的第二个原因是，他们不愿意承担不服从的后果。也就是说，与拒绝对方要求（或不服从对方命令）而支付代价相比，他们更愿意选择服从。

被控制者所不愿支付的代价是什么？

在伴侣关系中，最常见的恐惧是，不服从会导致离婚。在特殊情况下，一方担心不服从会导致对方诉诸暴力。有时，他们只是想避免发脾气、打架、生气、喊叫、羞辱、失去对方的爱，或者只是想避免对方不满。这完全取决于被控制者的生活方式。对他们来说，生活中的某些情形会令他们感到自己好像没有立足之地，因而无法忍受。例如，那些只有在取悦他人时才认为自己拥有价值的人会选择服从，那些需要感觉自己是可怜的、悲惨的受害者，或者是令人钦佩的殉道者的人会选择服从，那些看重他人为自己鼓掌叫好的人会服从那些发出赞赏的人，那些喜欢良好经济条件和舒适生活的人有时也会服从那些能为他们提供这些东西的人，等等。

人类是自由的，所有人都拥有不去服从悖逆他们意志的命令、哪怕以生命为代价的选项。例如，在西班牙宗教裁判所时期被强迫改信基督教的犹太人，对审判者守口如瓶的囚犯，以及在纳粹政权前甘冒生命危险的各国正义之士。

有人说，"我不得不这么做，我别无选择。"这种说法从来都不是事实，在任何情况下都不是。

因此，对于看上去一方控制另一方的一对伴侣，我们必须去探求他们这么做的目的。在大多数情况下，被控制的一方选择服从是为了避免承担不服从所导致的后果（他们所认为的后果）。不管他们对这一后果的具体想法是什么，总之，在他们看来，只要他们反抗，天就会塌下来。有时，他们需要专业人士干预，以此来促使他们发现，事实并非如此。

因此，"受人控制"的感觉是主观的，也是可以改变的，只是改变的代价有时太过沉重。有时，如果暂时忍受来自被控制者对个人和家庭现实所做出的准确判断，那么这就是明智的选择。例如 M 女士，她最好等到她丈夫能在一定程度上接纳她的不服从后再提出离婚，以此来确保她不会为此而付出沉重的代价。

通常，为重获自由而支付代价的意愿是逐渐滋长的，有一天会瓜熟蒂落。到那时，妻子就会向她的伴侣宣告（或者丈夫向他的妻子宣告），从今以后，她（他）不会再像从前那样听命于对方了。

或迟或早，所有受到压迫的人都会站起身来。所以，不平等的状态绝不可能长久维持下去。

在上面的个案中，丈夫的错误非常明显——他认为，只要施加足够的控制和羞辱，他就能永远凌驾于妻子之上。当然，事实恰好相反。虽然 M 女士起初必定从这样的伴侣契约中得到了一些东西，但现在，她已经厌倦了他，已经不想继续生活在逆来顺受之中。

在下面的个案中，N 先生完全没有意识到他所拥有的自由。

没有同意，就不会有强迫

教父："我们会给他一个无法拒绝的条件。"不，你错了，他可以！

如果一位男性感到他是被迫结婚（离婚或发生性关系）的，那么这其中的漏洞是显而易见的！这种事不可能是强迫的。但许多人却认为，他们是不得已才去跟别人过这种充满痛苦的生活的。他们看不到，他们并非被迫，这只是他们自己的选择。

N 先生在来信里写道：

我结婚 30 年了，孩子们都长大搬出去住了。我和妻子都是犹太人。在过去的 15 年里，我妻子的信仰变得越来越坚定，越来越正统，是那种极端的正统，而我仍然保持世俗状态。在我妻子的影响下，我的孩子们也都信仰了正统的犹太教，他们都过着正统的犹太教生活。

多年来，我和妻子的关系一直不太好。我是世俗的，她是正统的。我们没有共同的立场，就像生活在两个不同的世界一样。多年来，我妻子总是通过身体暴力、辱骂、威胁和诅咒来逼迫我信仰正统犹太教。可我发现，我做不到这一点。

十年前，我妻子搬出了我们的卧室，这些年来一直和孩子们住在另一个房间里。在孩子们面前，她会扮演妻子的角色。但是，她只会在她想这样做的时候这样做，并且也只能以她喜欢的方式来做。周末，她会把我一个人留在家里，然后带着我的孩子去她的亲戚家。她还开了她自己的银行账户。

三年前，她提出离婚，并且通过犹太法庭强迫我同意。此后，我决定继续我自己的生活。于是，在过去一年里，我一直在和我喜欢的一位世俗女友交往。我们之间关系很好，感情很深。发现我有女友后，我妻子随即用身体暴力和辱骂逼迫我和女友分手，继续跟她一起生活。她借助暴力和殴打把我关在家里。我走到哪里，她就跟到哪里，不让我离开家。我觉得自己像个犯人。我被打得遍体鳞伤，感情上也遭受了巨大的伤害。她强迫我回到我们原来的卧室，违背我的意愿和我发生性关系。她还利用我的孩子在情感和经济上勒索我，以此来迫使我与女友分手，回到她身边，回到先前的婚姻里。她拒绝推进离婚程序，并在犹太法庭上极力反对我的主张。但是，法庭裁决我们应当离婚。法院做出裁决后，我妻子利用家庭和经济勒索我，迫使我撤销离婚的决定，放弃离婚的愿望。我最终还是不得已打消了离婚的念头。她还威胁我，要求我和女友分手。

我屈从于妻子，放弃了离婚的愿望，同意按照她的意愿努力恢复过去的婚姻。在内心深处，我知道前面没有回头路，我们这样的婚姻也的确无药可救。结果，我只能在继续我的婚姻和开始新的美好生活之间左右为难。我很难实现我的决定和我的愿望，只能在忍让中痛苦。帮帮我吧，我该怎么办？

我给他回信：

如果我告诉你该怎么做，你妻子也告诉你该怎么做（跟我说的不一样），你的女友也告诉你该怎么做（又是第三种不同的说法），那么你会怎么做？

你的来信很奇怪。我确信，读者们看了也会这样想。你似乎从始至终都没有听到某些信息。好像直到今天，你都没有发现，你其实可以选择做你想做的事，过你想要的生活。这样的信息应当在人出生后慢慢渗入他们的意识当中，并且在两三岁时完全进入他们的思维。儿童知道，如果有人让他们做某件事，他们是可以说"我不想"的。即便有人不让他们做某件事（比如摸电视），他们也还是可能会这样做（只要他们不被抱走，然后被放进带有围栏的婴儿床里。可这对你来说是非常困难的事）。简而言之，儿童会发现他们有自己的意志，而且，他们还能借助这一意志控制他们的肌肉，决定他们说什么，做什么。看起来，你像是完全跳过了这一成长阶段。这可能是由于你父母对你施加了严密的控制。他们想（他们也确实做到了）给你留下这样的印象：你必须按照他们所说的去做。

一名男性如何能够"被迫"发生性关系？我会努力向你解释这一点。我也会努力向你解释，你的妻子如何能强迫你去做一些事实上根本无法被强迫的事情。这是因为，你给了她强迫你的权力（此刻你仍旧在这样做）。这一权力实际上是属于你的。这就像是你在说，我自己无法行动。我背后有一把钥匙，我允许别人（你的妻子、女友？此刻又是我）来转动它，并按照他们的意愿指引我行动。但是！现在你得认识到，钥匙并不在你背后，而是在你手里！只有你把钥匙交给别人，他们才能用它来控制你。但是，把钥匙交给别人的决定是你自己做出的。

没人能强迫你待在家里或者把你赶出家门。如果对方使用身体暴力，你可以去找警察（因为这是违法的）。根据犹太律法，没有人能强迫你同意离婚或放弃离婚。没有人能强迫你跟对方发生性关系，如果你认为这是强迫的，那么这就是强奸，不管是谁干的，都要去蹲很久的监狱。没人能把另一个人监禁在房子里，这是犯罪行为。我想补充一点，在我看来，你服从于你交给别人的权力，这是一种攻击行为，因为攻击就是一种权力至上的世界观。同样是这句话，我也会说给遭受虐待的妻子们听。

你应该补救你的婚姻吗？你应该和新女友开始新的生活吗？你应该信仰正统犹太教吗？你应该保持世俗状态吗？

当然，我不会告诉你该怎么做，原因很简单，我不知道你想要怎么做。

你必须想清楚，你是要按照自己的愿望开始自己的生活，还是要继续把钥匙交到别人手里。这是你必须要做出的最重要的决定。

如果你决定把生命的方向盘握在手中，那么在你决定如何开车（类似于"怎么做"）之前，你必须首先弄明白，你想去哪里（只要你开过车，你就一定非常熟悉这一点）。只有确定了你想去的地方，你才有必要去考虑（或者借助心理咨询去弄明白）如何去那里。

人是自由的，结了婚也是。通过 N 先生的这一个案，我们这些旁观者很容易就能看清和体会到这一点。

竞争与亲密，如水火不相容
亲密感是怎么形成的

很多时候，住在一起的是两个陌生人。

冷漠，疏远，孤独。

彼此缺乏真正的理解。

体会不到对方的感受。

只是机械地，争来斗去，吵来嚷去，日复一日。

他们，其实可以走得更近些。

S 在信（确切地说是明信片）中所谈的似乎不属于与争斗和竞争有关的话题，但它又确实属于。以下内容写给所有渴望拥有亲密关系的人。

S 先生在来信中写道：

人们经常使用"亲密"这个词，但它的确切含义并不清晰。什么是亲密？如何在夫妻和家庭生活中做到这一点？

非常感谢！

已婚，35 岁。

我给 S 先生回信：

我们先来谈谈如何避免亲密。你发送了一张明信片，上面写了什么看得清清楚楚。我想把它当作一个示例。明信片上的信息是公开的，所有人都能看到，但亲密和公开是一对很不和谐的搭配。与亲密搭配更和谐的是"隐私"，甚至"秘密"。例如，你只允许一个人（你的伴侣）听到（或读到，知道）你的心声和困扰。还有，你的问题里几乎没有流露出激发你提出它们的任何情绪、犹豫、疑虑和担忧。为了达到亲密（心与心靠近），你必须与对方分享你的想法和感受。如果你们的交流主要集中在你想从对方那里获得的东西上，那么亲密往往无从谈起。你需要吐露一些信息来解释前因后果，解释是什么感受让你渴望亲密。你的明信片还有另一个特点（我只是把它作为一个示例来说明如何避免结成亲密关系），那就是就事论事、公事公办的态度。我几乎能听到你说："好吧，直说吧，告诉我该怎么做！"如果你用这样的方式建立亲密关系，那么多半是行不通的。实际上，与亲密更搭配的是"闲聊",这种交流(主要通过交谈来实现)只是为了分享,为了交换想法、经历、立场和愿望。

你在信中说你结婚了,想必你非常愿意为了让你们的关系变得更加亲密而付出努力,这是非常积极的态度。你一定注意到了,或者有人(你的伴侣?)让你注意到,你们之间不够亲密。你的妻子可能为此而向你抱怨过,而你,如同我们经常见到的那样,并不真正了解她到底想让你给她什么。如果她抱怨你不帮她做家务,你就知道,你可以通过帮她晾晒衣物、洗碗、跑腿等措施来安抚她。但是,如果她抱怨你们"不够亲密",并且为此而感到不开心,你就会觉得茫然无措,因为你不知道该怎么做。不过,你并不需要做什么特别的事。一开始,你只需告诉她,你非常愿意满足她的需求,但是你不知道她到底想让你怎么对待她。这意味着,正如我在前面提到的那样,为了获得亲密感,你必须首先训练自己大声说出你的想法、你的担忧,特别是,你的感受。

在这里,我们可能会遇到一个障碍。你很可能根本不知道自己的感受是什么,因为没人教过你如何来识别它们。你不习惯内省,不习惯去观察和体会你心里的那些情绪。例如,当你的妻子要求你跟她亲密时,你很难意识到,你正在经历一种无助,甚至可能是一种自卑,或是因为无法满足她所需而产生的某种焦虑(会让她生气?)。你很可能不会去表达所有这些感受(看到,注意到这些感受的存在叫做"自我觉察"),而是去"宣读"你的鄙视和批评:"你总是说这些你在书上看到(或者在讲座上听到,从朋友那里了解到)的废话。"显然,这种回应不会带来亲密感,而只会把它撑得更远。

我还没有回答你的第一个问题:"亲密到底是什么?"亲密就是两个人的心挨得很近,非常近。在这种状态下,伴侣双方都能在一定程度上从自己心里看到和感受到另一方。这意味着,他们对另一方几乎没有任何评判,只有大量的理解和关心,他们还会感受到,自己的孤独感在一定程度上得到了稀释。

在降生伊始,人并不孤独。婴儿身边的人(通常是母亲)会通过"直觉"感受他们的感受,并且会像照顾自己那样照顾他们,甚至还会做更多。但是，很快，他们就会变得孤独起来。他们会与身边的人建立联系。幸运的话，这些联系会是好的联系，另一头连接着可以信任的人。可他们知道，自己是自己，别人是别人，这是不一样的。从那时起，他们就会感受到些许孤独和分离，以及与另一个个体（一位伴侣）重聚的永恒渴望。如果两个人达到了心与心的亲密，这就意味着，他们摆脱了一个人的孤单。顺便说一句，这种亲密不仅表现在语言和情感上，同时也表现在身体上。这不仅指性关系，同时也指伴侣一方在另一方身边所能感受到的那种由内而外的舒适。他们对自己的感受是舒适的，对伴侣的感受也是舒适的。给予他们舒适感的不仅有肌肉和曲线，还有皮肤、头发和气味。在需要时，甚至受了伤的病体也能给他们带去舒适感。

想获得亲密感的人所面临的最大障碍之一是害怕自己暴露弱点，继而被伺机攻击以赢得争斗的另一方伤害。换句话说，不寻求亲密也与恐惧失败有关。

现在你应该清楚了，这种亲密很难与权力的争夺和展示并存。为了建立亲密的伴侣关系，你必须放弃你在权力方面的优势，同时摆脱对退让和认输的恐惧。你需要鼓起勇气展示弱点，把它们暴露出来，揭示出来，把你的一切都袒露出来。当然，问题的另一面是，你的伴侣需要倾听和接受你向她袒露的一切，不去评判，也不去拿你的弱点为她所用。

你现在很可能想问，你到底该怎么做。

我的回答是，锻炼自我觉察能力，分辨自己的感受和想法，并且把你的发现大声表达出来。你可以说"我担心……"这样的话，跟对方交流你的想法。

一开始，你们可以设置固定的时间来谈话。每周至少一次，每次最少两小时，并且严格遵守预定的时间和地点。你可以首先发起倡议。

从上面的多个个案中，我们可以清晰地看到，结为伴侣的两个人有多么容易掉进权力争斗的陷阱。当需要做出决定，双方想法不同却都坚持己见时，争斗就会爆发。当一方试图控制另一方时，争斗也迟早会爆发。当双方都把关系的恶化百分百归咎于对方，同时又单纯要求对方做出改变，而他们自身既不去担责，也无需改变时，争斗也会随之爆发。当双方都固守他们对对方的优势时，他们就会不择手段来赢取胜利。有时，虽然一方确实赢了，但两个人的关系却也毫无疑问地输掉了。

不过，停止争斗是可以做到的。

伴侣双方可以选择信奉水平视角的世界观。他们可以接受这样的假设：他们是平等的、一体的，也是在为同一个目标（让他们自身和孩子们过上美好的生活）而努力的，并且任何一方都值得尊重。

他们可以在生活的所有领域共同承担责任。他们可以互相信任。

伴侣双方可以进行一系列交谈，重新明确角色分工和决策方法，重申尊重彼此和帮助彼此共同为整个家庭的利益而努力的意愿。伴侣双方可以停止竞争，避免羞辱和批评对方。他们可以强调对方身上那些积极和卓有成效的方面，并加以鼓励。

在这样的伴侣关系中，他们可以交流感受，分享经验，最终建立亲密的伴侣关系。

他们可以选择成为彼此的朋友。

这并不容易做到。

但它仍旧是一种选择。

第 5 章

性
当一方想要，另一方不太想要，甚至完全不想要

本章讨论伴侣中一方比另一方更想要性生活（或者另一方根本不想这样做）时所产生的问题[1]。

从这一章提及的所有个案中，我们能看出，这个问题有多么普遍，并且造成了多么巨大的痛苦。这是一个非常严重的问题，它搅乱了许多伴侣的生活，让他们（或者至少是不满的那一方）苦不堪言。

在我们走进由伴侣双方性欲差异所导致的激烈争吵之前，我们最好先来谈谈一项能够在很大程度上解释这一问题的事实。

男女原本不同

虽然男性与女性是平等的，但他们并不相同！实际上，他们之间存在相当大的差异。这一事实给伴侣双方的相互理解造成了巨大的障碍，

---

[1] 我会把想要更多性生活的人称为男性，同时把想要更少或根本不想要性生活的人称为女性。这么做符合大多数情形。尽管也有许多相反的情形，但总是同时指称两种性别会很麻烦。读者可以按照自己的意愿调换性别。——作者注

因为人与人之间的联系在很大程度上是建立在投射之上的。换句话说，我们感受我们所感受的，期待我们所期待的，想我们所想的，而且我们认为（通常无需确认或询问），与我们同样都是人类的另一方也拥有跟我们一样的感受、愿望和想法（一对夫妻走出电影院，妻子对朋友说："我们看了一场特别精彩的电影。""那是你，"她的丈夫说，"我烦死了，我都要看不下去了。"妻子喜欢这场电影，并且据此推测丈夫也喜欢。不过，一场电影毕竟是小事，要是换作性，情况恐怕会复杂很多……）。一方对另一方的感受和想法的理解建立在投射的基础上，然而，这一理解却在两人之间造成了巨大的误解。因为，事实上，所有人对现实的感受和理解都不尽相同[1]。但最重要的是，它给双方的相互理解制造了持续的紧张。丈夫和妻子必须付出更多努力去精准沟通。假如他们不这样做，下面例子中的灾难性错误就会屡屡发生。因为，投射机制是不考虑双方差异的。

在此，我们列出两性之间的某些重要差异——在性方面。

A. 女性没有哪个器官能突出体外，并且能不受意识控制地改变（或不改变）形状。女性很难想象，她的手会在不受意识控制的情况下突然举起来。她只能想象得出，那会非常尴尬。她更想象不出的是，她真想这么做时，手却不听使唤。对女性来说，身体的某个部位会自顾自地改变大小，同时翘向一个尴尬的方向，或者在需要这样做的时候却纹丝不动，这种体验是非常陌生的。于是，她们很难理解为什么这件事会让那么多男士苦恼不已（有的人苦恼多一些，有的人苦恼少一些，这完全取决于那个部位能否在需要时应付自如）。男性对勃起的关注经常惹恼他们的妻子，她们痛苦地抱怨："他只关心能否勃起，以及能勃起多久。"如果哪位女性想要真正体会男性无法控制阴茎的那种绝望和无助，她就必须带着极大的善意付出卓绝的努力。

B. 如果男性不想做爱，那就做不了。至少从生理上说，他必须有

---

[1] 与此话题相关的更多信息见附录第五篇（主观感知与客观事实）。——作者注

一定程度的勃起欲望，这样才能实现插入，否则他显然无法性交。另一方面，非常遗憾的是，根据女性的解剖学结构，她有时不仅根本没有性交的欲望，反而还会抵触这样做。如果上帝对两性平等关注更多些，或者如果他事先询问过女性，那么他就可能会为女性安排一种能够让她在不愿性交时不去这样做的机制。例如，在没有欲望时，阴道口自动关闭。但上帝显然是男性，而且他从不与任何人商量，于是，男性和女性之间就有了巨大的差异。

男性很难想象他做爱时会没有任何感觉，更难想象做爱会带给他不适，甚至疼痛。于是即便对方出现了这样的情形，他也仍旧不会停下来。

如果男性经历过这种虽然痛苦却还要继续忍受的情形，他们的很多抱怨和愤怒就会烟消云散，可这仅仅是如果。倘若男性做爱时没有任何感觉，甚至还有疼痛和灼烧感，那么性交只会立即停止。所以，在这件事上，投射机制（即根据个人经验理解对方）并不能起到促进相互理解的作用。

双方需要沟通。女性需要解释，男性则需要倾听。男性要付出非常多的耐心、包容、共情和尊重。因为，他想要与之做爱的那个人跟他完全不同。

C. 当阴茎进入女性的阴道并在其中运动时，男性几乎总是会感到快乐的。而对女性来说，即使性欲被唤起，她也不一定会感到快乐。这是因为，男性的敏感部位（阴茎，特别是它的前部）在性交过程中得到了适当的刺激，而女性的敏感部位更多在身体外部（虽然并不总是如此）。因此，如果性爱中的男性想要达到性高潮（有时，性高潮也会在他期望之外的时刻来临），那么他几乎总是可以做到这一点。而换作女性，这就成了说不准的事。这一差异会给伴侣双方带来巨大的误解。当男性提出需求时，他们不明白性爱中会有什么感觉是他们所不想要的。如果他们不想要性爱中的那些感觉，他们当然也不会想要做爱。

但是，他们真的无法想象，性爱中的感觉也可能是不好的。他们说："她有点不对劲。她并不想要，简直'难以理解'（事实上，如果她竟然想要那些令她感到不快的东西，那才是真的'难以理解'）"。

那些不喜欢做爱的女性常说："他快把我逼疯了，他总是想要做爱！我不明白这有什么大不了的，他有毛病吗？"（他其实很正常。如果他不想这样做，那倒反而需要查查他到底出了什么毛病。）

如果把阴蒂设计在阴道里面，女性会更容易享受性爱，但上帝显然没有想到这一点。或者，他也可能是故意这么安排的。这样一来，男性就会更容易获得快乐，进而将延续人类香火和寻求自身快乐的使命扛在肩上。上帝的考虑可能是这样的：男性会努力让女性同意与自己做爱，以此来确保孩子能够降生。

为了督促男性尽到自己的责任，他生来就背负了"射精的压力"。他越是年轻，这种压力就越大，越紧迫。女人也可能会有强烈的性冲动，但是，她不会感受到这样的压力。

顺便说一句，这一压力可以解释伴侣间的一种常见情形，即，根据常见的"伴侣契约"[①]，女性是发起者，是积极的推动力量，而男人则往往扮演被动和跟从的角色，他只能选择是否满足对方的提议和要求。**在生活的所有方面都是如此，只有性生活例外**，它们的运行模式是不同的。在这里，也只有在这里，女性突然变得被动和回避起来，而结婚 27 年（举例）从未提议一起去看电影的男性却永远是性生活的倡议者。这是因为，男性背负了"射精的压力"，同时也拥有"确定的快乐"，而她却不是这样。这种压力的影响有时巨大无比，以至于男性经常做出与伴侣契约和他的典型行为模式（他的生活风格）相抵牾的事[②]。

下面是两性之间的另一大差异：

① 详情见本书第 1 章（伴侣契约）。——作者注
② 详情见附录第八篇（生活风格）。——作者注

D. 如果一对夫妻想要孩子，那么男性就必须达到性高潮（伴随射精）。而女人怀孕则无需达到性高潮，甚至无需享受性爱。所以，如果夫妻存在不孕不育的问题，并且发现，这是因为男性没有性欲，没有勃起或射精，那么他们就会去解决问题，直到出现插入、性快感和性高潮。但是，如果这是因为女性没有性欲，享受不到性快感或性高潮，那么这个问题就不会有人注意到。她的配偶不会注意到，她的医生不会注意到，甚至连她自己也不会注意到。而且，这一切发生得名正言顺。对怀孕来说，这都不是事儿。

倘若上帝能够事先询问女性的意见，后者想必会提出不同的安排：男性与女性应当承受同样的射精或排卵压力。而且，怀孕的实现不仅需要男性达到性高潮以射出精子，女性也必须达到性高潮以排出卵子。但是，正如我们在前面提到过的那样，上帝并不怎么关心性别平等。于是，尽管两性之间存在差异，夫妻双方也仍旧别无选择，只能用自己的方式来寻找性生活中的愉悦与满足。

下面是有助于伴侣双方增进相互了解的一个小练习：

对于患有"求而不得"综合征的夫妻来说，他们可以签订一份这样的契约：只有丈夫在吃东西时，妻子才可以吃东西（妻子吃东西的前提是丈夫也在吃。丈夫一停，妻子也必须停下来）。营造让妻子真正感到饥饿的情境。同时，丈夫也要让妻子多等待一会儿，让她感到饥饿，甚至为此而痛苦。丈夫必须告诉妻子他不饿，就像妻子向自己解释她为什么不想做爱一样。而妻子则要强迫丈夫吃东西，即使他不饿。丈夫应该吃，因为妻子饿了。如果丈夫不吃，妻子就吃不到。妻子必须使用跟丈夫一样的施压技巧。

这一练习只适用于没有在争斗的伴侣。

只有伴侣双方都愉快地同意才可以这样做。

建议练习一到两天。

在正确练习后，伴侣双方很可能会在性生活方面达成更深刻的理解。

丈夫想要，妻子不太想或完全不想，会发生什么

A 先生在来信中写道：

我很想知道你对下面这个问题怎么看。在一种忠诚的伴侣关系（例如婚姻）中，其中一方决定禁欲（而且这是他们的权利），但实际上，他们这么做会剥夺配偶在伴侣关系中所拥有的权利。

如果你能说出你的看法，并且告诉我如何在不伤害两人感情的前提下做出应对，我将不胜感激。

A 先生想要性，他的妻子却不想要，而他们还想保持他们之间的关系。这不是一件简单的事，如同跟另一个不同的人一起生活一样复杂。他人的观念、情感和愿望是不同的，可我们还想跟他们一起生活。这是人类所面临的一大问题：如何与他人相处？我们不想独处，可他人要的东西也跟我们不同。如今，法律和道德也不允许我们把东西强加给别人，就算允许也无法长久。而且，我们当中的大多数人也不想伤害彼此。那么你该如何应对呢？这是个问题。

当这个问题涉及伴侣的性生活时，会尤其难以解决。因为，说起伴侣中的一方对另一方的依赖程度，人世间没有什么事情能比得上性。当然，人可以通过自慰来独自获得性满足，但大多数拥有伴侣的人通常都希望跟对方一起来做这件事。唯一的问题是，要想一起做爱，双方就都得有性欲。换作其他事情，情况则有所不同。虽然伴侣双方有时也想一起做那些事，而且他们的想法往往也不尽相同（这也是需要解决的问题），但他们毕竟可以各自找别人去做那些事，这种方式甚至非常重要。如果丈夫喜欢听音乐会但妻子却不喜欢，那么他就可以去和他的朋友们一起去享受音乐会。如果妻子想学一门新的语言，可丈夫却对此不感兴趣，那么她也可以去找她的朋友们。但是，一旦说到做爱，这样的解决方案就完全不可行了。因为，所有的伴侣都想独

占配偶的身体，特别是隐私部位。

以下是一些典型的情形。

我们先从男性开始。

尽管这种事情并不稀奇，但它们的普遍程度还是让我们惊讶不已，居然会有那么多人想通过发怒、指责、羞辱、警告、威胁和惩罚来逼迫配偶与自己做爱。例如，他们会说："我结婚到底是为了什么？为了到外面找别人去做这种事？"或者，"我想告诉你，如果情况没有改善，我就离开这个家。"（紧接着，尤其是在受到被抛弃的威胁后，妻子只能被迫表现出性欲……）或者，"你有毛病，如果你有毛病，你就得去把你的毛病解决掉。"（手表、电视机和吸尘器都可以这样处理，但它不适用于涉及伴侣双方的性关系。）或者，"我很抱歉，但我确实需要一天做一次（或者每周做两次，等等），不做，我就受不了。所以，如果你不能给我需要的，那你也别指望我帮你收拾家，带孩子。"（问题是，如果丈夫"需要"一周做那么多次，那么满足这些需要又是谁的责任呢？）

这些只是一些并不怎么严重的例子，没有特别极端，也没有特别强的攻击性。

通常，缺乏性欲的伴侣愿意满足对方的欲望，即使他们自身没有欲望。他们愿意"把自己的身体交给伴侣"，有的出自对惩罚和责骂的恐惧（这是比较糟糕的情况），有的出自爱和满足对方需求的真诚愿望（这是最好的情况）。

但就是在这样的情况下，他们却经常遭遇最严厉也最离奇的抱怨和指责（对方的要求以最极端、最霸道的形式表现出来）："你虽然跟我做，但是你根本不想做！"或者，"你只是在帮我，把你的身体施舍给我，可这么做完全没意义！""看看这本杂志，"候诊室里，一位丈夫对他的妻子说，"看看人家多么主动。你怎么就不行呢？"听到这些，那些被抱怨的一方充满了无助感，因为他们在理智和感受上都知道，自己对性没有欲望，他们也**没有能力通过意志的力量来凭空制造这种欲望**。

当女性不想做爱，而男性却用强力要求她们这样做时，女性会感到愤怒和失望。在大多数情况下，女性都会因为她此刻所经历的痛苦而深陷自我怜悯当中，因为对方"并不在乎她的需求和愿望""除了性，对什么都不感兴趣"，等等，以至于她完全不再有任何兴趣参与当下的性爱。

如果她想从中发掘一些兴趣的话，她就可以这样想，男性，特别是年轻男性，不仅在对她施压，他本身也是压力的对象。他有射精的压力。对女性来说，这是一种陌生的感觉。但它是一种生理需求，是自然的，与生俱来的。这种压力如此之大，以至于男性几乎无法忽视。这里用"几乎"而不用"完全"，是因为人的价值观和目标中所蕴含的力量要超过生物性的冲动。只要人的情感、生活哲学或信仰压抑了性欲的表达，他（她）就可能体会不到这种需要。但是，通常来说，性欲得不到满足对年轻人（这样的年轻人有时会有 70 岁）来说是非常难以忍受的，甚至会搅乱他的生活。虽然他确实可以自慰，但是，当他的伴侣在身边时，他最渴望的还是跟她做爱。

对于性与爱之间的联系，男性和女性的理解也不相同。如果男性发现自己永远处于欲求、物色、追索和乞求的角色，并且被一再拒绝，他们在性挫折之外就还会遭受被拒绝的痛苦。许多男性很难分清女性缺乏性欲和女性对他们缺乏性欲之间的区别。他们往往会经历女性的多次拒绝，好似对方根本不爱他们一样。因为，与平常的观念相反的是，男性确实倾向于把爱与性联系起来。男性无法想象他爱上一个女性却不想和她做爱的情形。而女性则可以把这两者分开，并且常会这样做。"我爱你，但我没有心情做爱。"她解释道。可是对男性来说，这是很难理解和接受的。于是，他生气了。

除去生理需要和被拒绝的感受外，另一些因素也可能会给遭到拒绝的人带来压力：

· 有的人需要确认自己有男子气概，而在他们眼中，"男人"就意味着能让他们的妻子兴奋。

140

·有的人需要证明他们是"正常的"。

·有的人觉得有必要证明自己在性方面很厉害（这是存在于他们心里的与其他男性的一种竞争）

·有的人觉得有必要证明女性在他们控制之下（"如果她不跟我做爱，那就意味着她不尊重我"）。

这样的因素还有很多。

下面的内容里会有很多这样的例子。

有的伴侣会进入一种无休无止的恶性循环。他要求得越多，她就越不想要。他越因为她不想要而生她的气，她反过来就越因为他强迫她而生他的气，她也就越不想要。他越是试图让她相信，她冷漠不正常，她反过来就越相信他是一个色情狂。

有的男性得知，只有他连续要求 8 天，然后对方才会同意。于是，只要做完一次，他就会在第二天立即提出要求，这样 8 次之后，他就有机会了。而她据此推断，他实际上每天都想要，所以她根本不可能满足他。有时，他每天都尝试，只是因为他告诉自己："她很少想要，所以我要确保不错过她想要的那一天……"毫无疑问，这不是一个简单的局面。要想厘清头绪，当事人必须首先找到问题的根源。

下面的表格里列出了性欲减退或缺乏的可能原因。

性欲差异的多种原因

晚上，一对伴侣在床上。丈夫想和妻子做爱，可妻子并不想和丈夫做爱。这熟悉一幕的背后可能有多种原因。

下面是这些原因和相应的应对措施。

妻子性欲减退或缺失的可能原因表

妻子不想做爱
这里有两种非常不同的情形。

她也想要，只是要得不如他频繁——她的生理节律与对方不同
她喜欢性爱，并能享受性爱。他们自己可以在相互尊重、相互考虑、相互帮助和愿意忍受一些挫折的基础上完成治疗。

她向来没有性欲
有时，虽然她并不想要，但她可能也会同意做爱。
这里也有两种情形。

她不希望自己有性欲
她拒绝谈论这件事，也拒绝寻求治疗，这意味着两个人的关系出了问题。他们之间没有感情，她不考虑对方的需求能否得到满足。他们之间可能正在上演一场"战争"。他们需要接受伴侣治疗。

她希望自己有性欲
这里也有两种情形。

她对任何人都没有性欲
她对做爱没有欲望，她对性没有兴趣，甚至是自慰的兴趣。原因可能在于：
她患有某种心身疾病。建议她向身为医生的性学家寻求帮助。
或者，她所受的性教育使性成为了她的禁忌。
或者，她曾遭遇创伤性事件。
或者，她具有特别的人格结构。
对于以上所有情形，建议她接受个体治疗。
如果存在精神问题，建议她向精神科医生寻求帮助。

她只是对伴侣没有性欲
可她确实有性欲（可能指向现实生活中或想象中的其他人，她也可能自慰）。这意味着，他们的伴侣关系出了问题。他们需要接受性治疗或伴侣治疗。
这里也有两种情形。

她从未想与伴侣做爱
也许他们都对性知之甚少。他们需要纠正一些错误认识，并且通过性治疗重新开启性生活。
或者，他们的伴侣契约不适合双方发生性关系。这时，他们需要接受伴侣治疗。

她不想与伴侣做爱只发生在特定时间点之后。

他们需要弄清楚，在那个时间点，双方在躯体、情感上发生了什么事情。对这一问题的回答将决定双方是否需要一起谈谈，或者寻求其他治疗方式。

如果尚未按照以上分类明确问题所在，那么问题多半是没办法解决的。这就好比在不确定病因的情况下头痛医头，脚痛医脚。这对伴侣应该从头依次查看，直到找到适合他们情形的描述为止。她是否希望自己有性欲是尤其重要的问题。

如果妻子和丈夫感情很好，那么即便她不想做爱，她也确实非常希望自己想要这样做。希望自己想要做爱和不希望自己想要做爱（她把整件事甩给伴侣，似乎在说，"这不关我的事。"）的情形十分不同。在第一种情况下，当妻子发现自己不想做爱，而丈夫渴望做爱时，她能真切地感受到对方每天所遭受的痛苦和折磨，所以她寻求各种治疗，花费自己的时间、金钱和精力，只为"唤醒"她的性欲。大多数治疗师会要求她带丈夫同去。如果他们感情很好，他会非常乐意、耐心、温柔，并且心怀感激地加入其中，他会尽一切努力帮助治疗取得成功，直到她也想做爱为止。

但如果他们感情不好，或者他们之间甚至存在权力争斗（举例），那么"他想要而她不想"这种事就丝毫也不会烦恼到她。很有可能，她甚至还会为此而暗自高兴。她还可能责怪对方，要求对方做出改变。在这种情况下，问题就不在于双方性欲的差异了，而在于他们之间的总体关系。他们最好能认清到这一点，进而去解决真正的问题。

最后，解决双方性欲差异问题的过程是对伴侣关系的真正考验，不仅考验它的强度和韧度，也考验它的亲密度、相互尊重程度、双方平等程度和持久度。

美好性生活的前提

·**一份平等的伴侣契约。**与总体上的伴侣生活一样，性生活也需要双方拥有平等的伴侣契约。换句话说，这份签订于双方相识时的不成文的心理契约（他们的关系建立于其上）应当包含这样的条款，它允许双方给予和得到快乐，允许双方根据自身喜好做各种事情，允许双方表达愿望和欲求，以及去遵从和拒绝，等等。在生活的任何领域，他们都应当是平等的（而不像在有的伴侣契约中，男方对女方说："我们是天生的一对。我们都只有一个目标，那就是让你幸福。"）。

· **互相尊重**。伴侣双方均需发自内心地尊重对方和自己，以及各自的愿望（包括没有愿望）。尊重需要体现在性生活的所有阶段和方面：提议（想做就主动提出来，但允许拒绝）、准备（提议者付出努力）、进行（谁主动、谁被动并非固定不变）、时间安排(参考生物钟、空闲时间等因素，找到双方都适合的时间)、做爱方式（需双方同意。如果各自喜欢的方式不同，那就轮流满足对方）和性高潮（夫妻双方确保以适合他们的方式和时间达到或不达到性高潮）。

在相互尊重的氛围里，即便一方不想做爱，另一方的愤怒也会明显减少。虽然失望是很常见的事，但双方都愿意想方设法来面对（分头或一起）两人的不合拍和差异。他们接受所有的差异，任何一方都不会受到伤害，不会感到内疚或自卑。双方都有权如实地去感受和体验，这一权利是不言而喻的。伴侣双方把性生活中的问题看作双方的共同挑战，而非彼此的冲突。

· **合作**。伴侣双方需要一起合作。如同挣钱和家务一样，责任不能只由伴侣中的一方来承担。

· **付出**。与伴侣关系的其他方面一样，双方也需要拥有付出努力的意愿。相信美好的性生活会（或不会）实现是没有意义的，也是有害的。在性生活方面付出不仅意味着要重视这件事，也意味着要为了它重新安排一天当中的重要事务。时间是有限的，没有人一天有 25 个小时，所以性生活要提前安排①。

---

① 如果你只把性生活安排在一天当中的第 19 个小时，并且一边性交一边想着只剩

对性生活付出的另一种重要形式是与伴侣分享你的感受和需要，进而用这种方式来收获快乐（相反的做法是抱怨对方，"跟你做爱，我没有一次真正享受过。"这样的做法不仅谈不上任何付出，而且充满了破坏性，让人绝望,进而将快乐之门彻底堵死）。付出是通过沟通来实现的（我们稍后会讨论与性有关的沟通）。伴侣的性生活搁浅时，双方对此的付出可以表现为许多种形式，例如愿意接受性治疗，与治疗师约定时间，支付治疗费用，在家按照治疗师的建议练习（即使这意味着他们要少看两小时电视）。

· **沟通**。双方需要在性爱方面保持坦率的沟通。

· **适当的性爱脚本。**

接下来，我们会详细讨论以上前提中的最后两点。

沟 通

我们都知道，为了阻止人类建造通天塔，上帝干扰了建造者之间的沟通。上帝非常清楚，如果你想跟别人一起做一件事，那么合作是最好的选择，而合作需要言语沟通。一旦缺少了这一最奇妙、最简单也最复杂的发明——沟通，那么想要长期拥有令人满意、充满愉悦的性关系就会非常困难，事实上几乎不可能。即使双方都对他们的性生活感到满意，在这一方面开始沟通也是明智的做法，以此来应对当前情形的变化和发展，以及随时间推移而自然会产生的问题。但是，只要伴侣双方中有一方对性生活感到不满，他们就别无选择，只能就此

下 5 个小时可以睡觉（这是人之常情），而且还得减去干完这件事所需的时间，那么这不能称作对性生活付出。如果你愿意为了看电影而提前挤出时间来午睡，却没有付出类似的努力来为了性生活而找时间休息，那么这也不能称作对性生活付出。（许多女性都会对自己说："我得休息一下，晚上还要出去玩。"然而，有多少女性会说："我得休息一下，晚上我们还要做爱。"）——作者注

展开对话。

被惯坏的人总是想不费口舌就能拿到他们想要的东西。他们希望对方能猜到他们的欲望，进而去满足这些欲望。在他们看来，对方应当知道他们的感受和他们想要什么。如果对方不知道，他们就会说："他太迟钝。"然而，非常悲哀的是，我们生命中只有非常短暂的一段时期能够无需说话就得到理解。那时，我们是很多人关注的焦点，他们会为我们安排好一切。这种情况大约持续到我们 12 个月大。在我们还不会说话的那段时间里，母亲能通过"直觉"感受到我们的饥饿，而这正是许多伴侣想要在性生活中所拥有的那种关系。然而，即便在那时，我们也会在不久后长大，到时候，我们还得使用语言来让别人理解我们想要什么。这是我们来到这个世界所承担的第一份责任，即说话，清晰地表达。只有那些在成长当中被宠坏的孩子才会在长大后继续认为，别人应当体会到他们的需求，并且去满足这些需求。长大成人后的他们继续寻找这样的天堂，特别是在性生活方面，结果却徒劳无功。他们期望对方能通过心灵感应理解他们，想让对方察觉到他们想要怎样的爱抚，爱抚哪里，爱抚多少。可是，这些渴望注定无法实现。母亲和婴儿之间的默契不会再有。如果她不告诉他，她其实喜欢趴着而不是躺着，那么他是不可能知道这一点的。同样，如果他不表达他的愿望，例如，想让她在上面而不是下面，那么她也永远也不会猜到，原来这才是他渴望的方式。

那些喜欢咕哝、抱怨、生气或顾影自怜的人最好不要表达他们的愿望，但我建议那些想让自己得到满足的人跟伴侣在餐桌前坐下来，或者一起走进幽暗的卧室，然后开始沟通，把自己的感受和想法传达给对方。这时，对方最好能不带评判和偏见地倾听和接受，并且尽最大努力去实现伴侣的愿望。

如果伴侣双方很少谈论性话题，其中一方就需要鼓起巨大的勇气来开启沟通。

这是一种你在做自己不擅长、可能令你尴尬、引发焦虑乃至羞耻的事情时所需要的勇气，是暴露弱点和承认自己不完美的勇气[1]。

一开始，沟通可能会比较困难，有时也会有尴尬，但尴尬是可以（也应当）克服的。在黑暗中摸索了多年之后，能够听到和表达各自在性爱中究竟是何感受，双方各自想要什么，喜欢什么，而为了提升满足感又需要改变什么，这其实可以是一件非常美妙的事。

伴侣双方应当摸索着建立有益、友好、坦率、直接和诚恳的沟通。每一方都要把自己的确切喜好和愿望表达出来，同时也要不带偏见地倾听对方的喜好和愿望。表达愿望要明确、直接、诚实（例如，"我需要你刺激我的阴蒂。"）。倾听愿望要不带偏见（例如，仅凭自己的投射就武断地说："如果只是插入无法让你达到性高潮，还得刺激阴蒂，那么你肯定有问题，去看医生吧！"）。伴侣双方应当确切地知道，他们的伴侣需要怎样的条件才能激发性欲并达到满足。这些条件可以是性爱前需要做的事情（例如，"如果你白天上班能提前打电话告诉我，我就会开始兴奋起来，对晚上充满期待。"），也可以是丈夫需要妻子碰触阴茎的具体方式和时间点（例如，"现在，我需要你摸摸它。"）。

鼓起勇气的一方可以首先询问伴侣是否愿意聊聊两人之间的性爱问题。只有对方同意后，双方才可以进行第一次沟通。提议者（女性通常想聊更多）可以对配偶说："雅各布，有一件事情，我们过去没有谈过，但我希望能跟你谈谈，那就是我们的性生活。因为，我觉得，如果我们能在这件事情上付出更多努力，我们的感受会更好。我爱你，可是说到性，我却总觉得我们之间的性爱好像缺点什么。"双方的话语中不应包含要求、抱怨、批评和指责等内容，而应强调积极、对亲密的渴望和对改善的信心。

关于性爱的沟通能让双方更好地理解对方的愿望、偏好和兴奋点。但是，对于性接触本身，他们却没有必要说得太多。关于性爱的沟通并非完全由对话来实现，你也可以用声音、动作、轻微的身体移动来

---

[1] 鲁道夫·德雷克斯称此为"敢于不完美的勇气"（the courage to be imperfect）。——作者注

发出信号。你也可以把对方的手放在你想要的部位，或者在对方的手背上演示你想要的刺激方式（用力、轻柔、快速或缓慢，等等）。这种相互之间的引导应当持续进行，而并非一次学会即可永远有效。在每一次性爱当中，双方的性欲都会有所不同。没人能猜出对方当下想要什么样的刺激（例如可以这样说："现在稍稍用力一点，现在轻一点。"）。伴侣双方就自身欲望进行持续的、动态的沟通能防止双方的性生活退化成为例行公事。

就性爱问题展开沟通，明确传达你的愿望，同时关注对方的愿望，这就是你在为自己的性生活负责。

适当的性爱脚本

如果伴侣双方想要拥有共同的性爱，他们的性爱脚本就得在一定程度上相互兼容。否则，现实情形与自身偏好无法相容的一方就可能会对他们的性爱失去兴趣。类似的情况往往是伴侣双方性欲差异的根源。所以，我建议所有伴侣都要搞清楚（例如，通过沟通）各自的性爱脚本是什么，以及它们之间如何才能相容。

那么，什么是性爱脚本呢？

为了激发性欲，获得最大的快乐和满足，所有人都需要一定的环境、社会、情感和生理条件。这些条件集合起来就成了某种类似于脚本的东西。

人的性爱脚本有很多种来源：例如，孩童时期所接受的性教育、神经元突触修剪、性经验，以及个性（或许是最重要的因素），即最深层的心理需求。

以下是可能由性爱脚本所导致的性欲缺乏的部分例子：

· 丈夫的性爱脚本有一种即时兴起的意味，也有一定程度的狂野，例如，伴侣双方在郊游或派对后所"油然而生"的那种。在他看来，性爱可以是短暂的、激情的、直接的，也可以是美好黄昏的自然接续。

而妻子的性爱脚本是这样一幅画面：房间已经打扫干净，脏盘子已经全部洗掉（客人一离开，她就想先把餐具洗掉），第二天会用到的东西、会穿戴的衣物都已经备好（她想在睡前把一切都安排好），此外还要留出温柔爱抚的充裕时间，然后才能进入插入环节。所以，如果时间比较紧迫，她甚至会拒绝开始做爱。而且，就算她已经做完了全部这些准备工作，到她终于爬上床的时候，她的伴侣也会非常生气。因为，他的欲望早已不知所踪了。

· 在丈夫的性爱脚本里，他需要妻子的诱惑。他完全是被动的，需要对方展现一切妩媚，用尽所有手段来激发他的性欲。直到最后，他才会投入其中……

而在妻子的性爱脚本中，她是一个纯洁无瑕的女孩，似乎并不完全清楚丈夫想要对她做什么[1]。当双方的性爱脚本出现这样的分歧时，我们很容易看出，他们的性爱只会走进死胡同。

· 在妻子的性爱脚本中，在休息日（例如，在周六孩子们玩耍时），他们需要先一起去逛食品超市，或者一起整理衣柜，或是去咖啡店吃早餐，然后才能开始性爱。

而在丈夫的性爱脚本中，他们的性爱甚至不需要起床。在半睡半醒中，他们就已经开始抚摸彼此了。此时，他的晨勃还没有消失……毫不奇怪的是，他们的周末大多只会在争吵后的愁云惨淡中度过。

· 在丈夫的性爱脚本中，双方需要在性爱的同时交流或说脏话。

而在妻子的性爱脚本里，性爱是完全寂静无声的。于是，他们当中总有一人无法享受到极致的性爱。

---

①例如，在乔瓦尼·薄伽丘的《十日谈》中，修士向年轻女孩解释，他的身体里有魔鬼，而她的身体里有地狱，他们神圣的宗教义务就是把魔鬼推入地狱。他刺激她的身体，而她则根据对方的解释做出配合，可她并不知道自己在做什么。——作者注

如前所述，以上仅仅是性爱脚本不相容的少数例子，可能造成脚本差异的其他因素还包括衣着、气味、地点、时间（白天或晚上，与生物钟有关），包括有无特定的画面、声音和人（例如隔壁房间里的婆婆），以及伴侣双方的个性，等等。如果双方的性爱脚本存在差异，两人就可以想方设法来兼顾彼此的需要，或者轮流去满足对方的需要。

注意：伴侣双方并非一定要了解所有这些信息才能享受性爱，他们最多只是没有准备好去应对性爱之路上会出现的小障碍（比如妻子没有达到性高潮，或者丈夫过早达到性高潮）。不过，在伴侣的性爱当中，各种困难、障碍和麻烦都是司空见惯的事，碰不到反而比较奇怪。问题的出现是必然的，即便没有疾病或特殊状况，由年龄逐渐增长而引发的性功能减退等常见状况也会导致问题出现。

了解这些信息的伴侣能成功地应对生活里会出现的各种障碍，通常到老也能保持良好的伴侣关系。这种关系即便不是完美的性爱，至少也是温暖而频繁的身体接触。

不过，我们也要提及这样一种情形，即，尽管双方对性爱都有良好的意愿，可结果还是无济于事。在这种情况下，性欲强烈的一方就必须面对一个问题：他（她）是否愿意为了保持伴侣关系而放弃性爱？或者说，他（她）是否认为，性爱是共同生活的关键和根基，没有它，伴侣关系就无法维持？如果他（她）认为，就算没有性生活，两个人也要在一起，那么伴侣双方就最好能够为性欲未能得到满足的一方找到双方都能接受的解决方案。

那些不了解相应信息的伴侣可能会因为性欲差异而遭受巨大痛苦，进而殃及生活质量，例如下面这些个案。

妻子一月只做一次，还敷衍了事
如果没有快乐，她如何能够想要

正如我们在前面讨论过的那样，性欲的差异需要伴侣双方付出极大的互敬、合作、关心、体谅、让步、幽默，以及对自慰的接纳（对欲望较强的一方来说）。性欲的差异是一对伴侣认清如下现实的绝佳时机，即，他们是希望共同生活并保持亲密的两个不同的人。换句话说，处理容易引发问题的性欲差异需要伴侣双方结成平等的关系，同时还需要双方具备高度的社会兴趣。

一位丈夫在来信中写道：

我向你请教一个问题，这个问题一直困扰着我。

我和我妻子同岁，都是43岁，我们还有几个年幼的孩子。我的问题是，我们的性生活不够和谐。我是一个感受非常强烈的人，经常想要性爱，可我妻子却似乎总是敷衍了事（我们做爱时，她总是这样一副样子）。

我说我经常想要性爱，意思是每周一到两次，我想这样就够了。但是，目前的情况可能只有一个月一次。而且，当我们终于开始做爱时，我妻子又似乎巴不得尽快结束。她像个石头人那样仰面躺着，一动也不动。而我则需要做所有的事情（当然只是她允许我做的）。

显然，我们的性爱极其单调。没有不同的姿势，不同的地点（总是在卧室），甚至没有不同的时间（总是在晚上睡觉前）。我周五不上班，很多次上午提议做爱，但都被她一口回绝了。

我也多次跟她谈过这件事，建议两人一起去接受咨询，可是在她看来，这个问题根本没有谈论的必要。她认为，目前的状况完全没有问题，因此也不需要改变，哪怕我对这样的状况极为不满。

我想强调两件事：

除了性，我们之间的关系还是很好的。我们不仅是夫妻，而且是很好的朋友。在结婚之前，她比现在要开放得多。就此而言，她已经不是我当时所认识的那个女友了。

所以，这就是我最头疼的事情。一方面，我不想和她分开，不想拆散这个家。但是，另一方面，我觉得我快要憋死了，我不想再这样生活下去了。

接下来，我又想到了最让我害怕的事情。我正在越来越多地考虑婚外情（死马当活马医，没有办法的办法）。是的，我确实是这样想的，我实在受不了了。

就是这些。我想听听你的回答。

在回信中，我向他确认：

你遭遇的问题确实很严重。

在你的来信中，我看到了两个常见的错误，第一个是你妻子的错误。跟大多数女性一样，她完全不理解性爱对你有多么重要。她认为，你也可以像她那样，对没有性爱的生活泰然自若。她无从得知，性对一个男人有多么关键，多么重要。她也无从得知，那些表示"我不能没有性，没有性我就活不下去"的男人确实没说假话，而且通常也是这样做的（通过各种方式来拥有性）。你的妻子不明白，如果你们之间的性问题得不到解决，你们共同的生活就无法持续下去（她可能觉得，目前的状况是可以持续的）。很多女性只是在伴侣出轨后才发现性爱有多么重要。这一误解来自这一事实，即，对于性爱在共同生活中所占据的分量，男性和女性的认知存在巨大落差。我从未听哪位女性说，她因为缺少甚至完全缺失性生活而考虑跟她的伴侣离婚，而男性对此的抱怨已经让我的耳朵磨出了茧子！

我在信中看到的第二个错误是来自你的。你一次又一次失望于你妻子不想做爱，失望于她不想付出努力来让你们的性生活丰富多彩，可你却拒绝看到这一点——她只是不喜欢做爱，不想做爱，也不想勉强地去做这件事。如果你的孩子不喜欢吃番茄，那么你会因为每次给他吃番茄他都不吃（哪怕换了烹调法）而感到惊讶、愤怒和失望吗？你难道会搞不清楚他不喜欢吃番茄吗？你难道还要一直尝试下去，而不去开始考虑这个问题该怎么解决吗？在性爱方面，男性和女性的众多区别之一是，男性不会在没有欲望的时候做爱，一辈子都不会有一次，因为他们根本做不到。男性的情形非常简单：不想做就没法做。所以，他们很难理解女性不想做爱时的拒绝。他们想象不出，在不情愿、不享受的状况下做爱是什么样的感受。可遗憾的是，他们却知道，女性即使在没有欲望甚至表示反对（例如强奸）的情况下也可以做爱。男性总能从插入中获得快乐，他们的这一经验促使他们认为，女性一定也喜欢插入。可他们错了！因此，你建议变换时间、地点和姿势，这些都不解决根本问题。你妻子压根儿就不感兴趣。谁会在自己不感兴趣的事情上追求花样呢？

没有性欲的女性可以分为两类，一类是希望自己有性欲（例如为丈夫着想），另一类是不希望自己有性欲，因此也回避性治疗。你的妻子属于第二类，她不想付出任何努力来帮你，例如跟你一起接受性治疗。因为你们感情很好，又有小孩，所以分手不是很好的选择。但是，你也接受不了没有性爱的生活。因此，你确实会想要去搞婚外情，可你也必须考虑到，这么做可能会破坏你们的关系，也可能会给你的妻子造成巨大的痛苦。

如果你想尝试挽救你与妻子的关系，那么你就可以把你写给我的信和我的回复给她看看。这么做或许能让你们之间展开新的对话，她也可能会像一个真正的朋友那样帮你出谋划策。

当然，为了保全家庭，同时不负自己的良心，你也可以自我牺牲，选择禁欲。

伴侣性生活不和谐也在一定程度上源自两性间的另一个差异——双方对性生活的看重程度不同。的确，在我们这个时代，大多数女性已经学会享受性爱，而且性生活对她们来说也是一件重要的事。但是，与男性相比，她们对待这件事的态度还是有所不同。

如果没有性生活，大多数男性（尤其是年轻人）会认为他们的生活完全没有任何意义和价值，而女性就不是这样。通常，她们会觉得没有**男性**的生活是空虚的，但没有**性**却不会。

下面的个案讲述了另一对在痛苦中挣扎的伴侣。

性爱需要沟通
他远比她更想做爱，可问题还不止如此

如果愤怒的丈夫沉默无语，而妻子也一言不发，那他们如何解决问题呢？争论谁对谁错这种事有什么意义呢？争胜了就能让你们的性爱和谐起来么？

B先生在来信中写道：

我今年 37 岁，我妻子 36 岁。我们结婚 10 年了，有 3 个聪明可爱的孩子。

我们婚姻中的一个主要问题是，我想做爱，或者说，我比她更想要。如果我不提议，不施压，我就得不到我想要的。问题是，即使是这样，我也得不到，这让我们的关系完全僵住了。因为这件事，还有其他一些争吵，我们能在同一座房子、同一个房间里（无论孩子在场与否）完全忽略彼此的存在。写下这段话的时候，我们已经冷战近 3 个星期了。在这期间，我们一句话都不跟对方讲。事实上，目前的情形已经深深地伤害了我，因为孩子们看到了这些，我不想让这一幕沉淀在他们未来的记忆里。孩子们还小，最大的才 9 岁。问题是，每次我向她表明我生气了的时候，她不仅不跟我询问缘由，反而火上浇油，直到我们完全无话可讲。

在我看来，以我们的年龄，我们的性生活是非常少的，而且这么说也太保守。很多时候，我们那种甚至不能叫性生活，只能叫草草了事，只是为了帮我应急。也许，问题在于我们没有足够的闲暇时间。因为一些原因，我们的孩子总是跟我们在一起。我总体上是随时都能跟她做爱的，任何时间都可以，可她却像是需要我提前预约似的。

不过，我也得跟你说说大约两个月前发生在我妻子身上的一件事。我们出去吃饭，当时有四对夫妇。我妻子酒喝多了一点，整个人比较兴奋。凌晨 2 点，我们回到家里。我跟你说，那是我永远都不会忘记的一个夜晚。那天晚上棒极了！我们做了好几次，最后还裸睡了（她从不如此）。简单说，我感觉我们就像两个刚刚认识的单身男女。第二天晚上，我们上床睡觉，回想起前晚的情景，我又有了向她求爱的冲动。令我吃惊的是，她居然答应了。而且，跟前晚一样，那种感觉棒极了！

第二天早上，我忍不住问她到底发生了什么事。连续两个晚上做爱，而且如此投入。她的回答是，我爱抚她的方式与往常不同。我对她说，我这样爱抚你14年了，但是一点效果都没有。从那以后，我们就再也没有提起过这件事了。确切地说，我们不仅没能复制那两个晚上的情形，我们甚至两个月都完全没有性生活了。

一个困惑的人

我给他回信：

我感觉，我们在这里讨论的是两件事。这两件事都出了问题，而且，它们最终是联系在一起的。第一个问题是：你们两人的性欲强度是不同的。第二个问题是：你们两人的沟通能力都非常有限。即便第一个问题有机会改善，第二个问题的存在也会将这一改善的可能性关闭。

在我看来，你们在沟通中犯了以下几个错误：

· 你在生气时一言不发。有效的做法是：清晰简洁地说出是什么让你感到不快，以及你所期待的性生活到底是什么样子的。
· 你认为妻子不理解你是她的问题。有效的做法是：双方各自负责向对方传达自己的信息，而非坐等对方发问。也就是说，如果你生气了，你就不能保持沉默，而是要告诉她：你这样做让我非常失望，我特别希望你能用不同的方式来回应我。表达完你的想法和感受后，你还要仔细倾听对方的想法和感受。
· 看起来，你更在乎的是赢得与妻子的争论，而非改善你们之间的关系。这两个目标，你只能实现其中一个。那些总是纠缠于谁是谁非的伴侣都无法停止争吵。只有伴侣双方更加看重良好的伴侣关系，而非"摆事实，讲道理"，你们才可能过上你们希望你们的孩子们见证和铭记的那种和谐生活。当你的妻子告诉你，你爱抚她的方式与从前不同时，你在回答中透露的意思却是她说错了，你永远是对的，有问题的是她。你本可以（我只是举个例子）对她说，那两个晚上发生的事给了你巨大的喜悦和快乐，让你永远都无法忘怀，而且，如果她能说出你爱抚

155

她的方式究竟在哪里不同，以便你能继续用这样的方式爱抚她，进而让你们的快乐得以延续，那么你会感激万分。这就是指向赢得争论的沟通和指向改善关系的沟通的区别。沟通问题肯定是可以解决的。你可以通过学习来做到这一点。[1]

至于你们两人的性欲差异，这就是完全不同的另一件事了：

年轻（或者粗略地说，在中年以前）伴侣性欲强度不匹配是非常普遍的事，而且很难解决，好像上帝在故意捉弄人类。一方面，他安排女性嫁给男性，但另一方面，他又不让他们真正匹配。幸运的是，这个问题会在两人进入不惑之年后好转。但我知道，你 37 岁，这一点解决不了眼下的问题，更别提那些 20 多岁的伴侣了。

你们的情况似乎是，当你的妻子稍微放松一点时，她实际上是能够享受性爱的。这对你来说是个好消息。但是，你也不要想当然地认为，只要你学会了如何让她享受性爱，她就总能在你想要做爱的时候回应你。性欲的差异永远都会存在，这一点只是能让你们的问题变得更容易解决些。

下面是我的一些建议：

· 去学习一门伴侣沟通课程。如果你们所在的地区没有这样的面授课程，那就通过看书来学习吧，这种书到处都是。

· 如果家里有几个孩子跑来跑去，你们的性生活是无法进行的，而且他们也会让你们没有精力做爱。你们可以想一些办法来在固定的时间里摆脱他们，至少每周一次（例如把他们交给保姆，或者让他们早点睡觉，等等）。

· 在你们的关系有所改善时（此时容易沟通和相互尊重），你可以建议你的妻子在睡前喝一杯红酒。这么做能帮助她进入状态。

祝你们好运！

---

[1] 你们可以去参加关于伴侣沟通的培训课程。初学者也可以通过阅读附录第五篇（主观感知与客观事实）来了解有效沟通的法则。——作者注

从上面的个案中，我们很容易看出，讲道理、争高低和不认错，是与和谐的性关系八竿子打不着的。

与生活中的其他所有领域相比，阿德勒和谐生活法则的正确性在性生活领域体现得更加明显。如果伴侣双方不承认他们之间是平等的，他们就不可能拥有和谐的性生活。

双方必须通力合作，按照相同的比例共同对实现最终的目标负责。

双方必须拥有平等的权利，他们各自都必须有权：

· 享受性爱。
· 根据自己的需要接受刺激。
· 根据对方的需要给予刺激。
· 向对方传达自己的需要（不限于借助语言）。
· 在自己喜欢什么，不喜欢什么的事情上拥有最高发言权。
· 拒绝（另一方不得为此而上演侮辱、愤怒、冷战、报复和宽恕的五幕剧）。

要想拥有持久的美满性爱，伴侣双方都需要拥有如下感受——他们享受性爱，也给对方带去快乐，对方这么做是发自内心，是出于对自己的爱欲。

要想做到这一点，伴侣双方就必须签订平等的伴侣契约。

如果双方仍旧在争论谁对谁错、谁说了算、谁更痛苦……换句话说，如果双方之间仍旧存在权力争斗和竞争，那么一切都将无从谈起。

她爱他，但她不喜欢做爱
性爱对个人幸福的重要性

女性已经解放！

那么，男性呢？

女性即使解放了也可以尝试去理解和体谅男性。

如果一名女性爱她的丈夫，却不接受对方向她表达对性生活的不满，那么这是爱吗？这样的关系肯定不够好。双方都需要付出巨大的努力去理解对方的感受。只有这样，他们才能想清楚接下来"该怎么办"。

加里在来信中写道：

我是一位54岁的丈夫，我非常爱我的妻子，她也爱我。

因为我们在性生活方面的问题，我的生活完全没有了乐趣。我妻子对性爱完全不感兴趣。她从来没有尝试过口交，也不想尝试，我一跟她说这件事，她就会生气。她也从未体验过性高潮。

对我来说，性爱是生活不可分割的部分。没有性爱，我会非常痛苦。

我怎么做才能挽救我跟我深爱的妻子之间的这段婚姻呢？请帮帮我！

我给他回信：

对于缺少性生活的男性来说，生活是多么灰暗。

通常，当你问一位男性缺乏性爱是怎样一种感受时，他不仅会谈到性欲无法满足，还会谈到缺少温暖、接触和身体上的亲密感。少了身体上的接触，男性很难获得被爱的感觉。

问题是，很多性欲强度不匹配的伴侣平时也没有身体接触，比如简单的拥抱和亲吻。这种事情屡见不鲜，因为女性担心，只是一个深情款款的拥抱就会立刻导致她的伴侣想要把她拖到床上去。如果她不想做爱（这是她的权利！），她也会放弃实际上她会喜欢的无关性爱的身体接触，进而加重男性的被拒绝感。

这个问题很容易解决。你们可以达成协议，约定拥抱、亲吻等亲密接触并不意味着接下来一定要做爱。任何一方都可以随时停下脚步，并且不会受到任何惩罚。

如今，我们的生活里出现了一种新的不公，与过去的常见情形恰好相反。那时，男性常常"占"女孩的便宜。换句话说，他们把女性看作性爱工具（当然，并非所有男性都这么想，也并非他们在所有时间都这样想，但是，作为一种社会现实，女性已经从中学会避免性爱）。随着时间的推移，女性认识到（这是一件好事），她们不必"勉强为之"，换句话说，当她们不想做爱时，她们就可以不做。她们开始责备那些"为性爱而性爱"的男性，懂得自己有权支配自己的身体，有权决定用它来做什么、跟谁做、怎么做，以及在什么时候做。简而言之，今天的女性懂得不去做她们不想做的事，也懂得提防自己沦为发泄性欲的工具。到目前为止，一切都很好。只是，由于担心自身沦为丈夫性欲的牺牲品，她们往往也看不到丈夫被她们一次又一次拒绝有多么痛苦，并且也不会付出任何努力去尝试解决由双方性欲差异所导致的问题。当一个如你这般痛苦的男性多次要求跟妻子做爱时，后者通常都会报之以愤怒和各种各样的指责，例如，"你总是想要！你脑子里只有性！一刻也不能停歇！要是真听你的，你会每天都想要！"等等。事实上，如果仔细查看这些"指责"，我们就会发现，男性也在承受巨大的压力。面对这样的情形，女性可以放下指责，并且去理解对方所承受的挫败和茫然无措。她可以表达同情，并且寻找解决问题的办法。

另一方面，当妻子不想做爱时，她能做些什么呢？首先，她可以"希望自己有性欲"。不想做爱的妻子既可以说"别碰我"，也可以说："我愿意付出一切努力去拥有性欲，因为我明白这件事对你有多么重要，我知道你有多么痛苦。"这是两种完全不同的回应。你的妻子属于哪一种？而你又能做些什么呢？

你可以努力去理解她。首先，你要了解，你的妻子对做爱不感兴趣，因为她无法从中获得快乐。如果你永远都达不到性高潮，你会想要做爱吗？（当然，你想象不出这样的事，因为对男性来说，这种事几乎没有发生过——这是两性之间的另一个重大差异！）你要她给你她不想给的东西，这很难。此外，由于她显然不喜欢做爱，于是她就无法理解你为什么喜欢这么做，她也不知道她错过了什么，以及为何这件事对你如此重要。一旦你理解了她，你的愤怒（如果你对她存在任何愤怒的话）就会烟消云散（当然，反过来也一样）。

其次，**你也必须尝试获得她的理解**。你必须想方设法让她知道，这件事对你有多么重要，以及如果问题得不到解决，你会有多么痛苦。如果你坚持只谈论你自己而不谈论她，她就不会觉得自己受到伤害。当有人试图评论伴侣的性爱表现时，后者所感受到的伤害总是与对方的指责和批评联系在一起，而只谈论自己就不会伤害到他人（参见附录第五篇中的沟通规则）。"我非常希望我们俩都能拥有美满的性生活！"这句话不会让任何人受伤。而且，如果她关心你的话，她也会来帮你出谋划策。也就是说，她会同意去解决这个问题。你们可以一起接受性治疗，[①] 你们也可以只靠自己来解决问题，阅读各种书籍，付出大量努力，发挥想象力和创造力，打开心扉交谈。只是，这么做想要成功仍旧是非常困难的。

身处两性之争中的戴娜是加里的妻子，她对丈夫非常不满，也不认同我的回复，于是她给丈夫写了下面这样一封信。

战争？
女性要用胜利来报复，还是要在和平中平等相待

你怎么知道你的妻子对性爱完全不感兴趣？或许，你做爱的时间和方式并不符合她的喜好，或者不适合她，而她"勉强为之"只是为了让你闭嘴。

我问戴娜：

加里的妻子"勉强为之"，只求让他闭嘴，在你看来，谁应当为

①仅限于有资质和执照的性治疗师。——作者注

此而负责？他如何能够得知什么样的性爱时间和方式适合她呢？难道我们不该期待，那个要求（这一要求是正当的！）对方给予她尊重和平等的人也能担负起把她想要什么（和不想要什么）坦率地说清楚的责任吗（即使她想让他闭嘴）？

戴娜继续写道：

你妻子从未达到性高潮是你的错。你无法唤起她的性欲。性爱不仅仅是亲两口就插进去，远不止这些。它跟开灯不一样，不是一撒就亮。

我对此的回复是：

如果在性爱方面，你不想把主导权和控制权交给你丈夫，那么你又如何能指责他没有让你达到性高潮呢？他无法唤起你的性欲？也许，这是因为你无法被唤起呢？也许，这是因为你没能正确地引导他来让你得到你想要的刺激呢？也许，这是因为你不允许自己被唤起，于是你也懒得去搞清楚你避免做爱的原因？研究明确显示，那些能够享受性爱的女性同时也是能够为自己的性快感和性满足承担责任的人，同时也是不把这一责任丢给丈夫的人。

戴娜继续写道：

你说，因为性生活的问题，你感受不到生活的乐趣，你这是在把你的生活缺少乐趣归罪于你的妻子不愿跟你做爱……。你不断地做出各种各样的评判，冒犯她，伤害她，让她的生活充满痛苦，她又如何想跟你做爱呢？你可以挽救婚姻，从现在开始尊重你的妻子。她有自己的意愿和看法，这是她的权利。不管你是否认同它们，你都必须学着去接受。婚姻不仅仅是性爱，它也需要合作、相互尊重和做出大量妥协，对双方来说都是如此。然后，性爱自然就会发生。

我对此的回复是：

我完全认同你所说的，我在这本书前面的部分里已经表达过这样的意思。只是，女性有时会过分欣喜于自己终于可以走出男性的阴影，导致她们常常忘记，男性也有属于他们的苦恼和需求。在你的言辞中，我无论如何也找不到你对你丈夫感受的丝毫尊重。他已经解释过，他的"生活完全没有了乐趣"，因为性生活对他来说太重要了。在你的话语里，我也找不到一丁点你对他不断碰钉子，对他的痛苦和愿望的理解和关心。难道他不该有欲望？我已经说过，很多男性都跟我讲述过由性生活不如意所引发的类似痛苦感受。我也反复说过，在我看来，如果妻子能够从心底里感受到丈夫想跟自己做爱却被自己拒绝的痛苦，那么这也无损于她的独立和尊严。这并不是说，她必须曲意逢迎。而是说，当她表示拒绝时，她也可以尊重对方拥有欲望的权利，并且接受他的失望，乃至他表达失望的权利。难道不是这样吗？[1]

戴娜继续写道：

你说你妻子从未尝试过口交，也不想尝试，只要你跟她谈论这件事，她就会生气。不要这么自私，先生。倘若你妻子不想口交呢？你要是她你会怎么想？你想给另一个人"吹箫"，再被迫把他射进你嘴里的东西吞下去吗？顺便问一下，你会去舔你妻子的外阴吗？那也是口交！你过得不快乐却怪罪你妻子不愿给你口交。我认为，拒绝口交，甚至拒绝尝试这样做完全没问题。

我对此的回复是：

首先，平心而论，我们必须看到，加里的来信里完全没有提到，他指的口交到底是谁为谁做，还是互相为对方做。所以，我不知道你

[1] 这里所建议的行为准则是"不争也不让"。——作者注

为什么会一口咬定，他指的只是妻子给他做。他非常希望他深爱的女人（他说他非常爱妻子）能够享受性爱，所以我们完全可以想象，他可能也希望妻子允许自己为她口交。当然，所有人都有权利拒绝自己不想要的任何东西，这一点毋庸置疑。但是，我们也得说，今天，大多数拥有美满性生活的伴侣确实会偶尔口交。而且，当你询问他们在性爱中喜欢做什么时，伴侣双方都把对方为自己口交排在相当靠前的位置。甚至于，他们为对方口交排位也不低。结论是，那些不享受性交的人有时也能从口交中获得乐趣。不过，口交当然是可以拒绝的。就像你说的，没有人有权逼你，你也没必要向对方屈服。

接着，戴娜总结道：

他只想要她围着他的阴茎转。为什么不能反过来呢？

我对此的回复是：

你这么问正好帮我强调了我想要表达的观点。我的感觉是，不公正、不平等和不公平永远也无法通过让双方对调位置来得以纠正。如果一个人对另一个人不公正，那么反过来就能解决问题吗？受虐者反过来虐待施虐者就能解决自己、对方，或者他们之间的问题吗？如果只是换一个人去践踏对方，那么这又有什么意义呢？这么做能改善伴侣关系吗？

有一次，我听到一个叫乔纳森的小男孩讲，另一个班的男孩打了他。有人问他："你为什么不还手？"

结果，这个小男孩惊讶地问："如果我还手，我就不难过了吗？"

目前的情形似乎是，像你这样的女性开始还手了，可这么做似乎并没有让你们真正快乐起来。

感到自卑的人倾向于从垂直视角看待世界，他们的愿望是在梯子上爬得更高。所以，如果一个群体被另一个群体所压迫，他们大多仍会维持垂直视角，并且努力让他们与对方的关系颠倒过来。通常，只有当他们达到更高和更有优势的位置后，他们才会去考虑平等和相互尊重的可能性。妇女曾经（在某些族裔中仍旧如此）备受压迫和支配，权利也遭受剥夺，所以她们常常渴望先把位置颠倒过来，将男性压迫一点点。可是，当这一愿望实现后，他们之间的关系却并没有改善。

我再一次提到垂直视角，是因为这一点对两性看待存在于他们之间的性欲强度差异造成了负面的影响。

我们也可以看出，这一领域的男女平等仍旧没有实现。虽然，女性不想做就不用再像过去那样"勉强为之"，但与此同时，女性也不够尊重配偶的需求和感受。例如，她们单方面要求对方接受自己对性的态度。事实上，女性并不关心伴侣的需求和感受，她们不喜欢对方提出要求，而且通常也不会想方设法去解决性欲强度不匹配的问题。过去，这种不匹配主要伤害女性，而今天的受害者则主要是男性。所以，因为伴侣性欲得不到满足而向咨询师求助的女性并不多，而当伴侣想要寻求这样的帮助时，很多女性却拒绝配合。而且，女性往往只是在伴侣出现不忠行为后才同意接受专业的帮助。所以，这方面的来信几乎都是男性写的，这并非巧合。

过去，遭遇问题的往往是女性，她们经常被强奸，也经常因为男性的性需求而遭受折磨。现在，问题的皮球已经滚到了男性脚下，他们苦于无处排遣性欲无法满足的痛苦。

随着妇女解放运动的发展，人们形成了许多明显是僵化的和缺乏常识的认识。例如，今天有许多人认为，女性每次都应达到性高潮——因为这是她们的权利！这一看法给许多伴侣制造了压力和问题。那么，这句话到底是什么意思呢？

过去，在男尊女卑的传统社会中，男性显然是会在每次性爱中达到性高潮的（我们已经谈到过，这是上帝的安排）。至于女性，人们则不期望她们会对性感兴趣，也不期望她们会享受性，乃至达到性高潮。只是到了20世纪，特别是在20世纪后半叶，随着现代性学的发展，以及受到女性革命的影响，人们才开始知道，只要得到适当的"关照"，女性也可以在性快感的巅峰达到性高潮。

从那时起，所有人，包括女性、她们的伴侣、性学家，都开始想方设法让女性达到性高潮。男性也开始感受到，自己需要让伴侣达到性高潮，以此来证明自己是有价值的、有道德的、体贴的和尊重女性的。他们匆忙地承担起这一责任（家长式作风的残留），并且开始向女性施压，要求她们确认自己已经达到性高潮。这种压力最常见的表现形式就是询问对方："你高潮了吗？"如果回答是否定的，男性就会明显地显露出不满的神情。

现在的女性已经知道，她们有权拥有性高潮，也必须拥有性高潮。如果体验不到性高潮，她们在内心里就无法平静（过去，性生活的成功与否只是男性的事。现在，女性也开始用性高潮的达成与否来评价自己的性生活）。今天，如果两人都没有走完性爱的全过程，他们就会觉得这样的性爱没有意义。但是，正如我们在前面介绍过的那样，（年轻）男性能够在性爱中轻易地，甚至几乎是自动地达到性高潮，而对女性来说，达到性高潮则通常需要她们集中精力（女性对性刺激的关注很容易被其他刺激分散。而男性就不是这样，例如，他们并不介意他们的母亲正在另一个房间里……），并且双方都要付出努力（通常比男性达到性高潮所花费的时间更久）来尝试为她提供恰如其分的、心无旁骛的刺激。

事实上，我们不应僵化地去苛求这种想当然的平等（这里说想当然，是因为"平等"并不意味着"相等"）。女性也可以享受哪怕只是轻度的刺激（例如仅能使阴道产生足够爱液来便利插入的刺激），或者持续更久的、稍强的刺激，同时把性高潮留给下一次，甚至再下一次。如果双方不必每次都达到性高潮（男性也会从中年开始更多勃起而更少射精，即使把性高潮推迟到下一次，他们也依旧可以享受到相当程度的性满足），那么两人在性生活中所承受的压力就会卸掉一大块。

我们之所以讨论这一点，是因为这种相对较新的认识（例如主张女性每次也应达到性高潮）让某些性欲强度不匹配的伴侣的问题变得更加突出了。而另一方面，如果女性在性爱中适当回避性高潮，两人的性生活则可能获得改善。因为，她在随后的日子里往往会有更加强烈的欲望。如果性唤起后没有达到性高潮，女性就会维持一定的兴奋度，甚至达到"欲火中烧"的程度。而且，与达到性高潮的情形相比，回避性高潮往往能让女性更早地准备好进行下一次性爱。有时，这么做甚至能让女性主动提出性爱需求，而这种情形对于性欲强度不匹配的伴侣并不常见。①

几十年来，性学和公众一直在努力推迟男性的性高潮（即与早泄作斗争），同时也在努力加速女性性高潮的到来，似乎这些都是不容置疑的目标。然而在有些时候，这样的努力不仅徒劳无功，甚至搞错了方向。女性也应该学会延迟性高潮的到来（像男性一样，这一能力能让人感受到更持久、更强烈的刺激。毕竟，性高潮只是几秒钟的事），而男性也并非总是需要推迟性高潮。性行为完全不像肾脏过滤血液或心脏泵血，必须追求最优状态。因为，性行为通常发生在两个人之间。倘若女性一方兴致寥寥，或者完全不感兴趣，那么男性早一点达到性高潮反而可以是一件好事，因为性爱时间缩短了。在这种情况下，女性往往也会更加顺从伴侣的意愿，因为她可以"指望"这个过程不会持续太久。

对两性关系（如同一般意义上的人与人之间的关系）而言，社会平等是无需证明的事实，它的实际含义是一种相互尊重的关系（及其结果）。所以，我们应该用平等的视角来看待性生活（像看待其他问题一样），同时避免通过制造新的不公和压迫来反击压迫。换句话说，我们可以放弃争斗。

只有在改变世界观，选择合作而非竞争后，真正的改变才能实现。

---

① 关于女性克制自己回避性高潮（而非总是尽力去达到性高潮）的建议以及这么做的好处并未载于专业文献，这只是我在性治疗领域的临床经验。我也建议与伴侣性欲强度不匹配的女性避免在一次性爱中多次达到性高潮。有些人说："如果性高潮真的来了，那就是成事的。"事实证明，如果这样的女性只经历一次性高潮，同时避免紧随其后的多次性高潮，她们的性欲就会在更短的时间内再次出现。——作者注

女性喜欢找借口
她们不敢直接说不

伴侣双方都应有权表示：我不想要，我不喜欢，我没心情，我们可以看看这是什么原因？可不可以做点别的？而不是因为这件事吵起来，这很重要。如果这条路走不通，女性就会找借口来搪塞，而问题依旧无法解决。

亨利在来信中写道：

我有一个很多男性都可能会遇到，并且因此而苦不堪言（也感到愤怒）的问题。我和妻子结婚 11 年了，有两个儿子。我和妻子的感情（抛开性生活不说）还算不错，跟一般的夫妻差不多。

我妻子的"问题"是经期禁欲（这是正统犹太教的戒律之一），我对此没有意见，而且我认为这件事本身是很好的。但是，她的禁欲期长达 21–23 天，而不是通常的两周。原因是，她想比教皇更虔诚。

她是怎么做的呢？禁欲两周后，她不是去洗"仪式浴"（经期后用作净身的犹太仪式浴），而是对我说："我还没到时候。"于是，她会继续禁欲一个星期。直到三周多过后，她才会去洗"仪式浴"。这时，这个月就只剩 6–8 天来过性生活了。当然，这中间还会耽误一两天。于是，我们每月只有 4–5 天能做爱。如果你有办法来缩短她的禁欲过程，我会非常感激。

我得说明一点，尽管这跟宗教有关，但我们只是那种很普通的信徒。

我只好给亨利回信：

很遗憾，我有个很不好的消息要告诉你：你的妻子不喜欢跟你做爱。我有点搞不懂，事实上，我很难理解，对于你描述的这种事情，为什么会有那么多人想不到这个并非难以得出的结论。这件事与犹太律法和仪式浴没有任何关系。在我们的文化里，不论是虔诚的犹太教徒还是根本不信教，很多夫妻仍旧无法开诚布公地谈论性爱。而且，很多女性根本没有机会和勇气（也不知道该怎么做）来直接告诉配偶，她们不喜欢性爱中的感受。于是，她们宁愿尽一切可能避免性爱。不信教的女性诉诸于"头疼""腰疼"等原因，而对虔诚的，甚至不够虔诚的犹太教徒来说，上帝已经为她们准备好了现成的完美借口，而无需她们再去制造名目繁多的疼痛和不适。她只需避免去洗仪式浴，然后就不仅可以摆脱她不想要的性爱，甚至还能彰显自己的虔诚。换作渴望性爱的女性，她会在律法许可的即刻奔向仪式浴。所以，不要去纠结什么仪式浴了，而是得想想，你该采取什么行动来应对现实。这一现实即，你喜欢做爱，而你妻子却并不喜欢。

例如，你可以忽略我说的，维持现状。你所面对的情形要比不信教的男性所面对的要复杂一些，因为后者还可以求助于手淫，你可以吗？我不知道"很普通的信徒"是否遵守对自慰的节制（这是正统犹太教的另一条戒律）。

或者，你也可以带她去见拉比的妻子（犹太教中负责解释家庭净身规则的人），后者会告诉她，根据犹太律法，延长经期禁欲的时间并非必要。这么做了之后，你的妻子可能会因为少了借口而选择与你做爱，但是她会感到不甘心，心里也会有些愤怒。她的这一愤怒（因为她不得不经常去做这件违背她意愿的事情）会逐渐积累，发酵，直到最终以这样或那样的方式表现出来，而你则完全不明所以。

也许，在拉比的妻子解释完后，你的妻子会生气地对你说："你知道吗？这确实跟经期禁欲没有关系，但我这么做是因为我跟你每月做四次爱已经足够了（甚至已经太多了）。"真相（即她欲望不强）大白后，她可能会告诉你，到目前为止，她还没有找到更好的办法来解决这个问题。而且，由于经期禁欲已经不再能够作为借口，所以她会想要找到真正的解决方案。

接下来，你可以告诉你的妻子，现在你明白了，她根本不喜欢你们之间的性爱，因此这不是她一个人的问题（不像经期禁欲），而是你们两个人的问题。看起来，你们两人都还没有找到能够让她也感到满意的性爱方式。原因可能在于，由于性教育不足或缺失，你们都不了解性，而且还对这一话题存在强烈的羞怯和尴尬心理，以及，你们不知道和谐的性爱不是免费的午餐，而是需要你们付出努力来争取的。性爱虽然通常是一件令人愉快的事，但你们确实需要付出努力来克服各种障碍和尴尬，并且直接、诚实地与对方交流你们的感受和愿望。

你可以提议双方各自为对方做一件事。你的妻子要做的是：尽早去洗仪式浴，"净身"回家（我在这里加引号是因为，在我看来，月经并不脏。根据医生的说法，即便在经期做爱也是没有问题的）。作为交换，你要做的是：**不要求她跟你做爱，除非她确实想这么做**。同时，你们也要像刚开始恋爱那样，用能够让对方感到舒服的方式爱抚彼此，碰触所有的身体部位。特别是，你要知道她的敏感部位在哪里，例如阴蒂。只有在她真正欲火焚身之时，你们才能进行下一步。从短期来看，这么做似乎会让你蒙受某种"损失"（一开始，你的妻子很可能根本不想做爱），但从长远来看，你们两人都将从中获益，你们之间的关系也会显著改善。

把事情开诚布公地说清楚，这个建议也适用于所有用一长串借口来对待性生活，并且只在无路可退时才勉强为之的女性（她掰着指头想："上次是什么时候？周二，或者周三，周四，周五，周六，周日——哦，天呐！已经五天了；我今晚必须得做了，不然会很麻烦"）。这样下去，两人的性生活只会越来越糟糕。典型的结果是，女性最终厌倦做爱，而男性则在痛苦和沮丧中无计可施。反复的拒绝让他感到羞辱，整个过程也让他疲惫不堪。到了最后，他再也不想这么做了，他不再提出要求，一切都归于寂静。这时，他就徘徊在了出轨的边缘，只等有人来把他拉下水。

所以，女性不应该用借口来搪塞。明智的做法是告诉对方：我不享受性爱的过程，因此我没有欲望。让我们看看，我们能做些什么来让我和你一样开心，然后我肯定会更想要。

谈话可能会像下面这样进行：

谈话时机：随时。可以在性爱之后，也可以在任何彼此都有空，并且放松而亲密的时刻。

她："西蒙，我想跟你说件事。你现在想听吗？"

如果答案是否定的，那就推迟到以后再说，同时静待适当时机出现。

"你可能已经注意到了，每当你想要做爱的时候，我几乎总是会编造各种各样的理由来避免这么做。"（当然，这句话也可以由对方反过来说，例如，"我发现，你总是试图用各种各样的借口来避免跟我做爱，我一直在想，也许……"）

他："我注意到了是吗？是的，我注意到了。那么，这是怎么回事？"

她："我想告诉你，我是在找借口，因为直到今天，我都没有勇气告诉你我不想做爱的真正原因。我不知道该如何开口……我害怕你会不高兴……但是，我最终意识到，如果我不把真正的原因告诉你，现状就无法改善。"

他："那么，真正的原因是什么呢？"

她："好吧，真正的原因是，我只是不享受做爱的过程……"

他："这怎么可能？"

她："但这是事实。"

这里可能有很多种情况。或许，她过去一直假装很享受，那么这时就需要彻底解释清楚。或许，她在双方付出九牛二虎之力后确实达到了性高潮，可这个过程却令她非常痛苦。或许，她确切地知道怎样做才能让自己享受到性爱的快乐，那么这时，她就应该建议对方从此在性爱中跟随自己的节奏，在这种情况下，对方也必须做好准备去满足她的要求。也或许，她不知道该如何激发自己的性欲，这时，最好的选择就是接受性治疗。其他的可能性还有很多。如果你是一位对性爱不感兴趣的女性，那么你最好参照第5章的表格，找到你所属于的具体情形。

在这样的对话中，最重要的是要营造这样一种氛围：我们遇到了（共同的）问题，而且，我们（两个人）必须解决它，这样一来，我们才都能享受到性爱的快乐。

有时，女性的借口会显得天经地义，例如更年期，或者配偶中的一方患病。

疾病有时只是避免性爱的借口
生病或残疾也可以享受性爱

随着岁月的流逝，伴侣双方的疾病也会越来越多，例如心脏病、癌症和其他疾病。在患病期间或之后，夫妻双方需要通力合作才能继续拥有性生活。要想做到这一点，伴侣双方就必须提前培养这样的合作能力和就性话题展开对话的能力。这是他们的性生活的一道保险。少了它，性生活就有可能彻底崩解。

T先生在来信中写道：

我今年56岁，我妻子51岁。我们已经幸福地走过了30年的婚姻生活。我们有三个孩子，他们都已成年。我们都信奉犹太教。我们喜欢一起看电视，看电影，听音乐会，等等。我44岁的时候病了一场，接受了大剂量的化疗。虽然我的命救回来了，但同时也留下了各种各样的问题。其中之一是，接受化疗后，我就得了勃起障碍，一直到今天都是这样。我看过医生，也吃过伟哥，但都没什么效果。而且，问题的根源是：我妻子对性一点兴趣都没有。如果要为她辩护的话，我会说，在我生病以前，我们之间的性生活还是不错的。虽然她并不是什么"性感尤物"，但她也几乎没有拒绝过我，也没抱怨过"累"或"头疼"。但是，现在回过头去看，我发现她对性爱从来都不感兴趣，她也从未主动提议做爱。

在我阳痿的过去几年里，我感觉她对这一情形是非常适应的。在我提议做爱的极少数情况下，她躺着一动不动，没有任何回应。她不碰我，也不抚摸我，只是对我说"抱着我"。当然，这很好，可这还不够。

医生告诉过我，在我这个年纪，女性对我不感兴趣会阻碍治疗。我爱我的妻子，我也是虔诚的犹太教徒，但我最近总是在想其他女人。我性格非常好，非常友善，也喜欢社交，有很多男性和女性朋友。我知道，如果我想跟别的女性亲热（或者有限度的亲热），那是很容易做到的。当然，我不想走到这一步，但我已经一年多没跟我的妻子做爱了，我痛苦极了。我妻子了解我的这个问题，因为我试着跟她说过好几次，但她不是没反应，就是很快岔开话题。我能做些什么才不至于失控而铸成大错呢？

我给他回信：

你不会失控的。你决定做的任何事情都是你自己的选择，你得为此承担责任。所以，你最好先权衡一番再采取行动。

你的信有些语焉不详。你说你得了勃起障碍，但另一方面，你又说你曾经提议做爱。有一件事是明确的，你仍然有性欲。至于勃起，有人可能跟你说过，如果吃了伟哥，再加上正确的刺激，你就可能会勃起。还有，你说的"有限度的亲热"是指不插入吗？性高潮不受影响是否可能？没有勃起也可以达到高潮吗？你没有把你的情况描述清楚，但这并不重要。就像你说的，不管有没有插入，与他人结成性爱关系都是可能的。激发性欲的方法可能有很多种，即使没有插入也可能让彼此满足。所以，不管是否有勃起，有一点是肯定的：你想继续过性生活，没有它，你会非常痛苦。

请允许我对你所说的"我生病前，我们的性生活还是不错的"这一点提出质疑。事实上，你的来信之所以对其他读者很重要，原因之一就在于，你的信清楚地显示了夫妻就性生活展开对话（即使在一切似乎都还不错的时候）的重要性。从你的信中可以看出，妻子不反对并不代表一切都很好。以你为例，真实的情形是，她显然根本不享受你们之间的性爱，所以她才对性爱毫无兴趣，而你却完全没有意识到这一点。她同意你的请求是因为她对你很忠诚，而且她可能也认为，跟你上床是好妻子应尽的义务。你病了以后，你的性功能受到损害，这时，你比以往更需要她的配合。但是，对视性爱为负担的她来说，这就成了摆脱整件事情的机会（如果女方不喜欢性爱，后者就会成为她的一大负担，特别是，即便是患有早泄的男性也会随着年龄的增长而需要越来越多的时间来达到高潮）。

你能做些什么呢？

当然，你可以选择不与你的伴侣过性生活（不管是否借助性幻想来从自慰中得到满足）。包括僧侣在内的很多人都是这么做的，他们认为（根据宗教或道德戒律），这么做是对的。他们也不会因此而早亡，他们当中的很多人都很长寿。跟放弃任何事情一样，放弃性生活也能让人拥有内心的安宁。

当然，你也可以去找个情人。但是，只有你自己才知道这样做是不是舒服，这要看你的价值观。性学家发现，悖逆自身价值观和信仰的性爱是无法尽兴的。如果你选择这样做，你就可以给你的妻子一些暗示，让她知道你的想法。然后，根据她的反应，你就可以了解她对你这样做的态度，你就能知道她听了到底是如释重负（摆脱性爱负担），还是感到难过。根据她的反应，你可以再想想怎么做是最适合你的解决方案。你说过你爱她。

如果你想作此尝试，你们两个就得完全彻底地跟对方开诚布公，即使对方听了会感到很不舒服（比如，你的妻子将不得不承认，她对性爱从来都不感兴趣。或者，你也将不得不承认，你在考虑跟别的女性做爱）。事实上，完全彻底地开诚布公意味着你要把你信中写的事情全部告诉你妻子。或许，这么做能促使你们展开第一次富有成效的讨论，而你的妻子很可能也不会岔开话题。

如果她确实想岔开话题，你就可以告诉她：

"我理解，你不想跟我谈论这个话题。每次我说到它，你都不想谈。也许，你之所以害怕这样的谈话，是因为我们会得出你不渴望性爱的结论，或者你只是尴尬。我不知道具体原因到底是什么，但我真的想要你听我说说，因为我非常苦恼。"

在这样的请求下，她很可能会同意听你诉说，并与你讨论。然后，你们就必须一起踏上寻找创造性解决方案的旅程了。这样的解决方案可以是你借助相互爱抚从她的全身（而不仅仅是生殖器）发掘敏感部位，可以是你尝试用你的嘴（舌头和嘴唇）为她口交（如果你以前没有这么做过，你可能会发现一种新的乐趣），可以是你决定使用性爱辅助用具。这种可能性有很多，而且，在你说服妻子你并没有离开她或欺骗她的意图后，她还可能会告诉你，她从未享受过性爱，也从未对这种事感兴趣。我不可能猜到你们会得出什么样的结论，但有一点可以确定——只有在你真正了解了一件事的本质后，你才能做出恰当的应对。这种理解只能通过开诚布公来实现，而开诚布公又只能出现在相互信任、尊重，并且不存在权力斗争的氛围里。我们再次遇到了本书已经多次提及的事实——如果一段伴侣关系不缺乏理想伴侣契约所应包含的各项要素，那么二人之间的问题就可以解决。

如果有专业人士的帮助，以上目标可能会更容易达成。很多人不知道，即使他们没有享受过美满的性爱，在很多情况下，不管他们年龄多大，他们仍旧有机会一起学会如何享受性爱。这就是在性治疗过程中所进行的那种学习。伴侣双方都需要做出决定并认真面对治疗师的治疗。

对许多女性来说，只要她们的伴侣试图讨论性爱问题，她们就会"迅速岔开话题"。跟她们一样，T先生的妻子可能也不再认为自己有能力享受性爱。此外，她还轻视性生活对丈夫的重要性。他的勃起障碍给她造成了一种错误的印象，好像他已经不再那么需要性爱。而且，既然他们已经拥有幸福的婚姻，而他也爱她，于是她便认为，放弃他们共同生活中的性爱内容是可以的。可是，她丈夫的来信却证明，她完全错了。

除去一些确实非比寻常的案例，妻子永远都不应该认为，她的丈夫不觉得性生活很重要，也永远不应该认为，他能够在忽略或完全放弃性爱的情况下跟自己长久维持令人满意的伴侣关系。

在下一封读者来信中，我们可以看到，妻子的这一（常见）错误会让生活变得多么复杂……

"就这样了，你跟我说什么也没用"
丈夫却不放弃

当妻子从她的性爱角色中退出时，她就在丈夫的生活里制造了一个空缺。

而另一个女性很容易填补这一空缺，她还能以其他方式去契合正在生活中找寻新意的中年男性的需求。

卡尔在来信中写道：

我和妻子今年50岁出头，有三个孩子，其中两个结婚了，还有一个跟我们住在一起，不过他也已经二十多岁了。结婚多年来，我们过着平静而舒适的生活。我是工程师，我妻子是一位出色的家庭主妇。

大约两年前，我妻子明确要求我不要再和她做爱。我多次尝试说服她，也让她去接受治疗，但都没有用。她的话很明确："就这样了，你跟我说什么也没用。"她反对我们分开，甚至反对我睡在另一个房间（两个大孩子的房间都是空的），但是性爱，哪怕爱抚或亲吻，都不可以。值得一提的是，我们之间的关系还不错，没有紧张和对抗。我经常帮她做家务，她对我毫无怨言。我给她花钱也从不含糊，因为她是一个家庭主妇，在经济上完全依赖我。

禁欲对我来说是非常困难的，但我还是接受这样做（我甚至不知道这么做到底是为了什么，但这就是现实）。这种没有性生活的状态已经持续了大约一年半。有一次，她甚至说，她不介意我为了性爱的目的而去"找别人"。可是，当我去拜访一个朋友时，她却至少打了3个电话。我必须说，我非常依恋我的家庭。我依恋我的孩子和孙辈，少了他们，我就无法呼吸。我离不开这个家。

很遗憾，自从5年前因为裁员而被解雇后，我就一直没有工作过。我不再早出晚归，而只是待在家里。

接下来，我的生活发生了转折，我向你寻求帮助也是因为这件事。大约半年前，我跟一个好朋友不再来往后（因为我妻子也拒绝见我的朋友，她说她不想听那些老色鬼的笑话……），我们的公寓大楼里搬进来一个新房客，她是一个受过良好教育的很吸引人的女性。她离了婚，在一家学术机构做讲师。回想过去，她改变了我的生活。我们是偶然相识的，当时，我帮她搬一些东西到她家，我们的交往就这样开始了。不久后，我们发现我们之间有许多共同之处，我们对彼此也产生了强烈的好感。我试图压抑这种感受，因为我觉得我对不起我妻子。但是，在大约两周前，我的欲望还是战胜了我的理智。我开始把她当做我的情人，那种感觉非常美妙。有了她，我的生活全面恢复了活力，我也开始考虑去找一个合适的工作岗位。我的生活被切成了两半，一半在家里，一半在她那里。那里有活力，有爱，有真实的生活。这种双重生活不仅让我不堪重负，而且，在我们经历了美妙的性爱之后，我也感觉自己的心态完全被颠覆了。突然之间，我不再想当然地认为，我已经年过半百，接下来只需迎接老年，在家帮助妻儿。我发现，生活可以很美好。我找到了一个女人，跟她在一起的每时每刻都让我赏心悦目。她也同样深爱着我，可她也明确告诉我，她不想只做我的情人，也不希望这样的状况持续下去。她想拥有属于她的生活。可是，我已经在上面写到过，我非常爱我的孩子和孙辈，我也不想伤害跟我结伴多年的妻子。

请帮帮我，我非常痛苦！

我在回信中写道：

这样的困境多么可怕，又是多么熟悉和平常！

我们先谈谈已婚中年女性所面临的情形。不管她过去从不喜欢性爱（甚至常常默默忍受这种折磨），还是她从前喜欢性爱，现在却因为欲望降低或者别的原因而不再喜欢性爱了，在这两种情况下，如果她发现，在未来的几十年里，她要一直违背自己的意愿去做爱，这当然是非常困难的，事实上也是无法忍受的。在这种情况下，她必须想清楚将来该怎么办。

在这里，我们会遇到两种女性。第一种女性会与她们的伴侣公开而直接地谈论她们的感受，也愿意以任何必要的方式来面对性爱问题。这样的女性通常都与配偶保持着坦诚的关系和充分的沟通。这些女性了解问题的严重性和困难程度，因为她们知道（她们与伴侣坦诚相待），性生活对对方有多么重要。如果像你妻子那样停止性生活，他们会受到多么大的伤害。第二种女性，也就是你妻子这种，她们把自己的感觉投射到伴侣身上，认为只要她们不需要性爱，对方也可以不需要性爱。根据她们与伴侣的"心理契约"，她们通常已经习惯性地认为，对方会去做她们想让对方做的事，同时不会去做她们不想让对方做的事。这些女性不明白的是：

对大多数男性来说，性生活在整体的生活体验中占有相当重要的位置（远远超出女性对这一问题的理解，哪怕她们非常享受性爱）。

大多数男性认为女性同意做爱是因为她们渴望性爱（而女性可以在不想做爱的时候做爱）。

大多数男性特别不希望他们的生活缺少性爱，这不仅适用于 50 多岁的男性，也适用于 80 多岁的男性（而即使在性爱方面遭遇挫折，女性也不会想要结束夫妻关系）。

结果，决定把性爱从婚姻中剥离的女性很可能会让对方感到孤独，甚至使对方失去生活的乐趣。

对于这种感觉，你的体会会更加强烈，因为，在你停止性生活之外，你也停止了工作。

当你的妻子提议你"仅为了性"的目的而去找别人时，她多少能理解上面所说的这一点。但是，她这么说也可能建立在这样一种错误假设之上，即，对男性来说，性爱与情感是不相干的。似乎，男性只是一种需要一个适当的洞（女性）来迫切释放生理需要的动物。虽然只用于释放男性肉欲的性爱确实存在，但事实证明，对男性，尤其是对情感细密的男性来说，性与爱是很难分开的，这一点至少与女性无异，有时甚至甚于女性。

你妻子的提议不仅没有考虑到你的感受和你对感情的在意，她也没有考虑到并非次要的细节，那就是，当你与别的女性做爱时，那个人也有情感投入其中，否则她可能也不会想与你发生性关系。所以，对于那些想要停止性生活的女性来说，你的来信是一个巨大的警告，警告她们不要重蹈你妻子的覆辙。

但是你呢？该怎么办呢？随着预期寿命的延长，越来越多的人发现，适合前半生的夫妻生活和他们想要的后半生的夫妻生活应当是不一样的。而且，今天的我们觉得，我们应该得到**完美的幸福**，同时又不想放弃任何东西。你实际上处在一个非常有利的位置，两个女性都需要你，于是你必须决定你要放弃什么和放弃谁。但是，你想要的是平时待在家里，有空了再去找你的新欢。换句话说，你想两头吃，鱼与熊掌兼得。问题是，这似乎是不可能的，因为你的情人不同意这么做。所以，你必须放弃一些东西，付出代价，承受痛苦，同时还要让两位女性当中的一位付出代价并承受痛苦。**真正的选择要考虑代价。**你必须想清楚：你愿意把你的钱给她们当中的哪一个？而哪一个你不愿意给？如果你认为我有，或者希望我有不附带代价的解决方案，那么我一定会让你失望的。我没有这样的解决方案，别人也没有这样的解决方案，永远都不会有。

我只能提出一些想法来供你参考：

首先，你选择新欢也不会尽善尽美。你还不了解你可能会受不了的她性格的其他方面。等待你的并不是完美的幸福。那种生活也会有相应的问题。

其次，你的新欢可能不会那么快离开你。她知道你是有妇之夫，但还是与你发生了关系。通常情况下，人们都能在相当长的时间里维持初始的生活形态（如果她不接受这样的情形，你们之间就不会有任何事情发生）。

对你的妻子来说，当她发现你有外遇时，她对你的态度很可能会发生 180 度的巨大翻转。通常，她会突然涌现出一股突如其来的性爱激情，她会向你流露爱意和热情，并且愿意做出任何尝试，等等。如果妻子一方认为，眼前的一切只是理所当然，那么在发现事实并非如此的时候，她们一般都会做出这样的反应。如果你把实情告诉你的妻子，那么事态的发展可能会出乎你的预料。另一方面（即代价！），这种事也必然会严重伤害她。但是，假如有那么一天，她收到了你决定离她而去的讯息，那么她只会更加伤心。

实际上，卡尔所遭遇的问题不只与性有关。看起来（这是众所周知的常见情形），两人婚姻的内容只剩下家务、孩子和孙辈。在 50 岁的年纪，孩子们都已长大，甚至可能已经离家，卡尔开始需要一种拥有不同内容的夫妻关系。他遇到了一个跟他有许多共同点的受过良好教育的女性，这位担任讲师的职业女性给了他重新寻找"合适工作"的激情，也让他在一瞬间认为，她比作为家庭主妇的孩子们的母亲更适合与自己生活。新鲜的生活内容、思维与情感的共鸣（当然，还有新奇感），也共同燃起了双方对彼此的欲望。

换句话说，在卡尔年轻时，他的伴侣契约是适合他的。当时，他想建一所房子，组建一个家庭。但是，到了中年阶段，先前的伴侣契约就不再那么适合他了。随着年龄的增长，此时的他需要另一份伴侣契约。他很痛苦，因为他不仅想要新的一切，他还想继续拥有他原有的东西。这是很自然的事，也是可以理解的。这类情形越来越常见，原因之一是，人们的预期寿命越来越长。过去，当孩子长大离开家，父母也50岁多时，他们当中的一方往往已经离世。

如果夫妻双方能够成功（往往以婚姻危机为代价，通常由于发现外遇和第7章中讨论的情形）签订新的伴侣契约，进而与同一个人建立起新的生活，那么这就会是最精彩的冒险，也会是最令人兴奋也最令人满意的事情。

但是，有时候，类似这样的情形会导致不堪忍受的一方离开他们的配偶。不用说，这样的结局对于被抛弃的一方是巨大的打击。至少在一开始，他们的生活和内心都会面目全非。

随后，他们常常会发现，在婚姻中压抑多年之后，不管他们是否拥有新的伴侣，他们实际上仍然有机会去开启一段新鲜、精彩又刺激的生活。

他不想要，也不想着这件事
性生活是义务吗？

有时，情况可能会完全颠倒过来，对性爱不感兴趣的反而是男性一方。在这种情况下，两个人都应该去彻底检查一番。对男性来说，他要检查为什么会缺乏性欲。对女性来说，她要检查的是为什么这一情形会让她感到困扰。

洛拉在来信中写道：

我们是一对30多岁的年轻夫妇，有两个很小的孩子。我们的感情非常好，稳定、坦承，也给对方很多爱和支持。唯一的问题是我们的性生活，或者更准确地说，是性生活的缺乏。问题出现在我们开始交往几个月后。我们做爱的频率大约是一周一次，这对我来说是不够的。每当我试图提起这个话题时，我的丈夫（当时还是我的男友）总是用不同的借口来回避，通常不是累了就是不想做。当我尝试跟他做爱时，他多数时候都会拒绝我，让我感到很丢脸，于是最后我也不再尝试。随着时间的推移，事情变得越来越糟。到了现在，我们几乎完全没有了性生活。而且，我们还年轻！！我真的很想做爱，这个问题让我感到非常困扰。我认为，性爱是积极健康的感情中不可缺少的一部分。

过去遇到这个问题时，我问他是不是对我没有兴趣，他告诉我，他跟他以前的女友也有同样的问题。其中一个甚至就是因为这个原因而离开了他。前一阵子，我给他买了一些我认为会有帮助的药（草药成分），但是没有效果。

现在，我生完孩子已经6个月了。在这段时间里，我们只一起睡了一两次。我也失去了改变的动力，好像我已经接受了这样的情形。但实际上，这件事仍旧非常困扰我，我还是放不下。我怀念与爱抚相伴的亲密，怀念有人迷恋我、想要我的感觉。值得一提的是，我们之间有很多爱抚（拥抱、亲吻），但也仅此而已。

此外，我也要说明，我永远不会因为这件事而离开他。但是，我觉得我们必须解决这个问题，现在就要解决。

这个问题不是生理上的，他只是（我只能这么理解）不觉得他想要，他不想着这件事。

我想听听你的意见。

我给她回信：

我先问一个只有你才能回答的问题。让你感到困扰的到底是什么？许多性欲强度不匹配的夫妇都会花费大量时间，去争论其中一方想要的性爱频率属于正常、过多，还是太少。通常情况下，他们要么会指责对方不够积极主动，要么会指责对方是色狼。似乎这里存在一个理论问题，只要找到正确答案，双方就会立即采取相应的行动。事实上，统计上的平均频率并不重要，也没有哪本书规定，一对伴侣一周要做多少次才能算作"正常"。这一用作外在参考的频率标准并不存在。

只有一件事会真正引发问题，那就是两人的性欲强度不相一致。

当这一落差存在时，两人就要彻底检查双方各自的困扰是什么，接着再寻找解决方案。对于像你们这样的感情很好的夫妻，这么做是可行的。但是，如果两个人的关系不太好，他们有时就得先改善关系，然后再尝试解决问题。

所以，我还是要问你：让你感到困扰的到底是什么？

是你真的很想做爱吗？我的意思是，你是否经常很想做爱，而他却不愿意？你在信里没有提到这一点。

是你的想法吗？你在来信里写道："性爱是积极健康的感情中不可缺少的一部分。"如果你们没有性生活，这是否意味着你们的关系不正常？这是给你造成困扰的原因吗？

是你提到的你觉得很丢脸吗？事实上，你知道他和几任前女友的关系也都是一样的，所以你没有理由感到丢脸，因为这个问题（先不说这是什么问题）是他造成的，与你无关。

是你缺少那种"有人迷恋我、想要我"的感受吗？

你的来信给我的印象是，你所关注的并不是性爱本身。因为你跟他的前女友不一样，你没有因为你们缺少性生活而离开他。你现在已经知道，你并不会因此而离开他。

你们确实在性爱之外保持着亲密的关系，这一点很重要，但很明显的是，这种状况对你来说也是不能接受的。你可以通过性治疗来找出你丈夫缺乏性欲的原因，例如与他的性格、童年、教育和过往经历有关的深层次原因。比方说，在他还是婴儿的时候，父母很少触碰他的身体，只有在给他喂奶、穿衣服时除外。或者，他被触碰得太多，以致于让他感觉受到了威胁。或者，在他看来，过于密切的身体接触等同于受到侵害，因而必须加以避免。或者，在他眼里，他的母亲禁止他与自己亲密，而他也用同样的方式来看待其他所有女性。凡此种种，多不胜数。缺乏性欲也可能与生物性因素有关（这一点也需要性治疗来确认），例如雄性激素不足和性欲低下障碍。

你们要考虑到，这样的探寻可能会让你们在某一天感到现实难以改变（但是，没人能预知未来）。因为，只有当你们两人真正想要改善（无论是有意识地还是无意识地）你们的性生活时，性治疗才能为你们提供一系列可能的治疗手段，例如行为治疗、药物治疗和心理治疗。性治疗可以采取的措施有很多，总有一种可以满足你们的需要，进而帮助你重新构建起你们的性生活，但前提是你们愿意这样做！

但是，在带你丈夫去接受上述治疗之前，你也可以借助咨询去弄清楚一些事情。例如，假如他每两天就想跟你做爱，你若不从就向你施压，那么你会有什么感受？产生什么想法？做出什么举动？我的意思是，如果你把那些统计数据和偏见抛到一边，结果会发生什么？想清楚这一点是非常值得的。有没有可能，一旦你抛掉这些东西，你其实很喜欢你们目前的状况？你原本就知道，并且体会过他的性欲有多么低，但你仍旧嫁给了他。这是巧合吗？通常不是。但是，如果你确实很想改变现状，那就需要接受治疗。

如果你丈夫不想跟你一起去做治疗，你也可以要求他自己去，让他自己去解决这个问题。这样一来，你们两人就能知道，他的性欲究竟出了什么问题，以及他是否存在某种心理或生理原因而导致他"没有想要做爱的感觉"。他很可能听说过，大多数男性都不是这样的。

当时，我给洛拉的回信使一位拥有类似经历的女性大为光火。"她太痛苦了，你问她让她感到困扰的到底是什么，这是什么意思？这不是明摆着吗？"

首先，由于人对现实的主观理解不一样，所以人对引发纷扰和痛苦之事的感受各不相同。对于丈夫不跟自己做爱，有的妻子所遭遇的情形是：每晚躺在丈夫身边，她只能忍受欲望在体内奔突而不堪其苦。而有的妻子则会害怕，如果她的女性朋友们知道她和丈夫没有性生活，她们就会看不起自己和丈夫，进而破坏两人所竭力塑造的"成功夫妻"形象。也有的妻子会担心，配偶有一天会爱上别的女人。还有的妻子会认为，如果一对夫妻没有性生活，那就意味着他们"不正常"（在这样的女性眼里，"正常"很重要。所以，这样的感受会伤害她们的自我价值）。在以上四种情形当中，造成痛苦的原因迥然有别。所以，相应的解决办法也应该针对痛苦的真正根源。在第一种情形中，解决办法是找到满足性欲的方法。在第二种情形中，妻子需要设法解决与他人比较、想要胜过他人所造成的自卑感（例如对朋友隐瞒真相），或者转变与他人比较的思维方式。在第三种情形中，妻子所关心的是夫妻关系的稳定，这个问题可以通过彻底了解对方的想法和愿望来解决。在第四种情形中，妻子需要意识到，只要双方都觉得舒服，不做爱也是可以的。

通常，不管你遇到怎样的冲突和问题，你都要准确定位双方各自的困扰，这一点非常重要。[1] 只有搞清楚了这一点，解决方案才可能有效。

其次，如果你还记得，选择配偶并非巧合，我们即可合理假设，女性之所以嫁给不想要性生活的丈夫，主要原因是，这一安排契合了她们潜意识里的需要，解决了她们的问题。如果回溯她们与丈夫的相处经历，我们通常会发现，她们最初的伴侣契约中本身就包含少要或完全不要性生活的"条款"。女性通常认为，她在嫁给丈夫的同时也希望有些事情能够改变。这一点在意识层面可能确实如此，但是在潜意识层面，她嫁给对方大多正是因为后者本身所具有的特质，而非其他。对于这一点，所有人都一样。换句话说，有时候，女性实际上并不想要性生活。但是，出于自我意象的原因，她还是倾向于把性生活的缺失归咎于配偶，而非自身。证据在于，在性治疗中，当丈夫的性问题（不想或无法做爱）得到解决时，妻子的性问题往往也会突然浮出水面。这里还有其他多种可能。例如，丈夫可能存在缺陷，而且这是一项丢脸的、有辱人格的严重缺陷，这一情形不仅能防止他偷情，还能让妻子在伴侣关系中占据优势地位。于是，这一事实就会促使她产生某种优越感或安全感。或者，情况也可能是，妻子的价值感源于承受痛苦、沮丧和失望（例如殉道者，圣人），所以她才嫁给了一个无法给予她性快感的丈夫。可能的情形还有很多种，但不管是哪一种，洛拉还是

---

① 很多时候，伴侣关系中表现出来的问题并非真正的问题所在（见第 4 章中冲突解决方案的第二个步骤）。——作者注

特别提到，就算没有任何性生活，她也不打算离开她的丈夫，而很多人的看法正好相反，例如那些离不开性生活的人。

最后，很多年轻女性也对性爱缺乏兴趣，这种现象非常普遍。女性往往需要慢慢成熟，逐渐发现性爱的乐趣。但是，在与活力充沛的年轻男性建立家庭的过程中，年轻的她们往往会感到疲惫不堪，也往往会因为对方总是希望与自己做爱而感到痛苦。在这种情况下，不想做爱的男性就会更加适合年轻女性的口味。

那么，洛拉为什么会抱怨、痛苦，并且来寻求建议呢？因为，这样的安排（跟其他所有安排一样）是有成本的。几个年头过去，她们通常都会发现，这样的安排并没有那么好。就伴侣关系而言，能够拥有和谐的性生活显然是加分项。

换作年纪稍长的女性，情况则往往相反，于是来信者也多为女性。

疏离感和距离如何与性爱相容？
性爱问题需合力解决

随着年龄的增长，情况会有所变化。一旦男性出现勃起障碍，抱怨性生活缺乏这件事就会一下子落在女性头上。一对夫妻可以通过某种安排来以疏远的方式过生活，特别是性生活。但是，当问题出现后，这一情形就无法继续下去了。由于缺少共同应对生活挑战（这是双方结成夫妻的目的之一）的工具，他们的伴侣关系随时可能破裂。这时，双方就需要在态度上做出重大转变。例如，不是问"我能得到什么？"而是问："我能付出什么？"不是问："什么事情让我烦恼？"而是问："我有多烦人？"不是问："我怎样才能赢得这场争斗？"而是问："我怎样才能与对方和谐相处？"

莫妮卡在来信中写道：

我结婚30多年了，很早就结了婚，有四个已经成年的孩子，其中两个已经离家，还有两个跟我们住在一起。

我和丈夫的关系并不总是很好，经常起起落落。而且，我们之间很少交流。

在过去的两年里，我们一直没有性生活。因为他有勃起方面的问题，所以我们的性生活也就停止了。他没有寻求治疗。我让他去看医生，他也没去。

我们一直分房睡。我们在很多问题上都有争论，比如钱。

我感到非常难过。我一无所有。没有性，没有爱，也没有顺畅的沟通。我已经把上面这些和我所有的痛苦都讲给他听了，还提议一起去做伴侣治疗，可他不同意。

我给她回信：

在一起相处的很多年里，许多夫妻都无法建立起某些机制，来应对可能影响夫妻关系的意外挑战，并因此而遭受痛苦，特别是在性生活方面。但有时候，夫妻所缺乏的并不仅仅是沟通和应对机制！对你们来说（以及对许多其他夫妻来说），我认为，你们在漫长的婚姻生活里一直缺少感情。你们似乎都不太关心对方的感受。你在忙于获取你所没有的东西（性、爱、交流），而他也可能在忙于解决他自己的痛苦。要我怎么说呢？这样下去是不行的。听起来，你们都没有问过自己能做点什么来减轻对方的痛苦。所以，你们之间只有距离和隔阂，还有为了钱的事吵来吵去。我猜，你们之间的争论大多与争抢权益有关。

问题通常是这样产生的：夫妻俩过去从未养成坐下来平静地讨论生活中的各种琐碎问题的习惯。他们的谈话大多与家务有关（例如，"你交电费了吗？"），也经常与孩子的健康状况和学习成绩有关（可能也有气氛不错的美好时光，例如旅行、与其他朋友相处）。然后，有一天，他们遭遇了某件事情，必须商讨对策，例如勃起障碍。首先，他们需要找出问题的起因，接下来再作有针对性的调整。首先要确认，问题的起因是否是生理性的（对此，今天已经有很多治疗手段，夫妻必须共同作出决定），然后再找心理（例如抑郁）和夫妻感情（例如你们此刻的相互厌倦）方面的原因。

查找问题原因需要双方拥有表达、倾听、关心和信任的能力。对你们来说，问题很可能是，这件事对你丈夫影响非常大，以至于他完全不想采取任何措施来加以应对。

我不知道，你们当中是谁先提出分房睡和停止身体接触的。但是，对于受勃起障碍困扰的夫妻来说，这可能是他们所能犯的最大的错误。在这之后，仅剩的亲密感和身体接触也都不见了踪影。不过，即使没有勃起，你们也仍旧可以继续爱抚、拥抱、亲吻，等等，这些都是可以做到的。

你在信中没有提到，你丈夫有哪些确实为你所欣赏的地方。下面是我的一些建议，供你参考：

你可以继续跟你丈夫一起生活，只是在感觉上想象你在独自生活。如果你**真能**这么想，你的痛苦就会消失。人类90%的痛苦都是**期待**惹的祸。我们在下意识里期待很多事情，有对自己的期待，有对别人的期待，也有对生活的期待，对方方面面都有期待。当期待得到满足时，我们会感到事情进展"顺利"。如果有些事情超出了我们的期待，我们会感到惊喜，我们会兴高采烈，并乐在其中。如果期待没有实现，我们会感到失望和痛苦。例如：一个孩子跟父母一起外出，期待（根据先前的经验）他们会在路上给他买他想要的所有东西。路上，他要了很多糖果和玩具，而父母也都买给了他。他感觉很好，没有抱怨。但是，他也没有得到多少快乐（他的快乐很难持续）。如果在路上，父母拒绝给他买其中的任何一件东西，他就会失望，抱怨，生气，痛苦。

另一个孩子也跟父母一起外出，但他并不期待得到任何形式的礼物。他知道，只有在节假日和生日才会收到礼物。如果他的父母决定在路上给他买一个新玩具，他会非常高兴。

再举一个例子。过去，许多女性都会从她们的母亲那里听说，男性喜欢在晚上做一些讨厌的事情……那是妻子需要为丈夫所尽的不愉快的义务之一。她必须克服这种不愉快，然后才会有美好的婚姻和许多孩子。如果拥有如此期待的女性没能拥有愉快和满足的性生活，她也不会觉得婚姻很痛苦。而当她的丈夫终于出现勃起障碍时，她只会大松一口气，喜上眉梢。

我们在这本书前面的部分里谈到过，**伴侣间大部分的不满都源自盛行于世的对婚姻的过度期待**，例如期待对方拥有世间的所有优点，并且能满足自身的所有需要。于是，只要改变一个人的期待，他（她）在伴侣关系中所遭受的部分挫折和痛苦就可能会消失。以你为例，如果你不再对你和你丈夫的关系抱有期待，你或许就能与他建立起一种相敬如宾而通情达理的关系，并且专注于为你自己构建有趣而充实的生活。

如果你像很多女性那样不希望离婚，那么这条建议或许能对你有用。

我的另一条建议是，你可以邀请你丈夫去一家环境优雅的咖啡馆，然后问他下面几个问题：

"我希望我们能继续做夫妻，我希望我们一切都好，希望我们能成为朋友，甚至恋人。我能做些什么来实现这一点呢？我需要停止做哪些事（让你感到烦恼的事），你才会愿意去尝试一番呢？"

莫妮卡犯了一个男性常犯的错误：她没有尝试寻找丈夫拒绝做爱或寻求治疗背后的原因。

一个人如何能够在不了解问题根源的情况下去有效地解决问题呢？如果有个医生不知道病因就胡乱开药，我们会怎么看他？除了不负责任和草菅人命之外，我们是不是还会觉得如此行事令人费解，甚至愚蠢（这里没有冒犯的意思）？然而，许多对伴侣的表现不满意、却妄图在不了解问题根源的情况下解决问题的人也在做同样的事。

要想理解问题的根源，你就要多问，反复问，然后用心倾听，而非与对方争辩（很多人都会这样做，这是一种防御机制）。

"你为什么生我的气？你去孩子房间睡觉的真正原因是什么？"

"原因是我病了，我不想不停地跟你讨要关注，结果却被你冷落。"

常见的回答是：

"你还好意思来问我？！你给我买过礼物吗？你关心过我的工作吗？"

这里还有另一种可能的回应（如果目标是改善关系，而非赢得争斗。顺便说一句，后者是不可能做到的）：

"如果你觉得自己在乞求，而我却冷落了你，那么我很抱歉。从现在开始，我想努力回应你，向你解释我之所以那么做的真正原因。"

伴侣当中的任何一方都可以像上面这样，让惯常的争吵调转方向。我们在第4章的内容里提到过，好消息是，要想结束争斗，创造契机来接近问题根源，寻找解决方案，只要有一方决定停止争斗就足够了。

下面是另一位妻子在丈夫因病引发勃起障碍后所产生的困惑。

停止竞争
用丰富性破除简单对等

如果一个"视成功为命"[1]的丈夫发现自己有勃起障碍，那么他就会经历巨大的恐惧。像许多男性一样，他可能会认为勃起象征成功，不能勃起则象征失败，而失败对他来说就等于没有存在价值。在他看来，这就是一场灾难。对这样的人来说，要想避免价值感缺失，方法之一就是远离他认为自己无法获取成功的领域。于是，两个人的性生活就会惨遭葬送。再后来，谁知道呢，也许还会葬送掉婚姻。然而，所有这一切原本无需如此。

---

① 换句话说，一个把自己的价值感建立在成功之上的人。关于这一主题的更多信息见附录第八篇（生活风格）。——作者注

奈莉在来信中写道：

这是我的第二次婚姻，我丈夫比我大 18 岁（我 43 岁，他 61 岁）。他跟前妻有孩子，我跟前夫也有孩子。另外，我们也有两个共同的孩子。我们的生活还算正常，有起有落，有爱，有关心，但争吵也不少。事实上，这一切对我来说都很正常。那么，到底是什么事出了问题？

我丈夫患有糖尿病，在过去 3 年里（从我 40 岁起），他已经彻底阳痿了。遗憾的是，我们咨询过多次，也用过伟哥，但都没有效果。

对于这件事，我们已经讨论过很多次了。他是一个非常坦率的人，他毫不犹豫地建议我"应该去找别人做爱"。他解释说，这种解决方式给他造成了很大的痛苦，他不知道一旦他得知我真这么做后他会做出什么事来，也不知道那时他会有什么感受。但是除此之外，他也束手无策。

不用说，在过去 4 年里，除了自慰，我完全没有了性生活。对我来说，他的想法也并非完全不可行，尽管每次一遇到这样的机会（我的外表很吸引人），我都会借故推脱。

我丈夫是一名成功人士，经营着一家成功的公司，而我有硕士学位。在别人眼里，我们都是魅力四射、成功有为的人。我找不到充分的理由来毁掉我们的婚姻（这件事足以要我做出这样的决定吗？我觉得不足以！）

我怎样才能解决这个问题呢？我不想在 40 岁就结束性生活。

我给她回信：

我有一个好消息要告诉你：即使是 61 岁（你丈夫的年龄）也不是结束性生活的合适年龄。你们真的没有任何理由结束你们的性生活，而且，你们更没有理由"毁掉你们的婚姻"。糖尿病确实影响性功能，但我认为，你所提到的咨询做得并不充分，也没有尝试足够多的治疗手段。[①]

你丈夫是一名成功人士。通常，成功的人同时也是在乎成功的人。如果一个在乎"成功"的人把勃起障碍解释为"不成功"甚至"失败"（勃起障碍的学名是"勃起失败"或"勃起不及格"，似乎勃起是一门考试），那么他可能会发现，他的勃起障碍处理起来会特别困难。你丈夫建议你"去找别人做爱"，尽管他知道他会有一段时期非常痛苦（这是个好现象。如果他不在乎，那就太奇怪了）。在我看来，他给你的这个建议背后隐藏着极大的痛苦和绝望。他觉得自己像是某种无能的人，他认为他在这方面是"不成功的"。他也接受这样的结果：你应该得到你应得的，如果不是从他那里得到，你就应该从别人那里得到。这有点像是那些失业的丈夫，失去了养家糊口的能力。这种情形让他们感到屈辱和沮丧。在这些潜在情绪的影响下，你丈夫现在最不想要的就是你"去找别人做爱"。这么做可能会彻底摧毁他作为男人的自尊。

下面，我们来具体分析。

你们似乎犯了那些遭遇勃起障碍的夫妻所犯的最常见的错误。你们根本不碰对方，不做爱，不挑逗，也不对彼此做任何与性爱有关的事，好像既然不可能拥有一切，那就应该什么都不能拥有。是这样吗？

为了避免走到这样的境地，我建议所有年轻夫妇都来创造性地建设他们的性生活，直到破除破坏力巨大的"性爱等于插入"迷思为止。这么做能确保你们长年拥有性快感，并且能帮助你们避免可能会随时间推移而出现的有碍性生活的心理和生理障碍。从这一角度看，**所有身体部位，和能够用它们来做的所有事情，都是性生活的组成部分。**其中包含双方以不同方式全部达到高潮的多种可能性，而插入只是所有这些可能性当中的一种。总的来说，措施和途径的丰富性对生活大有裨益，它能确保我们在遭遇困难的时候不会失去享受生活的能力。

你能做些什么呢？

首先，沟通。这一点是显而易见的。你要告诉他，即使没有勃起，

---

① 明智的做法是只求助于有资质的性治疗师。你们也可以咨询来自卫生专业领域的治疗师和有医学背景的治疗师。——作者注

你也想和他发生身体接触式的性爱。你在信里提到你会自慰，为什么要一个人做这件事呢？你可以教他，让他为你做那些你过去对自己做过的事。然后，你们就可以同时享受性爱，拥抱对方，加深你们的感情，同时也让你丈夫找回他有能力让你幸福的感觉。

重要的是，你要鼓励他鼓起勇气告诉你，他是否有性欲（勃起是一回事，性欲是另一回事）。你要告诉他，你很难忍受这样一种感觉，即，他已经对你不感兴趣，也已经对你们之间的肉体关系失去兴趣。你要告诉他，这件事让你伤心难过，还要问他事实是否真的如此。情况很可能是，他确实有欲望。如果是这样的话，那么你就要让他来告诉你，你能做些什么来让他快乐。他很有可能也自慰，那么你也可以学他的样子来为他做这件事。

再说插入。如今，几乎没有哪个男性完全无法在插入能力方面得到任何改善。市面上有运用真空原理的器具，有注射剂，有植入物，还有各种药物。在好的性治疗诊所，治疗师不会在找到真正有效的方法前放弃。这样的诊所遍布各家医院，也有很多个人执业的诊所，统称为"性治疗诊所"。你可以随便联系一家医院，看他们是否有这样的诊所。

即便各种方法尝试过后，你还是发现，你丈夫确实是那种屡试屡败的独特病例，你也仍然可以购买一个阴茎形状的振动棒，在你们从头到脚相互爱抚全身后一起插入。这么做可能会给你们带去不一样的快感。谁知道呢，也许最终，你会因为丈夫阳痿而打开全新的快感世界。

许多信奉竞争、拥有垂直视角世界观的人（上下观瞧者）[1]把他们的价值感建立在"成功"之上。在他们看来，不论他们做什么事，他们都需要成功，而这种成功又让他们变得更有价值。如果没有成功，他们便自觉一无是处，一文不值，好像他们失去了自己的立足之地。

---

[1] "上下观瞧者"认为，不同的人对应于一条垂直轴的不同位置，似乎每个人都在一些人的上方，同时又在另一些人的下方。每个人的地位不是比别人高，就是比别人低。详见附录理论部分第三篇（垂直视角）。——作者注

拥有这一生活风格的人经常被卷入性爱的竞技场。一开始，在他们还年轻，身体机能还不错的时候，他们常常会专注于自己在性爱中的表现，而不是自身和伴侣所感受到的快乐。他们会自我检查并计算自己的成绩，例如做了多少次、持续多久、达到高潮多少次，等等。因为他们想要计算，所以他们关注的是那些可以测量和量化的指标，同时却轻视了其他指标，比如快感、亲近感、情爱、等等。他们的这种计算涵盖生活的所有方面，当然也包括性爱。因为，他们是同一个人，拥有同样的目标，并且许久以来一直如此。①

问题在于，在性爱方面，过分关注**结果**反而会妨碍性爱的**过程**。与其他任何事情一样，性爱也需要专注和投入，而且尤其需要全情投入。只要思绪稍有游移，男性的阴茎就会立即做出反应。于是，越是雄心勃勃的男性，所谓"视成功如命"者，就越是容易遭遇勃起障碍。在性学上，这一现象被称为"表现焦虑"。这是一个恶性循环。由于对表现存在焦虑，导致勃起功能受损，后者又导致焦虑升高，进而使勃起功能进一步受损，如此循环往复。

我们可以清楚地看到，如果一个人关注过程、当下，而非结果（这是水平视角的世界观），那么上面谈到的这一切就都不会发生。不注重竞争的"联手向前者"②不关心他们的价值和他们将会获得什么样的地位。在性爱中，这样的男性只想享受快乐和给予快乐。所以，即使他的勃起能力有所降低，他关注的也仍然是享受快乐和给予快乐。而且，他也会寻找其他方式来达到这一目标。他想亲近他的伴侣，并和她一起享受快乐。当然，他也会寻找治疗勃起障碍的方法（在专业人士的帮助下），但这并不妨碍他继续在有心于此时爱抚他的妻子，抚摸她，拥抱她，激发起彼此的性快感。

---

① 一个人的独特个性无时无刻不体现于生活的所有方面，他是一个完整的、整体的人。详见附录理论部分第二篇（整体主义）。——作者注

② "联手向前者"把自己和他人放在一条水平轴上，他们与他人不存在地盘、分数或地位的竞争，而只是努力通过合作来为所有人带去快乐和满足。详见附录理论部分第四篇（水平视角）。——作者注

另一方面，"上下观瞧者"首先关心的是恢复失去的尊严（在他自己看来）。一种做法是宣布此地为禁区。如果停留在他认为自己是失败者的这一地域，那么他是无法找到自己的。于是他离开那里，以此来拯救他的无价值感所带来的痛苦。如果妻子想继续跟他过性生活，想继续接近他，那么她就可以告诉对方，她无意"去找别人做爱"。而且，与他的勃起功能相比，她更看重两个人身体和肌肤的接触。最好能告诉他，她需要他的拥抱，而不是别人的拥抱。如此一来，他一定会觉得，在争夺她芳心的战斗中，他无疑仍旧是第一名。

在下面的个案中，我们可以用面子和耻辱感来解释萨莉丈夫的行为，但其中也可能有别的原因。

他的身体已经变老
分清问题和借口！

56岁（或66岁、76岁、86岁）的年龄本身并不是结束性生活的理由。如果妻子一方害怕，丈夫找借口不做爱是因为他有了别的女人，那么她就应该想办法找出真相。如果她想让这样的现状画上句号，她就应该这么做。如果问题不在于他有了别的女人，而在于他因年龄而导致的客观症状，那么你就要帮助他渡过难关。

萨莉在来信中写道：

我今年52岁，已婚。孩子们已经长大，我也有了孙辈，感谢上帝。我丈夫56岁。我们的感情很好，在性生活方面也很好。可是，近两个月来，我感觉我丈夫的性欲下降得特别厉害，我们的性生活减少到了每月一次。我跟他说起这件事时，他告诉我，他的身体已经"老了"，不像以前那样了。他还说，他去了很多家诊所，还打了一针，就是这样。这是彻头彻尾的谎言。他也吃了药，可我感觉不到任何变化，他对我也越来越不感兴趣。即使我提议做爱，他也没有高潮，没有射精。

我怀疑，他之所以对我不感兴趣，是因为他有了更年轻的女人。毕竟，他的性欲一直非常强烈。我把我的怀疑告诉了他，但他极力否认。我相信我是对的，因为我很了解他。

这种情况让我感到非常沮丧、愤怒和不安。我发现，无论在家里还是在工作中，我都很难平静下来做事。笑容和幸福也都已离我而去。我曾经是一个喜爱社交、充满活力的女性，但现在不是了，我现在难过极了，每天以泪洗面。我很绝望。请帮帮我。我经常阅读你的专栏，我丈夫也是。这就是我写这封信的原因，希望能获得你的帮助，感激不尽。

我给她回信：

你描述的情形可能源自两种不同的状况。第一种状况是，你丈夫确实感到，他的年龄在让他力不从心。他去寻求专业的帮助，却成为了一些个体诊所的无数受害者之一。这些诊所标榜能治疗所有的勃起障碍，并收取高额费用，到头来却提供不了相应的服务。于是，治疗失败，他也深感绝望。

第二种可能的状况是，正如你所怀疑的那样，他有了婚外情。真实的情形可能同时包含这两种状况。

先说第一种状况。对你丈夫这种"性欲一直非常强烈"的人来说，一旦他们的性欲、勃起和射精出现了中年期所常见的变化，这些变化在他们眼里就可能会成为巨大的威胁和恐惧。性知识丰富的男性知道身体随年龄增加会发生哪些变化，因而也能相对平静地接受这些变化。如果不是这样，他们就可能会在遭遇变化时惊慌失措。这时，他们的担心、耻辱和焦虑就可能会驱使他们去尝试那些显然毫无用处的古怪疗法，并最终让他们绝望。这些身体上的变化（例如需要直接刺激阴茎才能勃起）给他们带去的压力和羞辱越严重，他们就越不愿意谈及此事。最终，结果就可能变成你们这样——你觉得他对你失去了兴趣。

你悲伤，孤独，而他也感到沮丧、悲伤和孤独。你们都深陷痛苦之中。

为防止这种情况发生，性治疗师常常会同时治疗伴侣双方。

在这一阶段，伴侣双方是否愿意公开谈论他们的性生活是非常重要的。如果他们没有养成公开谈论这一话题的习惯，那么一旦遭遇困难和尴尬，他们就很难交流相关的信息，进而去共同面对。或者，就像你们现在这样，他们也可能会相互回避，相互隐藏感受，避免一切身体上的接触，同时感受到深深的沮丧和绝望。幸运的是，你能像我在给洛拉的回信里所建议的那样打破沉默，开始讨论这件事。

再说第二种状况。很明显，你对他在外偷情的怀疑可能是对的。你说你很了解他，而这是你对这件事的印象。毫无疑问，这种状况对你来说更不容易接受。在这种情况下，你丈夫对你的欲望降低只是因为他有了外遇。那位第三者倒并不一定是更年轻的女性，有时，她只需是不同的女性即可。如果事实正是如此，他就没有说实话。他这么做可能是为了让他们之间的关系尽可能得以维持（一旦你知道了，情况就完全不同了），也可能是为了避免让你遭受进一步的伤害（这一假设可能是成立的。问问你自己，假使你确信他另有所爱，那么你真的想知道这样的真相吗？）。

在第一种状况下，你所认为的外遇也不是不可能发生。如果一名男性对他的性生活即将结束感到焦虑，他就可能会渴望在性生活彻底结束前最后享受一次刺激的性爱体验。

从你的描述中可以明显看出，婚外情并不会危及你们的婚姻（至少他不会这样做），这一事实可能会让你感到些许安慰。你丈夫发现身体变老，并试图接受治疗，即便以上情形都是装出来的，他这么做也意味着他很在乎你，不想让你生气。这样的回答对于有外遇的人来说是很典型的，这样的人并不想离开妻子，放弃现有的夫妻关系。

<u>你能做些什么呢？</u>

首先，你可以努力让他知道，你已经不能承受更多的痛苦。例如，你可以不停地在他面前哭泣，睡觉时心情沮丧，不去上班，不做家务，并且反复告诉他："我受不了你这样，我快疯了，我痛苦死了，我绝望了，

请告诉我，告诉我真相（如果你真的想知道真相的话！）。"这么做的思路是，你要采取跟你平时非常不同的做法。

如果事实证明，他有外遇，那么你可以尖叫，哭泣，大发雷霆，就像你平时遇到这类事所做出的反应那样。同时，你还要要求他立即结束这段感情。他不会轻易放弃，但这会让他知道，你对他的感情有多深，进而促使他结束婚外恋情。遭受背叛的妻子的情绪爆发，以及多年间未向丈夫表达的强烈感情，有时恰恰是偷情丈夫所急需的警醒和确认，他暗中搞婚外情有时就是为了得到这样的警醒和确认。

如果事实证明，问题确实是因为他的性生活遭遇了困难，并且因此而引发了焦虑，你们就应该一起去接受性治疗，以此来重新构建你们的性生活，把你们因为年龄原因而遇到的新情况容纳进去。告诉你丈夫，在他这个年龄放弃性生活是不明智的……**性生活对伴侣双方的身心健康和他们之间的整体关系都有巨大的积极影响**。被另一方需要、能够与另一方亲吻的生活完全不同于两人因疏远而形同陌路的生活。告诉你丈夫，充满乐趣的生活才刚刚开始！

这一阶段的性生活也可以无比美好。

几件重要的事

如果伴侣双方都不想要性生活，那么是没有问题的。如果其中一方不想要而另一方想要，那么这当中的问题也几乎总是可以得到解决的。

为了找到解决问题的方法，我们必须首先找到性欲缺乏的根源。

治疗的形式取决于病因，例如生理原因、心理原因、教育原因、精神病学原因，等等。

与处理其他问题一样，如果夫妻双方感情融洽，彼此都想帮助自己和伴侣，那么性爱问题解决起来就容易多了。如果伴侣之间缺乏精诚合作的良好气氛，问题就会很难解决。

伴侣之间最好能够就性爱话题形成坦率而流畅的沟通，这种沟通既是一种预防措施，也是未来性生活的保险栓，还是遇到障碍时的工具箱。在问题来临时，良好的沟通将能发挥出巨大的威力。

长久拥有感官愉悦和性快感的首要秘诀在于以下两点，一是抛弃把性爱与插入简单等同并单纯追求性高潮的认知，二是把性爱看作两个人共同寻找快乐和刺激的旅程。

即使没有完整的性生活，伴侣双方也最好能保持身体和肌肤的接触，这么做很重要，同时也是一件愉快的事。它对人的精神和心理健康至关重要。

最后，我在这里列出一份有助于构建良好性生活（也有益于生活的其他方面）的简短清单：

关心——伴侣彼此关心对方的生活，想要确保对方是幸福的。

完全对等——伴侣双方对性生活的成功担负同等责任。他们彼此都是收益方，也都是给予者。伴侣双方都主动提议，积极参与，都觉得自己能够控制局面。

安全——伴侣双方相互信任。彼此都认为对方不会给自己制造问题（例如意外怀孕和疾病），不会嘲笑或贬低自己，不会批评自己，不会因性生活并不足够美妙而突然离去并放弃伴侣关系。

持续努力——伴侣双方需要时间来发展亲密关系，形成恳切、坦率和持续的沟通模式。这一过程不应迁延太久，但伴侣双方仍旧需要一段时间来相互学习，直到他们告别陌生，走向亲密，乃至合而为一。

第 *6* 章

偷情与婚外恋

司空见惯的伤痛之事

同一件事，对张三来说意味着快乐、幸福，甚至狂喜，换作李四却可能变成一把刺穿心脏的利刃，真是咄咄怪事。这两人都曾向对方海誓山盟（真心地或者仪式性地）要永结同心，可日子过到这个时候，事情的发展却似乎有点出人意料。所谓"从此幸福地生活在一起"终究只是童话里的桥段。我们的头脑和心灵都不得不开始怀疑，幸福是否真的存在。我们隐隐觉得，倘使它存在，对方也绝不会是那个跟你共度这一单调、沮丧又艰辛的生活的人。这种生活可能没有爱，可能没有性，也可能两者都没有。我们的头脑和心灵都认为，换个人才可能有幸福。

然后，诱惑会适时出现，可能在工作中，可能在公交车上，也可能是某位邻居。突然之间，你会觉得他（她）就是那个可以与你一起分享幸福的人。

接下来，你会陷入内心的挣扎（有人挣扎较多，也有人挣扎较少）……然后，机会出现了……你们一起做了。这时，你会产生这样的幻觉："没有人会知道。我的妻子（丈夫）永远也不会知道——除非我决定离开对方，去跟我的新欢一起幸福地生活。但在此之前，什么都不会发生。在此之前，我将两全其美。其一，我将继续拥有完整的家庭、稳定的收入，孩子不会受伤害，家庭价值观（我从父辈那里学到的）也不会遭到破坏。其二，我也将拥有刺激、爱、激情、满足、自尊（有人想要我）和存在的价值。"

于是，以色列女作家阿玛利亚·卡哈娜-卡蒙[①]这样写道：

我的作品主要描写两个极点的对立和它们之间所时刻进行的电荷的交相流动，这两个极点分别是"生命的死寂"和"生命的觉醒"……与之相关的情形可能是如下三种之一，一是男女邂逅，二是创意过程，三是顿悟时刻……"生命的死寂"一极是你所处的现实，它不同于你曾经拥有的梦想。你需要面对日常生活的单调和艰辛。但你不可对之嗤之以鼻，因为它们正是生命本身……

男女邂逅是"生命的觉醒"一极中最常见的事……所有三个奇迹都很相似，它们是我们执着的期待……它们几乎出自同一个渴望……渴望在那里再次找到……久违的意义、目的和激越之领地。它们也是我们所渴望、信奉、投入与奉献的目标。我们的内心充溢了很多东西，却无处也无人分享。只待运气，去实现巅峰的向往，并为此不遗余力。

可问题是，这一切能否实现（如果不能，原因是什么？）。毕竟，你已经有妻子了，你正在与她经营你们共同的生活。如果你要跟别人来做这件事，那么你现在的妻子会付出非常沉重的代价。

以下情形着实奇怪：

统计数据表明，许多人一生中都至少有一次婚外恋情。你可能会

---

① 阿玛利亚·卡哈娜-卡蒙（Amalia Kahana-Carmon，1926-2019），以色列女作家，其作品深受英国女作家弗吉尼亚·伍尔夫的影响，强调人物的心理分析，擅长描写人物内心独白，尤其对女性主人公的描写十分细腻、传神。她的作品风格庄严典雅，为希伯来女性文学赢得了一席之地。——作者注

认为，这类事情司空见惯、平淡无奇，那么它应该不会产生如此巨大的影响。然而，事实并非如此。

对于伴侣的不忠，没人能不感到蚀骨灼心。痛苦总是免不了的，而且是巨大的痛苦。

谁更容易出轨？

如果当下的婚姻生活无法满足一个人对自我价值感的需求，无法让他（她）感到，自己的存在是有价值的，那么这个人就很有可能出轨。因为，他（她）在其中发现了满足上述需求的机会。这是婚外恋情的主要动机，而不是我们平常所认为的性需求。当然，这并不是说性需求不重要，它确实很重要，特别是对男性来说。但是，在大多数情况下，如果当下的婚姻关系充满活力，伴侣双方都尽心竭力去呵护它，那么就算他们的性爱出现障碍，问题也会得到解决。

所有人都想得到伴侣的爱和欣赏，都想得知自己是重要的，是被对方所需要的。因此，最容易出轨的，是那些被伴侣熟视无睹、忽视和羞辱的人，也是那些不再能够从伴侣那里得到对方当初在伴侣契约中所承诺过的东西的人。这些东西能够带给他们价值感。然而，渐渐地，对方开始觉得他（她）已经不再重要，甚至有些多余，或者只想把他（她）当工具使用。然后，有一天，他（她）遇到了某个陌生人（或故知），重新获得了久违的价值感。

那人告诉她，她美丽，迷人，风趣，善良，他每晚入睡前都会想她，她让他的生命重新燃起了目标和意义的火光。而她则告诉对方，他触到自己时浑身颤抖，没人能像他那样了解她，哪怕是她丈夫（特别是，假如她的丈夫拥有垂直视角的世界观）。于是，他们在彼此的眼里都成了重要而特殊的人，他们也迎回了久违的归属感。毕竟，人生一世，所为不过如此。它是拯救生命的灵丹妙药。被对方当做空气，或者仅仅当做工具，甚至连工具都不如，这实在是无法忍受的事。

如果哪个妻子对丈夫熟视无睹，或者仅仅把他视作挣钱养家的人，那么上面的这一切显然也是非常可能发生的。

如何预防出轨？

预防出轨有很多种方法。如果伴侣经常表达对彼此的欣赏、喜爱和关心，同时也不忽视他们在性爱方面所遭遇的困难，那么就出轨而言，他们就基本是免疫的。

如果你回家看到对方时非常高兴，如果你非常想知道对方今天过得怎么样，想了解对方对许多问题的看法，如果你非常喜欢跟对方待在一起，还会时不时地通过各种形式表现出来，如果你信任对方，并且在对方遭遇困难时提供鼓励，在对方事情进展顺利时为对方高兴，如果你不仅跟对方分享你的幸福和快乐，还跟对方分享你的痛苦和挫折，如果你不会对对方所遭遇的困难（在性爱或其他方面）视而不见，那么即便诱惑出现，对方也基本是免疫的。

总之，婚姻是一项永远都不可以停止努力的事业。

有些人很幸运，他们能轻易地做到这一切。但还有很多人需要付出大量的努力。这两类各自都是什么样的人呢？

那些必须通过踩踏和贬低伴侣才能拥有自我价值感的人将很难做到这一点，而对那些拥有稳固而确定的归属感的人来说，这种事易如反掌。①

拥有高度"社会兴趣"②的人（也可以说是真正关心他人幸福的人）

---

① "我有立足之地""我有价值""我有归属"的感觉既可以来自与他人比较，来自他人的反应和行为，也可以来自童年时期获得的安全感，来自个人的工作、投入和对社会的贡献，通过后者获得的价值感更加稳固。详见附录理论部分第七篇（归属感）。——作者注

② 一种对自己与他人命运与共的深刻理解。这种感觉能让人从内心深处渴望理解他

能轻易地做到这一点。

较高的社会兴趣意味着较高的伴侣相容力，因此也意味着较低的出轨率。拥有高度社会兴趣的人乐于奉献，不大计较婚姻中的得与失。那些拥有强烈价值感和归属感的人不大需要对方来帮助自己反复确认他们拥有价值和归属。

表面上看，爱与性是出轨的源动力，但两者指向的却是重获价值感。[1] 价值感是一种主观的感受，它的获取途径因人而异。[2] 这真是件幸事！否则，所有人都会想要得到同一位男性或女性，那种情况简直无法想象。

多种可能的选择

如果有一段婚外情的机会（符合当事人的主观理解）摆在一个人面前，那么他（她）还是可以做出不同的选择。例如，是否抓住这次机会？是否将这一可能性转变为现实？如果他（她）想要投入其中，那么他（她）打算偷偷地做这件事，还是公开地做这件事？他（她）愿意为自己的行为承担责任并为此付出代价（为所有牵涉其中的人）吗？还是说，他（她）会尽力避免承担责任和付出代价？

人，关心他人，并为提升他人的幸福而努力。可以说，它是善心的源泉。详见附录理论部分第六篇（社会兴趣）——作者注

[1] 根据阿德勒的理论，一个人的所感、所思和所为都是有目标的。甚至连感觉也不像我们平时所认为的那样，是一个人所遭遇事情的结果，而是他（她）为了推动自己实现目标而创造的燃料。例如，如果父母的目标是控制他人（比如孩子），让他们按照自己的要求做事，他们就会愤怒地大喊大叫，以此来达到他们所期望的结果。详见附录理论部分第九篇（人为目标而生）。——作者注

[2] 阿德勒反复强调，对于价值观的来源，每个人都有自己的主观理解。有的人需要被崇拜，有的人需要被认为是"可爱的"，有的人需要别人就重要的事情来请教他们，还有的人则需要别人来为自己做事情。这一切都是主观的、人各不同的。详见附录理论部分第五篇（主观感知与客观事实）。——作者注

即便当恋情败露后，或者到了必须面对现实的时刻，当事人仍然可以用尊重来对待受到伤害和心痛不已的各方，而非以轻慢来对待其中一方或几方，进一步在伤口上撒盐。

重建婚姻的条件

通常，尽管婚外恋情带来了巨大的痛苦（有时，婚外恋情甚至是婚姻改善的原因），伴侣双方也依旧能够在风波过后重建他们的婚姻，提高婚姻的满意度和亲密度。痛苦主要由遭到背叛的一方背负，但背叛者通常也难免逃离痛苦，只是程度无法与前者比拟。背叛者是握有控制权的一方。他们做了出轨的决定，也占据所有的信息（另一方被蒙在鼓里，对自身所处的现实一无所知），还能在新欢和妻子中做出选择。

遭到背叛的一方会在价值感、自尊和自爱方面遭受严重打击。不过，两个人的关系通常还是能够走上修复的道路，只要双方都希望如此。最终，他们还是可以获得非常明显的益处，只是代价非常高昂。实现这一结果的前提是，背叛方必须同意采取以下行动：

- 回答遭到背叛一方所提出的各种问题。
- 在相当长的一段时间里（至少为婚外情持续时间的三分之一）接纳遭到背叛一方的愤怒和痛苦，一遍又一遍地倾听对方的控诉和宣泄，直到对方逐渐不再需要这样做。

遭到背叛的一方必须准备好采取以下行动：
- 聆听背叛者讲述他（她）在伴侣关系中所遭受的痛苦和所承受的缺失。换句话说，他们必须愿意想方设法为"犯错者"做些事情，以此来提升后者在伴侣关系中的感受。这一要求往往会让遭到背叛的一方感到气愤，他们拒绝为所发生的事情承担一丁点责任。

他们往往希望固守遭受伤害的受害者角色，而不愿去了解对方对伴侣关系的期待。这一态度会阻碍伴侣关系的治疗。

· 在深入探寻双方感受、痛苦和愿望的过程中全心投入和配合。

在一些情况下，遭到背叛的一方没有能力来满足背叛者的诉求，因为他们根本没有对方想要的东西。没人能给予别人自己所没有的东西。也就是说，背叛者的诉求已经改变（当他们最终选择妻子后，他们的诉求又重新指向了原有的婚姻），而满足这些诉求又超过了遭到背叛一方的能力。在这种情况下，两人常常会以分手而告终。

接下来，我们还会通过后面的多个个案继续讨论。

我们要问的第一个问题是，对于背叛行为，背叛者究竟应该负多少责任？

出轨是蓄意为之

我们都对内心里所感受到的那种强迫感耳熟能详。有时，我们的主观经验会告诉我们，我们的生活不仅受制于自然和社会法则，还取决于我们周围的人做了什么。的确，我们生活中的很多东西都是我们所无法改变的。不过，尽管如此，我们所能主动选择的也还是大大超出我们的设想。

阿德勒说过：你身上发生了什么并不重要，重要的是，你要对此做些什么。[①]

我们拥有选择自身行为的自由，这一认识让我们拥有了独立性，让我们深刻意识到了这样一个事实："我就是我，不是你。所以，你的任何行为和情绪都不必然导致我做出某种特定或预期的反应。我既可以公开回应，也可以不回应。我可以按照我选择的方式来感受和行

[①] 阿德勒对选择自由的看法详见附录理论部分第十篇（人可以自由选择）。——作者注

动。"对这一事实的深刻认识能让我们看清个体之间的界限。我们会发现：虽然我们无法命令别人怎么做，但我们能控制自己的行为。

我们提及这些都是为了进一步讨论本章的主题——出轨。

很多时候，人们都觉得自己别无选择。例如，家人让自己无法忍受，他人的诱惑让自己难以抵挡，以及报纸上的广告让自己欲罢不能……

但是，人总是可以选择自己如何行动。

受引诱而出轨？
我们是自由的吗？

有人在一封未具名的来信中写道：

一开始，我在报纸上看到了一些低俗内容，还有妓女的电话号码，以及"约会"服务和脱衣舞娘的广告。我被那些东西冲昏了头，于是开始偷情。

都怪那些讨厌的广告。

我对此的回复是这样的：

你在信中提到了人类生活的一个重大问题：人到底是自由的，还是身不由己的？对此，众多哲学家、心理学家、法学家和作家等人士都进行了大量的讨论。但时至今天，这一问题依旧没能获得明确的解答。

对我自己来说，我对这个问题是有明确答案的，而且这个答案更加有利社会生活，那就是，**人可以自由地选择他（她）的行为**。显然，人受制于过去影响他们、并且此刻仍在影响他们的力量。但是，人并非一定要在这些力量的催逼下**被迫**行事，他们也可以根据自己的价值观、信仰、优先事项和目标来**选择**自己的行为。

这个世界，有很多人在做丑恶的事情，可他们认为，自己只是在被动反应。

一名六年级学生因为在学校打人而被校长叫家长，他说："他骂了我。"意思是："我必须打他，这是他逼的。"

丈夫说："我对她不好是因为她大喊大叫。我已经跟她说了一千遍了，我受不了她大喊大叫。"妻子说："要不是他逼我，我才不会大喊大叫，因为他从来都不按照我说的那样去做。"

虐待妻子的丈夫说："是她把我逼疯了。"

一个国家攻打它的邻国，因为"他们杀了我们的人，所以我们别无选择"。它的邻国发起反击，因为"他们攻击我们"。

你说："我必须瞒着妻子去找妓女，因为报纸上居然刊登那么低俗的广告。"

是这样吗？

如果你认为，我在上面提到的那些情形都没有别的选择余地，那我是不赞同的。

我认为，被某个同学谩骂（被骂娘尤其难以忍受）的孩子可以远离对方，选择其他人交朋友。他可以对自己说："这个同学真蠢，不知道我妈妈有多好。"然后继续自己的生活。

我认为，即使妻子大喊大叫，丈夫也可以温柔地对待她。同时，不管丈夫因为做了什么或没做什么而导致妻子生气，妻子也可以控制自己不大喊大叫。当妻子没有大喊大叫时，丈夫可以尝试去鼓励她。他也可以去做一些她一直要求他做的事情。想要大喊大叫时，妻子也可以选择进浴室去做这件事。

我认为，如果丈夫下定决心不再使用暴力解决问题，那么即便妻子"把他逼疯了"，他也可以克制自己不动手打人。如果他的妻子实在令人难以忍受，他可以离她而去。

我认为，在任何情况下，一个国家都可以采取和平与相互尊重的方式来与别国交往，就像埃及前总统萨达特访问以色列时所做的那样。①

---

① 1977年11月19至21日，埃及总统萨达特应以色列总理贝京的邀请访问了以色列。访问期间，萨达特发表了讲话，称他的访问"不是为了在埃及同以色列之间缔结一项单独协议"，"不是为了寻求局部的和平"，也不是为了就"第三次脱离接触达成一项协议"，

我认为，你也可以忽视那些广告，选择不去背叛你的妻子。你肯定知道，有些男性看到了一模一样的广告，结果却并没有做出背叛妻子的事。

我认为，基于你个人对是非对错的信念，以及你的宗教信仰（可以从你所用的信封看出），你可以选择不去找妓女。

这个不知姓名的人做事多么随意！对妻子不忠，感到内疚，然后就抛掉这些感受，怪罪到别人头上。他的所作所为，他自己不去负责，反而拉别人来垫背，似乎他只是一片随风飘动的树叶。看到广告，情欲被唤起，于是别无选择，只能付诸行动。是这样吗？

没有沟通，没有爱
危险！即将出轨的人

如果一位丈夫与他的妻子没有沟通，没有爱，他也不再拥有精力，不再享有生活的乐趣和幸福，他会怎么办？他会去偷情吗？不一定。这要取决于他的世界观，以及他更看重哪些事。

阿尔伯特在来信中写道：

我有个问题，一直无法解决。我结婚大约 20 年了，有不止一个孩子。我的问题是，我们之间缺少沟通和爱。我已经忍受这一点很久了。我钦佩我的妻子，赞许她为这个家所做的一切。但要说到沟通和爱，我觉得这些东西已经在我们之间缺失很久了，而这一点也极大地伤害了这个家和我们之间的感情。有人说，爱能让一个人充满活力，饱享生活的乐趣和幸福，这话说得真好。我觉得，我已经失去活力，也不再拥有生活的乐趣和幸福。我该怎么办？

而是"为了我们一起建立公正、持久的和平"。——译者注

顺便说一下，我们的确做过伴侣和家庭治疗，但所有的疗程都没有任何效果。我认为，这么做完全没有任何好处，甚至还有一点坏处。

我想了很久，然后给他回信：

你的问题很困难，很复杂。简单意义上的"答案"（比如老师回答学生的那种）在这里是找不到的。很多事情取决于一个人的世界观、信仰和他（她）对生活的期待。我们并不总是清楚或者能够意识到，我们拥有什么样的世界观，但它无疑影响着我们的行为和决策。有人认为，人生来就是要遵纪守法，做好事，而快乐不是一定要拥有的。也有人认为，生命中最重要的事情是尽可能享受每一刻。有的人把性生活放在第一位，有的人最先考虑的却是生儿育女。我想说的是，你首先要思考，生活中你看重什么？你信仰什么？也就是说，你的价值观是什么？

再说你们之间的关系。你尊重你的妻子，但你同时也表示，你们之间缺少爱。有一点奇怪的是，你没有提到你想离开她，不过你很可能已经这么想过或考虑过。问题的关键是，你们的关系是否还有挽救的可能。这样的支点是否存在？只要还有一小块煤在燃烧，那么通过努力和扇风，我们甚至还能把它变成熊熊烈火（森林火灾就是这么酿成的）。倘若你们之间连一点火星也不剩了，那么无论扇风扇多久，火都不会重新燃起。你觉得这样的支点还存在吗？有时候，你可以在性爱方面找到这样的支点。你妻子在你眼里还有吸引力吗？你还想和她做爱吗？

治疗无效并不等于任何治疗都会无效。顺便说一下，伴侣治疗的"疗效"并不一定体现在挽回婚姻上，它还可以促使夫妻两人分手。

还有，你认为幸福、活力和生活的乐趣都来自自身。事实是这样吗？或许，更确切的说法是，坠入爱河暂时给了你这样的感受，但是之后呢？有没有可能，你能以不依赖他人的方式而在你的内心找到幸福、活力和生活的乐趣？或许，你可以不期待从外界、某个人或某件事那里得到这样的感受？

你可以做些什么呢？

你可以把你在信中写给我的内容告诉你的妻子。有可能，你已经这样做了，她知道这一切。不过，你也提到，你们之间的沟通不大好。所以，或许你的沟通并不充分？你可以问她对此有什么感受，她感到高兴或快乐吗？很有可能，她的感受不是这样的。她愿意继续付出努力来挽救你们的关系吗？她知道你钦佩她和赞许她的付出吗？简单说，你一定要跟她沟通！这是需要你们共同去面对的问题。你们至少面临同一个处境：中年的你们深陷婚姻的泥潭。所以，你们或许可以一起找到挣脱泥潭的办法。

此外，你还可以看看你对生活的其他方面是否满意。或许，它们能带给你某些快乐？例如工作？孩子？朋友？学习新知？锻炼身体？旅行，见见不同的地方和不同的人？艺术呢？也许你妻子会跟你一起参加其中的一些活动，然后在你们之间激发出某些东西？

当然，你也可以选择以合法（这时你需要离婚）或非法的形式来为自己觅得一份新的感情。许多面临相似处境的人都会选择这样做。有时候，这一解决方式最终会让人遭受比先前更大的痛苦和悲伤。不过，这是较为近便的解决方案，并且常常不请自来，等不及意识来决策。例如，你发现自己突然爱上了某位同事。

以下个案中的鲍勃就是这样。

左右为难
你可以希望两全其美，但你终须做出选择

人类之所以遭受如此之多的痛苦，是因为我们不能随心所欲，就是这么简单。如果我们非常喜欢的某场音乐会和某场重要的聚会在时间上撞了车，我们就必须做出选择，因为我们不可能同时出现在两个地方。于是，我们会痛苦。我们真的想两个地方都去。

如果有人既想大吃大喝，又想保持苗条的身材，那是不可能做到的。他（她）必须放弃其中之一，并且承受相应的痛苦。我们只做得到一件事，但我们两者都想要！

如果你跟伴侣感情很好，互相支持，互相尊重——为了避免受到伤害，你希望与她保持这样的关系。

如果邻居面容姣好、身材窈窕、活泼开朗，而且还很性感——那么你会想要跟她发展关系。

你能怎么做呢？你只能拥有其中之一，但你两个都想要！

所以，你求助于咨询，也许咨询师那里会有两全其美的方案？

鲍勃在来信中写道：

你好，我目前已婚，有两个孩子，年近50，跟我妻子过着非常舒适的生活，也没有什么特别的问题。我和我妻子感情很好，我们有事一起商量，互相支持，互相尊重。我们的性生活也一切正常。

我现在遇到的问题和我写信的原因是，我家附近搬来了一位新邻居。她已经结婚，有不止一个孩子，我非常喜欢他。她偶尔会过来串门，我妻子觉得她人很好，说话让人很舒服，也很幽默。我帮她做了很多事情，当然，这是我妻子同意的。我没有隐瞒什么，她丈夫也没有反对。我帮她做的主要是与房子有关的一些修理和整理工作。我在婚姻生活里从来都没有碰到过这种事，可我就是做不到不想她。每隔一段时间，我都会给她买一些小巧可爱的东西，还有零食。我还经常夸她。除此之外，我们之间就没有什么了。我知道，我们的关系不可能再往前发展了，因为她是我的邻居，结了婚，有孩子。问题是，只要我一两天没见到她，我就会魂不守舍。

顺便说一句，她是知道我的想法的。我们每隔一段时间会偷偷打个电话，每次打几分钟。

你认为我该怎么做呢？我应该跟她彻底分开吗？我不可能把她整

个忘掉，我也不想这么做。可让关系进一步发展也是不可能的，原因很明显，我们是邻居，而且我妻子对我很重要。另一方面，她特别吸引我（不是性方面的吸引），比如她的微笑，她的表情，她的睿智。还有一点很重要，对于这件事，我妻子到目前为止还没有产生过任何怀疑。

我给他回信：

我们可以这样来描述问题：你什么都想要。第一，你想要：享受生活里出现的新鲜刺激，允许它存在，并为它安排相应的时间和空间。第二，你还想要：你妻子不受伤害，不改变你和她之间良好而积极的关系，并确保自己做了正确的事。

很多时候，来访者都会问作为心理治疗师的我们该怎么做，可他们真正的意思是，我怎样才**既能做我想做的事，又不伤害自己或他人，即完全不付出代价？**你知道，这种可能性不存在，但你还是希望我能有什么法宝来允许一个人既能享受拥有新欢的兴奋和刺激，又能继续与现在的妻子维持稳固而满意的关系。这种事几乎是不可能发生的。通常，这一情形都无法实现。

在现实生活中，遇到这种情况，当事人需要分清轻重缓急，认清什么东西对他们最重要，或者选择去承担更容易承担的代价。但要注意的是，所有的代价都是不菲的，否则就不会称之为代价，但代价之间也有不同。例如，有的代价很费钱，有的不那么费钱；有的代价持续时间短，有的持续时间长；有的代价由自己支付，有的由他人支付；有的代价即刻显现，有的很久后才显现；有的代价让人痛苦，有的让人烦恼；有的代价让人难过，有的让人失望。我们可以从中做出自己的选择。

如果对你来说，最重要的事情是不错过生命中的一切，不放弃任何人生体验，是去感受心旌荡漾，去证明自己仍旧能吸引独特而幽默的已婚女性。如果你只想跟着感觉走，那么你可以继续这段关系，继续给她买小礼物，时不时跟她通个电话，体会其中的兴奋和渴望，以及生活的种种新鲜滋味。但是，你们的关系很可能不会停留在这一阶段。在某个时间点，你们会想要进行简短的幽会，接着又会有下一次。于是，你们的秘密、需要隐藏的事情和必要的谎言都会变得越来越多。虽然你们现在的关系当中还没有包含性爱，但是，随着时间的推移，这些幽会也会包含身体的接触。这些接触不一定是性爱，它们的表现有很多种形式，例如拥抱、亲吻和爱抚。如果你选择这样做，那么代价将主要由你的妻子（和邻居的丈夫）来支付。首先，在这段时间里，你在夫妻关系上投入的精力会大大减少。其次，当你妻子发现真相时（她一定会发现的——因为你们是同一幢楼的邻居，而且在我看来，你是一个藏不住事的人），她会受到巨大的伤害，感觉像是天塌了。她知道，你与她的生活幸福而美满，于是，眼前的这一幕就会是她最不希望看到的事。她很可能会觉得你欺骗了她，同时也会觉得自己愚蠢、可笑，她的自尊也会受到伤害。因为，允许邻居进入家门的是她，允许你毫无顾忌地进入她的家，帮她做各种事情的也是她。看到她所经历的这一切，你也会受伤。你会感到内疚，也许还会觉得自己邪恶、自我中心。你们会一起渡过难关，但这一经历对你妻子来说尤其痛苦。你们很可能不会因此而分手，但这次伤痛会留下永久的伤疤。

如果对你来说，最重要的事情是维持你与妻子的良好关系和不让她受伤害，那么你会放弃你的邻居。你会停止给她送小礼物，停止跟她通电话。更重要的是，你将不再一天到晚总想着她。你可能会觉得，你想她是不由自主的。但事实不是这样，你只需在心里做一个诚实的决定。当然，相应的代价也将由你来承担。除了你，没有人会知道这当中发生了什么事，也没有人会感到痛苦。你将明白，你放弃了一段美好的经历，放弃了许多兴奋和刺激，你将为此而感到悲伤和难过。这件事早晚会画上句号，但那种错过的感觉可能会一直停留在你的心底。

如果你非常想让你与妻子的良好关系维持下去，甚至有所提升，同时也想尊重自己的感受，不想压抑它们，你就可以把一切都告诉你的妻子，让她了解的感受。你们可以坐在一起（毕竟，你们感情很好），努力理解你所经历的一切。例如，你的生活中缺失了什么？你与邻居在一起的哪些感受是你与家人在一起时所没有的？以及，你们如何在当下的夫妻关系中发掘出新鲜的、特别的刺激？

这时，相应的代价将由你和你妻子两人来承担。你需要放弃一段充满刺激的旅程，而你妻子则需要了解实情。她很可能也会产生强烈的负面情绪，但也可能不会那么糟。对你来说，在你与妻子的沟通（你将没完没了地跟她说话，昼夜不停）中，许多事情会浮出水面，这件事本身就会为你的生活注入新鲜刺激的元素。对你的妻子来说，她或许是可以忍受这件事的，因为你已经在生米煮成熟饭前选择了放弃，并且选择告知她实情。在她看来，你的这一选择已经证明，她在你眼里是最重要的。

这一选择需要勇气，但很有可能的是，你这么做虽然会使双方都付出一些代价，但你们同时也能获得加深夫妻感情的巨大益处。

吉娜和她的情人也希望两全其美，可这是做不到的！

想要不伤害任何人的婚外情
仍旧需要在不同选项中做出选择

吉娜在来信中写道：

我有事向你寻求建议和忠告。我和我的一个邻居产生了一些感情。这一切始于几个月前的一次偶遇。每周，他会打电话来跟我简短交谈一两次。每两周，他会在上午来我家待半个小时。我的几个孩子都长大了，有些已经结婚。我跟他都50多岁。在这些交流当中，我们相互信任，彼此表达的都是内心深处的真实想法（他聪明而有智慧）。我们的关系夹杂着友情、信任和喜爱。是的，我们有点亲热，也会搂搂抱抱，但是仅此而已。我特别喜欢那种感觉。我的邻居非常在意我，似乎他也喜欢这样。但是，他非常虔诚，所以显得犹豫和保守。他善良、长相好、信仰虔诚。我也一样，信仰虔诚、长相和身材都很好（这段恋情绝不是为了性爱）。我们都有自己的家庭，谁也不想破坏它。我们住在北方的一座中等城市里。我必须说明，我和我丈夫的关系无论从哪个方面讲都是很好的，包括性生活。我爱他，他也爱我。当然，我们显然也会受困于日常生活中的各种问题，例如付账单、孩子生病，等等。

我怎样才能在不伤害各方的同时维持我们双方都希望拥有的友谊呢？

这段感情让我们两人都感到非常幸福，但是，我们还需要帮助、指导和忠告。我们希望维持这段感情，同时又不伤害任何一方。

我随即给她回信：

如果能够为所欲为又无需我们和我们所爱的人支付代价，那么谁会不希望如此呢？

如果我了解这当中的诀窍，我肯定乐于让那些快乐的人们逍遥于代价之外。如果我有魔杖，能让你在不付出任何代价的同时实现你想要的那种生活，能让你在打破家庭边界的同时保持家庭完整，特别是，能让你沉醉在浪漫的爱情之中，同时却不会伤风败俗，也不会伤害到任何人，那该有多好。如果我知道这其中的秘密，那该有多好，生活会变得多么不一样！好吧，你应该已经意识到了，尽管我在我的专栏中这么说了，但你想要的东西，我这里没有。不用说，你所遭遇的困境是完全可以理解的，不论对我、对读者，还是对任何其他人来说都是如此。不用说，我们都了解，你希望把眼下的关系维持下去，同时又不会引发任何不愉快的结果。对此，我们完全理解，也完全清楚！不少人都会自欺欺人地认为，这么做或许是可行的。有些婚外情确实没有造成任何伤害，它们在败露之前就结束了。在此之前，双方各自的伴侣都没有失去任何东西，例如时间、喜爱、欲望、关注、兴趣和坦率。然而，这种事毕竟十分罕见。在大多数情况下，如果一个人跟别人"相互信任，彼此表达的都是内心深处的真实想法"（正如你在信中提到的那样），那么他（她）与伴侣进行类似沟通的兴趣就会降低。如果一个人享受这种身体接触所带来的快感，那么他（她）与伴侣的身体接触就不会那么令人兴奋了。其他方面也是如此。顺便说一句，你说你们"有点亲热，也会搂搂抱抱"，但你的朋友却不想更进一步，因为"他非常虔诚，所以显得犹豫和保守"。可是，在我看来，能够跟有夫之妇亲热（哪怕只是搂搂抱抱）的人应该不会太虔诚。所以，我认为，你的朋友有时确实愿意把信仰抛到一边，依照欲望行事。因此，我的猜测是，就目前的趋势看，搂搂抱抱迟早要升级为性挑逗，那时想不伤害他人就更难了。

为了实现不让任何人付出代价的目标，你可以做以下几件事。

首先，只要有败露的可能，就不要碰运气。只要可能有人会走近、看到或发现你们，你们就要放弃约会。许多情侣之所以事情败露，就是因为他们急于见到对方而把谨慎抛到了脑后。

其次，减少你们碰面的次数。但问题是，这么做会让你们更加想念对方，更加渴望约会，进而使你们抛掉谨慎，铤而走险。不要忘记，尽管你们已经非常小心，但你们的恋情仍旧存在败露的风险。

我还建议你这么做：

你们每个人都应该真正地、勇敢地、真诚地探索自己的内心，看看你们是否真的在任何方面都没有给你们各自的伴侣造成任何损失。如果你们发现，这样的损失确实存在，伴侣与你们渐行渐远，他们的光彩逐渐褪去，陌生感越来越强，你们就会知道，你们的期望（没有人会受到伤害）是不可能实现的。那么接下来，你们就必须为自己选择继续这段美好的恋情而承担责任，因为你们非常清楚：第一，你们不可能既投入婚外恋情，又认为自己在道德上纯洁无暇，无可指摘。第二，你们可能已经让你们各自的伴侣失去了一部分婚姻生活。第三，如果事情败露，他们可能会受到非常严重的伤害。一旦你们认识到，继续恋情又不产生高昂代价只是幻想，那么，在决定是否继续这段恋情时，你们就会考虑这段关系本身的重要性。假如你们这样做只是为了找点乐子，你们可能就会决定彻底放弃恋情。另一方面，如果恋情是某种重要的心理需要，那么很少有人会选择放弃。只有你真正下定决心，做出选择之后，你才能自信地继续恋情。

不愿付出代价
想要维持婚姻的同性婚外情

戴安娜在来信中写道：

我今年32岁，结婚12年了，是两个孩子的母亲，但我对自己的性取向感到非常困惑。

两年前，我在某地工作。我跟所有人交朋友，可我对其中一名女性同事（已婚，年龄与我相仿）逐渐产生了特殊的感情，也为她的身体所强烈吸引，我费了很大的劲掩饰这一感受。几个月后，我离开了那个工作岗位，可我仍旧在幻想跟她做爱。后来，这种感觉逐渐消退，我也开始了新的工作。我再次跟所有人交朋友，也再次对其中一位女性同事（已婚，比我大几岁）产生了特殊的感情，包括想要跟她有身体接触，想一直待在她身边。后来，她离职了，但我们仍然保持着联系。直到今天，她仍然占据了我的所有的情感、思维和幻想。我很难不去幻想跟她做爱。每次我们通话或见面时，我的身体里都充满了难以抑制的兴奋。

我得说一下，我对女同性恋问题的兴趣是随着时间的推移而增长的，最早是阅读这一主题的书籍、文章，观看相关的电影和纪录片。我也产生了一种不为人知的欲望，想要跟一位女性约会，并且在不结束当前婚姻的同时与她发展一段恋情，包括性关系。

那么，我该怎么做呢？我应该找专业人士谈谈吗？我还没有跟别人说过这件事（包括上面提到的那两位女性）。

我给她回信：

其实，你面对的是两个完全不同的问题，其一是如何应对你的女同性恋情感，其二是如何应对你想在维系当下婚姻的同时涉足婚外情的事。

我们先谈第一个问题。大多数人类心理研究者都认为，所有人都有实现自我的基本内在需要。实现自我意味着活出你的潜能、偏好、愿望、想法和感受。你需要公开表达上述内容，你需要接受它们的存在，你还需要他人和社会来接纳全部的你。实现自我也意味着抛开羞耻、内疚和恐惧，努力去找寻你想要的东西，去从事你想做的事情。我们鼓励父母允许他们的孩子发展任意的偏好、主动性和渴望，并尝试所有可行的选择。自我实现与喜悦、热情、自爱和满足密切相关。缺乏自我实现（例如无视对自己非常重要的事情）则与以上特质的缺失难脱干系。

令人遗憾的是，我们的社会仍然对同性恋人士充满了偏见和歧视，进而使他们的生活困难重重，特别是在性需求的满足方面。不过，如今已经有越来越多的男同性恋者和女同性恋者找到了体面的途径来表达他们的爱与性。显然，这样的人群集合起来共同行动能够使他们当中的许多人有机会提升他们对自身性取向的接纳，使他们不再认为这是类似犯罪的羞耻之事，同时也让他们知道，很多通达之士非常愿意接受他们本来的样子。至于你的性取向和你作为女同性恋（或双性恋——你没有提及你是否喜欢与你丈夫做爱）的现实，我们当中的一些人认为，我们只有一次生命，否认你所描述的强烈情感既是浪费生命，也是一种耻辱。

至于在维系当下婚姻的同时涉足婚外情的事，你的处境与既想从婚姻中求取安全感，又想从婚外情中获取刺激、快乐和满足的许多人非常相似。

你问我你该怎么做：

以我的看法，你可以去联系与你有相同性取向的女性，这么做或许会非常有益。

至于是否应该找专业人士谈谈，我不知道你这么做的目的是什么。你想被"改变"或"治愈"吗？还是说，你只是想找个人谈谈心，得到对方的接纳，同时又能确保对方为你保密？如果你的目的仅仅是谈心并得到接纳（这仍旧是非常重要的目的），那么你可以稍晚点再去找专业人士。因为，你可能很快就会找到新的朋友，你找她们谈心还不用花咨询费。

再说你跟你丈夫。与那些想与异性发生婚外情的已婚人士相比，你所面临的情形可能要更简单些。我的意思是，如果你想瞒着你丈夫，不想让他知道实情，你可以轻而易举地把你（未来可能会有的）的情人说成是闺蜜（女性朋友）。女性经常跟闺蜜泡在一起，在他人看来十分亲密，无论见面还是通电话都是如此，所以，这样的表现应该不会引起任何怀疑。不过，你将来仍旧可能需要考虑把实情告诉你丈夫。这才是你该去找专业人士谈的事。

以上回复刊登后，我收到了另一封读者来信。他在信中问我，为什么我会建议她去找同样性取向的女性？她毕竟结了婚。他问我，如果她是喜欢异性的女性，那么我会建议她去找同样喜欢异性的男性吗？我会支持她搞婚外情，进而对她丈夫造成潜在的伤害吗？为什么换作同性婚外情，我就要建议她这么做呢？

我给他回信：

在我们的社会里，对同性感兴趣的人注定要遭受很多痛苦。他们常常觉得自己别无选择，只能隐藏自己的性取向，以防遭受社会谴责。他们也很难找到跟自己有同样性取向的人，因为他们无法公开表达自己的愿望，也因为他们是人群中被剥夺权利的少数群体。于是，他们很可能在生活中持续地隐藏自己，并且缺乏归属感。对于这一情形，罪魁祸首是我们，是我们的价值观和行为。我们的社会对同性恋者缺乏尊重和接纳，进而给他们的生活制造了巨大的障碍。他们常常觉得自身是受到压迫和歧视的少数群体，不仅被偏见评头论足，他们的个人喜好（属于个人隐私和自由）也遭到践踏。

与处于相同处境的人建立联系（以便与他们分享经验）有助于提升人的自尊与自我接纳。所以，我给戴安娜的回复才不同于假如她是异性恋时我可能给她的回复。

与此同时，我认为，她还是应当在适当的时间，以适当的方式，让所有相关方得知全部真相，这是上策。当然，这件事做起来并不简单。

性取向为同性的人往往既不愿放弃已有的家庭，也不愿放弃拥有同性伴侣的可能。他们既想要同性性爱，也想要一般意义上的家庭生活。他们把真实的自己隐藏起来，只为避免受到伤害。这么做有时是有效的，但并不容易。如果配偶能够了解他们的性偏好，并能接受这一现实，那么这对他们同时拥有同性婚外情和完整家庭是最有帮助的。

如果他们不知道真相，那么事情暴露，进而干扰正常家庭生活的风险就永远存在。

婚姻与婚外情的巨大反差
可以把实情告诉妻子，否则恋情败露伤害更大

一个年轻人想到妻子躺在床上像个石头人，一动不动，而同事不仅天生丽质，还对自己有好感，于是他问自己：到底应该改变现状，还是应该至死忠于婚姻，空留遗憾？

幸运的是，他还有第三种选择——两人（不只是女方！）可以学习如何一起享受性爱。性生活常常被无知和害羞所扭曲。不过，这一

问题也相对容易解决，只要两人都想拥有和谐的性爱。

戴维在来信中写道：

我今年35岁，结婚已经7年。我妻子跟我同岁，我们有三个孩子。遇到我妻子之前，我是一个非常害羞的人，我从没交过女朋友，只跟妓女有过性行为。我们的婚姻生活有起有落，有时特别好，有时又特别坏。例如，我们有时候会因为一件很小的事情闹得好几天不说话。总的来说，我认为我们的婚姻生活还是不错的，但我也觉得，我跟我妻子缺少温馨和亲密。她从不主动拥抱、爱抚或亲吻我，所有的亲密举动都是我先提议。性生活也一样，总是我一个人提。做爱时（大概两周一次），她就像石头人一样，一动不动，所有的事情都留给我。我多次尝试跟她谈这件事，比如我觉得我们之间缺乏亲密感，我对性生活也不满意。可她的回答却是，她就是这样，既改变不了，也不想改变。我也多次提议一起去做伴侣治疗，可她都没同意。

我感到非常遗憾。一方面，我特别想在婚姻之外找到解决办法。另一方面，我又不想这么做，离开妻子和孩子（我非常爱我妻子）。

在这种艰难的情况下，我在工作中遇到了一位已婚女性。我很喜欢她，我也能感觉到，她对我也有好感。我很清楚，如果我试图接近她，她会接受我。这件事一直困扰着我，让我夜不能寐。我该背着不愿付出努力去改变现状的妻子去偷情呢？还是应该至死忠于婚姻，却在情感和性爱方面空留遗憾？我非常绝望，不知道该怎么办。

我给他回信：

我非常希望你没有身患绝症，否则我很难理解，为什么你会提到"死"（你的人生只是刚刚展开而已）。我的意思是，你今天所做的决定绝不会影响你一辈子。很多人纠结于做决定（例如选择什么职业、是否离婚、是否搬家，等等），问题只在于，在他们眼里，决定只要做出就永远无法更改。如果他们明白，所有的决定只是服务于当下，那么他们的压力就会减少很多。对你来说，事实同样如此。不要忘记，不管你今天做了什么决定，将来都是可以改变的（即使你错过了这位同事，将来还会有很多人选）。所以，你今天的决定跟你几十年后的生活不存在必然的联系。

重要的是，在刚遇到你妻子的时候，你非常害羞，而她很可能非常适合那个时候的你，因为她也不是那种直来直去、有"攻击性"的人，所以不会让你感到有压力。你甚至还可能觉得她有点"柔弱"。不管怎样，你克服了羞怯，建立了幸福的家庭，还养育了三个孩子，所以你也不想放弃这个家。但是，到了今天，在性爱方面，你们当初所签订（在无意识中）的伴侣契约已经不再适合你此刻的需要。

似乎对你来说，如果维持现在的婚姻，你就得放弃性爱和亲密感，而如果你出轨，你就不需要放弃这些东西了。事情可能是这样，但也可以不是这样。你把她的冷漠和保守全部归咎于她，然而在你们结婚时，你只跟妓女有过性爱，那么我猜，你在性爱方面的表现一定比较糟糕！你过去很可能常常直接插入，于是你妻子很快明白，性爱不是一件愉快的事。或许，除去保守的教育外，你们最初的性爱经历也让她得出了这样的结论：在性爱方面投入精力是不值得的，于是她不再对性爱感兴趣。如果某位女性无法在性爱中获得快乐，那么她的伴侣通常都要为此承担相当的责任（这并不是说，她完全不需要承担任何责任，她还是要承担的！但她也只能承担一部分）。我想说的是，在你涉足婚外情之前，你仍旧可以为改善你们的性生活而采取一些你从未想到过的方式，这么做或许为时不晚。你确实可能获得成功，因为好消息是，在一生当中，人在性爱方面的变化非常巨大！如果有你的帮助，性欲是可以得到唤醒和提升的。这里的帮助意味着既不抱怨，也不要求。你可以采取下面这些做法：

首先，你可以学着提升你在性爱方面的表现。如果你的妻子不愿意跟你一起去接受伴侣治疗或性治疗，那么你可以自己去寻求指导。不要偷偷去，你要告诉她，**你**正在做这件事。她需要知道，为了解决问题，改善你们的关系，你正在采取哪些措施，付出哪些努力，这与只要求**她**单方面做出改变是非常不同的。

如果你觉得改善不明显，你就可以诚恳而坦率地把你的困扰告诉她。你可以把你在信里写给我的事情讲给她听，然后，在她知道你遇到什么困难之后，**让她给你一些建议**，以便解决这个让你夜不能寐的问题。对她来说，这并非易事。但是，这么做意味着你为她创造了做出改变的机会（如果你不告诉她发生了什么事，她就没有机会去做出改变和提供帮助）。而且，如果晚上睡不着觉的不仅是你，还有她，那么你们之间就可能会发生一些你意料之外的事情。

最后，你当然也可以不再期望跟你妻子拥有美满的性爱，而是瞒着她，去接受别人的性与爱。你可以藏着掖着，希望事情不会有败露的那一天，而你妻子也能继续跟你一起生活。这并不是什么理想的解决方案，但它确实有如魔力附体一般（这样你就不需要放弃任何东西），让很多体面的人都选择这么做。还记得你曾听说过的，结婚就意味着"从此幸福地生活在一起"吗？

细心的读者可能已经注意到了，我在这本书里提供的建议通常都是关于**对话**的。以愚拙见，人类尚未发现更好的办法来沟通和解决关系问题。

此外，通过对话解决问题的最佳做法之一是与相关的人分享你的想法，并且向**他们**寻求解决方案。

例如，对话可以这样开始：

——我想跟你说说一个让我头疼的问题。你什么时间方便？

——在我看来，我们的性生活很不如意，我甚至怕自己去眼馋别人。我非常爱你，我根本不想破坏这个家。

——你建议我怎么做？

在下面的个案里，一位男士爱上了他的同事。

他对离婚没顾忌，可惜情人不同意
不如试试先离婚？

我在这里选用亨利的信，目的是举例说明，有的人在出轨前完全不加思考。似乎没什么事不可以做，而婚姻也对他没有任何束缚（妻子也这么看吗？她眼里的婚姻也是这样吗？）他对离婚本身毫无顾忌，怕只怕，他的情人不同意。

亨利在来信里写道：

我40多岁，已婚，有三个孩子。过去13年里，我跟妻子感情还不错（跟别的夫妻一样有起有落）。在过去两年里，我疯狂地爱上了我的同事。她跟我同岁，最近刚离婚。她知道我想做什么，因为我已经"鼓起勇气"告诉了她。多年来（我们已经在一起工作11年），我们的关系已经成了兄弟之爱（她不止一次跟我说过这一点，有几次还加上一句，"我爱你像爱兄弟一样，甚至比爱兄弟还要爱"）。值得一提的是，我跟包括她的孩子在内的一些家人非常熟。我有时觉得，她和我的情感联系本可以更紧密一些，但遗憾的是，这其中有些障碍：

首先，这个女孩从未经历过真爱。因为她结婚时很年轻，她也说她从来没有爱过她丈夫。所以，结束与他的痛苦生活并离婚之后，她在情感上"封闭"了自己，她只爱她自己，不再动心于她身边的其他人。

其次，关于拆散我的家庭。在她看来，这是一条她不会跨越的红线，尽管她知道，我的婚姻非常开放，我离开家没有问题（她认识我妻子）。

最后，关于一起工作。同事们难免会说闲话。这个女孩在感情上很害羞，但在社交方面却非常活跃。

我该怎么做？

我给他回信：

你问我该怎么做，这就像是你在街上拦住路人，问他们自己应该怎么走。被问到的人会非常想知道你要去哪里。只有你告诉他们你要去哪里，他们才能为你指明前行的方向。你得告诉我你要去哪里，然后我们才能讨论该怎么做。

你的想法很难猜测。你是想说服她嫁给你吗？如果这确实是你的想法，那么你为什么还待在目前的婚姻里呢？你说，你的婚姻还不错。那么你是想对自己说："只要我不确定能跟我爱的女人在一起，那么我就最好还是跟我的家人在一起？"在我看来，事情通常不是这样的。家庭不是公寓（你有了新的公寓才会搬出旧的公寓）。家庭是你不能或不想再待下去时才会离开的地方。但是，看起来，你似乎**确实觉得你可以留在婚姻里**，所以在我看来，你似乎并不想离开家。

或者，你是想说服她跟你发生婚外情吗？在对她的分析上，我认为你混淆了事情的前因后果：你所爱的人没有经历过真爱，不是因为她嫁给了一个她不爱的男人，也不是因为她离了婚才把自己的情感隐藏起来。真实情形可能恰恰相反：正是因为她缺少这样的情感，所以她才嫁了一个她不爱的男人，并最终离婚。而她所喜欢的情感关系是社交性的，或者"兄弟般的"。亲密关系并不是她最喜欢的东西。除此之外，她也不想造成另一个家庭的破裂。

因此，针对你想要实现的具体目标（实际上，这是你需要去弄清楚的最重要的事情），你可以采取以下做法：

- 如果你想说服她嫁给你，以及，如果你确信，**你的婚姻已经没有未来**，那么你最好先离婚，这样一来，她就会看到你的诚意。解除了破坏家庭的顾虑(这对她来说是一条"不会跨越的红线")，也许你的机会会更大。
- 如果你想跟她保持婚外情，那么你已经在这样做了。我指的是，你们经常能说话，还有"兄弟般的"爱，每天也都能见面（在工作时）——所有这些都是婚外情的重要组成部分。的确，你们之间缺少性爱的部分，但很显然，你不可能什么都拥有。

· 如果你想摆脱婚外情，你就可以多花些时间和精力（动脑）去努力认清（在你妻子的帮助下）你们婚姻起起落落背后的原因，特别是"起"的原因。如果你发现，你或许能让你们的婚姻重新"起来"（如果过去两年是"落"），那么你或许就不再会那么关注你的同事了。

这世上有这么简单的婚外情吗？什么麻烦都不会有的婚外情？如果亨利的同事最终同意跟他发生婚外情，而亨利的妻子也发现了真相，那么她会像亨利所想的那样不产生剧烈反应吗？他真的"离开家没有问题"吗？这种情况几乎不可能存在。如果夫妻双方对彼此都没有了感情，两人都心如死水，完全不关心对方在做什么，跟谁在一起，那么他们通常早就已经分开了。

亨利对他的婚姻生活不以为意，他觉得，只要情人同意，他就能拥有完美的幸福。这种感觉既舒服又让人迷醉，让他难以自拔。但是……

在现实当中，一旦情人真的同意跟他结婚，我猜（他在信里没有详细介绍他自己和他的婚姻），像亨利这样的男性往往就会发现，他所认为的"我离开家没有问题"是错的。在大多数情况下，他确实会遇到很多问题。这些问题可以分为两类。一类是他与情人的问题。突然间，情人要成为与他一起生活的人，要成为他孩子的继母。这时，对方先前因他而产生的强烈情感通常很难持续下去。另一类问题存在于他与妻子之间，后者（通常）不会这么轻易地接受他的这一想法（如果她对婚姻不再抱有希望，那么她会主动提出离婚）。于是，她尽力阻拦，表达痛苦，甚至会改变她惯常的行事方式（改向好的方向）。这时，夫妻之间会展开很多激动人心的"对话"，进而使两人的感情从沉睡中苏醒。在大多数情况下，两人最终并不会分离。

出轨的祖父顾虑孩子
旧爱重燃

如果两人陷入热恋，而其中一人已经结婚，那么结婚一方已经长大成人的孩子会成为他（她）离婚的阻碍吗？通常，真正的阻碍不是孩子，而是他（她）的配偶。

维克多在来信里写道：

我已婚，56岁，有两个孩子。30多年前，我爱过一个女孩。我们在一起两年，后来分手了。10个月前，我又遇到了她。她现在50岁，已经离婚。我深深地爱上了她。这段恋情还没有公开，因为她有已经成年的孩子，我也有两个已经成年并结婚的孩子，我还有孙辈。

我想问的是，我该如何解决这个问题？我恋爱了，爱上了这个女人。事态紧急！

我给他回信：

首先，请享受你们的恋情！读了你的信，你似乎很痛苦。爱上一个人是人生中最美妙的事情之一，这种事一辈子也遇不到几次。特别是，对方还是你年轻时的女友。你在信中提到的情形还有另一层意义，它能用来反驳拥有孙辈的人不能恋爱的偏见。人偶尔会遇到年轻时的旧爱。有时候，这种爱是真挚而强烈的，只怪当初阴差阳错。所以，这种情况好比有情人终成眷属。它显示，生活真的可以很美好。它也证明，无论到了人生的哪个阶段，好事仍旧可以来敲门。也有时候，两人多年后的重逢令彼此失望。可能的原因如，两人眼里的对方不是此刻的对方，而只是多年前所爱之人的幻像。在这种情况下，他们会慢慢发现，时过境迁，此刻的对方已经不再是记忆中的那个人。事情会如何发展很难预料，你值得去一探究竟。

这也正是你需要我解决的问题。奇怪的是，你顾虑的仅仅是你们各自的孩子和你的孙辈。他们为什么会成为你的顾虑呢？他们已经成年，有自己的生活，又如何能干扰他们父母的感情生活呢？你是觉得，这种事会让你跟你爱的人感到尴尬？感到有伤风化？你担心这样的事会以某种形式影响到孩子？人有了孩子、孙辈后，他们就不配享有爱情和幸福了吗？何况孩子已经成年？在我看来，你年纪越大，你反而越值得去照看自己，照看你自己的幸福和你从生活中获得的满足。因为，你剩下的日子已经没有那么多了。

在我看来，真正的问题不是孩子或孙辈（"来见见你爷爷的新女友，他非常爱她"），而是你的妻子。奇怪的是，你居然完全没有提到她。可你确实写到，你是已婚的。真正复杂的事情在这里。你们多年来的婚姻生活从某种程度上说或许还是不错的，令人满意的（你没有在信中提到这一方面，但事实是，你们的婚姻到目前为止还依然完好）。所以，你现在想离婚并不是一件简单的事。我觉得，这就是你迫切想要知道该怎么做的原因。

现在，我来提供一些针对类似情形的可能应对方式，但这些做法都不能彻底地"解决问题"。

有的人选择不离婚，隐藏恋情。这么做的好处是，你们两人都不会危及你的婚姻，也不会在感情上伤害你的妻子，当然，这只是在恋情暴露之前。你可能会顾虑的是，这样一来，你就无法充分享受你与恋人的爱。你们无法公开在一起，无法见到对方的家人和朋友，也无法尽情地去与对方会面，更不用说共同生活了。另一个坏处是，一旦恋情暴露（通常最终会暴露），你的妻子会遭受极大的痛苦，失去对你的信任，失去自信，失去一切。

有的人选择回家告诉妻子：我找到了生命中的挚爱，我想要离婚。如果你所爱的人愿意和你离婚，那么这么做的好处是，你可以得到你所爱，你们可以整天陪伴对方，这就是你现在期待的结果。可这么做的坏处是，你会给与你共同生活的妻子、孩子的母亲，造成巨大而深刻的致命伤害。另一个坏处是，正如我在前面提到过的那样，你对对方的兴趣可能只是假象。从迷恋到爱的转变（这是共同生活的前提）可能无法完成。你可能最终会发现，你更爱的那个人是你的妻子。

也有的人回家向妻子坦白，把实情告诉妻子，同时也不想离婚。于是，双方的内心都失去了平静。对各方来说，这都是非常棘手的局面。这么做的坏处是，在激烈的思想斗争中，各方都会饱尝痛苦。特别是两位女性，她们不知道你最后会选择谁（你的痛苦要比她们少一些，因为，你毕竟知道她们都需要你，而选择权在你手中。从这个角度看，尽管你也很痛苦，但是你所面对的情形还是要好过其他人）。这么做的好处是，你可以保持诚实、正直的品格，同时也有助于坦诚沟通。没有人受到蒙蔽。你的妻子会有机会来思考，发生了这种事，她是否还想继续与你一起生活。而你所爱的人也会知道，你尊重跟你有密切关系的人，你不会为了一段新的感情而轻率地抛弃他们。

在经历了一段痛苦的挣扎之后，你会有机会来建立或重建一段亲密关系——跟其中的一个人。

可以看到，彻底"解决问题"是做不到的，但人仍旧可以做出自己的选择。

特别是对你来说。

出轨者也难逃痛苦

有人认为，婚外情只会带给人快乐和幸福。然而，在出轨者眼里，这一看法并不正确。我们还能看到，他们的情人也在遭受痛苦，这种痛苦不仅仅是因为他们没有足够的时间去与他们所爱的人会面。

这并不是什么稀奇的事。两人间的感情生活本就困难重重。想法难以契合，困难、冲突不断。所以，假如一个已婚的人又在他（她）的生活里添加了新的感情，那么他（她）所要面对的困难只会变得更多，而这还不算新的感情给原有婚姻造成的问题。

通常，出轨者（即与合法伴侣继续保持夫妻关系，否则不能称之为出轨）会要求情人没有别的伴侣。对他们来说，这是不言而喻的。他们想"成为每一位伴侣的唯一伴侣"，这很有意思。

这是谁给他们的权利？

杰雷米在来信中写道：

我是一位父亲，有4个孩子。他们有的已经成年，有的还小。我和我妻子的感情很复杂，我们总是表现出一副恩爱的样子，可内心深处的想法和感受却只有我们各自知道。所以，她把精力投入了工作当中，而我则找到一位灵魂伴侣，并且跟她建立了深厚的友谊和亲密的感情。但是，就在我们即将开启性爱关系前，她却告诉我，她已经结婚了。对我来说，这是无法接受的事。她一直瞒着我，可我却早就告诉她我结婚了。发现她已经结婚时，我突然有了退出的想法。于是我说："我们还是继续做朋友吧。"可她回答说："我没想到会这样。我结婚了又能怎么样呢？你不是也结婚了吗？"

我一时进退两难，不知道该怎么办。

请给我建议。

我在回信中建议道：

在我看来，有些人会觉得你的信有点让人发笑，或者让人生气。我指的是，一方面，你根本不在意你已经结婚的事实（这一事实在本质上要求你对伴侣忠诚）。可另一方面，你却在意她已经结婚的事实。你没有解释，你为什么会对这一点"无法接受"。是因为她给她丈夫戴了绿帽，而你与她丈夫同属于男性吗？如果是这样，你对陌生人的忠诚就超过了你对你妻子的忠诚。

还是说，你想成为你情人的唯一所爱？有没有这样一种可能，你想成为她的整个世界？当然，她会认为这是不公平的，因为她并不是你的整个世界。除了她，你还有另一个女人。所以，她一定在想，为什么你会要求她的眼里只有你？她一定会问，为什么要搞双重标准呢？

事实上，你诚实而天真地表达了一个非常普遍的愿望，那就是："我想成为伴侣的唯一所爱，但他们却不是我的唯一所爱。"

我们西方社会的教育是一夫一妻制。在我们看来，拥有几个妻子或几个丈夫这种事是野蛮、原始而低级的。另一方面，西方人认为，人的所有需求都应当得到满足，例如情感需求、社交需求、智力需求、生理需求，乃至一切需求。所以，我们已经形成了一种可笑的态度（或者是一种悲哀的态度，这取决于你站在哪一方）。一方面，在面对伴侣时，我们要求对方坚持一夫一妻制。而另一方面，当我们面对自己时，我们却认为，拥有多个伴侣是绝对可能的选择。例如，对你来说：妻子是你的孩子们的母亲，是你可以依赖的生活伴侣（否则你就不会继续生活在原有的婚姻里），而情人则是你的灵魂伴侣和性伴侣，可是，你却要求她们两人的眼里只有你一个。你得承认，这当中的逻辑是非常荒谬的。

首先，你可以再次跟你妻子确认你们眼下的境况。你写道："内心深处的想法和感受却只有我们各自知道。"你的意思是，你不知道你妻子内心深处在想什么？或许，你值得去一探究竟？你这样写道："她把精力投入了工作当中（你的意思可能是，她是一位职业女性），而我则找到一位灵魂伴侣。"这两者之间的联系是什么？你为什么要把这两件事放在一起？你难道不需要去工作？你没有"把精力投入工作当中"？难道你外出工作，在你看来，你妻子就有理由去寻找灵魂伴侣和性伴侣？这是不是与前面的情形如出一辙，即，你期望情人的眼里只有你，你却不愿意用这一点来要求你自己？她不能"把精力投入工作"，她不能结婚，可当你忙于事业或拥有妻儿时，你又到底期望她做些什么？

或许，你已经在经营家庭方面花费了很多精力，但是，你或许仍旧可以再努力一把？毫无疑问，倘若你的妻子同时也是你的灵魂伴侣和性伴侣，那么其情其景一定会很诱人。而且，这么做也非常近便，你可以跟她一直待在一起。但要做到这一点，你确实需要付出认真和持续的努力。

　　另一种可能性是，你可以和这位结了婚的情人分手，然后继续寻找另一位单身的灵魂伴侣和性伴侣。你或许能找到一位并非一定要与你结婚的单身女性，她乐意做你的女友，而不需要你在灵魂和性之外承诺她任何东西。这样的人能满足你的期待——她的眼里只有你。但你需要冒的风险是，最后她可能会想要与你结婚，进而让你承受压力。

　　第三种可能性对你来说是一种挑战，那就是继续与这位已婚的情人保持恋爱关系。在我看来，你确实喜欢她，迷恋她。你可以试着习惯不作为她唯一的爱，就像她不是你唯一的爱一样。这样一来，你们之间就会有对等，就会有公平。这么做有很多好处，但你也会比较难以接受需要与他人竞争的现实。最后，你的竞争对手或许会是你妻子的工作，而非你情人的丈夫。谁知道呢？

找不到心仪的人选
你想要温情、爱与性，她要的可能更多

　　汉克因为孩子的原因而维持婚姻，同时从家外寻找温情、爱与性。但是，他的妻子也有权来决定这样的安排是否适合她。

　　汉克在来信里写道：

　　由于缺少妻子的爱和关注，我总是无精打采。

　　我今年50岁，已婚，我很爱我的几个孩子。我妻子对性爱毫无兴趣已经好几年了，于是我们之间没有了爱，没有了拥抱，没有了爱抚，也没有了亲密。我们疏远了很多，我感到非常沮丧。我们找婚姻咨询师咨询过几次，但没有效果。我不想结束这段婚姻，因为我们还有孩子，我非常爱他们，不愿离开他们。他们20多岁。

　　我想找个情人来享受温情与爱，可遗憾的是，我没有找到心仪的

人选。相反，我找到的只是出卖色相的贱货。这种情形当然让我非常沮丧，因为我找不到符合我心意的女性，找不到能跟我一起享受温情、爱与性的女性。我特别想找到这样一个人，特别想得到她。在我看来，我的长相相当好，但不知是什么原因，我仍然找不到我中意的女性。我很想听听你的意见，怎样才能摆脱这样的困境。

我给他回信：

表面看，你所咨询的不过是个技术问题。你说，你很难找到符合你心意的女性，她需要"能跟你一起享受温情、爱与性"，而不只是出卖色相。可是在我看来，你的问题要复杂得多。

首先，你说你妻子对性爱完全不感兴趣，于是你们之间"没有了爱，没有了拥抱，没有了爱抚，也没有了亲密"。这其中的因果关系可能不是你说得那样，事实可能恰好相反。例如，因为你们之间没有温情和充满爱意的接触，也没有拥抱、爱抚和亲密，于是你妻子才对性爱不感兴趣。如果你们之间有爱也有亲密，但是一方却对性爱失去兴趣，这时，你们仍旧可以继续拥抱和爱抚。同时，你们也可以在专业人士的帮助下彻底检查问题所在，并付出所需的努力，直到性爱问题解决。

性爱问题可以通过药物治疗、性治疗或任何适当和必要的方式来解决。对性爱失去兴趣一定会导致你所说的那些结果吗？随后，你解释说，尽管你和你妻子缺乏亲密，但你仍旧决定与她维持婚姻关系，好让你不必离开你深爱的孩子们。你的这一解释也相当牵强。首先，你的孩子们已经20多岁，很快就要离开家了，那时你又该怎么办呢？你会跟你妻子离婚吗？还是说，孩子只是借口，你真正想要的是稳定、安全、无需失去财产，或是其他的类似理由？这些都是合理的原因。我之所以这样问，是因为，那些真正与配偶失去感情并想要出轨的人，往往不会仅仅为了跟孩子在一起而放弃这一愿望。何况，你的孩子已经20多岁了，即便你不跟他们住在一起，你们之间的感情连接也仍旧不会断裂。人们通常认为自己只是为了孩子才避免离婚。但事实上，这样的决定背后还隐藏着一些他们没能足够注意的原因。

如果孩子确实是你维持婚姻的唯一原因，那么，你也可以把你的这一想法及其前因后果告诉你的妻子，弄清楚她是否接受你这么做，这难道不是更加坦诚和公平的做法吗？你如此渴望温情与爱，你愿意娶一位仅仅因为孩子的缘故才与你一起生活的妻子吗？对于你的想法，你妻子可能会接受，也可能不会接受。但无论是哪一种情况，我都觉得你想要知道答案，并据此考虑下一步该如何做。

此外，你还需要考虑的是，你很难找到能跟你"一起享受温情、爱与性的女性"。你到底能给她什么呢？你给不了她结婚的承诺，给不了她日常的陪伴，给不了她你的收入和财产，也无法在日常生活中为她提供各种帮助。你把这些都给了你的妻子，并且打算继续这样做。此外，你也不想付钱给你的情人。但是，在一段感情当中，一方必须付出一些东西，对方也必须得到一些东西，而你只有长相好是不够的。

在我看来，你在寻找这样一位女性，她只想从你那里得到你想要从她那里得到的东西，即温情、爱与性。顺便问一下，你希望一星期有几次呢？一次？还是两次？还是时不时打个电话？你是对的，找到一位除此之外别无所求的中意女性并不容易。

以下是我的一些建议：

在你做任何决定之前，先给自己留出一段安静的时间，认真思考上面提出的所有问题。或许，你甚至应该把你的回答全部写出来。这么做将能引导你展开清晰而有条理的思考。[1]你需要考虑到，一位可以交往的女性想要从你这里得到的东西很可能会比你现在准备给予她的东西更多。她可能会要求你跟她更多见面，甚至要求与你结婚，也就是说，你必须离开你的妻子（而不是你的孩子）。这不是一件简单的事。

也许，此刻最适合你的人选可能是一位在家里感受不到温情与爱，但也因为与你相似的原因而不想离婚的已婚女性。这样的女性或许能满足你此刻的需要。

---

① 在关于分手的最后一章内容里，你可以找到一些问题来帮你有条不紊地检视你对婚姻的态度。——作者注

在三角关系中，你所梦想的那种真正的幸福是极难实现的。

如果已婚的人发现自己的婚姻并不能满足他们所有的物质、情感和精神需求（他们的部分需求总是能得到满足的，因为若非如此，他们就会离婚），那么，他们通常都会因为已经得到满足的需求而选择留在婚姻里，同时也会因为未能得到满足的需求而选择寻找第三者。这类选择非常常见，是许多婚外情的**根源**，哪怕当事人并非有意为之，或者未经深思熟虑。对于认为人与人之间（特别是一同生活的两个人）应当相互尊重的人来说，这就是欺骗。

例如，塔尼娅在来信里写道：

我不爱我丈夫，我不喜欢他，我也不尊敬他，但我也不想跟他分开，因为我没有工作。

我不想这个年纪再去找非专业的工作，我不想放弃我们漂亮的家，去住狭小的公寓。我也不想降低我的生活水准。我的丈夫允许我这样做，也不干涉我的事情。我来去自由，想旅游就旅游，想学习就学习，他从不限制我！他非常爱我，但他不知道我对他的真实感受。

我时不时地跟他做做爱，这对他来说就足够了。在此之外，我还有一个能点燃我激情和欲望的情人。

在这种情况下，我们可以问这样一个问题：这位丈夫难道不配知道，塔尼娅跟他在一起只是因为他为她提供物质生活吗？难道他无权在获知这一事实的基础上选择是否继续跟她生活吗？

通常，像塔尼娅这样的女性（以及男性）并不会把真相告知配偶。因为，他们害怕对方会说："如果是那样的话，我就不想再跟你共同生活了。我想跟尊重我、爱我、对我有欲望的女性一起生活，我想离婚来找到这样的人。"在这种情况下，她就失去了选择的权利（共同生活需要双方都有这样的意愿，而离婚只需要其中一方有这样的意愿），她必须放弃她不想放弃的东西。这就是她所惧怕的局面，也是她不愿告诉对方真实感受的原因。

但是，丈夫也有可能会这样说："虽然你告诉我这些情况，但我还是想跟你一起生活。因为有孩子，也或许因为我爱你，也或许因为我也不想拆散这个家，但无论如何，我们还是保持现状吧。"没有多少人会做出这样的反应，但这也是说不准的事。这取决于对方的个性、想法、健康状况、经济状况、对配偶的感情（爱、恐惧、希望）等因素。这样的情形即便罕见，但也确实存在。这时，夫妻双方的伴侣契约是公平的，没有不诚实和欺骗。这是双方出于相互尊重的自由选择。

显然，塔尼娅的情形也发生在一些丈夫身上，他们不爱自己的妻子，而是到外面寻找情人，就像汉克在信中所描述的那样。但是，在这种情况下，能够以诚相待的夫妻确实非常罕见。

狡猾的婚外情
无涉性爱的婚外情还是婚外情吗？

有时，各自都有家室的双方会长时间保持无涉性爱的婚外情。他们认为，只要没有性生活，双方就是清白的。后来，当恋情暴露时，他们则可以申辩："我没有跟（他）她发生性关系。"

如果真相一旦暴露，遭到背叛的伴侣就会反复盘问配偶，细究他们与情人发生的每一件事和每一个细节。很多时候，当他们发现两人并没有发生性关系时，他们就会认为，这意味着配偶并没有忘记自己，哪怕他（她）已经与第三者有了婚外情。

与伴侣在身体（特别是生殖器）方面出轨相比，大多数人更容易接受他们在情感和精神方面出轨。

卡曼在来信里写道：

我结婚了，有孩子。大约半年前，我偶然遇到一位女士。事实上，我们的谈话主要是由她引起的。两周后，我们再次见到了对方。

需要指出的是，她也结婚了，也有孩子。从那天以后，我的心里就失去了平静。我觉得，我对她的爱超出了正常的范围。

她丈夫对她非常一般，可她对我也没有表现出特别的兴趣。特别是，在大约每周一次的见面当中，我觉得她都很尽兴。她还说，她很喜欢跟我在一起。而且，跟我在一起时，她的心情总是很好。她总说，我追求她只为了一个目的，那就是想跟她做爱。到目前为止，我们已经认识半年了，可这种事仍旧没有发生。我从未提议这样做，于是她觉得这并不是我的目标。

我非常爱她。例如，我宁愿开车大约150公里去看她从超市回家。有一次，我在雨中的一个十字路口等了大约一个半小时，只为看到她跟她丈夫开车经过。然而，另一方面，她丈夫却一点也不珍惜她。她总想博得他的注意，可得到的却是嘲笑和羞辱。

我的问题是：她丈夫对她不屑一顾，而我又"特别"关注她，可她为什么总是不理我，拒绝更频繁地跟我见面呢？事实上，她丈夫和我都长得很帅，事业也都很成功。我爱她，尽管她没有像我爱她那样爱我。她是不想表现出来吗？我该怎么办？

值得一提的是，我们每天都要打三个小时的电话，无话不谈。我的问题是：我应该停止追求她吗？虽然这对我来说非常困难。她是不是也爱我，只是不想表现出来？因为，每当我对她生气时，她总是首先打电话给我。

我在回信里向他解释：

如果所有的女性都只选择对她们好的人，那她们都会很幸福。然而，事实上，很多人却选择了对她们一点都不好的人，并因此而受罪。

另一方面，我敢打赌，她对她丈夫也没有对你那么好。而且，跟她丈夫在一起时，她的心情也不总是很好。如果她能像对待你那样对待他，那么他对待她的方式很可能也不是这个样子。关系是一件是非常复杂的事情，人们并非总如你所想的那样选择更好的选项。例如，你觉得她应该选择你，因为你比她丈夫更关注她。

我没法知道她是否爱你，但可以确定的是，她非常喜欢和你聊天，喜欢和你在一起，否则她就不会这样做。但是，她却不想跟你发生性关系。如果你想知道一个人到底想要什么，那么最可靠的方法就是观察那个人怎么做。在我看来，她想要的正是当下的情形。她享受你的追求，对她来说，这很可能是一种愉快的体验。因为，你已经看出，她跟你在一起心情非常好。她喜欢跟你聊天，喜欢沐浴在你的爱意里，但她却不想让你们的关系超脱目前的模式。大多数人都不会把没有性爱的婚外情称作出轨。很有可能，她不想背着她丈夫出轨。只要没有性关系，她就不觉得自己是在出轨。换句话说，她在享受当下的快乐，却无需为此而付出任何代价。与你交往很可能满足了她对提升自尊的需要，因为她在跟她丈夫的关系中是受到伤害的一方（她丈夫嘲笑她，贬低她）。

你在信中没有提到的是，你到底想要什么样的结果。你已经结婚，你是想要更频繁地跟她见面吗？还是说，现在的情形已经很好了，你想维持现有的婚姻，继续跟你妻子过性生活？你来咨询是想知道如何说服你爱的人跟你发生性关系吗？如果有人问别人该怎么办，他（她）首先必须搞清楚他（她）到底想要什么样的结果。

要么，就像你说的，你想"停止追求她"。这对你来说是非常困难的，因为你没有提到你应该这样做的任何具体理由。这么做的好处是，你或许会有更多时间来经营你自己的婚姻，努力让它变得活色生香。说实话，我看你现在并不打算停止你的追求。这样一来，你们的关系如何发展就只能取决于她。到目前为止，她只愿跟你进行有限的、安全的交往。

或者，你也可以接受她制定的这一游戏规则，让目前的情形长久地维系下去。这么做能为你的生活增添不同的色彩！一成不变的生活是让人难以忍受的！这是人生的一大挑战。有个人让你愿意在下雨的路口等一个半小时（我希望你是在车里等！），你的生活就完全变了模样。她能为你的生活增添乐趣，也能让你在早晨睁开眼的刹那感受到更多的动力！所以，只要没有人因为这样的安排而遭受痛苦，现状就可能会持续下去。这么做的危险是：你们的感情终究会有暴露的一天，进而使相关的各方遭受痛苦。

或者，你也可以对你爱的人说，你想把你对她的爱和你们的恋情告诉她的丈夫和你的妻子，同时建议两人分别与现在的配偶离婚，然后再一起结婚。根据她的反应，你会知道她的立场。如果她梦想着能够有机会跟贬低她的丈夫离婚，而她也确实真的非常喜欢你，那么她会非常开心，同时也会与你确认，你是否是认真的（你应当首先与自己确认这一点）。即使她说，这么做可能有困难，你也能感觉到，这是她真正的愿望。反过来，如果她只想享受你的追求，而不想进一步发展你们之间的关系，同时也不伤害她的婚姻，那么你也会从她对你的回应中发现这一点。但是，无论她的反应是哪一种，紧随其后的都会是纷扰和痛苦。

我们这个时代的世俗人士已经接受了这样一种观念，即，配偶双方各自都可以去不同的地方，见不同的人，收获想要的体验，而不伤害夫妻关系。大多数人已经摒弃了夫妻必须一起做所有的事情这种糟糕且有害的观念。

唯有性爱例外。所以，那些不愿心怀内疚，不想认为自己是背叛者的人有时可能会用下面的方式来解决问题，即在婚姻之外寻找兴奋、自尊、快乐和利益等一切东西——只有性除外。

然而，问题在于，从本质上讲，婚外情的脚步是无法停歇的，它总要向前发展。几乎无一例外地，至少其中一方会无法忍受身体接触的缺乏，进而去推动关系升级。毕竟，人是整体的人，双方在情感和精神领域的接近最终也会导致他们在身体领域的接近。精神出轨是不

239

平衡的状态，几乎总会以失败告终。

但是，即使精神出轨"成功"，这种关系通常也带有强烈的性爱色彩，以及对情人的渴求。他们的感受、想法、精力和部分时间和金钱都被导向情人。于是，即使是无涉性爱的关系通常也会在一定程度上对现有的婚姻造成损害。仅仅是对性的渴望、暗示和言语就足以引发痛苦，造成伤害。

即使无涉性爱，出轨也要支付代价。

下面这位女士就做了这样的尝试。

选择丈夫，放弃情人
但激情却无法消散

即使一个人在婚外恋中舍弃了性爱，那么它也会在想象和渴望中继续存在。渴望所指向的是缺失的东西、不可以拥有的东西，以及有可能存在的东西，与这些东西相竞争的却只是现实中已经存在的东西。这是不公平的竞争，因为两者力量悬殊。

丽莎在来信里写道：

我和一个温柔、热情而忠诚的丈夫结婚20多年了，我们有一个已经长大成人的孩子。

一年多前，我非常偶然地遇到了一位已婚男性。后来，我跟他建立了深厚的友谊，并且最终跟他发生了性关系。我们在酒店、海滩和树林进行了6次激情的会面后，我被自己的所作所为吓到了。我非常内疚，于是不再跟他做爱。但是，我们之间的友谊依旧延续着。我们几乎每天都通电话，谈论生活中的各种问题，比如家庭、工作、孩子，等等。

可问题是，从那以后，我跟我丈夫的性生活就遇到了麻烦。他在我眼里没有了吸引力，我不再能够从我们的性生活中感受到快乐和满足。我忍不住怀念那 6 次会面中的激情、快感和愉悦。

我的家庭对我非常重要，我怎样才能让我的家庭生活重回正轨呢？请帮我解惑。

我坦率地回复她道：

很久没有人问我这么困难的问题了。这不是件容易的事，已经破碎的东西很难再复原。你谈到，你们的关系中不仅包含"深厚的友谊"，还有能给你"激情、快感和愉悦"的性爱，更有"酒店、海滩和树林"，你丈夫拿什么来相比呢？难道拿你们持续 20 多年，已经丧失激情、兴奋、新奇和愉悦的婚姻生活？

为什么来自婚姻外部的性爱往往比婚姻内的性爱更让人满足呢？这当中有许多因素，例如下面这几个：

· 新的刺激能让人产生更大的反应。
· 人得到了婚姻应许之外的东西，好比免费的蛋糕或演出券给人的惊喜。
· 在幽会中，双方通常都会在打扮上尽可能地吸引对方。他们在衣着、个人卫生、妆容和举止上投入了大量精力，过后再带着扁塌的发型、脱落的妆容，穿着起皱的衣服回家。
· 在婚外情中，双方更容易集中注意力于性爱（集中注意力对性爱非常重要）。婚外性爱没有世俗事务的干扰，没有孩子哭闹，也没有母亲打来的电话。若非需要安排下次见面，否则出轨的两人没有琐事需要商量。
· 在婚外情中，双方对彼此的生活了解有限。两人会面通常经过精心安排，所以没有机会看到对方在其他情形下的言行举止。所以，他们似乎总是和蔼、快乐、耐心、开朗、体贴、温柔而有爱心的。他们看不见他们跟父母或孩子在一起的样子，看不见他们面对态度恶劣的邮局职员的样子，看不见他们与下属或老板相处的样子，也看不见他们的无聊、生气、粗鲁或不耐烦。他们无需听对方讲述便秘问题，也无需感受天没亮就被对方吵醒，或者孩子夜里哭闹，对方却睡个死沉的愤怒。如果所有这些情形下的他们你都看不见，那么你很容易就会把你所期望的人格特质赋予他们，[1] 你很容易就会相信，你已经找到能带给你快乐的梦中情人。这时，你很容易就会迷恋对方，你的性欲也会被激发。接下来，你的兴奋又会让你无比愉悦，最终让你感受到极致的性爱体验。然而，现实是，在许多情况下，对方只是你在想象中制造的幻象，与在家等你并再次忘记交电费的那个真人相比，他更能令你血脉偾张。

你没有切断与这个人的联系，你只是跟他分开了一半。在你所描述的"几乎每天"都进行的交谈中，你们会谈到家庭、工作、孩子等各种生活问题，也包括你们各自的配偶！在这些交谈中，你们无疑会谈到很多性爱内容。你们虽然不再一起释放你们的性欲，但它确实还存在。你们都清楚地记得你们的性爱时刻，而在交谈中，这些记忆也会出现在你们的脑海里，这就是你们交谈的动力。换句话说，你们的婚外情还没有结束，它充满了你的头脑和心灵。而当你的头脑和心灵都被他占据时，你就没有空间再去容纳别的东西了。

要想重新从夫妻性爱中获得快乐，重新对你丈夫产生兴趣，你的生活里需要出现两件比较极端的事情。最能让你实现上述目标的事情是，你发现你丈夫也有外遇。例如，倘若他把他们之间的事告诉你，你就会发现，在别人眼里，你丈夫也是有魅力的、让人心动的，就像你眼里的情人一样。依我的经验，这样的事或许能唤回你对他的热情，但你也要付出心痛的代价。不过，因为夫妻双方很少同时出轨，所以这种事很可能不会发生。事实也正是如此。在你眼里，你丈夫是不会

---

[1]换句话说，他们成了理想的投射对象。他们的形象越模糊，投射就越可能发生。——作者注

令你担心的，因为，他"温柔、热情而忠诚"，而你最终也选择了他（你不再与情人做爱）。这可能意味着，这些品质对你来说终究要胜过刺激。但实际上，跟所有人一样，你其实什么都想要。你既想要婚姻稳定，也想要享受刺激。

另一方面，如果你有机会在平常的生活里陪伴情人，或者至少见到日常生活里的他，那么你的某些兴奋或许会消退。谁知道呢？也许你丈夫会重新散发出光彩。但是，这种情形是非常不切实际的。这种事过去没有发生过，将来也不会发生。于是，正如上文所述，你只会继续把完美的形象投射到你的情人身上。

唯一比较现实的选择做起来非常困难，非常危险，代价巨大，而且需要你付出勇气。特别是，你必须首先愿意彻底结束你与情人的关系。这一选择就是把真相告诉你丈夫。这样的坦白会给你们带去许多痛苦、愤怒和懊悔，也会让你们在内心深处产生许多情绪。如果你能做到这一点，你就可以与你丈夫开诚布公地讨论，你们的婚姻到底缺少了什么，是什么让你如此热切地关注一个你偶然遇到的男性。你可以告诉你丈夫，你想在婚姻中得到哪些东西，结果却没有得到。你也可以让你丈夫告诉你他想在婚姻里得到却没能如愿的东西。你们的谈话会持续到深夜。你们会发现，你们已经很久都没有进行过如此深入的交谈了。这一切可能会重新唤醒和激活你们之间的爱与激情。你们之间也有可能出现某种新鲜的元素。它很可能不同于情人给你的东西（例如在海滩上发生的事），但它一定不同于你们过去所拥有的东西……这也是一种选择，但我怀疑它能否真的发生。我也怀疑，这么做能否真的帮助到你。

你在信中提出的问题既显示了出轨所要付出的沉重代价，也显示了这么做所能带来的收获。但是，具体来说，对于像你这样，认为家庭"非常重要"，于是想让"家庭生活重回正轨"的人来说，上策还是想方设法改变、改善或丰富现有的伴侣关系，而非诉诸于婚外情。否则，你就会错过这一除旧布新的过程。正如我说过的那样，这世上售卖的所有东西都要花钱来买的。

不过，在某些情况下，出轨却是一种合乎逻辑、现实且公正的解决办法。

有时，你真的需要出轨
双份感情需要双份投入

有时，夫妻中的一方会发现，那个多年来陪伴自己的人患有慢性疾病，例如身体或精神残疾。

如果出于关怀和爱，或者出于道德考量，夫妻中的一方选择继续与患病伴侣一起生活，那么他们通常就会认为，他们有权去找别人（情人）来得到配偶所无法给予自己的东西。这种婚外情需要当事人付出更多。

马蒂在来信里写道：

我今年65岁，我的前女友是来自苏联的移民。她52岁，是一位受过良好教育、聪明、漂亮、迷人而温柔的女性。我们是一年前认识的。当时，我在《俄罗斯周报》上刊登了一则广告，随后就认识了她。

第一次见面时，我向她解释了我的真实个人情况。我说，我不能跟她结婚，我没有离婚，也不是鳏夫。

我告诉她，我妻子患有慢性疾病，过去20年经常需要住院，我想结识一位女性来成为我的亲密伴侣。

她告诉我，她在寻找一个能跟她结婚并一起生活的人。我提议她可以先跟我在一起，如果她遇到了她认为能给她美好未来的人，而她也想与他交往，那么她就可以告诉我。我会退出，不会给她造成妨碍。

她同意了，我们就成了非常亲密的朋友。一年来，我们每周见三次面，彼此都很满意。我的朋友没有任何特别的要求，我给她礼物时也很慷慨。但是，显然，我给她的礼物还是不够多，我还是不够慷慨。她得到了她所要求的那点钱，她感到很满意。

大约 5 个月前，我察觉到她对我的态度有变化。我怀疑，她已经开始跟别的男性约会，而没有像我们约定的那样事先通知我（我们的约定是，如果她遇到了她喜欢的男性，并且有机会跟对方结婚，她应该让我知道，然后我们就不再见面了）。随着我疑心加重，我不得不强迫她承认了这件事。跟她约会的是一个离了婚的单身男性。据她所说，她是在大约 4 个月前碰巧认识对方的。

她说他没受过教育，长得不好看，也没有车，但他是一个非常慷慨的人，她从他那里收到了很多礼物，而且都是他主动给的。

她说她不爱他，他在她眼里也没有吸引力。随后，我们晚上不再见面，但白天依旧见面。我们大约每周见两次，一起去餐馆，去游泳，我也继续送她礼物。

她告诉我，她这些天感到很苦恼，因为她跟这名男性做朋友很不舒服。我仍然很爱她，于是试图让她回到我身边，但没有成功。

在过去的 3 个月里，我通过在报纸打广告认识了 14 位女性，但奇怪的是，我跟她们当中的任何一位都无法建立起感情。我想，这是因为我仍然非常爱我的前女友。

我该怎么做才能让她回到我身边呢？

一个堕入爱河的人

我给他回信：

配偶患有慢性疾病的人面临着非常特殊和困难的情形。如果当事人是崇尚道德的人，那么即使他们的配偶因为特定的身体状况而无法满足他们的基本需要（情感、性、沟通等），他们往往也不会离开患病而且无助的配偶。在这种情况下，如果两人有孩子，父母中健康的一方也不想让孩子过早承担照顾患病家人的责任。通常，他们还担心离婚会影响他们与孩子的关系。结果，他们只能发现自己孤独无依，不再拥有真正意义上的配偶。

在这种情况下，我跟你也一样认为，你值得拥有另一位伴侣来满足你的需要。因为，你的生命在流逝。如果你把整个生命都奉献给了生病的妻子，你也不会因此而再次得到一次生命。所以，你出去找了另一位女性，或者说，找了一位情人，没有人会为此而责备你。在类似的情况下，再找一位女性有时是唯一的办法。这样一来，你就既不会丢下生病的家人，也不会辜负自己的生命。

但是，夫妻关系是一笔需要付出很多的交易，如果有人想（拥有或不拥有正当理由）同时拥有两份感情，那么他们也必须付出双倍的努力。由于你不是情人所要的"能跟她结婚并一起生活的人"，所以她通常会想要得到一些补偿。通常，同时拥有两份感情的人也需要付出双份的"夫妻时间"。在另一些情况下，比如你所面临的情形，你似乎就得多给她一些金钱。所以，如果你既不想离开你的妻子，又想跟你的女友保持关系，你就得接受这样一个事实，即，你必须给她足够的礼物，让她满意。从她对另一位男性的描述中可以知道，他最大或许也是唯一优势似乎是给她很多礼物。我不知道这些礼物是不是金钱，但你可以跟她公开谈论这件事。你可以问她，你需要给她什么才能让她满足，才能让她不必去和一个没有受过教育、相貌平平的男人交往，而只与你交往。她强调，这些礼物是他主动送的，而相比之下，你只给她"她所要求的那点钱"。显然，她不喜欢跟你开口（尽管她想得到）。所以，你最好能定期为她提供你的支持或礼物，而无需她开口或担心。

你没有提到你与你妻子的关系和她的精神状态，但是否可能换一种方式来应对？例如许诺给你妻子足够的经济和实际支持，并与她离婚。我不知道你们的婚姻对你妻子来说是否必要，或者说，她只是需要一定的经济条件，以及有人来照顾她。从你跟别的女性定期会面的描述看，你这么做似乎并没有影响你和你妻子的关系。或许，你可以跟你的女友一起生活，同时照顾你的妻子？

如果你决定维持你和你妻子的婚姻关系，你也可以大度地让你的女友离开，这样她就能真正找到她所寻找的"能跟她结婚并一起生活的人"。与此同时，你也可以修改你在广告里的措辞，讲清楚你要找的是与你情况类似的已婚女性。这样的女性不会错过跟你相处的机会。

但是，我也意识到，这一建议可能不会为你所接受。首先，你还爱着前女友。其次，跟所有人一样，尽管她不是你唯一的爱，你也希望情人的眼里只有你。如前所述，人对于感情这种事通常是非常排他的，他们只想成为对方眼里的唯一。

25 年后，我再次见到了他
生活里的空洞如何填补

有时候，人在早年会经历一段没有结果的感情。如果多年过后，你突然遇见了那个人，那么结果会发生什么呢？当初分手时，对方只有 17、20 或 23 岁。可是现在，对方已经 50、60 或 70 岁。他们的一生已经过去。当然，你也一样。他们有自己的家庭。你也是。那么，你们之间会发生些什么呢？

再见面会对现有的婚姻造成多大的伤害？它会摧毁现有的婚姻吗？他们会觉得彼此是对方一生在等待的那个人吗？或许，他们会有一段短暂的秘密恋情，然后发现现实并非他们所想？他们会发现，那个在他们心里有特殊位置的人已经变得陌生？或许，他们会邀请对方去自己家里，带上他们的配偶和孩子，或是孙辈？

以上情形都可能发生，这取决于他们在多大程度上跟自己选择的伴侣拥有了充实而满意的生活。

南希在来信里写道：

大约一年前，我遇到了 25 年未见的他。过去，我们约会了 3 年，那时我们大约 15 到 18 岁。他非常爱我。后来我提出分手，因为我觉得我没有在这段感情中找到我想要的东西。

现在，我们 45 岁了，都结了婚，有了家庭。我们见了两次面。我把会面的过程写了下来。如果你看到我写了什么，你或许就能理解，我有多么想跟他发生一段感情。

我丈夫在我的包里发现了我写的东西，看了里面的内容。随后，他离家而去，并且打电话给那人的妻子，把我写的念给她听，并威胁他们说，他要让镇上的所有人和那人的所有同事知道这个消息。

当然，那人向我丈夫反复道了歉，估计也向他妻子反复道了歉。我丈夫对他发出了强烈的警告，放了他一马。我差遣了最好的朋友（我自己做不到）说服我丈夫回家。他回来了。我没有表示懊悔，因为我们之间的关系只是友情而已。

我真正想要的只是这些。我丈夫知道，他这么一搅和，我们之间就无法再联系了。但我仍旧对那人无法释怀。

大约两个月后的一天，我实在控制不住自己，给那人打了电话。他被我的勇气和我的话惊呆了，随后说："我们不要再联系了，请不要再给我打电话。"我挂断电话，觉得天塌了下来。他在我们两次见面中所表达的深情、渴望和爱意都灰飞烟灭了。那通电话到现在已经 4 个月了，我无论走着、坐着、吃饭、睡觉都会想念他，我渴望能再次见到他，或者能再次收到他的消息。

我该怎么办？

一个失落的人

我给她回信：

我想从除你之外的其他各方开始谈起，因为在我看来，你似乎不大能看到他们，或者不大能考虑到他们。我们先说你的旧爱，他有非常优秀的决策能力和承担责任的能力，并且能够诚实地、毫无保留地执行，这非常令人钦佩。你说，你打电话给他的勇气让他震惊，我不确定你是否正确地理解了他的反应。也许，他感到震惊，只是因为你竟然不去考虑被这件事伤害到的各方：他、他的妻子，还有你的丈夫。无论如何，看起来，他已经考虑过这个问题，并且得出了非常明确的结论。那就是，他不想再去伤害他和妻子的关系。

你的旧情复燃对他来说无疑是一件令人兴奋的事，如果不是因为他和他妻子不得不为此付出如此高昂的代价，他甚至可能还想继续跟你暧昧一阵子。他根本没有料到会发生这样的事，但这种事一旦发生，他接下来要怎么做就非常清楚了。表达深情、渴望和爱意是一回事，看到自己的人生伴侣在得知实情后痛苦万分是另一回事。不要忘记，她必须把你笔下他对你说的话一字一句地听到耳朵里。

显然，你丈夫也承受了巨大的痛苦，以至于他甚至选择让痛苦波及他人（其他夫妇）。虽然他这么做的正当性有待商榷，但背后的原因有可能是你对他非常重要，也有可能是你的文字让他感受到了巨大的屈辱、愤怒和无助。

所有这些，你都满不在乎。你甚至没有道歉，因为你想要的只是"一段友情"。可是，你们已经在会面中说了很多表达"深情、渴望和爱意"的话，还把它们记了下来，那不是自欺欺人吗？你已经不是17岁，而是45岁，不是吗？如果你只想跟他发展友情，那么你当初应该邀他携妻来拜访你和你丈夫。读到你们之间的情话，你惹急眼的、遭到伤害和怒不可遏的丈夫想必很难接受现实。你不仅完全不承担责任，还怪罪他因为"他妻子和某个老友之间的友谊"而大惊小怪。

此时，你对他仍旧念念不忘，于是你问我该怎么办。下面是我的一些建议：

你可以继续现在的生活状态。换句话说，继续把尽可能少的精神和情感投入你的现实生活和你身边的人，而全心关注你所渴望的人。这是一件美事。有时，这么做能为你的生活增添意义，能让平淡无奇的生活闪现光芒，能让你成为人生之剧（哪怕是悲剧）的女主角，进而使你的存在充满意义。

如果你确信这个男人是你生命中的真爱，你就可以离开你丈夫，一路走下去。你可以告诉你爱的人，你已经迈出了这一步，已经为他牺牲了一切，你只想得到他，并且会一直等着他，直到有一天，他也决定成全你们的爱情为止。在这一结果到来之前，你只需日夜想念他。

有的女性就是这样做的。她们往往存在于书籍和电影里，但偶尔也存在于现实生活中。

如果上面的第二种选择对你来说似乎有些荒唐、不切实际，如果你对此的反应是："不，不！我还不想走到那一步！我顶多只是想想。"（这就是你想让你丈夫回家的原因）那么，你就可以想想，你的夫妻生活、家庭或职业生活到底存在什么样的空洞，以至于你会如此空虚，会如此热情地与一位老友会面，并用他来（无意识地）填补这一空洞。你可以自己想想，也可以寻求专业人士或你丈夫的帮助，弄清楚你们两人之间到底发生了什么，那人到底给了你什么（或者你从他那里到底得到了什么）而让你如此渴求？接下来，你们就可以把你渴望已久的东西在真实生活里努力创造出来。

我衷心希望，你能找到适合自己的选择。

遇到这种事，她丈夫有什么感受？当他的妻子努力模糊事实，向他兜售完全说不通的辩白（这表明她仍然不想让他知道真相）时，他作何感想？当她一方面想让他回家，一方面又在感情上拒斥他时，他是什么感受？

遭到背叛的人会面临什么样的局面？

遭到背叛的人

出轨是一方的选择，而代价却大多由另一方承受。在许多人眼里，这是一种罪。然而，这种罪却不会让人坐牢，顶多只是罚点钱，而且往往有奖励。

承受代价的，主要是遭到背叛的人。

从下面的个案当中，我们能够得知，他们可能会面临非常艰难的局面。例如，他们发现对方出轨，而对方却不愿完全承认（例如南希信中的情形），或是不愿切断与情人的关系，或是完全拒绝讨论这件事，隐瞒实情，甚至，在满心嫉妒、愤怒和痛苦的对方试图找寻真相以便做出应对时大发雷霆。这种终日被疑心纠缠的生活是极其痛苦的。

两人还在联络

如何确保出轨者与情人完全分开？

出轨者常常拒绝承担责任并承受相应的代价。当苏珊的丈夫在治疗室谈论他的婚外情时，他会用"事情"这样的词汇来指代他的出轨行为。他会说"在事情发生前"，"在事情发生时"，或者"我发现我和她在床上"，以及"就让它过去吧"，"你为什么总提这件事？"

这一表现的含义通常是，出轨者与情人的感情还没有结束。也正是因为这一点，遭到背叛的一方才不会放过这件事。

苏珊在来信里写道：

我有个问题。我丈夫和同事出轨了。这件事结束了，但我丈夫并没有停止与她联系。他仍旧跟她说话，好像什么事也没有发生。她跟我丈夫吵架，总是骚扰他。他们仍旧保持着联系，这让我非常不安。我跟我丈夫说起这件事，但他不肯听。我心里一团乱麻，不知道该怎么办。我希望你能告诉我该如何解决这个问题。

我写信问她：

"他不肯听"，这是什么意思？如果他不想考虑你的感受，那么我是很难给你提供解决方案的。我需要问你很多问题，只有你自己才知道这些问题的答案。例如，家庭（即你和孩子）对他重要吗？你们针对你丈夫的不忠行为交谈过（我指的是真正地谈）吗？你表现出你的痛苦了吗？你们有没有一起讨论过问题的根源？以及他的不忠究竟意味着什么？

不忠可能有许多种含义，但终究可以归为两类，一类带有向伴侣发送信息的潜在目的（并非总是有意识的），一类是为了满足现有夫妻关系中未能得到满足的需要。在后一种情况下，第三者填补了婚姻的缺失，而出轨者（在意识或潜意识层面）并没有让丈夫或妻子卷入其中的欲望。他们希望伴侣永远不知情。如果不忠行为是为了向伴侣传递信号，出轨者就不会尽力去掩饰。当恋情暴露后，出轨者就会迎来彻底检视夫妻关系的绝好机会，而他们自然也不想与这样的良机擦肩而过。在一番探求和交谈之后，[①]他们会有很大的可能性修复关系，从而避免不忠行为再次出现。

你是如何发现他们的恋情的？是因为他粗心大意，你没费什么劲就发现事情不妙？还是说，对方原本极力掩饰，你的发现纯属巧合？

我的另一个问题是，你和你丈夫是否都认为，你丈夫的愿望和感受比你的更重要？我不清楚"他不肯听"的是什么内容。你到底想问他什么，或是想告诉他什么？

很遗憾，我只能给你一些可能根本不适合你的建议：

让你丈夫当着你的面（他坐在你旁边）通过电话告诉他的情人，他不想再与她继续下去，并且要求她接受这一点。这么做能迫使你丈夫明确自己迈出下一步的方向。如果他这么做了，你就会对他的选择抱有信心。如果他说得足够清楚，你也可以期待他的情人能够明白自己没有机会，进而知难而退。

我建议你弄清楚，你丈夫忽视你的感受到底是什么原因。是否是因为你没有把你的感受表现出来？如果是这样，你可能就得去学习如何做到这一点。是否是因为这是你们一直以来的安排（伴侣契约）？如果是这样，你或许就得重新审视它是否仍旧适合现在的你。是否是因为，他不明白，他跟情人通话为何会给你造成困扰？如果是这样，

---

① 夫妻可以一起探求。遇到困难时，这样的探求也可以在专业人士的帮助下进行。——作者注

你或许就得接受，他是一个感觉迟钝的人。你该怎么做完全取决于你对以上问题的回答。

如果对方用强力来逼迫你，你就可以进行各种形式的"罢工"（我们无法让别人做我们想做的事，但我们能做自己想做的事）。例如，不做饭，不做爱，或者不做其他事情。在这样做时，很多人都不会宣称自己是有意为之。例如，他们只是表现得郁郁寡欢。如果他不重视你的感受，你就得表现得难过些。谁知道呢？也许这么做能让你达到目的……最终让他收手。

如前所述，如果出轨者不承认自己背叛婚姻，那么遭到背叛的一方就会痛苦万分。

亚当在来信里写道：

我妻子怀疑我有外遇。我向她发誓，没有这种事，可我这么做已经快一年了。

现在，我想结束我跟那个女孩的"美妙"关系。因为，我的家庭对我很重要，但我不知道该怎么做。我怕她到我家里或我工作的地方骚扰我。

对我来说，我首先要保证不伤害我的妻子，她正试图相信我。面对她，我感到十分后悔。我心里非常不舒服。我知道，要是我把实情告诉我妻子，我的日子就没法过了。请告诉我该怎么做。

我给他回信：

你说，你"心里非常不舒服"。我很难理解，在你创造了一段"美妙"的婚外关系并将它维持了将近一年后，你还期望自己心里能舒服。你没有想到，出轨是要付出代价的。你担心那个在过去一年里始终对你很好的人骚扰你，你也不想把实情告诉你的妻子。但是，你这样选择不是因为这么做会给她造成巨大的痛苦，而是因为，那样的话，你的"日子就没法过了"。跟曾经如此行事的很多人一样,你也认为可以借助谎言安抚妻子,进而既可以吃到蜂蜜,又不会被蜜蜂蜇到。跟他们一样,你也会发现,"女孩"也有她自己的感受和欲望,你不能在厌倦了她之后就把她丢弃一旁。在你与她的关系里,给你造成困扰的不是她的感受,而是你可能会承受的骚扰。你问我的意见,我猜,你是想得到某种魔法,你能用它来消除以上所有的不适。我没有这样的魔法。你别无选择,只能去回答'谁将付出最高的代价?以及那个代价是什么?'的问题。

你可以把实情告诉你妻子。她会痛苦,你会痛苦,女孩也会痛苦,但每人痛苦的方式都有所不同。这一阵痛的强度和影响取决于你们的感情,以及你会如何关照妻子的痛苦。当然,在这种情况下,你就不必害怕女孩的骚扰了。

或者,你也可以不带感情地、礼貌而坚定地向那个女孩解释,如同你在信里写到的那样,"我的家庭对我很重要。""对我来说,我首先要保证不伤害我的妻子。"以及,你感到无比悔恨,并希望她能离开你,因为你们两人之间的感情已经结束了。

如果这招起作用了,而你妻子也没有发现你们的恋情,那么这个女孩将会遭受很大的痛苦(她无论如何都会痛苦,因为是你决定与她分手),而你和你妻子则不会。但是,如果有一天,你们的恋情暴露了,那么结果还不如第一种选择。

或者,你当然也可以继续这段美好的婚外情,但纸里终究包不住火,到了那时,所有人都将遭受巨大的痛苦。

与任何其他情形一样,事态如何发展终究要取决于出轨者的真正目标。[①] 如果出轨者的目标是在不损害婚姻的情况下维持婚外情,他们就会采取相应的行动。如果出轨者的目标是结束婚外情,然后全心投入夫妻关系并重新经营它,他们也会采取相应的行动。在这种情况下,

①在附录理论部分的第九篇(人为目标而生),你可以了解为什么所有行为都是针对某个特定的目标。——作者注

出轨者可以当着配偶的面对情人说，他（她）更看重夫妻关系，所以想完全彻底地结束这段感情。如果出轨者的目标是关心遭到背叛的一方，并尽可能地减轻他们的痛苦，他们也会采取相应的行动。

遭到背叛的一方也可能会有不同的目标。例如，为了获得价值感，遭到背叛的一方会把自己打扮成受害者，[①] 他们不愿原谅对方，不愿忘记伤痛，也不愿展开新的生活。把证明自己痛苦当做目标的人会让发生在他们身上的不公继续存在下去，他们想方设法维持现状，还会将这些不公随身携带，一有机会就示之于人。他们不希望这件事画上句号。

相比之下，自尊的人则不愿成为受害者。他们不愿沉溺在痛苦当中，他们的目标是帮助出轨的伴侣回到家里。在刚刚得知实情时，他们的情绪反应会非常剧烈。他们会暴怒，会大喊大叫。他们不会装作不知情，去默默承受这一切。有时，他们会要求配偶当着自己的面给第三者打电话，让对方彻底与情人断绝关系。过后，由于他们想要**重建感情**，他们就不仅会表达自己的控诉，也会愿意倾听对方讲述自己的困难，讲述在婚外情发生之前，家庭生活中到底缺少了什么。于是，夫妻双方会努力修正和更新已经不合时宜的契约条款。

在下面这个由特蕾莎讲述的个案中，她丈夫就是那种典型的不愿改变自己，也不愿与妻子重建感情的出轨者。

不成文的伴侣契约容忍出轨的存在
如果出轨者不愿结束婚外情，那就要检查伴侣契约

有时，夫妻关系会呈现出亲子关系的特征。在这种情况下，出轨一方所做的就像是"孩子"跟朋友"出去约会"。扮演父母角色的另一方需要考虑，对方的这一角色是否仍然适合自己的需要。

---

① 所有人的生活风格中都包含他们所看重的社会情境，详见附录理论部分第八篇（生活风格）。——作者注

特蕾莎在来信里写道：

大约18年前，我的丈夫有了婚外情，他和一个女人交往了将近10年。

我原谅了他，这件事也就过去了。后来，他又和他朋友的妹妹好上了，这一次持续了4年。去年，我两次抓到他们在一起。

他说他不会再这样做了，可我在去年新年时第三次抓到了他们。我把他赶出了家。

我丈夫很任性，也很爱面子。他本质上是个好人，我想，我这么做确实让他受到了很大的伤害。大约一个月前，他让我允许他回家（我忘了提一点，我曾要求跟他离婚，而且我们已经定好了日期，但这个日期现在已经过去了）。他答应我，他一回家就会跟情人分手。

我告诉他，这一次，我要他回到我身边，接着就让他回家了。我的意思是，他回来的原因应该是**我**，而不仅仅是家人和孩子（最小的孩子也已经20岁了）。我还想说的是，这些年来，他对我一直非常冷淡。

因为我又给了他一次机会，所以我尽量不提过去的事，不去烦他，以便让生活翻开新的一页（他很难对我敞开心扉，现在变得更严重了，他完全不想谈论他的那些女友）。过去一个月，他对我仍旧非常冷淡。他好像因为我要跟他离婚而在生我的气，总是不理我。我对他也很冷淡。或许，他觉得这样是最舒服的方式，以后可能也会继续这样下去。我向他示好，结果也没有拉近我们之间的距离。

总的来说，他还是在努力维持家庭生活的样子。我过生日时，他会和孩子们一起为我庆祝。还有，我建议我们一起去咖啡馆，他也来了。只是，像往常一样，他并不想主动跟我说话。我真的很想要他，我是真的爱他。

就他而言，我所了解的信息只有下面这些：

A. 他不想离婚。

B. 他不想跟那个女人结婚（但是，也许他想和她维持婚外情？可他说，他们已经结束了）。

C. 我能看出，他现在情绪有点低落。

你有什么建议吗？我每周去健身房两次，跟朋友去听一次课。在工作中，我是一名管理者。所以，我不觉得无聊。我提议他加入乡村俱乐部，好让我们能一起相处，可他拒绝了。他一般从早工作到晚上8点，在这段时间里，他可以自由活动。

等待你的建议。

我给特蕾莎回信：

任何人当然都能理解，你丈夫因为被你赶出家门而"受到了很大的伤害"，以及因为你要跟他离婚而生你的气。突然之间，你不再按照你们过去的伴侣契约行事。每对夫妻都有这样的契约。它不是用笔写下来的，其中的内容只有夫妻两人知晓，但这些内容并不具体、明确。你们过去的契约已经执行很多年了。你们有共同的家庭，而他生活在其中的状态就像是以色列一则著名的文胸广告中所说的那样，"感觉像没穿一样。"换句话说，他虽然有妻子也有孩子，但他认为，他可以在很多年里自由地跟别的女性交往。他一直在行使这种自由，而你也接受了这一点。每隔一段时间，你都会发一次脾气，但是最后，你总会"原谅他"，并且还让原有的伴侣契约继续存在下去。在一段关系中，如果一个人说的和做的不一致，这时我们就要看他（她）究竟怎么做，而不是怎么说。你对你丈夫说，你想跟他一起生活，但事实上，虽然他一再出轨，你还是继续跟他住在一起（可能同时也继续照顾他，满足他的需求？）。在这当中，你发出的信息是，过去的安排还是可以继续下去。所有这些让我们不得不问几个特别重要的问题：

你怎么会同意这样一种安排呢？为什么你的要求这么少？是什么让你嫁给了一个王子——一个觉得自己拥有特权，爱惜面子，只要别人不合他意就会生气的人？你为什么不向他寻求他对你的爱，而仅仅满足于你拥有他（你说"我真的很想要他"）？你们最初的"契约"

规定，你就像是他的母亲？这就能解释，为什么他愿意为你庆祝生日，而他最终同意和你一起去咖啡馆时却不想主动跟你说话。没有人喜欢跟自己的母亲坐在咖啡馆里聊他们的心事！这种事本应该跟女友一起做。在他眼里，你是否只是他的家、他的家人，而不是他的配偶？如果你的母亲把你赶出家门，并且想要跟你分开，那么这确实非常过分，也确实伤人。在这种情况下，"他回家"正如你感觉的那样，只是"因为家人和孩子"，而不像是你告诉他的那样，要他回到你身边。

他因为你想跟他离婚而不理你，以此来作为对你的惩罚。根据他的感受和你们的伴侣契约，你是没有权利这样做的。你字里行间的信息告诉我，在你的现实生活中，他从来没有向你承诺在性爱方面忠诚于你，所以你没有理由（在他看来）突然反抗。

至于建议，我想可能有如下这些：

首先回答（你自己回答或者在你的女性朋友们的帮助下回答）下面这个关键问题：是否在任何情况下，你都想要他？还是说，你只是希望他跟你待在家里？又或者，你现在已经想要改变你们的伴侣契约，想要成为他真正的伴侣，获得他的爱，如果不能改变，他就可以滚蛋？

如果在任何情况下，你都想要他，那么你们是没有问题的，他愿意待在家里。如果你想成为他的女人，享受他的爱和专属于你的性爱，那么你就必须接受专业的婚姻咨询（他也要参与，你可以向他明确提出这一要求），看这一目标是否有机会实现。如果答案是肯定的，你们就要了解需要做出哪些改变来促使他对你产生特定的情感。

这是一份非常悲惨的伴侣契约。这种伴侣契约的签订者自尊心极低，在他们看来，有人愿意做他们的配偶，跟他们生活就足以令他们满意了。像特蕾莎这样的女性觉得自己配不上任何人，她们认为，婚姻中所有的不愉快都是她们的错。特蕾莎在情感上屡受"打击"，独吞苦果，然后继续去做那些能让丈夫感到舒服，进而使对方愿意与自己继续生活的事。只有自尊心低到如此程度（顺便说一句，这样低的自尊只用肉眼未必看得出来，反倒会给人一种坚强、积极、自立、自信的印象）的人才会愿意"原谅"这种反复发生的、令人痛苦不已的不忠行为。她像是父母一样，总是愿意无条件地给予，而不会提出任何要求。①

这种人觉得自己不配得到尊重，可他们的配偶却通常是特蕾莎的丈夫那样的人，他们觉得自己什么都可以做，什么都可以拥有，完全无需顾忌妻子的感受，而妻子则必须极其小心地维护他的脸面和感受。他们像是尚未离开母亲的被惯坏了的孩子。

这样的夫妻关系是非常不平衡的，势必导致许多痛苦、冲突和不忠。认为建立并维持家庭结构是对方责任的一方认为，当他们（像是"孩子"）和朋友们出去玩时，"父母"应该在家里等待，随时准备笑意盈盈地、满怀爱意地把他们迎进家门。然而，"父母"通常不是组建夫妻关系的理想人选，也不是性生活的适当伴侣。所以，生活在"亲子"式伴侣契约下的夫妻双方，特别是扮演"孩子"的一方，有时会对伴侣失去激情（或者，他们从一开始就缺失这样的激情），进而希望在情感上与对方分离。于是，一方面，他们想要"父母"来维系家庭结构。另一方面，他们又想在家外拥有一位情人。

对许多自卑的人来说，尽管从事实上讲，所有人都需要他们，但他们却不去争取自己原本值得拥有的权利与尊重。这样的人常常利用他人遭受不公的机会去为弱势的一方"战斗"，似乎在强调"我说的不是我自己"，似乎在说"我不重要"。通常，这种对自身的不尊重与对他人的不尊重密切相关，因为这一点透露了这个人对社会生活的基本看法——有些人价值高，值得尊重，而有些人价值低，不值得尊重。他们认为自己属于那些不配拥有尊重的人。然而，他们也会轻视他们所属的这一群体当中的许多其他人。

---

① 重要的是，不要把特蕾莎式的给予和夫妻之间本应存在的相互给予混为一谈。后者源自爱、慷慨、关心对方和"他（她）好我也好"的感觉。而前者源自缺乏选择和害怕失去伴侣，于是特蕾莎完全放弃了自己的情感需要。单方面的给予（她的丈夫没有向她表达男性对女性的那种爱）只会使双方的关系陷入绝境，其中只有负面感受，没有爱。出于善意和自由意志的给予与自我牺牲是截然不同并且完全相反的两件事。——作者注

换句话说，这种人的人生观是垂直视角的，他们自认为处于梯子底部。如果他们遭到背叛，他们会觉得自己不配得到尊重。

知道妻子有外遇，却"无法"跟她谈
不同情自己是一种残忍

保罗害怕冲突——无论是他找别人的麻烦还是别人找他的麻烦。当他发现妻子有外遇时，他强行压抑了巨大的痛苦。他矢口否认，他轻描淡写，他视而不见……然而，他也痛不欲生。于是，这样的忽视无法持续太久。而且，一味压抑还可能最终让他以极其危险的方式爆发。

保罗在来信里写道：

我住在一个小镇上，今年45岁，是4个孩子的父亲。很长一段时间以来，我一直知道我妻子有外遇。我也知道她是跟谁在一起，但我却无法跟她谈论这件事，进而了解其中的原委。因为，我一提这件事，她就会非常生气，认为我在侮辱她（"你怎么能怀疑"）。最近，她的情夫开始通过我的孩子向她传递信息。我的孩子一个8岁，一个9岁。他会在街上找到他们。

我该怎么办，我该克制自己吗？还是说，我应该上前警告他不要再和她来往？还是说，我应该让他停止通过孩子向她传递信息？

在生活当中，我害怕自己用不冷静的方式对待别人，让别人觉得咄咄逼人。但另一方面，我又非常担心这种事会影响和伤害到我的孩子和家人（我还没有提我自己）。我该怎么办？报警说受到骚扰吗？不久前，报纸上也刊登了一件类似的事情，最后是以谋杀收场的。

我该怎么办？谢谢。

我给他回信：

你为什么会说"我还没有提我自己"，而且，你还把自己放在括号里？你才是遭受痛苦的人，你才是受到伤害的那一方！你必须提你自己！你的处境太艰难了！当伴侣中的一方担心另一方出轨，而另一方却一口咬定没有这种事，甚至因为对方怀疑自己而气急败坏时，**这是非常艰难的情形**。嫉妒是一种糟糕且充满讽刺意味的感受。隐忍不发也是一种难以承受的状态。两者叠加，那种感觉会生不如死。当你尝试就此询问你妻子时，她的反应却像是自己受到了"伤害"，这让你感到非常无助（她本应是你的朋友，本应与你一道承受生活的艰难）。你说你甚至知道跟她出轨的男人是谁，而且，你很可能偶尔会遇到他。毫无疑问，这更是雪上加霜的情形。所有这一切都让你处于一种非常无助的状态，直到有一天，这个人开始利用你的孩子传递信息。到了这一步，你才最终找到了介入这一问题的理由——你觉得，你有义务保护你的孩子，这给了你道德和法律的权利来履行你作为家庭守护者的父亲角色。虽然你这么做是对的，但头号受害者仍然是你自己，以及你和你妻子的感情。她有了外遇，你却无法跟她谈论这件事，这本身就不正常。

你可以采取下面这些做法：

你可以跟你妻子这样说："我非常确定你跟那个人之间发生了什么，这件事让我非常难过，我非常希望你能正视并尊重我的感受，而不是用生气来搪塞。[①] 如果我说得没错，那么请跟我谈谈这件事，说说你这么做的原因。"如果她同意这么做，那么她的坦白会让你感到非常难以接受。但是，与此同时，这么做也能结束当下的模糊状态，让你们之间的关系焕然一新，进而让你们能够一起寻找克服危机的方法。她有可能会说，她不愿意放弃婚外情。在这种情况下，你就必须做出选择，到底是静静地等待这一切画上句号（告诉她，你想要她，你爱她，你

---

① 阿德勒认为，被冒犯和侮辱是人主动选择的结果，他（她）也可以不这样做，例如去解决问题。——作者注

不会放弃她，你会一直等她，直到婚外恋情结束），还是说，你告诉对方你要离开她，你哭泣，你发脾气，你唠叨，等等。只要不使用暴力，做什么都可以。

你还可以说："如果我错了，如果我的想法只是无中生有，你实际上没有外遇，那么也请善待我，体谅我的痛苦，尽可能安抚我的心。"她有能力做到这一点，例如与你亲近，花更多的时间陪伴你，以及想方设法减轻你的担心。

在伴侣关系中，面对配偶的疑心，我们既可以**选择**努力平息对方的情绪，也可以选择听之任之。这一切都取决于我们真正的目标是什么。即便你的担忧只是空穴来风，你的妻子也可以回应以善意、关心、同情和抚慰，或是冷漠、疏远和火上浇油。如果她选择安慰你，可你却无法冷静下来，那你就可以去找那个男人谈谈。你可以要求他停止去找你的孩子们，否则你只能报警，告他骚扰。关于他与你妻子幽会的事，你可以希望他停止这样做（谈到你的孩子，你可以**要求**他不做什么事，谈到你的妻子，你只能希望他不做什么事）。但是，他不大可能会配合你。毕竟，他不欠你什么，也无需像你妻子那样对你负责。他没有和你生孩子，也没有背叛你的感情。如果他们的婚外情确有其事，那么他很可能就会让你妻子来决定是否继续这段感情。

你可以找专业人士（例如咨询师、社会工作者，等等）谈几次，他们会去了解事情的细节，进而帮助你走上正确的方向——例如伴侣治疗，或是别的。或许，对方会认为你疑心太重，进而把这一点作为你要解决的问题。这种可能性也是存在的。重要的是，他们会在这个过程中指导你，你不必独自面对。

以上选择并非是彼此排斥的，你可以同时采取所有的做法。

但是，不论你怎么做，你都绝对不能采取任何"不冷静的方式"。我要再重复一次，任何！如果你担心自己无法自控（你在信里提到报纸上发生的事，这很令人担忧），那就立即报警，并向警察咨询，对方会告诉你怎么做来避免出现这样的后果。同时，他们也会采取措施来防止你做出不理智的事。

去做自己能做的一切（在法律允许的范围内）来摆脱"给自身带来巨大痛苦"的情形是所有人的基本权利。谁不这样做，谁就是对自己缺乏同情和体谅。这是非常残忍的做法，而残忍永远无法治愈任何人。[①]

她被怀疑折磨，而他撒谎、否认、气愤
可以像朋友那样向出轨者求助，否则只能作出决断

所有的夫妻都应该在关系尚且良好的时候提前练习表达、倾听、解释、理解、决策和解决冲突等技能。这些工具是婚姻生活的保险栓，它们能在危机和灾难时刻发挥巨大作用。

索尼娅在来信中写道：

我今年40多岁，结婚20多年了。我的婚姻生活一直非常和谐，我丈夫也很爱我。然而，一年前，我从我女儿那里得知，我丈夫经常和他的前女友（当然是结婚前的女友）通电话。一年前，我丈夫心脏病发作。现在回想起来，我发现，他们是在他心脏病发作前不久开始联系的。我记得，那时，我丈夫对待我的态度跟平时很不一样，当然是更好的那种。他对我充满了热情，而且是那种异乎寻常的热情。

我一直觉得，他心脏病发作这件事跟婚外情有关。我要求我丈夫结束这段恋情。起先他答应这么做，说"他没有问题"。但我知道，这段恋情还在继续。然而，我却无法继续跟他谈论这件事，因为我害怕。只要谈到这件事，他就会大发雷霆，无法控制地大发雷霆。

由于我对这件事反应强烈（我什么事都不想做，深陷抑郁当中），我丈夫说我思想守旧而封闭。他说，他们只是在电话上的交往，除此之外没别的关系。他还说，他们是在医院碰巧遇到的。

---

① 附录理论部分第六篇（社会兴趣）中强调，出于社会兴趣的行为并非指向自我牺牲或放弃个人欲望和需求。事实往往相反，只有照顾好自己的人才能去照顾他人。——作者注

我知道他在骗我，因为我多次向电话公司查询家中电话的详细通话记录，我发现他一直都在瞒我。

我不再信任他，我想知道接下来该如何继续我的生活。我无法跟他谈论这个话题，我非常想知道真相，然后我才能知道该怎么办。

我给她回信：

多么不幸和危险（例如对他的心脏来说）的感情纠葛。在我看来，你们缺乏通过沟通了解对方感受和想法的机制，而你们也正在为此而付出代价。你们的危机解决起来特别困难，因为你们没有应对它的工具。

你说，你的婚姻生活一直非常和谐，你丈夫也很爱你，但事实很可能并非完全如此。你们对彼此还不够了解。夫妻需要学会表达和倾听，需要理解他们之间发生的事情，需要知道是什么让他们生活在一起。他们也需要学习如何做决定，特别是如何处理冲突。你和你丈夫都不够坦率，你们都不懂得如何解决涉及两人关系的问题，你们两人可能都倾向于主观臆断或想当然（你在信中两次使用"当然"一词，可事实上，你的这两次判断显然并没有足够的根据）。

结果是，你们在处理问题时并没有深入思考，而只是相互指责，不理解对方，你们也没有寻找解决方案的真正意愿。

根据你在信中的描述，有了外遇后，你丈夫的反应是对你更加热情。我不知道你是怎么解释这件事的，但很明显的是，这是一种曲折回环、令人费解的反应方式。他这么做既可能是在表达内疚，[1] 也可能是在试图否认或淡化他遇到的事情，防止这一不为社会所容的关系进一步发

---

① 鲁道夫·德雷克斯说，内疚感意味着我们缺乏良好的意愿。它为我们挽回自我形象："虽然我可能做了错误的事，但我觉得自己很内疚，换句话说，我实际上仍旧是一个好人。"如果那个人真的很好，他（她）就不会做出在他（她）看来是不道德的行为。如果他（她）愿意对自己的行为负责，他（她）就会对自己说："我选择做我想做的事，同时伤害对方。"对于以上两种情形，他（她）都不会有内疚感。——作者注

展。在你看来，这一切给了他极大的压力，所以导致他心脏病发作？这或许是可能的。这种结果可能是面对兴奋的一种间接的无意识反应，也可能与他面对新情况时的焦虑有关。现在，他处理压力和内疚的方式是，一旦你追究这件事，他就会发脾气。实际上，如果他真想平息你的担忧和焦虑，他完全可以邀请那位女士到家里来，并且介绍你们认识。这样的可能选择还有很多。他可以把他跟对方通电话的事情告诉你，也可以通过避免使用家里电话的方式来向你完全隐瞒这件事。但是，他不停地从家里给对方打电话，完全不顾你的痛苦，反而还责备你小题大做。你的处境是无法忍受的（他至少知道实情）。因为，你正在失去理智，你不知道发生了什么事，你觉得你无法跟他谈论这件事，你还担心他的心脏病进一步恶化。

你该怎么做呢？

寻求帮助。你可以告诉你丈夫，你感到非常痛苦，即使他听你这么说会很生气。告诉他，你需要他的帮助来摆脱这种感觉。让他想方设法来解除你的担忧，或者，如果你的担忧没错（他确实有外遇），那就让他把事情讲清楚，让你摆脱由于不了解真相而忐忑不安、心神不宁的折磨。

你可以告诉你丈夫，你爱他，无论发生什么事，你都会对他充满期待，你希望你们的关系能够变得更好。这么做能让你掌控局面，摆脱受制于你丈夫的状态。与此同时，你也要减少对他的关注，不再关心他做什么或不做什么，转而让自己沉浸在你喜欢的能够占用你的精力和注意力的工作或活动当中。这样的选择有很多。

如果情况仍旧没有好转，你觉得自己快要撑不住了，这时就可以告诉你丈夫（以冷静、自信、礼貌、果断的态度），你正在考虑离婚。这么做能迫使他想清楚自己该怎么做，进而向你表明他的立场（想要离婚，还是继续一起生活？）。我建议，你只有在真想这么做的时候才能如此行事。换句话说，这是你对改善关系不再抱有任何希望时的选择。

最后，对自己好一点，你现在面临的处境非常非常艰难。

出轨几乎总是与谎言联系在一起。许多遭到背叛的人说："我不是非常介意出轨。我的伴侣究竟和别人睡了几次对我来说并不是世界末日。但撒谎是！撒谎让我无法再相信对方，**让我失去了信任的能力！**这对我来说是毁灭性的。这让我怀疑我们的感情能否修复。"

人类社会有一条基本的交流规则，那就是说真话。并非所有人都这么做。相反，没人能一直这么做。不过，对所有人来说，下面这一点仍旧是不言自明的，那就是，说谎不好，说真话好。所有人都知道，说谎应该谴责，说真话应该称赞。这是直接来自社会生活的道德准则之一。①

为什么是这样？答案可以在信中找到。如果你不能确定你的伴侣说的是真话，你脚下的土地就不可能稳固（任何经历过地震，或者至少在电视上见过地震的人都知道这种经历有多么可怕）。你无法立足，没有什么是清楚的、确定的，一切都似是而非，靠不住，也信不过。

即使那些说谎的人也不愿意遭到欺骗。没有人喜欢谎言。没有人认为说谎是对的，是好的。在撒谎时，很少有人会认为自己在做正确的事情。没有人希望所有人都对所有人撒谎，因为那样的话，没有人会相信任何人，那么一切谎言就都失去了意义。谎言存在的前提是有人说真话。②

索尼娅分不清什么是真相，什么是谎言。她已经失去了信任的能力，这就是她感到迷失的原因。然而，她的痛苦并未就此结束，她还因为不相信对方而遭受攻击。她的丈夫用羞辱来回应她的怀疑，说她"思想守旧而封闭"。这是一种通过伤害对方的自尊来掌控对方的惯用伎俩。如果你不按我说的去做，那就意味着你……这就像是有人试图说服女友跟他做爱，当对方要求等待关系有进一步发展后再做这件事时，他就会借助同样的招数说："你真烦人！你为什么不能随和一点，顺

---

① 用阿德勒的话来说，讲真话是"社会生活的铁则"之一。——作者注

② 哲学家伊曼纽尔·肯特（Emanuel Kent）对此做过如下解释和表述："有道德意味着，那些我不希望任何人做的事，我也不去做。"换句话说，维护道德准则是社会生活的前提。——作者注

其自然呢？"等等。换句话说，如果你不按我说的去做，你的价值就会降低。反过来说，如果你满足了我的愿望，你的价值就会上升。而且，最有效的做法是比较（垂直视角），"你为什么不能像西尔维那样呢？我跟她从来都没有这样的问题。"

在如此困难的情况下，索尼娅能做些什么呢？

正如我在回信中所建议的那样，她的选择总是有两个方向，其一是向有能力提供帮助的人寻求帮助，其二是想清楚**自己**在特定情况下能够做些什么。

· 只有当一个人不再显示力量和优越感并放弃争斗时，他（她）才有可能去寻求帮助。求援只能源自谦虚和友谊。它的意思是：我不是万能的，有些事我无法解决，我遇到了困难，我相信你能，也愿意帮助我，**无论在言语上还是在行动上**。

求援的前提是把对方（尤其是我们的伴侣）当作朋友、伙伴和同道。

求援也意味着要清楚地陈述需求，只有这样，对方才能提供他们所能提供的东西来解决问题。此外，求援也意味着不再醉心于扮演受害者。

我们要记住（绝对不能忘记），与求援格格不入的做法有责备、批评、要求、指示和命令。与命令不同，面对请求，对方既可以做出肯定的回应，也可以做出否定的回应！如果回应是否定的，请求方也没有生气或惩罚对方的理由，只能感到遗憾。而且，这一遗憾也只能这样表达[1]："如果你不同意，我会非常难过。"

· 如前所述，应对困难情形的另一个方向是想清楚自己在特定的情形下能够做些什么。在这里，我们要提到塔勒马所提出的**四种可能性**[2]。其一是**分离**（即离婚，不包括涉及未成年孩子的情

---

① 这些都是平等交流的内涵，详见附录理论部分第四篇（水平视角）。——作者注
② 塔勒马（Talma Bar–Av）在《触碰生活》（*Reaching Out to Life*）一书中介绍了应

形），其二是**对抗**（许多夫妻一辈子都在做这件事），其三是**抱怨**（适用于渴求遗憾和痛苦的人，这是他们价值感的来源），其四是**关注积极面**，尽可能善待自己。

最后，我想对出轨者说：当你们的配偶开始出现怀疑时，不要让他们在这种心境下停留太久，这种感觉会蚕食他们的心灵。还有，不要对他们发怒，不要在对方表达怀疑时横加指责。体面能够让现实荒谬得不那么离谱。

卡劳不接受隐瞒和谎言，但接受出轨……

遭到背叛的人是否愿意默默接受
她应该理解，接受，然后闭嘴

如果有人这样问：妻子是否可能接受配偶跟别的女性维持性爱关系？

那么我的回答是：不可能。在我看来，伴侣关系是由两个人组成的，不存在第三个人，在涉及身体的方面尤其如此。

卡劳在来信里写道：

请注意：男性和女性是不同的。

拥有美满伴侣关系的女性一般不会背叛丈夫，而丈夫即使爱妻子爱到癫狂，也不会认为出轨会影响他对妻子的爱。在他眼里，婚外情是次要的关系，是对夫妻关系的补充。

有没有女性愿意理解这一点，接受它（尽管不情愿），并保持沉默呢？

对困难情形的四种可能性以及相应的意义、代价和收获。——作者注

我给卡劳回信：

我见过很多发现丈夫出轨的女性。对她们来说，这种痛苦是无法忍受的，没有谁能"理解"或"接受"。即使配偶告诉她们，"那个人不重要，我只爱你"，她们的情绪反应也非常强烈。很多时候，丈夫都会努力向深爱着的妻子解释，他只是需要更多的性爱或不同的性爱，又或者只是寻求刺激或换一种口味——但妻子从来都不会这样回答：**"哦！只是为了做爱，那么我就不伤心了。你为什么不早说？我现在明白了。那就不是问题了。去吧，亲爱的，玩得开心！"**或许在你看来，如果丈夫在婚姻之外建立了"次要"的、"补充"性的关系，那么他们就会想要听到妻子这样讲。很明显，没有哪位丈夫会接受自己的妻子做类似的事（即妻子在婚姻外建立"次要"的、"补充"性的关系——很多女性都觉得，她们确实需要这样的关系），可你却认为，丈夫本身并不排斥婚外情，你甚至都没有去打听一番。在我看来，生活在西方社会的人都不会接受这样的事（也许生活在太平洋小岛上的人会）。我们从小受到的教育告诉我们，夫妻关系有排他性，特别是在性爱方面。我们希望自己是对方的唯一伴侣。在性爱方面，我们不允许有第三者插足。如果我们想到，我们的伴侣赤身裸体地拥抱着另一个人，我们会非常伤心，甚至伤心欲绝。所以，我的回答是否定的。妻子不愿意"理解"和"接受"丈夫与别的女性有染。

而且，你的问题还牵涉第二位女性——情人，你也没有问她是否愿意"接受"并"保持沉默"。男性常常忘记，这里的第二位女性也有与第一位女性（妻子）完全相同的需要。倘若如你所说，男性能同时拥有两段关系而不伤害其中任何一方，女性却做不到，那么你丈夫的情人显然只能把他视作自己的唯一所爱！我想，这可能就是电影《致命诱惑》大获成功的原因。编剧强调了男性们容易忘记的事情（你也忘了），即，对他们来说可能意味着刺激和情趣的东西有时却能唤醒第二位女性对一份深挚感情的欲求和期待。而一旦遭遇对方的忽视和羞辱，作为情人的她就可能展开疯狂的报复！电影中的情人提醒男性，她不是一件"东西"，而是**一个人**。即便妻子度假归来，你也不能把情人丢到一边，把她忘记。

总而言之，结论似乎是，你的愿望无法实现，至少不是以你想象的那种轻松愉快的方式实现。众所周知，生活本就艰难。

下面是一个能给人鼓励和乐观的个案。

是的，伤痛可以过去
大诱惑 + 小风险 = 出轨

有时，出轨确实只是一次小小的"失足"。我们要了解出轨者这么做的目的，这很重要。有时，出轨者只想在不伤害任何人的情况下，偷偷地给生活增添一点特别的乐趣。他们的脑中有一条错误的观念，即，他们能确保恋情秘密进行。

埃米在来信里写道：

我们结婚10年了，有3个孩子。几周前，我接到一个女孩的电话。她告诉我，她和我丈夫交往一个月了（只是口交）。

我丈夫承认了，他感到非常抱歉，甚至想要自杀。从那以后，他不停地道歉，反复说他爱我，没有人能与我相提并论。他说，这只是一次小小的失足，他不爱对方，并且保证不会再发生这样的事，他要重新开始。

我得提一下，我们之间的性爱非常美满，对我们两人来说都是如此。而且，我们之间的感情也非常深。

另外，在交往期间，他们没有去外面约会，只是晚上下班后花半个小时在一起（女孩是处女，所以只是口交，她为他口交）。

我的问题是，我该原谅他吗？谁能接受这样的背叛呢？他背着我做了这样的事，我该如何面对随之而来的无助感呢？难道拥有一个美满的家也不足以令他抵制诱惑？

我给她回信：

这确实取决于诱惑和抵制的角力。这就像是克林顿的风流韵事。在这两种情况下（你丈夫的和克林顿的），诱惑都很大。只有很少的男性能抵抗这样的诱惑——一位女性走进一间办公室，在里面待半个小时，给他口交，再跟他聊几句，然后就回家。这种诱惑为什么难以抵挡？首先，研究发现，男性对"接受口交"的喜爱程度较高（而对"给予口交"的喜爱程度较低）。简而言之，男性确实很喜欢有人为自己口交。其次，和莱温斯基一样，那个女孩也没有要求你丈夫为她付出什么。跟克林顿一样，你丈夫也不需要去她家找她，不需要跟她出去约会，进而可能被他人看到，甚至不需要安排特别的时间陪她。他只需在工作之余走进一间办公室，接受对方为他"口交"，然后几乎就不需要再做任何事了。至于女孩的收获，一是她赋予这段经历的意义，二是她在这当中的感受。女孩通常认为，对方说的每一句话都很重要。她们还会在自己的头脑中形成一种幻觉——借助诱惑，对方最终能够跟自己发展出一段真正的感情。当这种事没有发生在你丈夫的情人身上时，她就怀着绝望的心情打电话给你，试图破坏你们的关系并获得关注。然而，当下的情形一定让她感到非常失望，非常羞辱。因为，她的这通电话不仅没有把你的丈夫拉到她身边，反而彻底推开了他。你丈夫也最终从你的反应当中明白，他这么做到底会产生怎样的后果。

与诱惑相对的是抵制。由于我列出的那些原因（无需离开办公室，无需投入时间），你丈夫很可能也像很多人那样，认为这么做不会造成多么严重的后果，所以他的抵制非常有限。如同《致命诱惑》里的男主角，你丈夫的错误也在于，他没有考虑情人的感受。他不知道，虽然她对他们在办公室里度过的半个小时表示满意，但是，像任何人一样，她也需要真正的感情，也会强烈不满被别人用完扔到一边。于是，在巨大的诱惑和对风险的轻视下，结果会发生什么就几乎不言自明了。

现在，情形已经不同。你丈夫已经接受了惨痛的教训，懂得了行为不检点的后果，他对出轨的抵制也已经得到了发展和加强。所以，我认为从现在开始，不论将来出现什么样的诱惑，他大概都能做出成功的抵制。

你可以一天到晚都找他反复谈论这件事，你可以哭，可以问，可以生气，可以去搞清楚事情的来龙去脉。受伤害的一方需要很长一段时间才能平静下来。这是一个漫长的过程，通常要比出轨者所想象的时间长得多，以至于在某些时候，他们会怀疑，生活是否会永远这样下去，永无宁日。告诉你丈夫，他没有充分的理由自杀，但他也必须付出代价，那就是接受你的负面感受。这种感受存在一天，他就得接受一天，并且不可以有任何抱怨。他不停地道歉和表示懊悔是没问题的，你需要他这么做。

至于你提出的问题，我不确定是否应该用"原谅"这个词来描述，但是确实，生活还是可以继续下去的。从你对你们感情的描述来看，我认为你可以选择带着伤痛，带着疤疤继续跟他生活。尽管伤口很深，很痛，但时间会治愈它。

你们有孩子，有美好的爱情，有美满的性生活。在我看来，就像你丈夫说的那样，这只是"一次小小的失足"。为了验证这一点，你可以让他做想象练习。先让他想象有别的诱惑（另一个女孩）再次出现，然后让他确切地告诉你，他心里在想些什么。你要跟他强调，这是非常巨大的诱惑，进而再问他，是什么在阻止他再次犯错。你会感觉到他是否在说真话。

在上述个案中，丈夫似乎不是为了满足未能在婚姻中实现的需要而去伤害他的妻子，而只是为了得到一点点（或者很多）乐趣。他错误地认为，这么做无需付出代价。

如果出轨者愿意为自己的行为承担责任，表达悔恨，并且付出相应的代价，夫妻俩就能度过当下的波折，继续未来的生活。

第 7 章

全部结束了吗？是的

夫妻是一个整体

如果其中一方想要离开，那么两个人就不再是一个整体，而是两个个体。

夫妻离异可能会彻底毁掉一个人的生活，这是一场巨大的冲击。虽然，跟出轨一样，离婚也早已不是什么新鲜事，但这从来都不意味着它影响小，不重要。

完全的伙伴关系意味着两人在生活的所有方面相互结合。这就像是他们之间结成了一张网，有经线，有纬线，也有斜线，于是这张网并不容易撕破。

所以，当分手最终来临时，一切都会随之改变，例如日常生活、社会关系、情感和经济状况，通常还有住所、与孩子的关系、对伴侣的责任，等等。几乎所有经历分手的人都要度过一段危机和调整时期。

然而，伴侣中主动离开的那一方的处境与被抛弃的一方十分不同。

决定分手的一方会有一种掌控自己生活的感觉（这种感觉是完全正当的）。他（她）甚至会为自己敢于选择分手而感到自豪。经过权衡利弊，他（她）会得出结论（有时在多年的优柔寡断之后），他（她）不想再继续眼下的生活了。离婚后，这个人通常会感到生活翻开了新的一页，感到自己得到了解放，获得了自由。这个人对未来有很高的期望，他（她）倾向于对未来抱有积极的看法，并且相信孩子们最终能克服困难。虽然他（她）也有焦虑和紧张，但整体上感觉**良好**！

反观另一面，另一个人的感受似乎总是非常**糟糕**！

被抛弃的一方刚刚遭受了沉重的打击，他（她）的自我价值感受到了深刻的侵蚀，他（她）刚刚被逐出了最靠近自己、在感觉上也最亲密的人际圈。谁都需要这样的感觉——有人爱自己，有人需要自己，可遭到抛弃的一方却明白无误地听到，自己不再被爱、不再被需要，而且他（她）也对此无能为力。他（她）的命运被改写了，他（她）的生活被颠覆了，而他（她）却没有任何办法。在这件事上，他（她）没有选择的余地，非常无助。最重要的是，他（她）可能常会被指责为分手的唯一罪魁，而这又会进一步打击他（她）本已残缺的自尊。

在他们看来，眼下的情形就像是有人把他们扔进了阴暗的地洞。他们认为自己正在经历一场灾难。他们也常常认为，离婚会让他们痛苦一辈子。

幸运的是，他们的这些看法通常是错的。那些遭到抛弃的人不仅能恢复寻常的生活，而且，他们最终往往能够把这次分手看作让生活重新开始的绝佳机会。

如果想要分手的一方有同情心，他们就会从一开始就与伴侣分享他们对分手的思考，以及他们的怀疑和顾虑。这样一来，想要继续共同生活的一方就会有机会做出适当的调整，避免分手。如果无法调整，分手已经不可避免，那么他们至少也能对即将遭遇的巨大震荡有所准备。

如果主动离开的一方有同情心，他们就要在遭到抛弃的一方开始表现出过激举动，甚至试图报复对方时给予一些原谅。他们应该理解，他们即将离开的那个人无法抑制羞耻、愤怒和痛苦，必须寻找一些渠道来发泄这些感受，至少在最初的时刻。一段时间后，他们必须振作起来，尊重想要分手的伴侣的意愿，重新开始自己的生活。不过，他们最初所产生的强烈感受仍旧是不可避免的，也最好能得到对方理解。在考虑离开不愿分手的伴侣时，这是需要考虑的代价之一。

婚姻走到尽头了吗？
婚姻是夫妻双方选择怎样做的结果

假如有一位只对自己的家和孩子感兴趣的女性，她确保家里整洁，用心教育子女，那么她就会是喜欢这种生活的男性的理想妻子。30年后，丈夫偶尔也想要点别的东西。可是，他却突然发现，妻子无法满足他的需要。例如，他想让妻子读一篇有趣的文章，可她却不想读，于是他突然变得非常恼火。

如果你突然想从配偶那里得到一些新的东西，那么你就要检查，对方是否拥有你要的东西。如果经过检查，你得到了否定的答案，那么你就要接着检查自己：即使对方没有你想要的东西，你还想继续跟他（她）一起生活吗？你想通过培养来让对方拥有你想要的东西吗？对这些问题的回答将决定你们婚姻的未来。与阿尔的想法（见下文）不同的是，婚姻不是在他之外的独立存在。它没有自己的生命，可以挨饿乃至死亡。我们所参与其中的婚姻总是我们自己的创造物。

阿尔在来信里写道：

我读过一篇关于讨论婚姻走向尽头的文章。其中描述的一些迹象与我们家里发生的非常相似。首先，我们两人在一起非常无聊（我们结婚30多年了，孩子们都已长大成人）——我和妻子的日常生活毫无趣味，我们对彼此都不感兴趣。我有一个严重的问题，当我们单独在家，只有我们两个人时，我很难待在她身边。我们两个全都一言不发，安静得要命。没有人会主动提议我们都喜欢并且可以一起做的任何事情。她更关心家里和孩子们的事情。她不会主动提议我们一起做任何事。

你肯定会问："你主动提议了吗？"我的回答是否定的，因为我的任何提议通常都会遭到莫名其妙的拒绝。我甚至都不记得，我们最后一次真正发自内心地交谈是什么时候了。但是，我有很多心事要谈，我想她也一样。我不敢表达我的感受，我担心我的感受会掀翻这条叫做婚姻的小船。人生走到这个阶段，我也不想弄翻这条船。但是不管怎样，我都觉得，我们的婚姻很快就会走到终点。

在家里，我们过着两不相干的生活，我们各自有各自的事情，并且也不与对方交流。我通常喜欢看报纸，因为我对政治、社会和经济问题很感兴趣。我也看电视，看的是教育、科学和时事频道。我妻子主要关心的是家务。她的脑袋就像雷达一样，总是在扫描有什么东西摆放得不合适，或是放错了地方，要放回去。她不肯坐下来翻翻报纸，或者看一些有趣的电视节目。我有时会看到一些有趣的文章。每当这时，我都要痛苦地克制自己，不把它们推荐给她，因为她讨厌我给她看任何东西。在她看来，我这是在逼她做她不喜欢做的事。

我非常喜欢有人跟我们在一起的感觉。至少，这么做能打破我们之间的沉默和紧张。表面上看，我们是一对完美的伴侣。但在内心深处，我们的婚姻实际上空洞无物。另一件事是"亲爱的，今晚不行"。虽然她从来没有这样说过，但我有一种感觉，我觉得她经常通过不跟我做爱来惩罚我。例如，在她先于我上床睡觉的时候，以及她在客厅睡着时（即使当时的电视节目非常有趣），我都会有这样的感觉。对我来说，这是她发出的一种信号，要我别去打扰她，而且这种事经常发生。

前段时间有一篇关于香水的文章。这是妻子吸引丈夫的方式之一，而她也深知这一点。我是怎么知道的呢？每当她终于想要跟我做爱时，她都会在上床前涂上香水。她是在用这种方式告诉我，今晚，她想跟我亲近。遗憾的是，这几年来，她的香水几乎都没有用过……这种状况大大抑制了我的欲望，而且我也没必要详细说了。这封信里的所有事情都讲得非常详细。如果我们做爱，那也只会持续10~15分钟，仅此而已。

这封信已经写了这么长，你觉得我们的婚姻已经结束了吗？还是说，它还没有结束，我们还能一起做点什么？（我们已经咨询过两位婚姻治疗师，但都没有效果，所以请不要建议我们再去咨询第三位了。）

我给他回信：

我先声明一点，婚姻不是人们豢养的宠物，总有一天会死去。婚姻完全是夫妻双方选择怎样做的结果。婚姻也不是一部电影，只要看到一对伴侣走进落日，片子就结束了。婚姻不是这样，它不靠某种外在标志来保障，而是要通过一系列决策来维系，这些决策通常由夫妻双方根据自身的喜好而做出。

以你为例，你的喜好似乎发生了变化。现在，你想要一个不同的妻子。很明显，你的妻子不可能变成另一个人。我们可以推测，当你选择她作为你的妻子时，那时的你爱她，喜欢她，你这么做在很大程度上是因为，她整洁、有条理、喜欢照顾孩子，她最关心的事情是与家有关的一切。我们也可以推测，你们两人承担了不同的职能。你是外交部长，关心外部世界，了解那里发生的事情。而她则为你提供支持，是你的贤内助。当你在关注自己的事情时，你可以依靠她来帮你打理穿衣和饮食，帮你照顾孩子，确保他们得到所需的关注。但是现在，在我看来，这些问题对你来说似乎不那么重要了。即使事实并非如此，你现在想要的也是一位跟你拥有共同兴趣，能跟你一起做事、谈心、交流想法和享受性爱的女性。我们能做些什么呢？

看看你的妻子。试着不带情绪地观察她，不要生气，不要抱怨。毕竟，你在她身边生活了这么多年。看看她，然后问问自己：她身上有你想要的东西吗？没人能给你他们没有的东西。如果你发现，她身上没有你想要的东西，而你也不想跟她分手（你显然不想这么做），那么你就只有一种选择，那就是不再期待和要求她给予她无法给你的东西，而是开始享受她能够给你的东西。有时，我们非常想吃意大利面，却总是纠缠于吃不到，以至于我们完全忘记，我们还可以享用沙拉三明治。但是，如果她身上确实有你想要的东西，只是她不想给你，例如倾听、分享、交谈、性爱，等等，你就必须搞清楚她为什么生气，以及她如此惩罚你到底是因为什么事。

你在信中提到，她用不与你做爱来惩罚你，但你没有说明原因。如果她在惩罚你，那就意味着你激怒了她。如果你想挽救你们的关系，那么你能做的、同时也是最简单的第一件事情就是停止激怒她（她可能已经无数次告诉过你，你是如何惹恼她的）。这么做能让你们的关系走上良性循环的轨道，你不激怒她，她就不需要惩罚你，而你接下来就可以让她给你你想要的东西了。

你在信中写到，你不敢表达你的感受，担心掀翻婚姻的小船。你这么做是不明智的。如果你不把自己的感受表达出来，那么你们的关系、你妻子和你自己就都会深受其害。很多人不把自己的想法说出来，担心这么做会导致离婚，但事实正好相反。如果你不表达你的感受，不把一些事情说清楚，问题就会逐渐累积，直到积重难返。当然，问题在于如何交谈，下面是一些经验法则：

· 不要指责。
· 说出你的感受、你的愿望和你的痛苦。
· 不要抱怨。
· 谈谈你自己，而不是她。

这么做能让你们的夫妻关系得以延续。

读过介绍伴侣契约一章的读者现在已经知道，如果某位男性选择某位女性结婚，那么他一定是有充足理由的。他找到的一定是符合他个人目标的人。如果随着岁月的流逝，他的个人目标发生了改变，那么他对伴侣的要求就会不同于以往。也就是说，他想变更伴侣契约。他想要新的、不同的契约内容。他想要的东西有可能完全不同于以往，但通常来说，他只想在过去的伴侣契约的基础上添加新的内容。总之，无论怎样，他想要的新的东西并不存在于过去的伴侣契约当中。

首先，你要检查伴侣身上是否有你想要的东西。你可以询问，解释，努力从对方身上得到你想要的东西。但是，当结果并不如你所愿时，你往往容易产生愤怒情绪。如果伴侣本来就无法满足你的愿望，那么你的愤怒又有什么意义呢？有的孩子因为上课不专心听讲，下课不专心做作业而不及格，有的孩子因为智商不适合上普通学校而不及格，这两种情形是完全不同的。对于前者，我们生气、愤怒是合乎逻辑的。但是，对于后者，我们这样做就完全错误。难道不是这样吗？同样的道理也适用于感情。如果你某一天突然要求配偶跟你推心置腹地交谈，或者突然要求对方拥有强烈的自我意识或是提出令人兴奋的主张，或是突然要求对方能够侃侃而谈，能够爱上思考，或是爱上社交，等等，而对方根本就不擅长这样做，那么这是他们的错吗？

了解对方能否满足你的需要后，你就可以做出决定了。如果对方拥有你想要的东西，但故意不给你，这就意味着你们的关系需要修复。如果对方没有你想要的东西，你就得选择是否继续跟对方一起生活。

如果你选择跟对方走下去，你就不能再去要求本就不存在的东西。

如果你已经想清楚，你不想继续缺失某些东西（例如温暖、亲密，等等）的生活，那么你就可以结束婚姻，而他人也不应为此而对你加以指责。

结婚需要两个人，但离婚只需一个
一起生活需要共识，但分手无需共识

谁有权决定分手？

人皆平等。没有人有权控制他人，或者为他人做决定。所有人都能自由地决定自己做什么，跟什么人结成什么样的关系。所以，结成夫妻需要双方达成共识，但分手只需其中一方做出决定。这是一条非常明确的原则。

写了下面这封信的人就不了解这一原则。鲍勃不愿意接受妻子对他不感兴趣的事实，他认为，他们的关系完全取决于他一个人。然而，事实并非如此。在他看来，分手是必须征得伴侣同意的事。倘若双方都同意离婚，那么这样的情形确实更不容易产生冲突，对孩子的伤害也更小。但是，即使双方没能达成共识，其中一方也完全可以对这段关系失去信心，进而将它结束。

没有人能强迫他人跟自己维持夫妻关系。

鲍勃在来信里写道：

我们的婚姻正在遭遇危机，问题出在我妻子的朋友身上。她在我妻子的生活里占据了重要的位置，导致她对我视而不见。

这个女人看起来像是守护天使，但事实完全相反。她早在五六年前就进入了我们的生活，从那以后，我们的生活就变了味道。她每天都跟我妻子联系，买东西，见我的孩子。她们几乎每天一起外出购物。她们也经常打电话，一打就是好几个小时，还通过电话一起玩填字游戏。她们也经常一起出去喝咖啡。她们一起做各种事情，包括一起做饭。简单说，她让我妻子中了她的毒，让她无法离开她。没有她，我妻子什么都做不了。于是，我的生活就成了地狱，每天只是上班挣钱，然后回家睡觉。在家里，我对她来说什么都不是。我们经常吵架，关系十分紧张。我们的性生活也早就停止了。

问题严重到什么程度呢？她有一次竟然报警抓我，而我什么都没有做。我只是推了她一下，我说的全是真话。不过，在那以前，我曾经因为发火而摔过锅和椅子，因为她不让我带孩子去我哥哥家吃饭，而这肯定是她那个朋友在背后说了某些坏话。

为了修复我们的关系，我多次提议一起去做咨询，她却不当回事。简而言之，我们现在的状态是，我们虽然生活在一起，但两个人之间没什么联系。我们好几个星期，有时甚至好几个月都不说话，可她仍旧不认为我们的关系有问题，需要做出改变。两年来，我每个月都去见拉比，以此来让自己振作起来，可是我再也受不了了，我已经放弃了。

随信附上我妻子写给我的一封信。我最近提出了离婚。我在部队服役时是一名高级军士长，平均每天工作15-16个小时。在过去一年里，我在300个彩票销售人员中获得了优秀销售人员的称号。我们有三个儿子，年龄分别是17岁、15岁和7岁。我妻子已经失业17年了。最近，她和她那个朋友找了一份工作，每周做两次打扫房间的工作。

我给他回信：

你随信附上的你妻子写给你的信没有在这里展示，因为我尚未获得她的同意（我不知道你是否问过她）。我只能在这里说，你妻子清楚而诚实地告诉你，她对心理咨询和修复感情都不感兴趣。她说，她骨子里完全不想为你做任何事，而且很明显，她的想法是无法改变的。她解释说，如果她过去为你做过什么的话，那也只是为了回报你曾经为她做过的事，否则她心里会觉得不舒服。但是，她肯定不希望你再为她做任何事（例如送花，开惊喜派对，等等），也不希望你期待从她那里得到任何回报。在她看来，你就像个十几岁的男孩，总是在寻找浪漫。如果她真想庆祝生日的话，她宁愿只跟孩子们在一起。这就是现实。

首先，我想告诉你，在我看来，你妻子的朋友跟你们的空心婚姻毫无关联。从你的描述和她写给你的信来看，她似乎对你完全不感兴趣。她根本不想和你在一起，也不想跟你一起做任何事情。她不想跟你做爱，不想关注你，也不想被你关注。你无法让她对你产生兴趣，甚至可能无法让她讨厌你。她到目前为止都没有选择离婚，原因很可能是孩子，或是因为，她觉得离婚后没有足够的经济来源维持生活。她在信里讲得很清楚：不管你现在从我这里得到过什么，或是没得到什么——"就是这些了"。我无法再给你任何东西了，我也不想给。

你受了这么多年的罪，真是太遗憾了。我猜，你把所有精力都花在努力让你妻子摆脱她的朋友上了，可你却不明白，你跟妻子的关系早已板上钉钉，没有改变的余地了。婚姻并非是因为"第三者"才破裂（不管这个第三者是同性还是异性）。婚姻是最先破裂，或者说出现了裂痕，然后第三方才能乘虚而入（乘虚而入也有程度之分，就你妻子的朋友来说，她介入的程度已经非常之深）。这样的事情总是遵循着特定的逻辑顺序。

那么，你能做些什么呢？

你已经提出离婚。我不知道你这么做到底真是为了离婚，还只是以此为最后通牒来迫使你妻子改变心意。就我所了解的情况，我可以这么说（其实前面已经说过），你应该考虑这样一种可能性——对方不会做出任何改变。当然，你可以用你的一生去努力从你妻子那里争取她不想给你的东西，但你最好认真考虑一下，这是否是你此生真正想要的结果。

如果你愿意放弃改变妻子，那么你会有两个选择。第一个选择是继续跟她一起生活，同时不期望从她那里得到任何东西，这么做的唯一目的只是为了孩子们的成长而维持家庭完整（直到最小的孩子长大成人）。你的另一个选择是离婚。

如果你做不到停止与妻子纠缠，你就可以让你的拉比教你如何接受不可改变的现实。他可能会首先指导你进行某种哀悼仪式。他可能会为你勾画出一条路径，或者一个过程。在这当中，你会首先直面残酷现实的冲击，然后，这一冲击会慢慢地、逐渐地减轻，直到成为你能够忍受的东西。如果拉比问你为什么难过，你应该回答："我跟这个女人拥有美满婚姻的希望破灭了。"哀悼过后，你就可以着手寻找新的爱情了。

鲍勃非常想改善和修复他与妻子的感情，以至于他拒绝看到，也拒绝接受她对他所做的这一切的厌恶。与此同时，妻子对他没有任何隐瞒。他需要努力自我欺骗，努力忽视自身感受，如此才能不去接受对方的心已经冷却这一既成事实（我这么说的根据是妻子写给他的信，不过这里并没有展示出来）。

唐纳德也不明白他和妻子的权利和自由的界限在哪里。他不确定对方可以做什么，不可以做什么。由于他任由对方制造痛苦，所以他陷入了束手无策的境地。实际上，他可以要求对方做出选择，到底是结束婚外情，还是结束婚姻。

妻子有了新男友，那么该分手吗？
不能强迫妻子继续共同生活

家庭生活已经支离破碎，丈夫束手无策。他首先应该问自己，他想要实现什么目标。人不可能决定所有的事情，也很可能决定不了对方会怎么做。但是，我们总是可以朝着我们想要达到的目标行动，即离婚，或继续共同生活。

艾尔西在来信里写道：

我结婚了，有5个孩子。大约一年半前，一个男人闯进了我们的生活。从那以后，我们的家庭生活就四分五裂了。我满脑子想的都是如何挽回局面。可是，我在这件事上的所有努力都没有成功。在过去一年里，我妻子的脾气一直非常暴躁，她总是说，她没有跟别的男人好。不幸的是，我知道这个人是存在的。因为，我搜集到了很多信息，例如她跟这个人的通话记录和她送给他的金饰和礼物。这就是我给你写这封信的原因。我想问下面几个问题：

· 我应该跟她离婚吗？
· 有没有可能一切都会好起来？
· 我应该向警察求助吗？

因为孩子的缘故，我不会因为这些问题而跟她离婚。我女儿病了。请帮帮我。

我给他回信：

你来信中的三个问题的答案也是我向你提出的以下三个问题的答案，它们将是你会做出何种选择的决定性因素：

· 你想和她离婚吗？
· 你愿意做点什么来让一切都好起来吗？你妻子愿意为此而做点什么吗？
· 这和警察有什么关系？毕竟，"跟别的男人好"并不违法。

先说第一个问题。你说你不想离婚。你的意思是，你在任何情况下都不想离婚？即使你的妻子继续"跟别的男人好"，你也不想离婚？还是说，你的态度是有条件的，比如她停止和别的男性交往？你必须回答这个问题。

再看第二个问题。你说你不想离婚是因为顾虑孩子。如果这是唯一的原因，那么你的妻子可能会察觉到这一点，她可能会因为你不关注她而感到一些痛苦。如果一位妻子的丈夫仅仅是因为孩子才跟自己在一起，那么她通常都不会感到真正的快乐和满足（反之亦然）。为了让"一切都好起来"，你可能得好好地对待她。要想让她不"跟别的男人好"，家里就必须有一个男人跟她好。

另外，你妻子对你隐瞒这段恋情（你对她有外遇这件事非常确定），这表明她也不想跟你离婚。如果两个人都不想离婚，那么情况是有可能好起来的（但也并非一切都会好起来）。

至于找警察求助，我认为，无论你做什么，你最好都不要用强力来挽留你的妻子，在任何情况下都是如此。根据宪法和基本人权，女性可以想要，也可以不想要你，她可以选择是否去爱另一个人。如今，强行挽留妻子的做法非常普遍。很多人只是不愿接受妻子不再想要他们的事实（我并非在暗示你也是其中之一）。这些人其实并不适合与他人组建家庭，不适合成为妻子或丈夫，因为他们不明白，婚姻需要建立在两情相悦的基础上。在他们看来，只要有一方想要婚姻就够了。所以，他们说："我想要你，所以你会跟我在一起！"好像女人只是男人想要的某样东西，买了就不用再还。但是，女人也是人，也有她自己的欲望。如果她有意愿，你可以努力让她想要继续这段关系，但你不能强迫她留在当下的婚姻里。

所以，对于你们是否可能继续这段婚姻的问题，我的回答是，这取决于你们双方的意愿，也取决于你们两人是否愿意为这段婚姻做出努力。

问问你妻子她是否想离婚。不要害怕，这个问题本身并不会导致离婚的结果。她的回答能为你提供非常重要的信息——你妻子到底是想要与你分开（也许是因为她爱上了别人），还是说，她也跟你一样，想要继续这段婚姻？

你要完全弄清楚，她是否在撒谎，必要时可以求助于私家侦探。如果你发现她在撒谎（你说你已经发现证据），那么你就要向她展示你的证据，同时告诉她，你想了解她为什么既跟别的男人在一起，又想跟你一起生活。把你的态度（如果你有态度的话）告诉她。例如，如果她继续跟别人交往，那么你就要离婚。

问问你妻子，你能做些什么来改善你们的关系。如果你力所能及，那就行动起来吧。

一个人是否认为伴侣有离开的权利是他（她）是否尊重对方的终极考验。在妻子想要离开时，如果丈夫选择使用强力（甚至谋杀），那么他就是不接受这样的事实，即，妻子是跟他平等的、享有自由的人，她有权选择是否继续当下的婚姻。

在这种情况下，双方的契约往往从一开始就缺乏平等，可当时的双方都认可了它。于是，丈夫同时也是妻子的主人，有权决定她做什么，不做什么。在丈夫眼里，妻子是没有权利的，她只能听话，顺从。如果妻子试图离开丈夫，那么她就违反了伴侣契约。

阻止女性与丈夫结成这类关系的方法是教育。女性必须懂得，她们的价值和权利与男性的价值和权利完全平等。她们不应该给任何人留下这样的印象——她们把自己的生命、灵魂和身体都交给了丈夫，或者她们受对方控制。认为自己与男性有同等价值的女性会在第一次遭受家暴时就立即离开。她知道她可以离开，她知道她能够选择自己的人生道路，她会从一开始就把这一信息明白无误地传达给她的伴侣。

下面是另一个婚姻遭遇困境的个案。

缺少了爱与激情的婚姻还需要继续吗？
想清楚什么是婚姻中最重要的事

有时，有的婚姻会给人一种"面面俱到"的感觉。一眼望去，两人十分般配，房子漂亮，孩子优秀，一家人经常出国旅行，周末也常去郊游……但是仔细感受一番后，他们的婚姻却也似乎缺少些什么——没有爱，没有激情。

少了爱与激情，维持一段关系是非常困难的，但是，许多夫妻仍旧做到了。他们继续过着美好、愉快的生活，同时也放下了爱与激情。他们所拥有的比他们所缺少的更加重要。而他们所缺少的东西要么是主动放弃的，要么就是通过其他方式得以满足。

但是，如果伴侣当中的一方产生了匮乏感，这样的情形就会非常危险。明智的做法是，夫妻应该向对方表达自己的真实感受，并且以此来与对方建立起真正的联系，这样的关系能够让双方找到解决问题的办法，无论这样的办法是痛苦的办法还是愉快的办法。

唐娜在来信里写道：

我今年37岁，已婚，有两个孩子。我很早就结婚了，我丈夫比我大10岁。目前的情况是，我已经想清楚，我根本不爱他。我感觉不到爱、激情、亲密，也不渴望跟他亲近，这是所有问题的根源。

这些年来，我们找过一位心理咨询师和一位性治疗师，并且尝试了各种办法来解决各种各样的问题。但是，经过多年的尝试后，我还是得出了上面的结论。情况就是这样，这已经是既定的事实，没有必要再去尝试和治疗。我也没有必要再去改变他，因为他本身没问题，只是不适合我而已。

我一直在深刻反省。我应该像现在这样，在缺少爱与激情中度过余生吗？还是说，我应该拆掉这段看上去还算美满的婚姻？可我并不感到痛苦，问题就在这里。我们的生活过得不错。我们经常一起出去娱乐，去国外旅游，我们也住着漂亮的公寓，还有两个聪明的儿子。

我明白，想要结束这一切必须有痛苦存在，可我们并不痛苦，但我们也不快乐。我对生活失去了激情。我们的性生活一塌糊涂。每次都是他提议，但一个月到头也只有两次，而且我也完全不喜欢那种感觉，更别提达到高潮了。我只能通过自慰来达到高潮。

但是，我想再说一遍，我并不感到痛苦。他是一位很好的丈夫，他爱我，给我自由，也让我衣食无忧。我担心我会孤独终老，失去经济上的保障，也许也不会再婚。我丈夫不知道我有这样的想法。在我们结婚的这些年里，我的体重增加了45磅[1]，我确信这跟缺少爱有关。顺便说一句，我们正在考虑再要一个孩子，但我对我们未来能否继续一起生活完全没有把握。

我很想知道你怎么看待这件事，不知你是否认为我们的婚姻还有救。

我给她回信：

想象一下，假设你是一个很有钱的女孩，而你丈夫跟你在一起只是出于担心"失去经济上的保障"，担心"孤独终老"。他感觉不到爱、激情、亲密，也不渴望跟你亲近。简单说，他根本不爱你。那么，你觉得他应该怎么做？在这种情况下，难道你不想知道这就是他的立场吗？难道你不觉得自己有权知道，他和你在一起只是因为你给了他

[1] 约合20千克。——译者注

舒适的生活，而不是因为你本身？在这种情况下，难道你不觉得自己有权选择是否跟他继续一起生活吗？遗憾的是，我认为你是在骗他。你跟一个人生活在一起，跟他日夜相守，跟他一起经历生活的方方面面（经济的、社会的、父母的、性爱的、家庭的，等等），然而与此同时，你却始终在向他隐瞒你对他根本不感兴趣的事实。他在你眼里没有吸引力，你不爱他，你觉得你们之间没有亲密感。于是，在彼此疏远的现实下，你就在心里问自己是否应该离开他。然而，与此同时，你们却仍旧在一起娱乐，就餐，做爱，一起做所有的事情。你不觉得这里有什么不对劲吗？

至于你提出的问题，我同意，这是一个困难的问题，一个非常困难的问题。你在来信里问我，你是应该"在缺少爱与激情中度过余生"（可你的人生还没有走过一半）？还是应该拆掉这段婚姻？似乎在你看来，你的脚下只有两条路。我要问你的是，是谁给你打了保票，只要你拆掉这段婚姻，你就能立即拥有激情和爱？如果你在生活中从未感受过爱与激情，或者说这类感受很少，那么你想体会这样的感受就很可能不容易实现。你要考虑到这一点。有的人能不断地坠入爱河并体验激情，而有些人则不然。所以，拆掉这段婚姻并不一定会让你拥有这样的感受。

或者，是否有别人曾让你感受过激情和爱，可你却不想跟他们结婚？例如，在与你丈夫交往之前，你是否有过让你非常动心的男友，但他有缺点，比方说不可靠，于是你选择跟他分手，最终嫁给了那个"爱我，给我自由，也让我衣食无忧"的人？那些可以在一起生活的人和那些令人心动和兴奋但却不甚可靠的人之间常常存在一种内在的、精神上的分离。如果你的情况正是如此，那么你就总是会迷恋那些无法与你过上稳定生活的人，但是，最终，你又总是会再次嫁给虽然不怎么令你动心，但却爱你，你要什么就想给你什么的男性。在这种情况下，你去找别人结婚也没有意义。

你问我是否可以对此做些什么。我想，这样的事情总是存在的，例如：

你可以把你在信里提到的所有事情都告诉你丈夫，但方式一定要委婉，不能过于直接。这将需要你鼓起巨大的勇气。你抱怨缺乏亲密感。但是，如果你能跟他分享你的真实感受，那么你们两人就能第一次感受到对你们有重要意义的真正的亲密感。这种亲密感还可能推动你们在认识当下（残酷）现实的基础上建立起与以往相当不同的全新关系。在相互关注、充满亲密和刺激的关系中，那些既难以启口又不中听的糟心事也是会说出来的。

另一方面，你对他坦白显然也有可能导致离婚。因为，你丈夫可能会说，到了这种地步，他就没有兴趣继续跟你一起生活了，他想找一位爱他、渴望跟他做爱的女人。这种情况或许能使你重新对他产生兴趣。如果你不愿意告诉他你的真实感受（即你不爱他，你不喜欢他），那么这就说明，你不愿意去冒由他提出离婚的险。人都想掌握主动权，这很自然。但是，我已经说过，这么做并不公平。

此外，你还有必要重新审视下面这条假设：对丈夫的激情和爱是生活的全部，没有这些东西就只剩下空虚。真的是这样吗？有的人认为养育孩子是生活的重心，如果有人能跟他们一起来完成这件事，那就足够了。有的人认为，只要有对方的陪伴和欢声笑语，那么生活就是快乐而美好的，别的都不需要。还有的人认为，生活中最重要的事是为社会做贡献。这样的看法还有无数种。倘若妻子跟丈夫没有激情，没有爱，没有性高潮，那么这位妻子就只能觉得自己完全辜负了生命，真是这样吗？

当然，离婚，独自生活，同时寻找新的感情也是可能的选择。这么做能给你充满希望和兴奋的良好感觉，也能让你拥有更多选择。这样的生活状态不同于你此刻的四平八稳，而是充满了一个个问号。你会有机会遇到你爱的、让你心动，也能和你一起幸福生活的人。但是与此同时，你也可能遭受痛苦、焦虑和失望。

正如我在这本书的第一章里所解释的那样，一个人选择什么样的伴侣取决于他（她）获得价值感需要什么样的心理条件。

然而，我们通常见到的情形是，人获得价值感所需的东西里并不包含能让他们感到兴奋和激情的东西。

以唐娜为例。她和丈夫"经常一起出去娱乐，去国外旅游"，"也住着漂亮的公寓，还有两个聪明的儿子"，她有"一位很好的丈夫"，他爱她，给她自由，也让她衣食无忧。所有这些条件很可能会让她觉得自己拥有不错的社会地位，给她带去某种价值感。但是，给了她这一切的丈夫却无法激发出她的爱与激情。

通常，男性会选择能让自己得到尊敬、稳定感和安全感（让他觉得自己不会遭到拒绝和嘲笑，不会失去社会地位）的女性。到目前为止，丈夫是满意的。可问题是，在这些条件之外，他还希望妻子狂野、令人激动、捉摸不透、性感，还要有一点放纵。要在同一位女性身上找到所有这些特质并不是一件容易的事。然而，他却什么都想要，如果有哪一点得不到，他就会因此而感到沮丧。

有的人需要比较特别、与众不同、不走寻常路，甚至有些古怪的人。可问题在于，他们也在期待那个悠闲放松、不看重物质生活的男性能够挣很多钱，能给家里带来稳定的收入，或者期待那个妩媚迷人、阳春白雪的女孩能够洗衣做饭，打扫卫生。

如今，所有人都觉得，自己应该得到完美的幸福。因此，我们都想从伴侣那里得到所有的一切。然而，这是不可能实现的。所以，我们只能根据自己的优先级去做出选择，只看最重要的因素，同时忍受显然不那么重要的因素。随着时间的流逝，我们会把自己所拥有的视作理所当然。同时，我们所缺少的东西也会变得越发明显。但是，我们并不想放弃我们所拥有的东西。于是，我们就陷入了进退维谷的境地。如果唐娜考虑与丈夫离婚，她就得担心她可能会失去她现在所拥有的一切。

这个问题有可能解决吗？这取决于当事人能够接受什么样的选项。如果他们要求对方能够满足自己的所有需求，那么这个问题便无法解决。但是，如果他们期待的对方是真实存在的人，而不是童话或电视里的角色，他们就可以把自己的期待列成一个表，并按照重要程度排序，接着再逐条分析伴侣能否满足这些期待。最后，他们就可以根据分析结果来决定是否与伴侣继续生活下去。

下面的个案说明，人首先要弄清楚自己究竟想要什么，然后才能根据它来确定行动的方向。这一次，当事人是一位男性。

总不能离婚吧？
离婚总是可能的选择

亨利只和他的伴侣谈论生活琐事，却不谈他们不和谐的性生活，也不谈他们之间的冷淡关系。生活成了例行公事，连性生活也是。

认真、谨慎、负责的人往往会认为，在婚姻生活中，他们没有选择的自由。这不仅因为改变要付出代价，而且因为他们认为这件事还事关他们对其他人（主要是孩子）的责任。

毫无疑问，父母是要为孩子负责的，但问题在于，这一责任到底该体现为牺牲自己的生活，继续困在枯燥无味的婚姻里，还是该体现为勇敢打破当下的婚姻，让自己有机会享有更美满的爱情，同时也给孩子树立自由选择和追寻的榜样？

亨利在来信里写道：

我最近感觉，我失去了生命中非常美好，也非常重要的东西，那就是亲密、激情、与妻子做爱的渴望和与她的交流。

我们结婚20多年，有两个孩子。我们的性生活非常乏味。她对这件事完全提不起兴趣，也从不想做点什么来改善它。多年来，做爱对我们来说只是一项例行公事，而不是我们想要为对方做的有趣的事。最近，我感到我们之间的隔阂越来越严重。我们之间的沟通非常糟糕，几乎只谈论跑腿、买东西等家务事。我们之间没有爱情已经很久了，至少我的感觉是这样。我有些时候都搞不清楚，我为什么要过这种日子。总不能离婚吧，那太奢侈了，我负担不起。而且，我也不想伤害我的孩子们。我们找过不止一位婚姻治疗师，但谈来谈去都没有任何改善，因为我们之间已经没有爱了。我不知道怎样才能摆脱现在这种令人失望的局面。

我还想提一件非常重要的事，我和我妻子从来都没有出过轨，原因有两个。首先，这么做不道德。其次，担心感染疾病。我写这封信是因为心里非常乱，请尽快回复我。

一个失意的丈夫

我在回信里问他：

你心里的乱从何而来？从你的描述中可以看出，你和你妻子之间的距离越来越远，隔阂越来越深，这个过程通常是缓慢而持久的。这样的夫妻要花很久才会发现他们的生活就像是两人合租了一套公寓。这一过程通常不会是突然发生的，也不会让人心里很乱。你还要求"请尽快回复我"，好像突然发生了紧急的事情。从这一点看，我猜肯定发生了什么事，并且给你造成了影响。不管是你的事，还是别人的事，总之，这件事让你觉得，你不想再这样生活下去了。这种情况有时发生在有人突然生病时，可能是你自己生病，也可能是你爱的人生病（这件事提醒你，生命是有限的）。这种情况有时也发生在过生日时，特别是进入下一个整十年的那种生日。有时，这种情况也出现在你跟某个重要的人谈话或会面后，或者也可以是受了某件艺术品的激发。我不知道你身上发生了什么事情，但我知道，你现在不想再过没有性，没有爱，也没有亲密感的生活了。另一方面，你没有足够的经济能力离婚，你也不想伤害孩子。那么，眼前的问题似乎就与各种事情的优先级有关了。也就是说，真正的问题在于，到底哪件事对你最重要？自我实现？寻找新的爱情、亲密感？美好的性爱？还是说，像现在这样，既享受经济上的好处，又不伤害孩子？很多人都想在某些领域实现自我，但前提是不承受生活质量降低的代价。许多女性宣称，只要有了足够的经济能力，她们就会离开当下的伴侣。也就是说，只要她们能够维持当下的生活水平，原来能花多少钱，将来还能花多少，或者将来可以继续不工作，她们就会离婚。事实上，任何人都可以起身离开，找一份工作（有时不是多么舒服的工作），根据自己的经济能力租一套公寓或一个房间，然后像鸟儿一样自由自在地生活！我认识一些人，他们决定离婚，继续像婚前那样去住阁楼。正如我说的那样，问题只在于，到底哪件事更为重要。

至于伤害孩子，这里有几个问题。例如：孩子需要父母住在一起的权利是否大过父母拥有幸福的权利？如果父母当中的一方确信，当下的婚姻生活让自己非常失望，那么他（她）是否应该为了孩子的生活而牺牲自己的生活？另一个问题是，跟彼此疏远、对看无言两相厌的父母一起长大真的对孩子有好处吗？你想用没有爱的婚姻来给你的孩子们做示范吗？

在我看来，你（跟我们当中的大多数人一样）容易出于恐惧而做决定——因为害怕遭遇经济困境而不想离婚，因为害怕染上性病而不出轨。"出于恐惧而行动和做决定"是什么意思？它的意思是，**一个人不相信自己有能力承受或面对某种结果**。他们怀疑自己的能力，不认为自己有足够的内部资源来调动。他们认为，如果他们的愿望和需求得不到满足，他们就无法生存。他们对自己和生活都没有足够的信心。面对当下的情形，难道你不想尝试作一番改变吗？不想鼓起勇气，根据你想要什么，而非害怕什么来做出决定吗？如果你想离婚，那么你可以生活得俭朴一些。如果你想出轨，那么你可以选择戴避孕套。重要的是，你要知道，你可以在多个选项中做出选择。

或者，你反对离婚的所有理由是否都只是借口？你其实只想依附于你的妻子，和她待在一起？尽管存在很多困难，你仍旧希望与她亲密，并拥有美好的性爱？

难道你不想知道，为什么你妻子没有提议离婚吗？她也在担心经济状况吗？她也清楚你们之间没有爱了吗？搞清楚这些问题非常重要。

因为，比方说，如果你们对彼此都不感兴趣，但因为经济和子女的原因，你们也都不想离婚，这时，你们或许能达成协议，在情感和性爱方面给予对方自由（可以用你们共同的钱来买避孕套），同时继续在经济和子女养育方面保持合作。这样一来，你们的出轨就不再会是对对方的背叛，你们也不会有过多的开销，也不需要跟孩子们分开。而且，你们的生活也不再会缺少性与爱。我之所以提出这个建议，是因为你们接受过的所有治疗都无效。

最重要的是，你要知道，你永永远远都可以在多个选项中做出选择。

下面是能够体现这一原则的另一个个案。

跟很多人一样，佐伊也认为，她因为经济上的原因而别无选择。

评头论足，讽刺谩骂，缺乏尊重，分房睡觉
有时需要两害相权取其轻

佐伊这样评价自己：我是一个贫穷、身无分文的人。没错，在职场当中，男女平等还没有实现，很多妇女工资很低。但是，妇女仍旧不同于奴隶。如果有的女性觉得自己被婚姻所奴役，并且无处可逃，那她们就错了。

佐伊在来信里写道：

我结婚34年了。我们的关系从一开始就不太好。我们有三个孩子，他们都结婚了。

我丈夫从来说话都非常难听，也从不帮忙做家务。他总是对我评头论足，怒气冲冲地看着我，讽刺谩骂。他从来都不相信我，认为我什么都不懂。还有，我们已经好几年都没有睡在同一个房间里了，也好几年没有做爱了。

他在性方面的问题已经存在很久了。我让他去治，他也不去，所以情况还是和以前一样。他是勃起出了问题，各种办法都不管用。

这些年里，我有时会想到离婚，但我做不到，因为我没有钱，得靠别人生活。我挣的钱不多，只有一份兼职工作。这是钱的问题。

对于这种情况，我该怎么做？我需要你的建议。我已经56岁了，我觉得我既没有个人生活，也没有职业生活。

这种现象非常普遍：感情差，收入低，想维持生活水平，对婚姻怀有深深的失望，乃至几乎绝望。

我给她回信：

看起来，你和你丈夫都不喜欢彼此。在这段婚姻里，他很可能也远远谈不上开心。显然，他也有被婚姻羁绊的感觉。他或许也认为，你们继续在一起生活只是因为经济上的原因。他可能会想，如果你们离婚，你们就得卖掉房子，然后把得到的钱分掉，而这笔钱又太少。无论怎样，他不想要性生活也不足为奇。因为，要想拥有性爱的激情，两人通常至少也要有一点点爱、分享和联结。

你丈夫对你评头论足，讽刺谩骂，肆意羞辱。他显然对你非常愤怒。你没有说明，你是否知道这其中的原因。你会也羞辱他吗（例如关于勃起的问题）？如果答案是肯定的，那么你可以停止这样做，而后情况可能会有所改善。他对你愤怒可能是因为，他也不满意自己的生活，他也觉得非常失败，而他也找不到别人来发泄情绪。不管怎样，看起来，你过得很不如意。而且，你们的生活似乎也充满悲伤。

你在信中提到，你现在感到非常痛苦，而你也看不到现状会有任何改变的可能。你认定自己"没有钱，得靠别人生活"，所以你认为自己无路可走。我想告诉你一件事，它既是好消息，也是坏消息。我想说的是，你并非无路可走（没有人会无路可走），只是，**你还没有发现你愿意为之付出代价的解决方案**。这不是一回事。你说你无法离婚，你的意思其实是，"我不想过只靠我的收入来支撑的生活"，或者，"我不想做兼职工作以外的工作”，或者，"我不想主动开始改变"，或者，"我不想一个人生活"。我不知道你不想要的到底是什么，但我有一种感觉，你还没有清楚地意识到，生命总会在某个时刻走到尽头。如果你相信来世会过得更好，那就不必着急。在这种情况下，你可能会认为，此生的不如意会在来生得到改善。但是，如果你是那种不认为自己有来生的人，那么你的时间是有限的。

在《癌症是一个转折点》（Cancer as a Turning Point）一书中，作者劳伦斯·莱尚（Lawrence LeShan）写道，几十年来，他一直在帮助晚期癌症患者在所剩无多的生命里寻找快乐和热情。他引导患者寻找能够愉悦自身的生活方式，使许多人做出了关于生活的重大决定，去追寻他们想要的生活，而不去考虑这么做的理由，或是可能给别人留下的印象，或是他们已经时日无多的事实。如果你仔细想想，我们其实也都是晚期。就像皇后乐队一首歌的歌名，我们不知道谁会是"下一个倒地毙命的人"①。如果你想想各种交通事故和随时发生的暴力事件，以及火灾、地震和各种疾病，我们能活到现在已经是奇迹了。所以，你或许可以再一次问自己：为了在剩下的时间里体验到更加幸福的新生活，你愿意付出什么代价？我并不是说，你应该套用下面这个人的做法（这是真实存在的事），但我确实认识这样一位女性，她与富有的丈夫离了婚，却没有像别人那样得到半数财产。她净身出户，然后做了几年家政服务工作。在这期间，她掌握了一项新的技能，并最终从事了相应的职业，挣到了更多的钱。她离婚时的年龄跟你差不多。

你愿意停止做一个"得靠别人生活"的人吗？毕竟，这不是不能改变的遗传特征。我这么问是因为，如果你不愿意考虑这么做，那么我跟你说任何事情都没有意义，因为"得靠别人生活"的人只是期待别人来促成自己改变。但是，如果你愿意拿出你的力量和勇气，愿意把照顾自己余生的责任扛在自己肩上，那么我建议你做下面的练习（莱尚在我提到的那本书里所建议的）："假设神向你许诺，你会在6个月后得到你想要的任何生活（你可以按照你选择的任何方式生活，你

---

① 即《又干掉一个》（Another One Bites The Dust）——译者注

可以拥有你想要的任何东西），那么，你现在必须说清楚，你想要的是什么。什么样的生活能让你获得最大的快乐？你会在哪里、会用什么样的方式（如果存在这样的方式的话）来表达你的创造力，释放你的能量？你会住在哪里？和谁住在一起（如果你想有人跟你一起生活的话）？你会如何利用你的时间？等等。没有任何限制……"认真想想，把你的回答写下来。

如果你已经确定你想在家庭和工作中得到哪些东西，那么你也可以写出你对以下问题的回答：你能做些什么来实现这些愿望？你要为此付出哪些代价？看看你写了什么，然后做出你的决定。慢慢来，你需要多久就花多久。从现在开始，你就会知道，你的人生就是你的选择的结果。

如果你碰巧发现，你真正想要的是改善婚姻，那么，你就要对你丈夫好一点。你要开始鼓励他，同时停止做会让他生气的事情（如果可能的话）。你也要做一些他多年来一直要求你做的事情。这是一项试验。你可能会发现，你做的所有努力都没有意义，你只是一个人在白费力气。但是，有些事情或许最终会发生改变，谁知道呢？

的确，我们在这里谈了许多关于**自由选择**的内容。有些读者可能不同意这种观点，而是认定很多人（包括他们自己）在总体上受制于他们的命运，特别是受制于他们所身处的各种关系。

我想告诉这些读者，我们必须求同存异。这本书的出发点就在于，成年人可以选择如何度过自己的生活，他们只需准备好为此而付出代价。的确，离婚的代价有时非常沉重，特别是对女性来说。但是，人总是可以根据自己对不同事项的重要性的判断来选择承受哪一种代价——是不离婚而痛苦，还是离婚而痛苦？

说到这里，我要提到这样一位女性。她属于一个非常封闭和保守的宗教团体，跟丈夫和两个年幼的孩子住在一个彼此相熟的小型社区。她跟丈夫离了婚，并且带着两个孩子从他们居住的拖车里搬到了另一座城市。她租了一套公寓，一边做两份没有技能要求的体力活儿，一边抚养两个孩子。最终，她在工作中得到了晋升，可以只做一份工作来维持生活。她的丈夫也终于明白，根据所在州的法律，他必须支付子女抚养费。就这样，这位女性按照自己的愿望为自己创造了新的生活。

总有其他的选择。

我为什么要建议佐伊对她丈夫好一点呢？我会借助下面这一个案来解释我这么做的意图。

他盛气凌人，吹毛求疵，一点忙也不帮——说完了吗？你呢？你又对他做了什么？

有的人跟自己不喜欢的人结了婚，于是犹豫是否应该跟对方离婚。他们可以做一项实验，以此来确切地了解他们的伴侣能够成为什么样的人，以及他们所能做出的最好和最坏的表现。详情见这一节稍后的部分。

艾琳在来信里写道：

我们结婚快20年了，有一幢漂亮的房子，两个十几岁的孩子，自由的职业，不错的收入，一条温顺的狗……如果一切都那么美好，你一定会问：到底是什么事情糟糕到你必须写信给我？事情是这样的……

我有一个非常专横的丈夫。他巴不得把我们（孩子们和我）都连接到他的遥控器上，只要按下按钮，我们就能立即开始为他服务（来，给我，放在这儿，安静，为什么你光着脚，等等）。我问他，你是不是还要告诉我们该如何呼吸？他和孩子们的关系不是很好，除了命令，就是抱怨、要求，等等。

有趣的是，面对我时，他的喊叫、生气和抱怨都会少一些（也许是因为，他知道这么对我并不会真的管用）。但是，我们经常对抗，而且，让我（也包括他）受不了的是，我们对抗的特点是长时间的冷战（一两个星期）。过去，我们的和解总能让我感到非常愉快。可是现在，和解也不再能影响我，我已经觉得无所谓了，只是静静等待下一次的对抗和冷战来临。我们也尝试过讨论这件事，但是完全没有效果。

我们对彼此都很忠诚，至少我是这样，我相信他也是。但是，我们最早的那种炽烈的爱已经不存在了。我非常受不了他没完没了的批评（你穿得如何，你花了多少钱，你总是放纵孩子，为什么这样，为什么那样）。他对孩子们的态度更加糟糕，对于这点，我也非常受不了。在我看来，我丈夫从来都不是一位"好父亲"。他从来都懒得给孩子们讲故事，陪他做游戏，或者去参加家长会（他不是没有时间！）。孩子们对他比较冷淡，想让他为他们做事情时，他们会让我（代表他们）来传话（例如，"告诉爸爸带我们去购物中心"）。

我丈夫说我对婚姻有不现实的期待。他说，所有的婚姻都有起起落落（我看到的大多是其中的"落"），而我梦想的却是唯美的"手牵手走进幸福"。但是，在我们这个年纪（40多岁），我不得不问自己，难道我要这样度过余生？守着一个看不上我的丈夫，一进屋就不停地指点，命令，批评？有没有跟我们的婚姻不一样的婚姻？除此之外，真的没有其他选择了吗？

我考虑过离婚很多次了，但也许我还没受够婚姻的痛苦，所以才没有这样做。我从你的文章中了解到，我很难放弃漂亮的房子、汽车和女佣。我必须提到，我赚钱至少跟我丈夫一样多，但他却反复（不知疲倦地）在与钱有关的事情上对我评头论足。

我们的性生活是正常的，还算不错（在我们不对抗的时候），但是，谁会想在遭受羞辱后做爱呢？他确信只有他是正确的，别的想法和做法通通错误。谁跟他想法不一样，谁就是白痴，谁就什么都不理解，什么都不懂，等等。

有没有我还没有想到过的生活方式？

我们之间的冷战让我喘不过气来！

我给她回信：

如果你们之间的冷战让你喘不过气来，那你就张口打破沉默啊！

你问我是否有别样的婚姻，我的回答是"有"。是否还有其他选择？我的回答也是"有"。问题在于，你是否能够跟你现在的丈夫拥有不一样的婚姻。只有你尽了最大的努力，你才能知道这个问题的最终答案。

只有投入足够的努力，你才能发现一段感情（如同任何人与事的可能性一样）所能达到的深度。换句话说，只要你没有穷尽所有的努力，你就不知道你们的感情能够走多远。因此，你现在面临的实际问题只是你能做些什么。

为了实现你的目标，你需要记住一个既好又不好的消息，那就是，在这个世界上，只有一个人的行为受你控制，那个人，当然，就是你自己。如果你们经常对抗，那就意味着，想要表明自己正确、对方错误的人不只是你丈夫，还有你。毕竟，一个巴掌拍不响！而且，他也不能逼你对抗。如果你跟他对抗，那就意味着，你不断地想要让他相信，他是多么讨厌、霸道、令人难以忍受，以及他错得有多么离谱。可是，你所做的这些正是他所无法容忍的。随后，冷战就开始了。你没有提到是谁开启了冷战，但是，就像我说的那样，如果你不想冷战，你就不必保持沉默。如果你决定保持沉默，那么你可能就得检查一番，你这么做到底是在捍卫什么（是你的尊严吗？），或是为了达到怎样的目的。在某些时候，你们当中的一个人会打破沉默，这时，你或者他一定得出了这样的结论：重修旧好（甚至）比赢得对抗更加重要。如果这个人是你的丈夫，那么他这么做可能是因为缺少性爱让他无法忍受。如果这个人是你，那么你这么做可能是出于对和谐气氛的渴望。但是，无论是什么情况，只要有人想停止冷战，他（她）就能立即做到这一点。人如何在冷战之后开始说话呢？只要张口就可以了。毕竟，这不是什么难事。对很多人来说，他们无法忍受这样做所带来的失败感。他们不想（在自己眼中，也在对方眼中）成为认输的一方、服软的一方。他们愤怒于对方没有向自己道歉，愤怒于没有把问题彻底掰扯清楚，愤怒于对方不承认自己是对的！

你说你丈夫如何批评你，不支持你，甚至羞辱你，你注意到你也在批评他吗？如果他如此急切地想要证明你说的不对，那么我们就可以推断，你们正在进行一场看谁更正确、更公正的激烈竞争。你可能会惊讶地发现，你也是这场竞赛的参与者。而且，在我看来，你甚至可能已经成为赢家。

关于孩子。看起来，你正在家里孤立你的丈夫。你在信里把你跟孩子称作"我们"，好像你和孩子们是受压迫的群体，而对面是扮演邪恶角色的孩子们的父亲。即使你在孩子和丈夫之间充当传话人，你也是在他们之间制造距离，而不给孩子接近父亲的机会。如果孩子们说："妈妈，告诉爸爸……"这就意味着，经验已经教会他们，妈妈确实会告诉爸爸——而这是不必要的。我向你保证，你丈夫带给孩子们的痛苦肯定比不上他带给你的痛苦。他们生来就面对这一现实，他们必定能感受到，父亲是在以他的方式爱着他们。孩子们从家庭氛围中学到，有的人是对的，所以无需改变，而有的人则并非如此。他们学不到尊重每个人的意见和态度（这一点也是你指责你丈夫的理由，因为"他确信只有他是正确的"）。在你们身上，他们看不到你们对对方的尊重。

你们可以停止对立，停止争论，停止冷战。你们可以说些类似这样的话，例如，"对于你说的事情，我会认真考虑。""你能把你的意思说得更清楚一点吗？""你不喜欢我的衣服，真遗憾，我希望你能慢慢喜欢上它们。"等等，你应该已经把握到要点了。

你可以告诉你的丈夫和孩子们，你不会再掺和到他们的关系里。因为你知道，这不关你的事。同时你也确定，他们彼此都会找到与对方的适当相处方式。

如果你丈夫身上确实有你欣赏的品质（如果没有的话，你们将很难做到相互尊重，而这又是婚姻的必备条件），那么你就要让他知道这一点。我有一种感觉，你已经很久没有称赞过他了。事实上，你们的性生活是不错的。这表明，你们两人在内心深处还是有一些积极联系的。我建议你仔细想想，你们彼此在床上的表现跟平时相比有哪些不同。我指的是提议、承担责任、积极反馈、合作等方面。或许，你们可以把你们在性生活里的行为模式复制到你们的日常生活当中。

只有当你在所有这些方面持续努力后，你才能确定地知道，你们两个是否拥有"其他选择"。

分手不是轻松的决定，特别是在涉及拆散家庭时。孩子、共有的财产、共同的朋友、法律程序、被抛弃一方的孤独、过去的习惯、因为伤害对方而难过——所有这些因素（连同其他因素）都使得离婚成为一件特别难以定夺的事。当事人想要确保他们已经利用了所有的条件，想要确保他们已经付出了所有可能的努力，想要确保他们已经尽力维持这段感情。

对于那些想要在分手前确信"自己已经尽力为之"的人，我建议他们采取以下三条步骤：

第一步，认识到自己对当下情形也负有责任。

与其按照惯常的反应去关注另一方的过错，去纠结他们做了什么，没有给你什么，不如努力反省自己做了什么，以及自己对当下的情形负有哪些责任。所以，说到对抗，我告诉艾琳，**"想要表明自己正确、对方错误的人不只是你丈夫，还有你。"**她说他专横、挑剔，我就建议她注意她对对方的控制（希望他成为自己想要的样子）和批评。我还建议她注意她对孩子和父亲关系的伤害，以及建议她注意她对对方的羞辱。所有人都应该用类似的方式来反省和确定自身对当下问题所负的责任。

如果认不清自己对现状所负的责任就离婚，这样的人就往往会在下一段感情中重复同样的行为，导致问题再次出现。这样一来，更换伴侣就没有了意义。因此，有些时候，即使当事人已经决定离婚，他（她）也应该补上这一堂反省课。

第二步，根据上一步的结论改变自己的行为。

我们都倾向于认为，自己只是在"单纯地反应"，好像我们的行为不受自己控制似的。例如，妻子抱怨："我不得不对他大喊大叫，因为他……"事实上，妻子并非必须如此反应。她只是**选择**了对丈夫大喊大叫。听到妻子喊叫，丈夫的感觉是，"她喊得太厉害了，我不得不……"（喊回去，走开，沉默……每个人的做法都可能不同）。事实上，他并非必须按照特定的方式作出反应，这只是他**选择**的结果。如果我们能明白，除了自己，没有人能控制我们的行为，那么我们就能意识到，我们能够自由选择自己的行为。如果我们选择改变自己的行为，我们就应该无条件地去这样做，同时也不期待立即得到对方回应。我们应该大方地、全心全意地、竭尽全力地去改变自己的行为。

停止批评。给予尊重和鼓励（强调积极面）。流露爱意（如果爱还存在）。做对方一直要求自己做的事（只要没有从根本上违背个人意愿。是的，你需要为一家人准备周六的晚餐，因为在他看来，这件事很重要。但是，你没必要按照他的要求冷落或不理会某个童年时期的亲密朋友）。[①]停止做总让对方感到困扰的事。交谈，分享，亲近对方，不再指责。

上面这一切也可以换一种方式来表达，即，你的行为方式好似对方是你刚刚遇到的人，你想要去认识他们，了解他们，接近他们，被他们所喜欢，并且探索与他们建立亲密关系的可能。你的态度和做法就像你遇到陌生人时的样子，也像艾琳离婚后（假如她真这么做的话）遇到另一位男性时的样子。只有在作出这样的努力之后，例如经过几周或几个月，你才有可能回答以下问题：我的伴侣表现最好的时候是什么样子？我和这个人的关系能够有多好？

很多人会说：这不公平！为什么**只有我一个人**付出这么多努力？！为什么对方不努力呢？！毕竟，错的是**他们**！我的回答很简单：你不必这么做。这个方案只适合那些想要这么做的人。谁会想这么做呢？那些不怕慷慨而无私给予的人，那些愿意付出、不计回报的人。

最后，得到真实的信息。

---

① 如果对方的要求出于良好的意愿，或者对方确实想停止争斗，那么你就应当尽可能满足对方的要求。——作者注

只有上述的所有努力付诸实施后，你才能得到**真实**的信息——这段感情所能达到的最佳状态是什么样子，它现在以及恐怕永远也无法承载的东西是哪些。在掌握以上信息的基础上，你就可以考虑不同事项的轻重缓急，然后作出决策。

注意：很多人都是在**独自**做了离婚的决定后才把这件事告诉伴侣，并且，他们的这一决定往往已经是最终决定。砰！另一个人的感觉像是被石头砸到了头。

如果决定是突然作出的，并且不可更改，那就只好这样了，没有别的选择。但是，人们往往会犹豫很久。当然，这些犹豫不决的人所拥有的关系并不理想，于是他们错误地认为，他们应该独自思考并得出结论。事实上，这种做法往往是不好的，需要改变。我们需要与对方开启对话，共同思考。我们可以看看，他们是否也在遭受相同的折磨，还是说，他们在遭受不同的折磨，或者根本没有遭受折磨，这是一件有趣的事。重要的是，我们要知道，离婚对我们的伴侣来说意味着什么，是一场灾难？还是一种解脱和救赎？

如果离婚决定已经作出，并且提出离婚的一方并不打算伤害或报复对方，那么他们可以想方设法（例如诉诸于协议或其他创造性的解决方案）来把这一变故对对方造成的冲击和伤害降到最低，这是更为明智的做法。

那么，遇到什么情况，离婚才有必要呢？我们可以看下面这一个案。

她们想分别离婚后一起生活
人的信仰和道德观是决定是否离婚的重要因素

对离婚的各种恐惧几乎都是非常强烈的。未来会是什么样子，将会发生什么，身边的人会怎么看——所有这些事情都会重重地压在人的心头。人越是相信自己迈出这一步在道德和原则上具有正当性，他们就能越少受制于离婚过程中的困难和来自家族和社会环境的流言蜚语。以下是所有正在考虑离婚的人都可以问自己的几个问题。

海伦在来信里写道：

我 40 岁左右，已婚，有三个孩子。大约一年半前，我遇到了一位新朋友，她来自另一个城市。她和我一样大，也结婚了，有两个孩子。我们之间结成了深厚而真诚的友谊。我们无话不谈，因此对彼此都十分了解。我们聊得非常投机，那种舒适感大大超出了我们的想象。经过几个月的友谊，我碰巧在那位朋友家过夜。上床后，我们十分自然地拥抱在了一起。几个星期后，当我们再次睡在同一张床上时，我们接了吻，并且十分自然地吻了下去，直到彼此完全满足。在此之前，我们都没有与女性有过亲密接触。我们也都没有想到会发生这样的事，直到我们在床上拥抱的那一刻来临。一时间，我们的亲密关系里才突然出现了这样的标志性事件。

我这位朋友跟她丈夫一直过得很不幸福。多年来，她一直想离婚，但是跟很多人一样，她也因为顾虑孩子而把这件事一拖再拖。同时，我的婚姻也乏善可陈，我们的爱也不像从前那么美好了。我们过去也谈到过离婚，好让各自都能找寻新的生活和爱情。可是，我丈夫仍旧一直说他非常爱我。我要指出的是，我们几年前就谈到过离婚，而且这个话题不时地浮出水面。在过去三年里，我们之间完全没有身体上的接触，但我并不觉得缺少什么。

我和我的朋友深爱着彼此，也非常依恋彼此。我们的孩子已经长大了。虽然有的还在上高中，但他们终有一天会离开家门。

我们想搬到一起住，因为我们相处特别愉快。我们已经形成的身体上的联系并不是我们渴望在一起的原因。身体上的联系只是我们的爱与联结的一种表现。我们一起欢笑，一起聊天，一起外出，一起享受平常生活的一切。我们在一起的时候很平静，也很开心。但是，如果要搬到一起住，那就意味着我们当中的一个必须离开目前居住的城市。

我们知道，这不是闹着玩的。我们知道，拆散一个家庭不是一件简单的事（尽管几年来，我们已经跟各自的伴侣多次谈到过这件事）。我们也知道，为了开启在一起的新生活，我们显然必须结束我们过去的生活。我们也知道，我们的孩子知道并且认可我们之间愉快而牢固的联结。在他们眼里，我们想要迈出的这一步并非无法接受。但是，我的朋友非常害怕来自孩子们、父母们、兄弟姐妹们以及身边朋友们的看法。我非常想听到你对此的建议。

我给她回信：

人应当在什么情况下离婚？

对这一问题的回答首先取决于各人的价值观。我们是遵从道德守则生活的人，如果我们的行为不符合我们的价值观，我们心里就会不舒服。因此，我首先建议你们分别审视自己的价值观。例如，你们认为离婚在哪些情况下是合理的选择？还是说，在任何情况下，家庭永远都不应当破裂？（提出离婚时，那些认为家庭不应破裂的人会遭受巨大的痛苦。）

再如，离婚的正当理由仅限于某些显而易见的问题吗，比如通奸、家暴、虐童、吸毒，等等？（持有这一观念的人有时会下意识地制造冲突或让自己遭受虐待，以此来获得提出离婚的正当理由。）

还有，在你看来，你身边人的幸福和满意是否比你自身的幸福来得更加重要？还是说，在面临重要决定时，个人追求幸福的权利应当放在首位来考虑？换句话说，根据你的道德观，人是否应当牺牲个人幸福来防止身边的人受到伤害？这样的牺牲对他人真的有好处吗？

再比如，你是否认为，只要离婚，孩子就必定会受到伤害？或者，与离婚相比，父母之间缺少爱给孩子造成的伤害是更多还是更少？根据你的世界观，父母对孩子所负义务的边界在哪里？在什么情况下，父母应当更多考虑自身权利？

审视过你对这些问题的看法后，你就能想清楚，自己是否拥有离婚的正当理由（在你看来）。

　　你要继续"反省"的是，在目前的情况下，"我得到了什么？又给予了什么？"人类有一种可悲的倾向，即只关注当下所缺少的，却不在意当下所拥有的。这意味着，只有在离婚后，人们才会突然意识到，自己已不再拥有平日里由婚姻所给予的司空见惯的一切。所以，他们甚至没有想到，离了婚的他们将不再拥有这些东西。例如经济资源、一个爱自己的人，或者仅仅是另一个人的陪伴（如果你跟朋友一起生活，你就会拥有她的陪伴），又或者是另一个人对你的孩子的宽容，因为你的孩子也是对方的（而别人很难做到这一点）。

　　你也要考虑，你给予了对方什么。我们都希望自己是有用的，如果我们身边有非常需要我们的人，我们就会拥有某种价值感和重要感。考虑离婚的人有时觉得，他们不再能得到在他们看来非常重要的东西（它们可能属于物质、身体或情感领域）。但是，如果在他们看来，继续维持婚姻确实能满足伴侣的某项重要需求，例如，当伴侣威胁要自杀或身患重病时，他们有时也会选择不离婚。这些人继续与伴侣生活不是因为他们得到了什么，而是因为他们给予了什么。你也要记住这一点。

　　社会声望的损失几乎总是难以避免的。就你们的情形而言，你需要考虑你们各自和你的孩子们所将付出的社会声望损失。毕竟，你们的关系存在于两名女性之间。从某种程度上说，这一代价的多少取决于你们共同生活于其中的环境和社会的宽容程度。但矛盾的是，你丈夫或许反而更容易接受你们因为同性恋关系（而非因为你跟别的男性出轨，或是因为你对他不满意）而离婚。就你的情况而言，你丈夫可以对自己说，他的妻子离开是因为她不可理喻，或是精神错乱了，或是性取向突然改变了（这取决于他的世界观）。但无论如何，这件事的原因都不在他。

　　海伦与她的朋友产生了感情，这一感情源自她们"一起欢笑，一起聊天，一起外出，一起享受平常生活的一切"，而且，这一过程十分简单和自然。这一事实表明，她自己的生活原本就存在巨大的缺失。

就像杯子之所以能盛水，是因为它本身就是空的。在这种情况下，我们很难看到两人有重归于好的机会。

如果夫妻关系尚未发展至完全形态，例如两人还没有孩子，那么他们就可能遭遇另一种形式的困境。

"爱是现在唯一支撑我的东西"
依赖招来暴虐

在上一个案中，海伦犹豫是否应该离婚，而以下个案中的多萝西则对此毫无疑义。她确信，她应该摆脱她此刻所处的关系，但她认为自己做不到。在她看来，对方就是她生计的来源，而她的这种感受又给对方造成了巨大的压力。

多萝西在来信里写道：

我今年 26 岁，单身。我住在闹市区，看上去过得很好。而且总的来说，我过去的生活也非常成功。大约半年前，我遇到了一位跟我同岁的男性。他非常英俊、聪明，也非常成功。我们一见钟情，立即陷入了热恋当中。一切似乎都非常完美，我们开始讨论在见面两天后举行婚礼，并且确定在婚礼一周后正式结婚（错误一）。我正在兴头上，满心都是对他的爱，注意力也全在他身上（错误二），以至于我完全没有意识到，我的人生正在走入困境。我的工作体面而稳定，可我却开始对工作漫不经心（错误三），直到我毫无疑问地遭到解雇。此外，我还疏远了所有的朋友（错误四），因为我总是和他在一起，除了他，我对什么都不感兴趣了。但是后来，我们的"蜜月"期结束了，我们开始不停地争吵。

有趣的是，我并没有为任何事而责怪他，我还是那个不计较而专情的女孩。我发现，他是一个脾气火爆、急躁易怒的人，一点小事就能"勃然大怒"，他还用语言羞辱我。我的生活里什么也没有了，只剩下他，所以我紧紧攥住我们的感情不放。我觉得，我完全迷失了自己。我已经失业三个月了，银行账户余额是负数。我完全失去了活力，从一个经常被朋友包围左右的人，变成了一个形单影只的人。我经历并度过了生活里的很多次危机，但是这一次，我感觉我没有出路了。我知道，我应该做的第一件事就是摆脱这段不健康的关系，况且它本来就很脆弱。但是，我做不到。现在，只有爱才能让我不至于彻底崩溃。我找不到工作，压力非常大。我欠了很多钱，这让我寝食难安。我不知道如何才能走出我现在的困境。

我给她回信：

我也认为，你犯了几个错误。你按照错误的方式做了，而现在，错误仍旧在继续，好像"爱"成了生活本身。似乎，当你恋爱时，你的所有精力都从生活的各个方面汇集到了爱和你爱的人身上（错误一）。这个错误很常见，常见于青少年。例如，"我无法集中精力上课，因为我恋爱了！"著名性教育家索尔·戈登引用了他们的话，"我不能倒垃圾了，因为我恋爱了！"这一态度的特点是，当事人完全忽视了他们所应承担的义务和所应参加的活动，他们疏远他人，并且把"爱"树立为生活的唯一主题。

另一种常见的看法（也是我的看法）是，真爱能激发和促进很多东西，例如成长、活力、创造、贡献社会、关注家人和社交圈，等等。

你还做了什么呢？你已经从你的肩膀上卸下了你对生活的责任，你所期望的或许是，对方能帮你分担这些责任（错误二）。你完全放弃了你在职业、社会和经济领域（你不再专心工作，甚至因此被炒了鱿鱼！）的经营。这有点像是几十年前的常见观念，即，女孩子找到丈夫后，她就不必继续专心学业、工作，不必独立生活了。一旦找到丈夫，一切都变得没有必要了，对方会安排好一切。

你喜欢完美（"一切似乎都非常完美"）和成功（你"过去的生

活也非常成功"，他"也非常成功"）。因此，在你看来，任何错误都是不应该犯的。

我有一种感觉，正是因为你对自己和生活抱有这样的完美期待，所以在恋爱之前，你自己的生活、工作和朋友并未让你真正感到快乐和满足。如果事实不是这样，那么，你又何以如此轻易地放弃这一切呢？这是很难理解的。我想说的是，你可能不是"为了恋爱而放弃一切"，而是因为已经恋爱，所以你才能放弃一切，把生活的重心转移到别的方面和对方身上。

这种做法从来都无法让人过上幸福的生活。我猜，你爱的人很快就发现负担沉重。你可能是"不计较而专情的女孩"，但你只是对他如此。而你的这一点可能完全不适合他。那些注意力全在别人身上的人（不论这里的别人是伴侣还是孩子）通常会要求得到某种回报，要求对方给予自己类似的对待，进而成为一种负担。到了最后，那些以伴侣为借口而放弃承担生活责任的人往往还会反咬一口："如果不是因为遇到你，我现在（比如 20 年后）可能已经处于事业巅峰了。"我已经说过，这种用"爱"和婚姻来取代自主生活的做法是无法真正让人过上幸福生活的。

你在来信里写道："我应该做的第一件事就是摆脱这段不健康的关系。"但我不这样看。这就像是有人抓着一根不结实的树枝，虽然这根树枝的确撑不了多久，但他此刻最好还是不要松手。他最好继续抓住这根树枝，同时用两条腿和另一只手去寻找更加粗壮的树枝，或者别的东西，直到那件东西能够承受他的体重为止。

因此，如果"只有爱才能让我不至于彻底崩溃"，那就不要离开他。但是与此同时，你也要开始安排自己的生活。接受错误，抛弃完美，抛弃成功，先找到一件事来解决生计问题（偿还银行债务），如果可能，这件事最好是你感兴趣的事。你可以恢复与朋友的交往，他们既可以是老朋友，也可以是新朋友。你可以参加一些兴趣团体，例如治疗团体、社交团体，以及围绕某个成长主题或涉及志愿活动的团体。只有当你找到足够粗壮的树枝来承载你的生活时，你才可以开始考虑分手。反正，那时的你也不会为了你的男朋友而死去活来了……

你要**改变你对错误的态度**，这非常重要。犯错是最好的学习方式。你可以看看，你从这次犯错中学到了多少。这不是很棒吗？你可以把它当作一堂思考课，借此想明白很多问题。例如：你真正想做什么样的工作？想交什么样的朋友？你是谁？什么叫做独立？当你慢慢想清楚这些问题后，你会更可能拥有真正的爱情和婚姻。

另外，我建议你提议推迟你们已经确定的结婚日期，同时也暂不考虑其他日期。

人生有三大课题：

家庭——与另一个人建立共同生活的亲密关系，进而成为父母。

工作——"你必汗流满面才能糊口"。自从亚当和夏娃被赶出伊甸园后，人类就不得不工作。所有人都得做点什么，贡献点什么，如此才能生存，才能维持生活，享受生活，人们才能相互交换。于是，一个人做电工，另一个人用小提琴音乐会来回报他（以金钱为交换媒介）。

社交——友好的社会关系是我们借以感受"我们并不孤单"的方式，我们也为他人提供这样的感受。我们需要倾听和表达，需要对他人感兴趣，需要娱乐，需要表达支持和接受帮助。这也是生活中非常重要的一部分。

一个人完成人生课题的程度与他（她）的自信（归属感）和社会兴趣水平直接相关。那些不确定自己有价值的人，那些认为自己不"成功"就没有任何价值的人，那些没有培养出社会兴趣的人都会缺少完成人生课题的勇气。他们害怕犯错，害怕失败，害怕被人发现自己低人一等。然后，当他们想要避免应对这些课题时，他们就需要一处避难所，一份不在场的脱罪证明，而坠入爱河和结婚就是这类托辞的具体表现之一，我们已经在多萝西的信里看到了这一点。

这一托辞特别受女性欢迎，因为，在男女不平等的许多世代里，女性总是受到这样的教导：女性无权或无需独立生活。只要人们赞成男女两性之间的不平等，女性对男性的依赖就会是常态。这种依赖存在于生活的各个方面，例如经济、社会、职业（"我丈夫不让我工作"），并且最终会表现在情感和心理方面。现在，经过多年的争取，女性已经如愿在经济、社会和职业领域获得独立地位。但是，许多女性仍旧难以放弃依赖的好处，仍在利用男性。她们把生活的责任放在男性肩上，以此来让自己从中解脱。

她们跟多萝西一样，把所有注意力都放在伴侣身上。作为回报，她们也要求得到他的大部分（如果不是全部的话）精力。有时，这是方便之选。有些男性会寻求建立彼此依赖的关系，当存在这种想法的两个人相遇时，他们通常都能建立并维持（至少短暂维持）这种关系。就多萝西的个案来说，这样的安排可能不再适合男方，于是他开始愤怒。她在信中写道："除了他，我对什么都不感兴趣了。"这对对方来说是个负担。他不愿把她的生活扛在自己肩上。另一些人（通常是想方设法逃避人生责任的人）也许会毫不迟疑地负担起她的生活，并且以此为借口来让她去承担原本属于自己的责任（"如果不是我妻子拖累我，我就会登上人生巅峰"）。因此，在面对人生课题考验时，他们都能成功免除自己的责任。

然而，一旦这种关系形成，它的真正问题很快就会暴露出来。这种关系所导致的压力会让双方都产生抵触反应（这种反应是健康的！），并且，总会有一方首先不堪重负。或许，在最初的痛苦过后，双方各自最终都能重新找到自身的独立存在。这一过程可以发生在他们仍旧在一起的时候，也可以发生在他们分手之后。

给犹豫不决者支个招

到目前为止，我们的来信者都在考虑分手，并且犹豫不决。对于他们当中的一部分来说，犹豫原本是不必要的，事情决定起来也不困难，可是如何做到这一点呢？

我们在书中关于"争斗"的一章里谈到过，一段感情的失败几乎总是源自双方缺乏伴侣相容力。所以，犹豫不决者所真正需要的是培养这一能力。如果他们不在这件事上投入足够的努力，那么当他们希望建立更美满的关系时，结果仍旧会是有心无力。这是因为，人通常只能和伴侣相容力与自己差不多的人结为夫妻。

因此，许多犹豫不决者都可以开始思考和实践与过去不一样的新行为，也就是说，努力提升自己的伴侣相容力。这意味着：

- **努力去理解**。学会通过倾听来真正理解对方的意思。如果你没懂，就应该去问（而不是争辩）。很多时候，我们满以为自己了解对方，但事实并非如此。如何让彼此在真正的意义上相互理解呢？两人可以将对方的立场和感受表达出来，直到得到对方确认（直到对方说："我觉得你理解我了"）。记住，理解并不意味着达成一致，这一点很重要。
- **培养共情力（同理心）**，即感同身受的能力。表达对方的立场和感受，并且听到对方表示"我觉得你理解我了"后，你就可以迈出下一步，问自己，"如果我是对方，跟对方有一样的童年经历，并且面临着与对方相同的处境，那么我会有什么样的感觉？我会做些什么？"
- **体贴**。"如果这一点对你那么重要，那么我可以让步。"
- **接纳**。"这是我的丈夫，这是我的妻子，谁都不是完美的，我不能重新改造他（她）。"
- **宽恕**。停止反复算旧账。
- **不竞争**。这需要双方摒弃垂直视角。他们需要明白，他们在这世上的位置并非源自与他人的比较，也并非建立在优于他人的基础上。他们需要理解，"价值感不必源自我必须比我的伴侣强。我们是合作伙伴，我为对方的优势、成功和美德感到欣喜，我也愿意表达这一欣喜。直到我拥有了这样的意识，我的合作伙伴才能像他（她）所说的那样，支持我。"

- **合作**。在涉及双方的所有方面配合对方。尽最大努力做每一件事，而不去计较谁贡献多，谁贡献少。需要做什么，就去做什么，而非只做彰显自己地位的事。
- **沟通**。开诚布公地交流（记住，对方不是敌人，信息也没有好坏）。
- **友善**。说话要像跟好朋友聊天一样。
- **鼓励**。要理解，对方感受越好，双方受益越多，欢乐越多。
- **不抱怨，不批评**。与其抱怨，不如寻求对方改变。与其批评，不如看看自己能做些什么，以此来让事情有所改善。
- **区分自己和对方**。要明白，如果对方说了或者做了什么你不喜欢的，那只是对方的问题。对方心情不好并不意味你也要心情不好，对方想争辩并不意味着你也得这么做，对方想要很多性爱并不意味着你也必须如此。
- **人能控制的只有自己**。停止改造对方的各种努力，同时对自己的行为承担起全部的责任。
- **关注积极面**。寻找积极面，感受积极面，用积极的方式思考和表达。

眼下（在最终决定之前），正在犹豫是否离婚的一方可以借助当下的关系去练习所有这些方面。**一切关系都可以是提升伴侣相容力的课堂**，而糟糕的关系更堪此任。

遗憾的是，许多人并不能仅靠这本书来练习，他们还需向专业人士寻求指导。

随着练习的进行，考虑离婚的一方既可能会发现他们与对方的关系显著改善，[1] 也可能会发现完全没有改善。如果关系没有改善，考虑离婚的一方就可能会坚定离婚的想法。而如果情况相反，他们就可能放弃这一想法。无论怎样，人都可以早日停止犹豫，进而拥有更加美满的感情。这更为美满的感情如若不是当下的感情，那就是下一段感情。

对于是否离婚的犹豫，我们已经讨论很多了。一旦结束犹豫，决

---

① 提高伴侣相容力类似于我在回复艾琳来信一节里提出的"三个步骤"。——作者注

定分手，那么被动承受这一结果的就会是伴侣中的另一方。下面的几封读者来信即来自遭到抛弃的一方。

他说他不爱我了
如果不想承担被抛弃的风险，那就应该选择单身

当男朋友突然宣布分手的时候，那种感觉就像是小时候看到妈妈离开，并且以为她再也不会回来。如果妈妈真的没有回来，那就是天塌了。但是，此刻，成年人遭遇分手的情形只是看起来像是天塌了。毕竟，他们已经不是小孩子了，他们有能力独自生活。不过，这一悲伤过程也仍旧是有意义的。

特蕾西在来信里写道：

有一件事一直困扰着我，所以我给你写这封信。我今年 29 岁。半年前，我跟一个人约会，那人 36 岁。我们很爱对方，感情也很好，但是，由于某种原因，我们之间发生了一些矛盾。主要是由于缺乏沟通，我们最后分手了。我很难接受分手的事实，对此感到非常痛苦。我们本来已经决定结婚了，并且也通知了家人，可最后竟然分手了。我的男朋友突然告诉我，他觉得我们的爱已经褪色了，他不再爱我了。

我非常伤心，因为我知道，假如我们当初能明智地敞开心扉，那么结果很可能会不同。

现在困扰我的是，虽然我知道我不是自私的人，我也很诚实，但我不敢再相信别人了，我怕受到伤害。

我给她回信：

对于你说的情况，我已经了解了。人可能会害怕很多东西，例如

315

各种疾病、事故、自然灾害、财产损失、股市崩盘……但是，人最核心也最深层的恐惧是被亲密的人抛弃。这一恐惧的来源很容易理解。第一个与我们保持亲密关系的人通常是我们的母亲，婴儿需要依靠她来生存。没有了母亲，那就意味着没有了食物，没有了温暖，没有了情感的联结，结果连生存也会成为奢望。而且，一旦母亲离开，婴儿就会担心她一去不回。所以，婴儿对此抱有巨大的恐惧是十分正常的。随后，婴儿会逐渐意识到，母亲离开后通常都会回来。但是，接下来，婴儿害怕母亲一去不回有时就会变成害怕母亲生气。那种感觉就像是，一旦母亲生气，她就不再爱她的孩子了，而失去了母爱的孩子还能拥有什么呢？

即使我们成年后，这种恐惧仍旧会残存在我们的记忆里。如果我们被最亲近的人抛弃，我们发现对方不再爱我们了，这种巨大的恐惧就会重新出现。对此，我们无能为力。人天生需要情感联结，需要爱，一旦对方突然离我们而去，我们的眼前就会是万丈深渊。

如今，由于成长环境的差异，各人对被抛弃的理解也不尽相同。有的人会悲哀地认为："我一点价值也没有，谁都不想要我。"另一些人（比如你）则不会丢失自信和自尊，并且只会责怪离去的一方。第一种人会问："还有谁想要我？"而你则会问："我还能相信谁？"对你们这类人来说，问题解决起来要容易很多。

事实上，对方突然离你而去的原因有千种万种。既可能与他有关，也可能与你有关，还可能与你们的感情发展过程有关（即与你们两人都有关）。有时，伴侣中的一方突然离去是因为另一方误解了当下的情形。例如，你可能没有注意到，他对婚姻本身存在很深的焦虑。他从前可能真的非常爱你，但是一到谈婚论嫁、通知家人的阶段，他就可能会惶恐不安，甚至会逃之夭夭，而他对你的爱也会跟着化为乌有。不过，这是你永远也无法确定的事。你说的"敞开心扉"当然非常好，也非常重要，我同意你的观点，但仅靠这一点完全挡不住伴侣中的一方离开另一方。因为，有的人已经学会敞开心扉，并且先于对方开诚布公地说："我不爱你，我想离开……"

你害怕再次受到伤害。但是，所有冒险去与他人结成关系的人都必须承受这一恐惧。一切关系都会终于痛苦，不是一方（或双方）决定分手，就是一方死去。虽然以上哪一种选择更为糟糕仍旧没有定论，但人们普遍认为，这两种选择都是痛苦的（就像你说的那样，"非常痛苦"）。所以，那些害怕受伤，不想承担被抛弃的风险的人别无选择，只能单身。许多人认为，爱是生命的意义，但爱往往也伴随着巨大的痛苦。这是无法改变的事。生活中的一切无不如此，有得就有失，有机会就有风险，有甜蜜就有苦涩，有喜悦、敬畏，就会有痛苦、愤怒和悲伤。你不可能只想要其中的一半，而不想要另一半。不少人都在用放弃的方式生活。例如放弃蜂蜜，以此来避免被蜇。你想成为他们当中的一员吗？

你该如何应对当下的情形呢？

如果你已经跟别人讲了你经历的事情，并且讲了很多，那是很好的。如果不是这样，你就应该开始这么做。只要有人愿意听，你就要跟他们讲这件事。你可以仔细咀嚼这段经历，直到你不想再说下去为止。你可以跟你的朋友们说每一个细节，分析每一句话，再听他们表达意见。不妨做一个婆婆妈妈的人（到了适当的时候，你也会反过来倾听他们的烦恼）。如果你还没有跟别人谈论过这件事，并且，你觉得你无法跟你认识的任何人谈，那么就打电话给志愿者热线，他们愿意倾听你的心声。面对有人故去，悲伤是必经之路。伴侣离你而去，情形也大抵相同。

等悲伤的过程结束后，你其实无需不再相信他人。如果你发现自己已经投入一段感情，那就意味着你很勇敢，愿意承担这么做的风险。如果不是，那就说明你在防御。如果你发现自己已经很久没有跟别人交往，那就应该考虑接受咨询，例如一对一的咨询或团体咨询。

毫无疑问，与别人结成伴侣需要勇气，这是十分危险的事。即使对方掷下豪言，"我会永远爱你"，听话者也仍旧可能遭到抛弃，空留失落。你投入其中，并且把你的生命、你的存在、你的感情、你的身体，有时还包括你的财产，都交予对方，可是有一天，那人却告诉你：

"谢谢，这些我都不需要了。"这种痛苦好比婴幼儿失去赖以生存的母亲，能让人痛不欲生。它像淹没归属感的洪水，也像直刺心脏的尖刀——你不再需要我了。对于把归属感（或大部分归属感）寄托于亲密关系的人来说，这尤其是灭顶之灾。而自认在其他领域（如工作、社会和思想）拥有价值和意义的人则可以较为泰然地应对这一冲击。

特蕾西不知道是否该继续"相信别人"，不过这个问题并不能这么问，问了也没有答案。如果"相信"就是完全确定对方在任何情况下都不会离你而去，那么任何人都不能相信。因为，没有人会继续维持无法满足自身深层需要的关系。因此，就算是保险公司也不敢对此承保。提高对方忠诚度的唯一办法是保持开放和坦诚的关系，是永远相互理解，相互关心。就像对待疾病一样，感情问题也应被"消灭在萌芽状态"。

同居 6 年后离开
有些人只适合旅行、郊游和跳舞，但不适合共同生活

人在遭到抛弃后可能会（暂时或永久地）失去自我价值感。他们会止不住问自己："我是谁？我算什么？我的位置在哪里？"而且，他们对"我到底有什么价值？"的追问，也很容易转变为"生命到底有什么价值？"。这种感觉如此强烈，原因之一在于，在与他人建立伴侣关系的同时，他们也把自己的**大部分价值感**（有时甚至是全部价值感）**寄托在了对方身上**。如果对方把它丢掉，它就会重重地摔到地上。不过尽管如此，你还是可以把它拾起来。

蕾切尔在来信里写道：

我丈夫是军人，已经去世快 30 年了，我也一直没有再婚。前些年，我通过报纸上的广告认识了一位男性，并且跟他在同居协议下同居了 6

年。生活虽然有起有落，但我们相互适应彼此之后，我们还是发现，我们在很多方面都合得来。我们会一起出去娱乐，跳舞和旅行。他总是十分关注钱的事。当他需要更多钱时，他就会跟我要钱，可他的大女儿有时还会在我家吃饭。幸运的是，这房子是我的。他想让我跟他一起买房子，我没同意。我现在很庆幸自己当初反对这么做，因为，他离开我不仅是因为钱的事，很可能还与我的孩子有关。他不想跟他们有任何接触，尽管他也有他自己的孩子。这个人有糖尿病和高血压。他虽然受过教育，可他脾气暴躁，没有耐心，我们无法商量和交谈任何事情。

我真的爱过他。他的离开给我带来了巨大的痛苦和折磨。在离开我之前，他至少好几个月没有跟我做爱，可他是个多情种，肯定不愿意放弃这种事。他一开始还骗我，说他只是暂时离开。后来他跟我说，他希望我们做朋友，有事情互相帮助。他还说，他还会考虑回来跟我继续生活。可是与此同时，当然了，他却想约会谁就约会谁，想做什么就做什么。

我希望你能给我一些建议，告诉我该做些什么，以及怎么做。我是一个心思细密的女人。我照顾他，待他非常好。他甚至说，我是天底下最好的女人。所以，我不明白到底发生了什么事。他肯定遇到了什么事，我却不知道。我很健谈，他却比较孤僻，比较内向。我是天蝎座的，非常善解人意，有耐心，关心他人，喜欢助人为乐，有一颗温柔和善良的心。这段日子我过得很艰难，我暂时还没能走出来。

我给她回信：

据你信中所言，你是一个非常善良的女人，而他却令人讨厌（例如他对钱和孩子的态度）。但你爱他，想要他，可他却离你而去。如果有人能想出什么办法来抚平这样的伤痛，那么他就值得为此而赚到一大笔钱，也值得死后上天堂。可是到目前为止，人类还没有想出这样的办法。那些想要抚平伤痛，想要不经愤怒和悲伤就回归正常生活的人会在将来的生活里付出更加沉重的代价。没有捷径可走。如此不幸的事发生在你身上，你肯定会觉得非常难过。这一点怎么强调都不过分。在很多人看来，心理学能解决一切问题，这当然不是实情。有的问题确实是心理问题，但也有的问题是生活问题。有时候，为了减轻伤痛，你所能做的只是运用各种有效的办法来处理痛苦、悲伤、羞辱、被拒绝等任何让人心痛的感受。

几点建议：

你可以约他出去喝杯茶，借机问他一个关键的问题：他离开的原因是否受你控制？（我的意思是，举个例子，如果有人离开伴侣是因为他们的伴侣经常大喊大叫，唠叨不停，那么这类原因是伴侣可以控制的。如果他们这么做的原因是想要更年轻或更有钱的伴侣，那么这类原因就不受伴侣控制。）

如果他说，他离开的原因受你控制，那么你就请他给你一次改变的机会。让他告诉你，这一原因具体是什么。如果他说，这一原因不受你控制，那么就谢谢他，往后各自安好。如果他确实离你而去，你就可以（也应该）从早到晚跟任何愿意倾听的人谈论这件事。你也可以给他写几封长信（但是不要寄出去）。在信里，你可以详细地向他证明，他是多么小气、吝啬、愚蠢和苛刻，以及你是多么温柔和善良。这么做会对你有所帮助。

无论如何，不要单纯为了恢复平常的生活而压抑自己。

既然你喜欢照顾他人，那么等悲伤期结束后，你就可以去做志愿工作，以此来发挥你的温暖、关怀和耐心，并且从中收获快乐。你可以通过相关的机构找到这样的工作。如果你努力尝试，你就会发现，在这个世界上，需要你的人无处不在。

你可以在报纸上登一则广告，把你在这封信里写到的关于你的特点都写进去。既然你如此喜欢给予和付出，那么我相信，你一定会找到一个比他更好的人，一个懂得欣赏你的温柔和善良的人。

伴随被抛弃而来的巨大痛苦与失去地位、归属感和价值感有关。

有时，遭到抛弃的一方会下意识地得出这样的推断："没人需要我，我毫无价值。"为了缓解痛苦，有时候，他们应该询问对方（如果可能的话），他们的离去是否确实与自己（指遭到抛弃的一方）有关。当然，事实是，被别人抛弃并不意味着自己缺少价值。有时候，它反而能够证明对方缺乏某种品质，例如不懂得如何欣赏……

伴侣中的一方决定离开对方有时是因为离去一方的心里产生了新的欲望，有时也因为一方的个人发展导致他们与先前的伴侣不再般配。但是，温柔可亲的蕾切尔不再适合这个人并不意味着她也不适合其他人。从现实的角度看，这种失去价值的感觉当然没有真正的凭据。那些更容易从对方的抛弃中恢复过来的人是懂得自己在其他领域拥有价值的人，他们的价值感并不非一定要寄托在伴侣关系上。

人类最基本的需求之一是了解环境。看清环境，人才有可能确定方向，实现某种程度的掌控。换句话说，人需要信息。每当有人从昏迷中醒来，他们的第一个问题往往是："我在哪里？""我是怎么来到这里的？"以及，"发生了什么事？"人总想知道他们在哪里，他们是如何到达那里的，以及要去往别处，他们应该往哪里走。

人对了解的需要甚至重于我们所认为的最基本的需要。"盲人骑瞎马"这一短语所表达的意思是完全失控，但即使盲人至少也知道，他的马看不见。

说了这么多，我只想强调，离开伴侣，却不告诉对方原因，这么做有多么残忍。

遭到抛弃的一方了解原因后，假如这一原因是他们能够控制的，那么他们就可以对当下的情形拥有一定程度的掌控力。如果女方知道，她的男朋友离开她是因为钱和孩子的原因，那么她心里就会踏实很多。因为，只要她愿意，她就可以把所有钱都给对方，同时也不让她的孩子见到对方，以此来保持他们的关系。如果她明白，她无法接受这样的条件，那么从实质上说，她也参与了分手的决策。这么做能够让痛苦有所减轻。

另一方面，如果遭到抛弃的一方发现，这件事的发展完全不受自已左右，他们也无法让结果得到哪怕丝毫的改变，那么，他们至少就能够在一定程度上免于自责和自我批判。

斯科特不知道伴侣为什么离开他，因此他害怕重蹈覆辙。

不敢再作尝试
如果对关系破裂不明所以，新的关系就无法展开

这是一位离异男士。在他看来，他过去的婚姻生活里并没有发生什么特别的事。然而，他妻子对他的态度却逐渐发生了转变，直到最后离他而去。伴侣双方都不应该坐等事态发展到这种地步。想要分手的一方应该与对方分享自己的想法，而遭到抛弃的一方应该努力把问题搞清楚，这是作为朋友对彼此的义务。

斯科特在来信里写道：

我们于……① 年结婚，有两个男孩，年龄分别是……。我妻子受过很好的教育，在大学教书。在我们结婚的头几年里，她把我当作朋友，在与工作有关的各种事情上向我寻求帮助，对我充满了爱意和欣赏。在我们第二个儿子出生后，她的行为开始有了变化。她无视我，不尊重我，羞辱我，但我对此也毫无办法。然后，在……年，她离开了我，让我陷入了叹息和心碎当中。从那以后，我一直没恢复过来。我过得很艰难，非常艰难。

现在，我在跟一位女性朋友交往。我们只会拥抱，亲吻，每天打电话，早上也会因为工作原因见面，但我们都不敢让我们的关系更进一步。跟我一样，她也离了婚，心里也很害怕。我们这个样子已经持续5年了。在我们刚开始交往的第一年，我们还会在独立日等节日晚上一起出去约会。

① 因隐私原因省略。后同。——作者注

我给他回信：

你被她伤得很重。你妻子对你的态度逐渐发生了改变，最后让你陷入了"叹息和心碎当中"。可是在我看来，对于发生的这一切，你完全不了解其中是否有你的原因在起作用，以及你具体起了什么样的作用。现在，你害怕这种事会再次降临到你头上。事情总是这样，如果有些可怕的事情发生在我们身上，而我们却对此不明所以，那么我们就会非常害怕同样的灾难再次降临。而如果我们已经充分了解了已经发生的事情，那我们至少就能在一定程度上预见未来是否会发生这样的事，在什么条件下会发生这样的事，以及这种事可能会以什么样的形式发生。有时，我们甚至可以选择阻止这样的事发生。例如，如果你知道妻子生你的气是因为你对她要求过于严苛，或是因为你要求她必须按照你的想法做事，或是因为你总是抱怨她忙于工作。而且，假设你明白以上原因，那么在你与新女友交往时，你就可以关注她是否会反感你这样对她。如果她确实不喜欢你这么做，你就可以努力改掉你过去的习惯。你知道，你这么做会降低你们将来走向分手的危险。或者，如果你知道伴侣之间应当存在某种特定的互动模式，那么你也会更容易拥有美满的爱情。当然，这不是什么数学模式，而是当一些情况发生时双方的反应模式。例如，在遭遇困难、愤怒、批评和沮丧时，较好的反应方式是坦诚沟通，努力把事情搞清楚，同时本着尊重的态度认真倾听对方在说些什么，并且投入大量努力寻找解决方案，以此来满足双方的需要。如果你能了解并实施这一原则，那么你对建立新关系的恐惧也会减轻。

但是，你当然也并非一定要让你跟女友的关系更进一步，结成名副其实的夫妻关系。你不是必须要这样做。在人的一生中，总有一些时候，你想要一个人安静地生活，同时仅仅维持有限的伴侣或朋友关系。这么做当然并没有什么错。你只应该做你真正想做的事。你可以跟你的女友维持现有的关系。心理学里有这样一种方法：告诉我你做了什么，然后我会告诉你，你做了怎样的决定。如果你目前的状态已经持续了

5年，那么这可能就是一个信号，表明在此时此刻，她的存在对你是有益处的，直到你从（漫长的）危机中恢复过来为止。所以，不要被偏见所困扰，不是所有的关系都必须逐步发展，直到达成完满的状态，要有孩子，一起变老，等等。你也可以选择一段感情的特定阶段（比如拥抱，亲吻，打电话），如果这么做对双方都很合适，那么这也是很好的状态。

你也可以逐渐地发展这段关系，花更多时间跟她在一起。如果你想这么做，你就可以邀请她参加你提议的活动。跟她出去约会（就像你们在交往的第一年里那样）或许是适合你的方式。或许，你有时也可以选择在家里陪她？或者跟她一起去旅行？不过，前提是你真的想这么做。如此一来，你就能让自己的注意力逐渐远离你的妻子，你就能慢慢地不再关注她对你的态度，以及她离开你的往事。不过，我不知道你是不是想要这样的结果。

你可以选择一位熟悉婚姻与家庭领域的治疗师，跟他们做系列的咨询或治疗，借助他们的帮助来更好地理解发生在你和你前妻身上的事情。如果你不想，或者不能找专业人士，或者你认为这么做帮不到你，你也可以请你的前妻来帮你。事实上，你也可以一边接受治疗，一边寻求前妻帮助，而不是用后者来代替前者。你可以让你的前妻简明扼要地告诉你，在你们离婚这件事上，是否存在与你有关，并且你能克服和改变的原因。知晓这一原因或许能促使你鼓起勇气再做尝试。你可能会发现，你与妻子离婚既非天意，也非无法理解，而是不健康的关系模式的必然结果。在下一段关系当中，你可以选择改变先前的关系模式。到了那时，你或许会决定再找一位伴侣。她也许是你现在的女友，也许是另一位女性，只要她愿意跟你一起迈出这一步，陪你再次踏上这段称作婚姻的危机四伏的未知旅途。

如今，婚姻关系已经不同于以往。在西方世界，偏离常态的家庭结构正在变得越来越普遍。

对许多夫妻来说，幸福藏在对传统婚姻形式的摆脱当中。当夫妻共同抚养孩子时，这一形式非常有用。但是，一旦排除这一因素，那么一切选择就都成了可选项。

性爱不一定意味着插入和高潮，同样地，婚姻也不一定意味着共同生活和共担开销，也不一定意味着共度闲暇时光。

人应该把离婚后的婚姻看作模块化的家具。伴侣双方应该选择能同时满足两人需要的组件，再用这些组件组合出独一无二的家具。这意味着，双方见面的次数、与对方的身体接触要符合彼此的期待，而非越多越好。两人共享的生活领域（时间、金钱）、共同经历的事情也要符合彼此的期待，而非越多越好。已经在一起的夫妻也可以制订类似的计划，这么做有时能防止婚姻最终解体。

对遭到抛弃的一方来说，如果离开的一方确实表达了他们的想法，也确实讲述了导致他们决定离婚的原因，那么被抛弃的一方应该认真倾听，而不管这一过程有多么难捱。讲述离婚的原因往往意味着表达愤怒和提出指控，对于遭到指控的一方来说，没有什么会比面对和检视这些指控更困难的事了。在很多情况下，遭到指控的一方也会反过来指控对方。但是，为了下一段的关系，即将和已经遭到抛弃的一方（也包括离开的一方！）如果能够认真倾听，努力从中汲取教训，就会深受其益。

在遭到抛弃的同时，太多的人却不知道自己也是这一结果的始作俑者。 对离开的一方大加指责，同时顾影自怜当然是更舒服的做法，但是，这样的反应最终是没有效果的。这么做会堵上遭到抛弃的一方获得成长的大门。

在下面的个案中，泽娜却承担了过多的责任（也承受了过多的内疚）。

没长大的 32 岁丈夫
承担责任，拒绝"失败感"

一对年轻情侣在一起好几年了，女方极力要求结婚，可男方却不同意这样做。她持续施压，他终于离她而去。在过去几年里，她把自己的价值感全都寄托在了对方身上。他这么一走，她就像是被掏空了一样，成了行尸走肉。这时，她需要实事求是地检视双方各自对这一结果所负的责任。我要再说一次：

"我被甩了并不代表我毫无价值！"

泽娜在来信里写道：

我是一个28岁的女孩，温柔，漂亮，感性，而且单身（问题就在这里）。我跟一个性格很好的男友交往了4年，我们感情很好，生活也充满了快乐。我们在他的家一起生活了三年，尽管我们多次在结婚的事情上有过争吵，但总体来说，我们相处得很好。我在结婚的事情上施压，他却说他还不想结。因为，虽然他已经32岁了，但他仍旧觉得自己是个孩子。半年前，他决定跟我分手。他说，他爱我，但却不能继续跟我在一起。我的世界整个塌了下来。从那以后，我就总是感到悲伤、难过，充满失败感。

我感到一种可怕的孤独，因为我的朋友大都已结婚生子。我觉得我跟他们有些疏远，他们都在为了各自的家庭奔忙，没有时间陪我聊天。我每周都跟前男友打电话，也经常跟他见面，但随后我就会再次陷入抑郁当中，在家闭门不出。我对任何事情都提不起兴趣，在很长一段时间里都是这副模样，而他则开始跟别的女孩约会。他说，若不是我给他太大压力，他终究会跟我结婚。听他这么说，我很伤心，因为这已经注定无法实现了。我很难认认真真地去跟别的男性展开新的恋情。我相过几次亲，都失败了，这样的结果让我心里更加难过，也更加失望。我感觉我被困住了，动弹不得。我想找到爱情，结婚，组建家庭，但我不知道该如何摆脱我深陷其中的孤独和悲伤。我的问题就是这样。

我给她回信：

如果有人像你的前男友这样，跟女友"交往了4年"，并且跟对方"感情很好，生活也充满了快乐"，但32岁的他却还是说"觉得自己是个孩子"，不想结婚，这一情形通常指向以下两种原因之一：要么是他不够爱这个女孩，不想让她成为自己的妻子，他跟对方住在一起只是骑驴找马，他最终想得到的还是能让他真正心动的女孩。要么是他有心理问题，这一问题使他无法踏入婚姻的殿堂。对于你的情况，你的前男友像是存在心理问题。他"觉得自己是个孩子"，尚未在心理上做好承担家庭责任的准备。你在信里也提到，"他说，若不是我给他太大压力，他终究会跟我结婚。"从他的话来看，他这么做的原因也像是第二种。因为，这意味着他认为你适合做他的妻子，只是他觉得自己还没有做好准备。顺便说一句，你可以放心，也不必后悔，他终究是不会跟你结婚的。因此，你没有失去任何东西。现在，他正在跟别的女孩约会，他可能也会跟她（们）相处得很好。但是，一旦她（们）开始要求结婚，情况就会发生转变。到了那时，他会发现自己正在面临与过去相同的情形。他会寻找新的借口来逃避，直到有一天，他可能会意识到自己有问题，进而开始想方设法来解决它。

在心理学上，那些把发生在自己身上的一切归咎于他人或环境（也就是说，在任何情况下，都归咎于他们无法控制的外部因素）的人，与那些始终责怪自己的人是有明显区别的。能够做到平衡的人，会在这两种行为之间作出选择。这些人明白，有些事情取决于他们无法控制的外部因素，而有些事情则确实掌握在自己手中。在我看来，你是那种总是责怪自己的人（即使你这样做并没有现实依据）。因为他离开了你，所以你就有失败感？有失败感的那个人应该是他！但是，他却反过来责备你。因为，他跟你不一样，他属于另一种人，那种很难反省自身过错的人。不论怎样，你都没有理由感到失败。离开对方的不是你，是他。在你这样的年龄，在你们一起幸福地生活了好几年之后，你想结婚，这是多么自然的事情，你失败在哪里呢？恰恰相反，你已经向你自己证明，你有能力经营一段美满、幸福的感情，你忠于爱情，没有移情别恋。面对已经 32 岁却还"觉得自己是个孩子"的人，有些人可能早就选择离开他了。顺便说一句，经历和经验较你更为丰富的女孩能敏锐地"嗅出"这种逃避责任的人，并且躲开他们。

发生了这样的事，你当然会非常难过。而且，你也需要一段日子才能走出来，这不是一朝一夕的事。可以说，此刻的你正沉浸在某种痛苦体验当中。假如有谁因为失去挚爱的人而悲伤难过，你会感到吃惊吗？不用我说，你肯定会认为，这是最容易设想也再正常不过的反应。既然如此，你又何必对自己的悲伤和难过感到惊讶呢？

你经常跟前男友见面。见面期间，他还对你说，如果你不给他那么多压力，他终究会跟你结婚。除此之外，他还告诉你他正在跟别的女孩子约会。这样的见面破坏力巨大，它对你走出悲伤有百害而无一利。

你会考虑停止跟他见面吗？

我想让你知道，你现在一切都很好。还有，你很可能会在未来的某个时候遇到更加成熟的人。他会喜欢现在的你，并且和你一起组建家庭。我建议你慢慢开始过你自己的生活，慢慢开始学习，工作，做各种事情。这样一来，你就会自然而然地遇到别的人，然后再看看会发生什么。不要觉得你一无所有，因为事实并非如此。他不是你的全部。而且，你没有嫁给如此不成熟、如此不负责任的人，你很可能已经因此而逃过一劫。

你那些已经结婚的朋友确实没有时间跟你聊天。因为，你可能想跟他们聊你遭遇的事情，想聊关于寻找新男友的事，而他们想聊的却是结婚后的生活。假如他们有孩子的话，他们的话题会在很大程度上被他们的孩子所占据。你可以就他们关心的话题培养兴趣，了解一些与夫妻关系和育儿有关的事情，以此来维系与他们的友谊（而且，你的朋友或他们的配偶肯定也有不少单身的朋友）。你也可以跟他们保持距离（这么做可能只是暂时的），同时去结交跟你有共同兴趣的新的单身朋友。

人可以分为两种，一种人自己承担责任和内疚感，另一种人把责任推给别人。

通常，这两种人会相互找到对方，并与对方结成伴侣。这时，他们当中的任何一方都能以各自的方式获得价值感。为了让彼此感觉良好，也为了良好的关系能够长久维系下去，第一种人应该认识到，他们不需要承担**所有**的责任，而第二种人则应认识到，责任**也有**他们的一份。

在分手和离婚的时刻，这一差异体现得尤为明显。第一种人会觉得错在自己，或者认为是自己不够好。而第二种人会觉得错在对方，或者认为是对方不够好。然而，这两种人都没有真正地审视现实。事实上，双方对最后的结果都负有责任。从来都没有"错都在他（她）"这种事。感情破裂只是因为双方不再能满足彼此的需要。上述个案中的男方没有满足女方的结婚需求（她要求结婚是为了获得自我价值感，而不是为了跟他生活在一起。毕竟，他们已经生活在一起了），而女方则不允许男方按照他感到安全的方式生活（即不承担婚姻责任）。

在两人分手这件事上，泽娜需要承担什么责任？

我们可以这样推测，她要承担的责任是，她毫无根据地假定对方只是暂时拒绝结婚。拒绝结婚的态度几乎总是从一开始（即在形成伴侣契约的阶段）就表达过了。这一表达既可以是明确的，也可以是隐晦的。有的人会从一开始就说，他们还没有准备好结婚，不想走进婚姻这种稳定的关系形式。有的人会说，他们打算先去非洲旅游几年，然后再安定下来。有的人会说，他们不认可从一而终的传统婚姻。凡此种种，不一而足。涉世未深的女孩（例如泽娜）会平静地接受这些解释，她们告诉自己，对自由或旅行的渴望会随着时间的推移而消退，对方早晚会妥协退让。

经验较为丰富的女孩（或者知道从一开始就要认真对待伴侣契约条款的女孩）会避免与"逃避责任"型的男性建立感情。只有在怀抱

329

与对方相同的想法时，她们才会接受这样的男友。

许多感情都因为如下的原因而破裂——一方错误地认为，对方一开始所展现的特征、个性和行为模式是暂时的、可以修正的。

记住：所有的终点也都是起点。

附录

阿德勒理论的十大原则

读者常常问我："你总是说起阿德勒，他都说过什么？是关于哪方面的？"然后他们还会问："你能为我简要地介绍一下吗？"

下面的内容就是我的回答。[①]

谨以下文纪念玛丽·艾丽丝·劳塞尔（Mary Alice Lausell），一位拥有强大精神力量和强烈社会兴趣的女性。

[①] 然后，如果他们还想了解更多信息，我就会告诉他们："那你就得读伊娃·德雷克斯·弗格森写的《阿德勒理论导读》，如果还想进一步了解，那就再读鲁道夫·德雷克斯写的《阿德勒心理学基本原理》（*Fundamentals of Adlerian psychology*），如果你还是欲罢不能，那就去读他的原作吧。"——作者注

第一篇 人是社会生物

《创世记》第 2 章第 18 节中写道"那人独居不好"，这不是好不好的问题，而是根本不可能。

一人独自爬上床，嘴里嘟囔着："我谁也不需要，都给我滚。"

他开始铺床，比如先铺床单。他觉得，他此刻没有劳烦任何人。可他没有意识到，要想有床单可睡，很多人就得去种棉花。（还有很多人得去供水，去生产供水的管道，不过这些我们先不谈。）摘棉花的时候，他们还得用由很多人发明、生产的机器。摘下的棉花要用卡车运到工厂，而制造卡车也需要成千上万的人。在工厂里，很多工人还要把棉花纺成纱，织成布。同样，他们用的机器也是由很多人发明和生产的。

随后，有人还得把床单用卡车（卡车是怎么来的就不说了）运到商店，店主（他能做生意也得仰赖数不清的人，例如生产用来修建商店的建筑材料的人）再把床单卖给上面那位身心俱疲的老哥，那个天真地以为自己能离群索居、"我谁也不需要"的人。

真是那样吗？

阿德勒说："人无法独自生活。"

这倒不是老天、上帝或者别的什么的旨意，也不只是因为孤独，而是因为——生存！没有谁能独自维持生计，或者独自满足所有需求。

吃、穿、住、照顾孩子、看病、性爱、肌肤接触（维持健康所必需）、安全保障……哪一项少得了他人帮忙、协作？

我还没提他人能带给你的情趣、快乐、深情和爱呢。

人生来就无法独自生活，小孩子需要得到长期的照料。有些动物生下来就能跑，但是人不行，没人照顾只能死掉（而今，有人长到二十几岁仍旧无法独立……）。

就算照料小孩也需要两个人，一个守在家，一个在外打拼。

小孩长大后，他至少还得需要一个社区才能生存，先不说享受生活。

这个社区可能得有几十人、几百人，甚至几千人，这取决于他所在社会的文明程度和他的职业。

人须臾不可离开他人的帮助。

于是我们可以知道：

人类能生存是因为：**每个人都贡献力量，都与他人合作。**

因为人是社会生物（阿德勒如是说），所以人的想法、感受和行为都有社会意义，也就是说：

· 不存在与他人无关的想法。

· 不存在与他人无关的感受。

· 不存在不指向他人的行为。

人纠缠的不是自己，只是他人。那些人或许不在眼前，或许已经离世，但他们仍然存在于人的脑海（例如父母）。

人的本质是社会生活（social living），任何想把人看作独立存在的做法都没有意义。

第二篇 整体主义
人是不可分割的整体

人是超越部分之和的整体。人的所有部分都相互联系、不可分割。它们追求共同的目标，**哪怕有时看上去并非如此。**

有人说好了要去看生病的朋友，可他更想在家陪女友。于是在他这样做的时候，他的心里充满了愧疚。这时，他存在"内心冲突"么？

其学说影响甚广的弗洛伊德认为，人可以分为多个部分。它们独立存在，并且追求不同的目标。

这些不同的部分有超我（良知）、自我和本我。对于不愿为自身行为负责的人来说，这样的理论正合他们的心意。

"我的本我战胜了超我。"上面那人会这么讲，好像他的本我和超我不是他自己，而是别人。他们两个为了是否去探病的事打了起来，而这似乎也跟他没关系。他置身事外。遗憾的是，他的本我赢了，于是按照弗洛伊德的理论，自我执行赢者的旨意，于是他就在家陪女友了。

"我"无法战胜"我自己"（这个"自己"是谁？），他说，"它"（这个"它"又是谁？）比我强大。

对于这种事情，阿德勒就远没有那么"客气"了。恐怕，这也正巧是他远没有弗洛伊德那么受欢迎的原因之一。

阿德勒说：不，没有这种事。人不是由追求不同目标的多个部分组成的。人的身体、精神、灵魂、智慧、潜意识、道德观、欲望和行为都是同一个整体的组成部分，都指向他所选择的同一个目标。无论他想到了什么、感受到了什么，还是做了什么，无论他在家、在超市，还是在工作，无论他在经历战争还是爱情，是睡着还是醒着，都是如此。

但是，决定在家陪女友的那个人（跟很多其他人一样）鱼和熊掌都想要。他没有内在冲突。他既想做自己想做的事，又想做一个重情义的人，少了哪个他都不干。他不愿意说："我想在家陪女友，不想去看你，所以我做我喜欢的事。"他还是想做个好人。另一方面，他也不想因为要去看朋友而放弃陪伴女友。他两个都想要。

是的，这里确实存在冲突，但是，这一冲突并不像弗洛伊德所说的那样存在于人的内心，而是存在于现实当中。人不可能在同一时间做两件相互冲突的事，但他两个都想要，于是，为了消除这一现实冲突，实现他想要的两个结果，他就做了这样的选择：一方面做自己想做的事，一方面如此解释，"我想去，但是欲望战胜了我，而且我现在心里很愧疚。"

实际上，他作为一个整体选择了一种两全其美的方式：做自己想做的事（待在家里陪女友），同时装作是一个认真、体贴的人（告诉朋友他其实想去，而且内心十分愧疚）。

整体的部分之一还有无意识（unconscious）。

阿德勒没有把无意识看作一只神奇的筐子，把深潜于我们灵魂、对我们施加影响的各种稀奇古怪的东西一股脑丢进去。

阿德勒只是说到这样一个明显的事实，即，我们记忆中的所有东西并非时刻都在我们的意识当中。根据阿德勒的理论，我们只是把对我们实现当下目标有帮助的记忆提升到意识层面，而其他记忆仍然处于意识不到（无意识）的状态。

有助于实现当下目标的记忆会浮现在我们的意识当中。例如，当我们想要怪罪父母时，我们的记忆就会聚焦于他们过去犯下的错误。但是，当我们想要理解父母，同时尽可能完满地解决家里的老大难问题时，我们的记忆就不仅会呈现痛苦与抱怨，它还会呈现这一切所发生的情境和有可能促使我们原谅父母的各种因素（例如没有谁的父母是完美的）。

过后，当我们的目标成为享受健康生活时，那些负面的记忆又会沉入大海，淡出我们的视线。

阿德勒对人是不可分割整体的强调也适用于驳斥流行的心身二分法（mind-body dichotomy）。

在阿德勒看来，心与身是无法截然分开的。

他认为，除非把人看作精神与肉体合而为一的整体，否则我们就不可能理解他的大部分痛苦，无论是精神上的痛苦，还是肉体上的痛苦。

今天，不赞同他的这一看法的人已经不多了。

第三篇 垂直视角
人有差等，多么可悲的错误

练习：

1.把这个句子补充完整（最好用笔写下来）：……让我感到自卑。

下面是对这一问题的常见回答：

班上的其他同学；邻居；朋友；其他族群；学位比我高的人；比我有钱的人；长得比我好看的人；身材苗条的人；皮肤晒成古铜色的人；男性；模特；家里总是一尘不染的女人；小孩成绩好的人；家里宝宝已经会翻身的人；英语比我流利的人……

2.把这个句子补充完整：……让我感到优越。

对这一问题的常见回答仍然是上面那些结果，只是位置调转了一百八十度。

据阿德勒所言，这一练习反映了给我们造成痛苦的大部分原因（只要我们还与他人来往）。

很少有人会做不出这两道题，那些认真面对并细致作答的读者能为我作证。

为什么我们都认为我们不如一些人，又强过另一些人呢？你很可能会说"本来就是这样嘛"。我知道，说起这个问题，很多人都会这么讲。他们会说：'人家有房的当然比我这个租房的强啦。'或者，"我名牌大学毕业，怎么能跟连高中都没毕业的人约会？"

嗯，不是这样。

阿德勒说，人不是必须要这样考虑问题，还有别的选择（究竟是什么选择？下一篇会谈到）。他认为，这只是视角（态度、方法）的问题。以上考虑问题的方式尽管非常普遍，但仍旧会使人误入歧途。

事实上，这种方式是错误的，可悲的。我们把它称作垂直（差等）世界观，它是什么意思呢？

想象有一架梯子，上面直达云端，下面直抵深渊，这就是一种垂直向度。垂直视角把所有人都放到这架梯子上，让他们踩着不同的横档，处在不同的高度。

梯子上的人们无法相聚，因为每根横档只有一个位置，只能承载一个人、一对夫妻、一个家庭、一个社区、一个种族，一个国家或一种性别。

于是，除你之外的任何人只能处在比你更高或更低的横档上。在这种视角下，我们都会追求处在更高的位置。那么，我们怎么判断自己在梯子上的位置呢？只有靠比较。我们必须不断地上下观瞧，这样才能知道上面和下面都有谁，有多少人。

放学后，一个孩子回到家兴奋地宣布："妈妈，我考试得了个优！"

可妈妈却问："你们班得优⁺的一共有多少？"

在得到回答之前，她不知道是该高兴还是难过。她不了解自己和孩子（在她的头脑里，她和孩子是一体的）的价值。在这本书里，我们把这位妈妈和所有拥有梯子视角，只通过比较来获取价值感的人称作"上下观瞧者"。向上，他们会看到令他们嫉妒、钦佩和憎恨的人。他们会自卑，也会为此而痛苦。向下，他们会看到那些他们看不上的人，那些让他们自我感觉良好的人。

确实，"上下观瞧者"永远处在压力当中。他们必须永无休止地向上攀爬，超过上面的人，而一旦他们实现这一点，他们通常又会发现更高的目标。这条路艰辛又无比漫长，就算最终登上顶点，他们也无法获得内心的平静，因为随时会有其他挑战者出现，把他们拉下神坛。

有人对朋友说，她家的房子已经全部布置停当。朋友于是恭喜她说："真好，现在你家焕然一新了。"谁曾想，这位女主人却叫苦连连："是啊，可是每天都有新产品上市，我又不能把它们全换掉。"

有位著名女星曾经对我哀叹："你知道专业院校每年会出来多少年轻、漂亮，又多才多艺的女孩子吗？"

"上下观瞧者"的字典里没有休息二字，即便他们已经功成名就。

在我们的头脑里，这样的梯子不只有一架，而是有很多架。每个人都会选择一些梯子，然后努力向顶点进发。当家里的第二个孩子发现自己无法在特定的梯子上战胜哥哥时，他就会转而关注其他梯子。例如，如果第一个孩子在学习的梯子上占据了高位，那么第二个孩子就可能会去关注弹钢琴的梯子，并且努力成为家里钢琴弹得最好的孩子。或者，他也可能会瞄准调皮捣蛋的梯子，并且在上面"登峰造极"。不管具体形式如何，他都想在某架梯子上成为人上人。

我们会完全避开许多梯子，以免自己在上面的卑微排位让我们感到痛苦。有人会说："我不学物理，我对物理不感兴趣。"这句话的潜台词是，"不要以为我在物理的梯子上爬不高，那是因为我根本没去爬那架梯子！"这样一来，"上下观瞧者"就会因缺乏在竞争中获胜的信心而失去相应领域所能带给他的乐趣。

我们嫉妒某些人，是因为我们把自己摆在了那些人擅长的梯子上，否则我们就不会感到嫉妒。数学家不会嫉妒长跑选手，除非他在心底也想参与这一竞争。公司老板也很少会去嫉妒某位舞蹈家的成就，因为他不会把自己放到舞蹈水平的梯子上面。如果他确实嫉妒，那么原因可能是这位舞蹈家发了大财，而收入水平正是这位公司老板所看重并参与竞争的梯子。

垂直视角下的世界是充满竞争的。人和人都是死对头。竞争的方式有很多，却没有哪一种容得下真正的快乐。

表面上看，"上下观瞧者"拥有积极的自我意象，相信自己有机会在自己选择的梯子上出类拔萃，这样的人应当感觉良好。他们不回避困难，勇于迎接挑战。他们努力付出，为未来投资。他们抓住一切机会提升自己，磨练技能。他们努力工作，全力攀登。他们常能收获成功，品尝胜利的喜悦。但是与此同时，他们也时刻面临着压力与挑战。

对于那些没有很大的信心能在特定的梯子上登上高位的人来说，压力会更加明显。他们常常采取把别人推下去的办法来成为"人上人"。例如，他们可以通过批评和蔑视来做到这一点，"你对金融懂什么？""你又把东西弄掉了，搞得一片狼藉。"

由于比较无处不在，而且所有竞争者都想超过别人，所以人其实没有必要爬得特别高，通常，他只要去拉低别人就可以了。一个人越不自信，他就越容易直接或间接地表达轻蔑、嘲笑和高人一等，以及咬住别人的缺点不松口。

维持优越感还有一种更简便的方式，那就是从一开始就去寻找不如自己的群体，这样连拉低和羞辱都显得多余。这样的"上下观瞧者"有只跟比自己年幼的孩子玩耍的孩子，有选择平庸配偶的丈夫和妻子，也有总跟自卑者相伴的人。

还有更为可怜的"上下观瞧者"。

他们把自己置于梯子的底部，而且自认永无翻身的机会。有时，他们会为自己的失败寻找借口，以此来减轻痛苦（无价值感是一种痛苦）。这些借口可能与自己有关，也可能与他人有关，例如，常常充当替罪羊的伴侣，"我丈夫不让我出去工作，我只能待在家里，所以什么事情也做不成。"父母也是理想的推卸责任的目标，"我父母从来不督促我学习，所以我没考上大学。"还有一种比较隐蔽的转嫁方式，"我妻子体弱多病，自己带不了孩子，我不能全职工作，所以事业也几无进展。"

通常，他们用来充当借口的是某种躯体或心理（精神）障碍。这些障碍有时是真实的，有时纯粹只是一种臆想。他们会说，"因为我的脚……""因为我的眼睛……""因为我非常焦虑……""因为我胃不好……"等等。这些五花八门的"症状"都是用来充当借口的。他们就像在说："我知道我原本可以在我选择的梯子上达到更高的高度，我也知道我没有做到，但这并不是因为我缺少天分或不够努力，也不是因为我不好或者不值得尊重，而是因为……（我的症状）"。换句话说，一方面，这个人放弃了很高的位置，另一方面，他又想拼命保住与这一位置相关联的荣誉和声望。

垂直视角既可能像阿德勒所说的那样"有益社会生活"，也可能产生危害。在竞争意识的驱动下，"上下观瞧者"可能会成为医生、企业家、政治家，以及扮演其他重要角色。在他攀爬自己所选择的梯子时，他甚至可以使身边的同伴受益。然而，他真正关心的只是他自己、他的声望，以及他能否达到他所渴望企及的高度。这样的人很容易分辨，如果他做的事情无法使他获得他所渴望的地位、社会认可、声望和个人成就，他就会选择放弃，并且对所做的事情失去兴趣。例如，如果他是一位总理，那么他卸任后就不会再关心国家事务。他会停止为他在竞选和寻求连任时所看似极为珍视的目标和原则付出努力。从此往后，他只会做他自认对他个人有利的事情。[①]

拥有社会兴趣（见第六篇）的人则不然。例如，他会继续做医生，哪怕除了他的病人之外再也没有人知道这一点。或者，一旦他卸任总理或国会议员，他还将继续不遗余力地推动他所坚信的事业。伊扎克·沙米尔（Yitzhak Shamir）和乌里·阿夫内里（Uri Avneri）是来自相反阵营的两位以色列政治家，他们就是这样的人。而我们的一些前任总理则懒得关心国家事务，只因后者已经不再能帮他们爬到更高处了。

那些以敌对、侵略和破坏的方式来获取优越感的人是最有害也最危险的。例如种族主义者、迷信暴力者、恶意攻击者、专横跋扈者和虐待弱小者。

我们可以换一种方式来看待社会生活。

这种方式能为我们创造出一个完全不同的世界。

下一篇会介绍怎么做。

---

① 以色列有几任总理就是这样的人。——作者注

第四篇 水平视角
或许难以置信，但是一切人类皆平等

根据阿德勒的理论，如果一个人深信所有人的价值都是平等的，那么他就拥有"水平视角"。例如，所有人都处于同一高度，所有人都生活在同一个地球上。

这种看法并不高深，它显而易见，也众所周知：所有人都是平等的，每个人都值得珍视。

这里并不是说，所有人都是一样的！不是这个意思。恰恰相反，这里是说，尽管存在差异，我们也仍然平等。那些垂直视角的梯子只存在于我们的头脑当中。阿德勒说，所有人都是平等的、有价值的、重要的，也是他人所需要的。所有人都拥有属于自己的存在空间。换句话说，你的价值不会比别人少一丁点，哪怕你没有晒成古铜色的皮肤……赚不了多少钱……没有住在上流社区……成绩不好……不会做饭……你的宝宝甚至还不会抬头（更别提翻身了）……

另一方面，你也没有必要自视高人一等，因为你并不比其他人更有价值，即使你大学毕业……上过电视……个子更高……下棋很厉害……担任要职……

确实，真想这样看问题还是非常困难的，但是，每隔几年，我们就会有机会亲身感受平等的存在。在选举时，无论是选民还是候选人，所有人都知道，每人只能投一张选票。在计票阶段，无论选票来自明星还是酒保，官员还是民众，上司还是员工，它们的分量都没有丝毫差异，它们都具有相同的价值。在这样的时刻，每个人都会得到应有的尊重。而且到目前为止，我们还没有见到有谁提议改变这种做法。就算是商界大佬、大学教授或足球明星，他们也不敢要求自己投哪怕两票。在政治、理论和宣言领域（例如《人权宪章》《美国独立宣言》，甚至《以色列独立宣言》），平等原则已经完全树立。然而，在社会关系领域，这一观念还没有被所有人接受。

假如我们确实认为，我们都是平等的，那么我们就既不会轻视自己，

也不会轻视他人，同时既尊重自己，也尊重他人。我们就不会感到自卑。

这样的世界可能会很美好（一定会很美好）。那些感到自卑和痛苦的人总是错误地认为，"别人"是幸福的……总是拥有美好的感觉……婚姻幸福……每天享受按摩浴缸……读很多书……跟伴侣同时达到性高潮……孩子从不打架……等等。我们已经说过，自卑的人是非常痛苦的。

自卑的人也可能会感到孤独，遭受疏远和冷落。他可能会想：我什么也不是……这世上没有我容身的角落……没有人需要我……我只是个不起眼的小角色……我不参加聚会也不会有人注意到……一些人甚至会这样想：如果我死了，没有人会想念我。

下面仅举几例。

有个价值感很低的人认为生活没有意义。如果我们认真分析，我们就会发现，认为生活和世界没有意义的人也是深信自己毫无价值的人。拥有价值感的人会觉得这世上有他自己的位置，有他所属的群体（他在其中活动和生活）。假如他离开这个群体，群体里的其他人就会想念他。价值感是人生在世的心理基点。没有了它，人就无法生存。如果在一场班级聚会中，有个孩子觉得自己是多余的人，产生了自卑感（例如，他的价值感建立在成为众人注目焦点的基础上，然而，在这场聚会当中，他不仅不是关注焦点，而且其他人还几乎没有注意到他），那么等到回家后，他就不会跟父母说这是一场美妙的聚会。如果这时你询问他对聚会的感受，他就总是会说："这场聚会办得一塌糊涂，一点意思也没有，浪费时间。"而且，他还会拒绝参加未来的聚会。他们会对忧心忡忡的父母说，别的孩子又笨又无趣，还净说蠢话。他通过贬低同学（从比较中获取些许安慰）来不遗余力地缓解自卑感。无论如何，他都无法忍受置身于一个没有归属感的群体当中，因此他宁愿远离。想要自杀的人有时会说："我不想在这里继续待下去了。"换句话说就是，"这里没有我的容身之处。"

那些感到自卑（无价值）的人常常想对那些在他们看来引发了这种感觉的人实施报复。这意味着，如果有人感到自卑，并且认为身边的人应该为此负责，那么后者也不会感到安全。他的报复行为既可以小至显露敌意，也可以大至强奸或恐怖活动等暴力行径。例如，一位常年忍受虐待的妻子突然有一天拿起枪杀死了她的丈夫。埃及在赎罪日[①]对以色列展开突袭，以此来报复他们在六日战争[②]中所遭受的羞辱。第三世界国家的饥饿与贫穷如今正在威胁富裕国家。在日常生活中，类似的不大极端的例子显然更为多见：小孩认为妈妈对待他的方式羞辱了自己，于是在已经学会使用便盆后再次尿湿了裤子（他完全知道妈妈不喜欢他这样做）。或者，一旦迈出家门，在家习惯屈从于妻子的丈夫就总是拿她开玩笑（她怎么也想不通，她已经制止过多次，为什么他还要这样做）。

有时，存在自卑感的人也会诉诸酒精、毒品等有成瘾性的嗜好来缓解自卑所造成的痛苦。

不过，我们有办法来消除自卑感！痛苦并非不可避免！人的观点可以改变，事情可以从不同的角度来看待。我们可以学习和掌握水平视角，虽然它并不简单，也无法速成，但仍旧是可能做到的。

在这一视角下，我们所看到的画面与"上下观瞧者"眼中的截然不同：所有人都生活在同一个地球上，都在同样的高度结伴进发。所有人都有容身的空间，都拥有共同的目标——克服生活带给我们的困难和阻碍，让所有人都过上更美好的日子。

我们都是同一条阵线的伙伴，只要互帮互助，团结协作，我们就能收获更好的结果。每个人都能做出自己的贡献，每个人的贡献都是宝贵的、必不可少的，都值得肯定。没有人是低人一等的，也没有必要把人相互比较，我们也不会这样做。

与"上下观瞧者"不同，采用这一视角的人——我们在这里称之为"联手向前者"——不会与他人产生对立。他既不反对别人，也不与别人竞争。他与别人不是有我没你，有你没我的关系。他不会因为他人拥有力量、成功或知识而感到威胁。相反，这正是他的需要。他们是他征途中的战友，是他在艰辛生活中奋争的伙伴。他们能力越大，

---

① 赎罪日（Yom Kippur），犹太人一年中最重要的圣日。——译者注

② 六日战争（the Six–Day War），即第三次中东战争，1967 年 6 月初爆发。——译者注

结果就越能帮助他战胜困难，最终让每个人都过上更美好的生活。

在"联手向前者"那里，最常见的沟通方式是鼓励。与总是寻找机会批评，羞辱他人的"上下观瞧者"不同，"联手向前者"努力为他人加油打气，同时帮助他们成长为最好的自己。

"联手向前者"所面对的困难不是来自他人，而是来自生活。例如高温、缺水、虫害、疾病、疼痛、不擅外语，以及美味的食物总是容易使人发胖。这些都是困扰他的事情。

"联手向前者"不会浪费精力去衡量自己的价值，去确定自己与他人的相对位置。他不以自我为中心，而是关心他人，热爱生活。他专注于自己的工作，同时也投入精力学习新知，磨练技能。他这么做不是为了自我表现，以此来给他人留下深刻的印象，而是为了发挥自己的潜能，做出最大的贡献。在学校，他钻研数学问题并不是为了考第一，而是因为问题本身令他着迷。如果他是鞋匠，他修补鞋子就是为了让鞋子穿得更久。如果他是老师，他就会竭尽所能让课程精彩、有趣。他们做事不是为了给别人看，也不是为了升职加薪，而只是为了得到美妙而有益的结果。

"联手向前者"通常是内心安适而平和的人，他们给别人带去的也是同样的感受，是他们让我们的世界成为了更美好、更宜人也更美丽的家园。

难道我们不都应该考虑转换到水平视角吗？

约翰·列侬显然就是这么做的。当年，他离开披头士乐队，把时间都倾注在了他的新家庭上。在他的一首歌中，他这样写道：

"人们说我行事癫狂……

确信我告别名利场再无快乐时光……

你难道不怀念往日辉煌？看看你现在的模样……

我真的很喜欢……不再匆匆忙忙

我只是必须回归平常……"

在另一首歌中，他对妻子这样写道："我永远感谢你……让我明白成功的真意……"[1] 这里的"真意"或许是指他离开乐队后内心和生

---

[1]《看轮子》(Watching the wheels)、《女人》(Woman)两首歌均为约翰·列侬所作，均收于 1980 年发行的《双重幻想》(Double Fantasy)专辑。——作者注

活中所充溢的快乐和爱。不过，离开乐队并没有妨碍他继续谱写最动听的歌曲。只是，他此时写歌已经无关"成功"，而是为了表达和宣示，为了诉说他的心念与情丝。

社会平等[①]

在阿德勒夏季学校与研究所国际委员会的课堂上，我们讨论过一个话题：为什么我们很难真正感受到社会平等的存在，并且按照这一原则去行动呢？很明显，这一概念的含义一点也不清晰。它到底指什么？有什么样的外在表现？为什么我们应当选择这样的生活方式？它会给我们带来什么？下面的图表将对以上问题做出回答。

	优越 – 自卑	平等
信念	有些人地位高，有些人地位低；在特定层级维度（这样的层级维度有很多），有些人比别人强。	人皆平等，尽管人各不相同；每个人都是独特的，都有自己的价值，都能发挥自己的影响，做出自己的贡献。
权利与责任	有些个人或群体比其他个人或群体享有更多权利。	所有人享有平等权利，负有平等责任。
目标	在自己选择的层级维度获取和维持优越感，争当自以为是的"第一"，超越他人。	为自己和群体在当下和未来的福祉做贡献。
方式	追求能够带来声望的成就和成功，只把精力投入有机会获取胜利和优越社会地位的领域。	把精力投入自我实现的领域（哪怕相应的能力并不突出）和能给自身带来快乐和满足，同时也能为社会贡献价值的活动。
与群体的关系	个人的需要和目标有时与群体的需要和目标相冲突。	个人的需要与群体、夫妻、家庭和人类的需要一致，这样的个人拥有社会兴趣。

---

① 本部分是作者为阿德勒夏季学校与研究所国际委员会的课程而写的，原文为希伯来语，由玛丽·艾丽丝·劳塞尔（Mary Alice Lausell）将这份表格翻译成英文。阿德勒夏季学校与研究所国际委员会（The International Committee of Adlerian Summer Schools and Institutes），由鲁道夫·德雷克斯于 1962 年创立。——作者注

（续表）

	优越 - 自卑	平等
典型感受	焦虑（害怕失去自己在社会中的地位），压力大（比较，想要超越他人），没有安全感，缺乏自信（感到自卑），不尊重自己和他人，精神紧张，羡慕，屈辱，怀疑，敌意，好斗，气馁，沮丧。	友爱，尊重自己和他人，自爱，放松，内心平和，信任他人。
行事风格	喜欢竞争，以自我为中心，持续或强迫性地确认自己的地位（跟别人比我做得怎么样），关注梯子上还有多少空间，打击他人，容易卷入权力斗争，依赖型人格。	合作，磨练技能，专心做事，寻找解决问题的方法（而不是"应该怪谁"），负责任，独立，坚韧，鼓励他人。
沟通风格	发号施令，批评，讨好，迎合，争论，证明自己正确，拍马屁，具体，敷衍。	坦率，清晰，坚定，喜欢表明自己的感受、信念和态度，喜欢提问。
面对错误	羞愧，内疚；受到"权威者"惩罚；很可能有"受辱"的感受。	认为犯错是学习过程的天然组成部分；犯错者会分析总结，从中学习，想方设法改正错误，挽回损失。
总体氛围	紧张，危险，不和谐，缺少权利，争夺（很可能会运用权力或暴力），动荡，不稳定。	和谐，安宁，稳定（只是总体上说，并非每时每刻）。
决策过程	专断，地位越高，决策权越大；没有权力的人会产生无助感，缺乏自由和掌控感，他们无需分担责任，因此也无法获得信息。	民主，普遍参与决策（直接或由他人代表），对自己的生活有掌控感，信息充分分享，知道自己拥有其他选择和自由。
冲突解决	一方赢，另一方输；不是我听你的，就是你听我的；一方快乐，另一方痛苦；以上结果全部取决于力量、金钱或权力对比。	鲁道夫·德雷克斯解决冲突的四个步骤（相互尊重，找到症结，达成一致，共同决策与责任分担）。
信息获取	保密，只限掌权的少数人知晓。	所有人都能获得关键的决策信息，重视信息分享机制。
责任归属	决策者承担所有责任，其他人可以为自己所遭受的牵连而发出要求、抱怨和指责。	所有人共同承担责任，知晓自身对当下情形的影响，有责任感。
行事方式	掌权者决定由谁来做以及以怎样的方式做。	分工依照能力、培训、经验、天赋等公开标准，群体推选（在理想情况下），负责一项任务的多个责任人分别拥有掌控权。
权力模式	专断。	民主。

第五篇 主观感知与客观事实
每个人对现实都有不同理解，但有些规则适用于所有人

主观感知
对话：

讨论天气

甲：在下雨天，你是什么感受？

乙：下雨让我心情低落，都快抑郁了。

丙：碰到下雨，我会很高兴，因为它能给我一种清爽的感觉。

讨论分娩

甲：你在分娩时的感受如何？是不是特别痛苦？

乙：是挺疼的，不过我感觉特别好，因为我知道我就要有孩子了。

丙：没错！当时简直是度秒如年，我再也不要生孩子了。

讨论家具

家中，妻子说："我们换一张桌子吧，这张我真是受够了。"

丈夫："好主意。"

商店里，妻子说："你看这张，正是我想要的那种，跟我们现在用的那张差不多，不过是玻璃材质的。这桌子很漂亮，是不是？"

丈夫说："啊？你在说什么呀？我以为你想换桌子是因为嫌现在那张太矮，你总得弯下腰去够它，我早就想换一张高一点的桌子了。"

讨论关系

她："自从那次去红海边度周末回来，我就再也没有享受过那样的性爱。那次感觉真的特别棒，跟我一直以来想要的一模一样。我们那时真是身心交融，是不是？"

他："你在说什么呀，那天我裸潜回来都快累死了，完全没心情做爱。"

讨论情感

甲："父亲去世是我一生中最大的痛。"

乙："还好我没爹也没妈！"

如果有个小男孩失去了父亲，我们会认为这是一出悲剧，而且我们还会觉得，小男孩也会这样看。可是，沙洛姆·阿莱赫姆(Shalom Aleichem)却在他的一本书里记载了这样一个小男孩。他的父亲死了，可他却认为这是一件喜事。因为，既然所有人都认为他那么不幸，那么他现在就能撒开了玩耍了。

阿德勒提醒我们，所有人理解和看待问题的方式都是不一样的。那么，我们如何了解别人的想法和感受呢？这确实是个问题。很多时候，我们做不到这一点。或者，我们认为我们能做到，可事实上只是一厢情愿，所以我们还是不能相互理解。这是为什么呢？因为，我们倾向于认为，我们的想法、感受、需求、期待、希望、憎恶和恐惧同时也是别人的想法、感受、需求、期待、希望、憎恶和恐惧。

但是，我们已经说过，别人理解和看待问题的方式是跟我们不一样的，那我们如何去理解别人呢？

答案是：在相互尊重的基础上沟通。规则如下：

首先，永远不要假定他人的感受跟你一致。不要说："我们喜欢这次旅行，特别是一路的风景。"而要说："我喜欢这次旅行，特别是一路的风景，你呢？"

其次，一定要清晰而准确地表达你的想法和感受。你可以说："我希望你能陪我一起去看我母亲。如果你不去，我会觉得你不喜欢我们家的人。"而不是，"我妈那儿你爱去不去。我才懒得管！你不去我自己去！"这种交流是模糊的，有攻击性的，也缺乏对对方的尊重。

第三，不要猜测，而是要询问对方有什么样的想法和感受。你可以说："做完爱，你介意我继续看书么？"[1]

第四，最重要的是，认真倾听。不要说："好了，好了，我知道了。"

丈夫为妻子准备了两人去巴黎度假一周的机票，想要给她一个惊喜。这是他的心愿，此刻终于了结。然而他没有想到的是，妻子听了后非常生气。因为，她最近正在参加一个重要的培训课程，哪怕一堂课都不想落下。而且，在她看来，跟丈夫在巴黎待一周似乎也没什么意思。最令她感到气愤的是，他在制定计划时竟然没有征询她的意见，这让她觉得自己没有得到应有的尊重。丈夫认为他给妻子做了一件大好事，可妻子却被他气得直跳脚。这里没有对错之分，只因两人看问题都过于主观。如果他们能遵守上面的四条沟通规则，那么伤害、失望和争吵就都可以避免。

这不是谁对谁错的问题，而是每个人都只看到自己眼里的主观事实。然而，事实并非都是主观的。根据阿德勒的理论，主观事实之外还有：

客观事实

阿德勒称之为"公共生活之铁律"（the iron logic of communal life）。

这条铁律包含以下普遍原则：

1. 要想和谐相处和克服生活中的各种困难，人类就必须承认社会平等的存在。
2. 因为社会平等，所以每个人都拥有获得尊重的权利。人必须尊重所有人（包括自己，因为如果有人尊重别人却贬低自己，那么在他眼里，人显然仍旧有高低之分）。
3. 社会平等也意味着谁也无权控制他人。
4. 要想在地球上生存和生活，人类就必须发展和培育"社会兴趣"（下一篇会介绍），否则这一目标就无法实现。

---

[1] 如果她介意，那也不等于不能看，还需要进一步交流。沟通就是发送和接收信息。——作者注

5.由于存在社会平等和社会兴趣，所以人类需要相互合作。

历史已经证明，以上原则是正确的。

过去，人支配他人是得到允许的。人们普遍认为，有的人地位比别人高。男性的地位高于女性，所以男性可以支配女性。白人的地位高于黑人，所以白人享有更多特权。强者的地位高于弱者，所以强者可以支配弱者。有一种自由主义的观点认为，智者的地位比愚者高，所以有权统治后者（柏拉图即持有这样的观点。可是，到底由谁来区分智者和愚者呢？对此，人类尚未获得令人满意的解答）。

没有哪个人（以及哪个群体、国家）希望由别人来统治自己，来替自己做决定。殖民主义已经崩塌，大多数极权统治也已经终结。所有人（以及所有群体、国家）都追求独立，而今天这个开明的世界也支持这一愿景。人们已经不再能忍受被他人所主宰（好像人与人之间不存在平等似的）。

过去，"贵族"享有特权，而佃农地位低下。封建领主和奴隶主是自由的，而奴隶只是他们的财产。所有人都一致认为，世界就是这个样子。

如今，谁也不会再去主张那些认定人有差等的社会习俗了。无论妇女、黑人、儿童，还是同性恋、外国人，所有人都在逐渐获得完全平等的权利。虽然种族主义仍旧猖獗，但它在社会层面已经日暮途穷，甚至连种族主义者都不得不否认种族主义的存在，进而把他们的观点打扮成别的东西。

现在人们会说，"你是谁呀？凭什么来命令我！"他们的意思其实是，"你并非高人一等，所以无权对我指手画脚。"今天，我们只愿意服从我们自己选择和授权的人，所以雇员才会听从上司（毕竟是他选择在那里工作），民众才会服从由自己（或多数人）选出的政府。

社会生活的上述普遍原则适用于所有人，包括那些尚未意识到这些原则的人。因此，任何处于劣势地位并遭受歧视的个体或群体（无论是家中的孩子、国家治下的公民，还是某一个国家）都不会长期忍受这种状况。即便他们没有立即反抗，他们的痛苦和怨愤最终也会在积聚后爆发。

社会平等（它本身就存在）逐渐深入人心并成为现实也是一种自然法则，类似物理定律，例如相互接触的两个物体最终温度会相等，而水在静置后也会形成各处高度相同的水平面。

民主正在发扬光大，民主政府也是最先进、最公正的政府组织形式，这些都是上述社会原则所促成的结果。①

对社会平等存在的有关假设，加上个人对现实的主观理解存在差异的事实，使民主原则最终瓜熟蒂落。

因为，如果所有人都是平等的，而且每个人都只能从自己的角度看待问题，因而没有人是客观的，那么谁又能决定对错，决定做什么，不做什么？

谁又能代表正确？这一点又有谁能评断？

谁又更了解真相？我们都认为自己更了解真相，不是吗？这一点又有谁能评断？年长的人吗？年轻人不是认为他们懂得更多吗？年轻人吗？年长者会同意吗？也许强人能做评断？可是被牺牲掉的弱者会同意吗？

如果所有人都是平等的，那么唯一的出路就是在尊重少数人意见的基础上采纳多数人的意见。

如果你认同以上社会原则，那么它们就是人类的自然法则，放之四海而皆准。西方世界已经正式接纳它们很久了。

它们已经写入所有民主国家的宪法当中。不过从事实层面而言，它们还没有完全进驻我们的内心，完全呈现于我们的社会现实。但是，

---

①2004 年 5 月 14 日，以色列报纸《新消息报》（*Yedioth Aharonoth*）刊登了埃勒达德·贝克（Eldad Beck）的一篇文章，其中写道："德国贝塔斯曼基金会在 1998 至 2003 年间进行了一项史无前例的大规模比较研究，以此来了解世界各地的民主化状况。他们得出了令人鼓舞的结论：在接受调查的 116 个发展中国家里，71 国为民主国家……我们正在慢慢地、几乎是不知不觉地目睹人类在现时代所经历的重大变革——世界正变得愈加民主。"——作者注

随着历史车轮的滚动，这些社会原则中的真理将会变得愈发明显，而人类社会也将一步一个脚印地将它们完全实现。

第六篇 社会兴趣[①]
你与我将改变世界

　　我们都认识这样的人，他们常会说：这对我有什么好处？关我什么事？能给我带来什么价值？我为什么要感兴趣？我又不是那个倒霉蛋。

　　在无人看管时攀折受保护花木的，是他们；把垃圾扔出车窗外的，是他们；你需要帮助时，那些想方设法找借口，甚至不惜撒谎以搪塞的人，还是他们。

　　我们希望身边有这样的人、这种几乎凡事都只是为了服务自身名与利的人吗？在他们中间生活愉快吗？他们能帮你改善心情，增长自信吗？

　　另外，你相信人总体上是正派、善良、体贴的，认为他人的快乐就是自己的快乐，因而能像关心自己那样（爱人如己）敏锐感知他人需求，关心他人生活，想要（不仅是愿意）为他们织造幸福吗？阿德勒相信。

　　这很可能是阿德勒在生命最后几年（也是他发展理论的最后阶段）中最珍视的信念。他相信，人生来就倾向于并且有能力在社会生活中与他人合作。对阿德勒来说，"人"这一概念本身就包含社会、亲密、联系与合作的意味。换句话说，他认为人天生就拥有友爱、慷慨、体贴、分享和参与的潜质，只因个人利益和社会利益本就是一回事，心理健康的人都知晓这一点。

　　与以上人性假设相去甚远的是另一种普遍持有的观念（来自弗洛伊德），即，人生来是掠夺者，只寻求满足自身欲望，于是需要教育和经验来改变这一点，使他能够控制这些生物性冲动，形成考虑他人的道德价值体系。根据这一流行理论，关注社会需求的道德行为是与

---

　　① 这一术语很难翻译。阿德勒称之为 Gemeinschaftsgefuehl（德语），字面意义为"共同感"（feeling of togetherness）或"社区感"（community feeling）。——作者注

人的真正愿望相背离的，即关注和满足自身需求，攻击同类，甚至可能在争夺猎物时杀死他人。

在阿德勒看来，人的真正愿望并非如此。他认为，拥有社会兴趣的健康人知晓并且能体会到，人类是一个整体。不管怎样，我们都面对一样的困境（生活），经历共同的悲喜。

你可能会问，如果人确实如此，那为什么还有那么多人只关心自己和与自己密切相关的事，同时却用漫不经心、敌意、粗鲁，甚至残忍来对待他人呢？

换句话说，为什么这世上随处可见不友善的人？

这个问题是这样，那么多人没能发挥出社会兴趣这一潜能是因为，要做到这一点，人还需要得到持续的培养和鼓励，否则社会兴趣就会萎缩乃至消失。那么由谁来培育社会兴趣呢？答案是家庭和学校。阿德勒的追随者们信奉"你与我将改变世界"，同时也提供各种建议来帮助父母和教师实现这一目标。他们不仅关心理论问题，同时也研究如何实施，因为阿德勒的理论本身就包含实践指导。只有鼓励孩子发展这一天生的潜质，他才能成长为拥有"社会兴趣"的个体。

社会兴趣的前提是社会平等和水平视角。如果我们都在同一个高度、同一个地球向前进发，如果前进路途中的障碍不是那些处心积虑想要取代我们位置的人，而是那些阻碍我们生存和过上幸福生活的困难，那么理性就会促使我们共同面对困难，团结协作，而不是相互倾轧。

社会兴趣是自卑情结的特效药。拥有社会兴趣的人不会拿自己与他人相比，也不会参照他人来衡量自身价值。他觉得自己与他人同在，他们同气连枝，共荣共损。他觉得自己是人类大家庭中的一员。看到有人做出了突出的成就，他不会自惭形秽，反而会感到更加自信，因为他觉得这是"我们"所取得的成就，并且为此而感到自豪。

拥有社会兴趣的人了解并能感受到，对自己有利的事对别人也有利，而对别人有利的事对自己也有利，这两者是不可分割的。他知道，当他的邻居受苦时，他自己是无法享受生活的（这里的"邻居"可以是他的伴侣，也可以是住在附近的人、同乡人、同一个国家的人，或者生活于同一个地球的人）。他知道这根本做不到（有时，人似乎可能暂时在邻居承受痛苦时感受到生活的快乐，但是最终，他总是会发现事实并非如此）。任何有过这种经历的人都知道，如果他的妻子感到痛苦和失望，那么即使他自我感觉良好，他也会很难享受生活。如果一个国家没有先进的污水处理系统，那么就算它的邻国拥有全世界最先进的污水处理设备，那里的农作物也一样会遭受污染。在这种情况下，两国的居民都会感染相同的疾病，因为疾病才不管你是哪国人。在种族隔离制度下的南非，少数精英向身边占人口大多数的贫困黑人炫耀财富，但他们也不得不生活在恐惧之中，在房子四周建造高大的围墙，同时花费巨资和大量精力来防备邻居。如果我们的世界有一半营养过剩，而另一半又必须眼睁睁看着自己的孩子饥饿而死，那么，那富裕的一半很快就会发现，自己正面临来自第三世界的恐怖战争的巨大威胁。社会兴趣一定是涵盖整个地球的。

人无法只对某个群体或种族而不对其他群体或种族拥有社会兴趣。当然，这种情况确实可能发生，但这并不是阿德勒所说的"社会兴趣"。在他看来，如果我们想让人类过上美好的生活，我们就得确保每一个人都过上美好的生活。这是社会的组织方式，也是人类繁衍生息、幸福生活的唯一出路。

对此，记者奥弗·谢拉赫（Ofer Shelach）在 2001 年 11 月 20 日《新消息报》的一篇文章里做了很好的描述：

> "如果一名在印度尼西亚做运动鞋或衬衫、报酬低到可以忽略不计的穆斯林男孩知晓，在世界另一端，他手里这些商品的售价将是他未来八年的工资总和，那么他有多大可能会对那个世界产生强烈的仇恨呢？这种可能性是非常大的……有些人无法理解亚洲人和非洲人的预期寿命和生活质量是欧洲人和美洲人的预期寿命和生活质量的保证……他们也许会认为，一旦中央情报局成功抓获本·拉登或萨达姆·侯赛因，问题就彻底解决了。如果有一天，他们舒适而安逸的生活突然被炸了个粉碎，他们一定会大吃一惊的。"

社会兴趣不只局限于当下，它还包含我们对未来世代的考虑。罗尼·阿蒙（Roni Armon）在这同一份报纸上写道：

"在20世纪末，世界的生态、经济和社会状况清晰地展现了百余年来的变迁。在此期间，西方世界获得了片面的优先发展，而人类的需要、政治和民众的需要则被忽视，这一点对西方自身和总体上的整个世界而言都是成立的。"

阿尔伯特·爱因斯坦说过：

"人是我们称之为宇宙的整体的一部分——是受时间和空间限制的一部分。他体验到，他自己、他的想法、他的感受是分离的，这是一种类似幻觉的意识。这种幻觉像一座监狱，把我们禁锢起来，使我们专注于满足自身欲望，专注于只对身边的极少数人表达爱意。我们的使命应当是拓展共情边界，拥抱所有生物和一切自然之美，以此来把自身从这座监狱中解放出来。"

如果一个地方没有社会平等，不尊重每一个个体和每一个群体，不理解个人利益就是整体利益，那里就不会有和平，只会有巨大的痛苦。

拥有社会兴趣的人能真正关心他人、他的环境和全人类。他的目标不仅关乎自身，也关乎他人、群体和社会，包括现在与未来。这样的人不会想方设法牺牲他人以成就自己。他喜欢合作，重视提升个人能力，但他同时也专注于贡献价值。

但是，在谈论拥有社会兴趣的人时，我们一定要注意，他们不是自我牺牲的失败者，不是可怜的倒霉蛋，也不是为了社会利益而舍己为人的人。绝对不是这样。他们不是忘记自我、忽视自身需要的人，上帝不允许这样做！（我们应该提防并远离这样的人。）恰恰相反，拥有社会兴趣的人总是能为自己、自己的健康、自己的身心状态和潜能的实现负责。在满足这些需要的时候，他不会感到不适或内疚，除非他利用相应的结果（经过提升的、自己所满意的自我）和人的驱力来凸显自己——他把所有这些都用来从事阿德勒所说的"有益社会生活"的事。这意味着，不论烤牛排、设计大坝，还是开展科学研究、创作艺术，拥有社会兴趣的人都会竭尽所能做到最好。这种拥有爱心的人通常也是非常幸福的人。

在阿德勒看来，"社会兴趣"是心理健康的同义词。心理健康的人通常都会表现出高度的社会兴趣，反之亦然。阿德勒的追随者们并不十分关心那些在诊断中给人贴上标签的各种定义，他们更关心一个人能够在多大程度上认为和感到自己归属于社会，并且采取相应的行动。

这一归属感主要表现在生活的三个方面：家庭（亲密关系、伴侣、孩子）、工作和社交。在所有这三方面，如果缺乏"社会兴趣"，人将很难获得快乐。

第七篇 归属感
所有人的目标都是获得归属感，获得一个位置

我们基本上都在努力追求同一个目标，那就是感觉自己归属于人类群体，并且在其中占据重要的位置。

每个人都想觉得自己很重要（不是比别人重要！我们并不是真的需要这种感觉。阿德勒就是这样看的。他说，那种我们必须与他人竞争并且超过他人的想法只能说明，我们不知道我们都是平等的，都属于同一个整体。这时，我们才会采用垂直视角。）阿德勒还说，要想获得好感觉，感觉自己对他人是有益的，人就必须**认识到**自己是有价值的，是**被关爱的，被需要的**。所有人都想知道和感受到，他是人类中的重要一份子。

例如：

每个孩子都希望，如果他没去学校，其他孩子会想他。

每个妻子都希望，他的丈夫会觉得遇到她是一件幸事。

每个员工都希望，自己所做的工作是有价值的。

每个人都希望，别人邀请他（不管他想不想去）是因为跟他相处愉快，而不是因为别的原因。

对于这种感觉，剧作家哈诺赫·莱文有一段话写得非常精彩：

雅各比在露丝·沙查什暗示她打算接受他的求婚后说：

"有人需要我，有人需要我，真的非常需要我。我很重要，我有归属。有人在乎我的存在，有人需要我，需要我。有人会跟在我的棺材后面哭泣，有人会哭着喊我的名字！我等不及了，我巴不得婚礼后一个小时就死掉。"[1]

---

[1] 选自汉诺赫·列文所写的《雅各比和雷弹头》（*Jacobi and Leidental*）。——作者注

如果一个人感到疏远，感到没有人需要自己，感到"他们都在一起，只有我孤零零一个人"，感到自己难以融入，那么他就是感到自卑。这是一种非常痛苦的感受。在他看来，这种情形就像是"别人都高高在上，而我却卑微渺小"。人总是使尽浑身解数来避免承受这样的痛苦。

这一点，而不是对需求和欲望的满足，才是决定人生航向的力量。它能解释为什么士兵奔赴战场，并且甘冒生命危险去救人等现象。士兵这样做是因为，他想要感受自己融入战友之间的感觉，他想知道他们需要他，想知道他们会在他离开后想念他。追求意义和自我价值感也能解释为什么人会有禁欲、绝食和节食等现象。禁欲者更看重追寻信仰而非满足性欲；绝食者愿意为了在他看来足够重要的理由而牺牲口腹之欲，甚至生命；想要瘦身的年轻女孩则抑制正常食欲，以此来换取一副好身材所能带给她的自尊。所有与满足欲望明显矛盾的行为都指向同一个事实，即，一定有什么东西比欲望的满足更加重要，那就是对归属感的需求。

如何获得归属感呢？通常有三条途径：

1. 幸运儿的途径。
2. "上下观瞧者"的途径，以实现自身看重的目标为条件获取归属感。
3. 阿德勒的途径，通过贡献社会获得无条件的归属感。

1. 幸运儿的途径。

幸运儿从小就能在自己家里获得无条件的归属感。这是一条快乐之路。阿德勒的追随者们希望，有朝一日它能成为获得归属感的最普遍的途径。目前，它还只属于少数幸运儿。他们在童年时代就能从生活经历中获得鼓励，进而形成价值感和归属感。这种感觉能陪伴孩子一生。在幸运儿眼里，所有人都无条件地（与是否聪明、漂亮、懂事无关）归属于家庭，所有人也都是平等的。在他看来，他，以及其他所有人，都拥有一处被无条件接纳和免于遭受批评的所在。他不仅感受过伙伴之间的合作，也感受过父母双方和亲子之间的合作。他不仅与家人拥有许多共同经历，他还参与了与这些经历有关的决策过程。他体会到别人爱他，需要他。于是他认为，这意味着他（以及其他所有人）在这世上拥有一席之地。这种感觉就像是："我就是这样，我有归属。无论发生任何事情，我都在这世上拥有一席之地。"

父母和教师对孩子归属感的形成有莫大影响，所以阿德勒认为，这一目标是他们的中心任务。父母和教师要学习如何帮助孩子获得价值感和归属感，这是他们所能给予孩子的最珍贵也最重要的礼物，这份礼物将护佑孩子的一生。[①]

为什么是这样？

这是因为，这些幸运儿能把他们的精力投入到学习新知，提升技能，进而把它们尽数用于贡献社会的过程中。他们不仅能自由地发挥他们所拥有的一切潜能（把精力放在学习上），同时也能随时随地享受生活（他们没有压力）。他们专注于处理生活中的各项任务（爱情、工作和社交），解决各类问题，克服种种障碍。

拥有无条件价值感和归属感的人在任何时候都能专注于他所参与的任何事情，而无需费力去寻找属于自己的位置（他明白他拥有这样的位置）。他不会浪费精力去担忧他人会如何评价自己，例如，"要是我拿不到优，他们会怎么看？"他也不以自我为中心，而是能自由地关注周围的环境，发现他人的需求，进而去改变，去创造。

归属感是培植社会兴趣的绝佳土壤。那些不担心自己会失去位置，而认为自己归属于家庭和社区的人会竭尽所能做出自己的贡献（例如孩子帮忙做家务）。

此外，拥有社会兴趣的人内心更加平静，在生活中也能体会到更多的喜悦（当然也并非总是如此）。

2."上下观瞧者"的途径。

不幸的是，我们大多数人都属于这一类。我们生造出一系列条件，

---

① 父母和教师可以在学习小组中学到这些方法，这些学习小组由经过专门培训的阿德勒理论的实践者协助。——作者注

认为只有在具备这些条件后，我们才能拥有价值感。于是，我们为了这些条件而努力奋斗。

许多孩子形成了这样的印象——只有在特定情况下，他们才会被家庭所接纳。"我，如果仅仅是我，是没有价值的。我没有属于自己的位置。为了拥有这样的位置，我必须达到特定的条件。"

例如，只有成为"好孩子"，我才能被接纳。或者，只有当上"总经理"，我才能拥有一席之地。这些人拼尽所有努力来实现这些条件，来成为"好孩子"（即使他已经57岁了），来爬到总经理的位置上去。

不同的人追求不同的条件，这主要是因为，每个人对现实的感知和理解是主观的（我们在前面提到过）。人在早年经历的各种事情（有的发生在他身上，有的发生在他身边）决定了他对以上条件的设定，决定了他必须实现哪些目标，达成哪些条件才能拥有属于自己的位置。

假如条件没能达成，他们就会认为自己没有价值。这些条件对应着垂直视角的不同位置。达到一定条件就意味着在梯子上占据了特定的位置，意味着以某种方式凌驾于他人之上。例如：

只有当我成为众人关注的焦点，所有人（至少是某个人）都关注我的时候，我才会有归属感。

只有当我比周围的人更厉害时，我才有价值。

只有当我比周围的人拥有更多知识时，我才拥有自己的一席之地。

只有当我的道德胜过身边的人时，我才拥有自尊。

只有当所有人都爱我的时候，我才会有归属感。

这些观念是从哪里来的？"只有当……我才……"这种错误思维方式的温床在哪里？这个错误非常严重，它带来的悲伤和痛苦罄竹难书！

从来到这个世界的那一刻起，孩子就开始主观地解释身边的一切事情。可问题是，他的思考、推理和判断能力还没有发育完全，所以，他的解释往往失之偏颇。他往往会过早地下结论，也往往会在理解时夸大现实，并且让错误的理解在脑袋里扎下根来。例如，如果有个孩子说"汤太烫了"，而他的妈妈碰巧在此时对他说"放点盐"，那么他就可能形成在汤里放盐能使汤变凉的错误观念。许多妈妈都有类似的经历。

有些理解并不是那么重要（例如加盐能让汤变凉），而且终有一天会真相大白，然后付之一笑。可问题是，孩子往往也会用夸张的方式来回答另一些问题，例如人们是如何相处的，以及我在他们当中拥有什么样的位置。可以想象，这些结论大多是错误的。

例如，一个孩子得到这样的印象："我周围的所有人都认为我是最重要的人，我想让他们做什么，他们就会做什么。这让我感觉很舒服（归属感）。"于是他发现："必须满足这些条件，我的感觉才会舒服。"接下来，他很快就会做出这样的理解："只有当我处于中心时，或者我能决定周围发生的一切时，我才有价值，才能拥有属于我的一席之地。因此，当我不在中心或不能决定一切时——我在人群中就没有了位置（他当然有，所有人都有）。"

最后的结论是："我必须确保我永远具备这些条件。"

这一状态（处于中心和决定一切）成为了他未来一生中获取归属感的条件（除非他经历重大变故或接受治疗），他的行为，他所做的一切，都指向这一目标。

阿德勒的支持者们教给父母一系列行为方式和教育方法，以此来使孩子更倾向于得出这样的结论：他无条件地在人群（起初是家庭）中拥有一席之地，而且在任何情况下都拥有与他人平等的价值，无论他能否得到他人关注，能否拥有权力，能否得到他人喜爱，以及能否获得成功，等等。

这种想象中的用来交换归属感的条件通常与个人地位相关联，它总是涉及"如果我成功（或者拥有权力、是关注焦点、有魅力，等等），我就能拥有一席之地"。因此，这样的人（无论是孩子还是成人）总是以自我为中心，而不是以他人为中心，以做出贡献为中心，以获得快乐为中心。他总是紧盯着发生在他身上的事情，总是从他的需要和达成特定条件的可能性的角度来看待事物。无论他做什么，他的视线都聚焦于一点："它能给我带来成功（或者权力、关注、魅力，等等）吗？"

由于这样的条件位于纵向视角的梯子上，并且需要与他人比较，所以它的实现往往需要建立在他人的痛苦之上，"为了让我拥有好感觉，有人就必须拥有坏感觉。"

在汉诺赫·列文的戏剧作品《哈菲兹》（*HEFEZ*）中，舒克拉有这么一段台词：

> "为什么你们要站在阳台上，像是幸福家庭中的幸福一员？！为什么你们所有人都假装你们一切都好？！……你们这么干会剥夺幸福者的基本权利——看到不幸人的不幸。如果所有的不幸者都跟那些幸福者一个样，那些幸福者还怎么幸福呢？……这种事，政府怎么也不管管？"

所以，眼里只装着"条件"二字的"上下观瞧者"是很少有社会兴趣的，如果不是完全没有的话。

这种人特别看重某些条件。其中，大多数人都认为，只有自己比别人强，甚至比所有人都要强才能拥有归属感。另一些人则认为，除非他们能证明自己是所有人中最悲惨的那个，否则他们就没有立足之地和存在的价值（无法让他人感兴趣）。于是，他们花费毕生精力炮制和搜集这样的证据（说白了就是找麻烦）。也有人认为，只有自己做得比别人多，他的存在才有意义（这种人活得特别累）。许多人认为，他们的价值建立在成功的基础上。还有一些人认为，要想拥有一席之地，他们就不能犯错误（也就是说，每件事都要做对，永远都要做对，而且永远都要做对的事），这种人能够获得自我价值感的可能性非常低。

根据条件达成的程度，"上下观瞧者"也可以分为几类。

在达成自己想要的目标后，那些有天赋、努力工作和富有创造力的人往往能够感受到，自己已经找到了舒适的位置。但是，也有一些人要为这样的成功付出代价。对他们来说，成功往往是暂时的，也往往**依赖于环境和他人的反应**。此外，这些人也总是担心自己有朝一日会失去脚下的位置。

另一些人则不那么成功，或者完全没有实现他们所追求的条件。他们的生活充斥了自卑感，于是他们感到痛苦、沮丧、失望、愤怒，并且常常会陷入抑郁的泥潭。

这一切都是巨大的错误。他们（也包括我们）其实可以放慢脚步。事实上，上天已经为我们准备了足够的位置。所有人都能去工作，去爱，去享受，简单说——去生活。

3. 阿德勒的途径。

根据阿德勒的理论，你完全可以靠自己来获取相对稳定的归属感，即，带着社会兴趣，做"有益社会生活"的事。这是什么意思？它如何给人归属感？

有些没能在童年时期获得无条件归属感的人并没有成为"上下观瞧者"，他们明白还有另一种选择：

人能通过展开与社会利益一致的行动来拥有归属感。他可以选择做贡献，成为有用的人；可以专注于我为人人，而不是人人为我；也可以专注于合作，而非竞争。通过这种方式，他能在不依赖他人的情况下逐步提升自尊，感受到自己是有用的人（本就该如此），因而也能感受到自己被他人所需要，甚至被爱。

那些选择这一途径的人是值得赞赏的，他们就像那些白手创业的人一样，都是"自力更生"的典范。虽然他们没能在童年时期获得什么特别的优势，但他们还是凭借自己的努力获得了稳定的归属感。他们能"看见"特定情形下的具体需求（例如在吃饭前帮忙摆桌子），他们关心他人，并且愿意提供帮助（例如给邻居送盐）。与"追求条件"（第二条途径）的方式相比，这一获取归属感的方式拥有巨大的优势。因为，这种良好感觉的获得并**不依赖于外界**。如果有人因为做出贡献（无论贡献的对象是邻居、妻子、空气质量，还是学校的孩子）而感受到自己的价值，那么他的这种归属感就**只取决于他自己，而不依赖于任**

何人或任何环境。这是因为，人总可以做出贡献，而这种贡献并不需要达到多么英勇或拯救人类的程度。所以，没有什么情形是人完全无法给予、无法提供帮助、无法发挥哪怕一丁点作用的。这种机会无处不在，例如跟想要找人倾诉的人说话，帮对方整理心情，或者为了不打扰邻居而避免制造噪音。

不过，这条途径所能带来的归属感和自尊从来都不如幸运儿的途径（第一条途径）那般稳固。由于走上这条途径的人没能在早年获得那种内在的自信（拥有无条件的位置），所以他们的价值感总是有欠稳固，需要不断培养，这一点很像"上下观瞧者"。不同之处在于，他们能通过贡献价值和慷慨给予来强化自己的归属感。与"上下观瞧者"的另一个相似之处是，他们也经常遭遇困难，也会对自己、对自己的位置和生活失去信心。这是因为，在主动选择"有益社会生活"的背后，他们也隐藏着同样的信念——必须达成一定条件才能拥有一席之地。

在上面的内容里，我们是把这三条途径分开来介绍的，好像它们之间有明确的界限。其实，在现实生活中，我们每个人的归属感都同时来自以上的所有途径，有的来自童年时代的家中，有的来自在竞争中取胜，有的来自帮助他人。区别只在于比例各不相同。

第八篇 生活风格
人生剧本

根据阿德勒的理论，生活风格是人对自己、对他人、对生活、对获得归属感而必须要走的路和要实现的目标的所有看法的总和，是指导人一生的理念。只是，它的大部分内容都深藏于意识之下。

生活风格是如何形成的？

如果一个孩子的母亲总是向他的父亲大喊大叫，而后者却从不回嘴，那么他就会得出某种结论。例如，他可能会认为，女人太吵，男人为此而痛苦，所以男人应该尽量回避女人。他也可能会觉得，女人很厉害，让人羡慕，而男人很懦弱，让人鄙视，所以人要么成为一个厉害的女人，要么就娶一个这样的女人。他也可能会认为，人要么强大，要么弱小，而他自己只能成为其中之一。所以，人一定要成为强大的那一个。如果做不到，那就不能跟强大的人产生冲突（他也可能会认为，这时应该站起来反抗对方）。

无论是哪一种，这都取决于这个孩子对事实的主观理解。

孩子对他的归属、价值和用来交换归属感的条件的看法只是他在童年早期所得出的众多结论当中的一部分。起初，他对这个世界一无所知。他分不清什么是好，什么是坏，什么重要，什么不重要，什么是聪明的做法，什么是愚笨的做法。他不知道事情的分工和决策过程，也不了解什么是男人，什么是女人，以及他们在一起做什么。孩子一边在家中成长，一边也会从他对周遭事物的理解中逐渐形成他对生活的看法。这就像是他的脑子里正在写一本书或一个剧本，其中包含了他对所有事情的信条、看法、态度和价值判断。

更为复杂的是，正如德雷克斯过去所常说的那样，"孩子是优秀的观察家，却是糟糕的解释者。"这是因为，孩子缺乏必要的智力和逻辑技能来做出正确的理解。为什么我们的头脑中充满了各式各样的荒诞想法，原因即在于此。

以下是我们在童年时期所形成的一些牵强的、甚至完全错误的想法的典型例子，以及它们所可能造成的伤害：

有的孩子觉得，如果没有母亲的话，他就会走丢（确实如此），就无法生存。但是，他也可能会得出这样的错误结论：在未来的一生中，他都需要有人来满足他的基本需求，否则他就会死掉。这种对长远未来的判断可能会使他的成年生活暗淡无光。

有的孩子跟母亲的关系很不好，承受很多痛苦。于是他得出结论：跟别人建立亲密关系是一桩赔本买卖，到头来终究会以失望和伤心难过而收场。这种夸大式的理解可能会导致他孤独一生或婚姻不幸（如果他复制了他与母亲的糟糕关系的话）。

如果孩子认为做任何事都要出类拔萃（在家庭环境的影响下），那么在把这条规则运用于性生活时，他可能就会发现自己患上了勃起障碍。

有的孩子解不开哥哥能解开的算术题，于是得出结论：自己很笨，上学太难，甚至不该去学算术。这样的结论可能会妨碍他提升某些能力。

我们能否影响孩子对自己和生活所形成的看法呢？换句话说，我们能否影响孩子形成生活风格的过程？

影响（而不是决定）孩子形成特定观念（最终会成为他的生活风格）的因素主要有三个，一是家庭系统排列（family constellation），二是家庭氛围，三是教育方法。父母能够施加影响的因素是后面的两个。

家庭系统排列

家庭系统排列指孩子的出生顺序（例如长子或长女、独生子或独生女、排行居中的子女、最小的子女，等等）和性别。阿德勒指出，家中第一个孩子和第一个孙辈所感受到的世界与其他孩子完全不同。对前者而言，他所发出的每一点声音都会像是亘古未见的奇迹而得到所有人的热情回应。而第二个孩子却无法享受这样的"优待"，因为这一切都已经不再新鲜。同时，对独生子女、出生在许多男孩后面的女孩，以及与上一个孩子年龄相距十岁的孩子来说（以上仅仅是举例），他们所面临的世界又会与上面的情况有所不同。

家庭氛围

家庭氛围指一家人的生活状态。父母关心什么事情？哪些事情是重要的，值得为之付出努力？谁来做决定，以及以什么样的方式做决定？家里的整体氛围如何？家人感受到的是羞耻和内疚，还是骄傲和快乐？一家人为人处世的价值观是什么？他们与外界的关系是什么样的？根据阿德勒的理论，以上所有特征都属于家庭氛围的范畴。家庭氛围能显著影响孩子对人类社会及其运行规则的印象。

教育方法

教育方法是影响孩子观念的第三个因素，也是父母最容易把握的因素。例如，如果一个孩子经常因为他的所思、所想和所做得到鼓励，他就会倾向于形成积极的自我意象，并且对自己的能力充满信心。而那些经常遭受批评的孩子则不然，他们更可能得出这样的结论：他有问题，他应该是完美的，只有完美的人才值得尊重。

考虑到教育方法对生活风格的影响，德雷克斯制定了一整套实用的规则，并且把它们推荐给父母和教师使用，以此来帮助孩子形成拥有无条件的归属感、自尊和社会兴趣的生活风格。[1]

渐渐地，孩子不再为他的结论搜集证据。从那时起，直到终身，他都把他已经形成的想法当作现实。

每个人都完全相信，他眼中的事物就是客观事实，因此所有人也都赞同他的看法。

接下来，有趣的事情发生了。由于人都根据童年时代形成的信念

---

[1] 这些实用规则可见于德雷克斯的多本著作，例如《孩子：挑战》和《处理儿童的不良行为》（*Coping with Children's Misbehavior*）。——作者注

来解释他所经历的所有事情，所以这些信念和经历就构成了一个非常难以打破的闭环系统，并且常常成为自我实现的预言。

比如，如果有人认为，权力很重要，每个人都想实现自己的意志，而要做到这一点，他就必须运用权力——那么他就会不断地施展权力来努力控制一切。极度依赖权力的人往往也会受到权力的反制——而这又会让他的假设得到证实。在他看来，不使用权力的人是软弱的。可他从没想过，那个人或许既强大又自信，只是由于他更喜欢用和平的方式解决问题，因此才没有动用权力。

再比如，有人认为证明自己是对的是最重要的事，于是他卷入许多争论，除非所有人都同意他是对的，否则他就决不会善罢甘休。他确信，别人也都希望他们自己是对的，别的事都不如这件事重要。如果有人不与他争论，他就会认定，这是因为对方知道自己不对，无法赢得争论。他从来没有想过，也许对方不去争论是因为他不在乎自己对错与否，他真正关心的是给别人留下好印象，或者是与别人维持融洽的关系。

没有人愿意在事实面前质疑自己，于是，童年时期形成的假设就会持续存在。

人总是按照自己的生活风格行事，虽然他并不知晓后者的全部内容。我们通常称之为"性格"的东西，实际上是许多行为的一致性表现，这些行为的根据就是阿德勒所说的"私人逻辑"（private logic）。那些认为"乖巧"很重要，并且把它当作拥有归属感的前提条件的人总是非常"乖巧"，或是想要表现得"乖巧"。如果有人认为享受很重要，而且只有在所有人都纵容他，为他效力时，他才会感受到自己的价值，那么他就会一刻不停地寻找这样的人。如果找不到，他就会感到灰心沮丧，进而可能放弃挣扎。

如果有人认为所有人都很聪明，只有自己很笨，那么他就总是会做出愚蠢的行为。如果有人主张男性应该支配女性，那么他就会不停地搜寻能够供他支配的女性，并想方设法去控制她。

对当下生活不满意的人可能会想到，这一切与他的生活风格密切相关。他的人生剧本里往往存在一些会导致他（或他的生活）失败的内容。

例如，一位少妇闷闷不乐，认为丈夫没有按照她理想中的方式来照顾她。这可能是因为，在她小时候，她的父母非常在意她的需求，为她忙得团团转。于是她得出结论，所有人都应该这样做。这也可能是因为，她的父母过去没能很好地照顾她（在她看来），导致她认定自己只是一只谁都不愿理睬的可怜虫。这两种情况虽然都可能是事实，但是，对于有能力照顾自己，并对自己的生活和幸福承担责任的成年人来说，这些形成于他们幼年时代的结论就不再适用了。如果周围有人愿意帮助他们，愿意满足他们的一些需求，那么这很好。但是，一旦这种期待成为了获取归属感的前提条件，痛苦就几乎成了必然的结局。再比如，如果有人认为自己必须永远出类拔萃（他的家庭氛围过于强调抱负），同时又认定自己永远都无需付出努力（父母出于溺爱为他做所有事情），那么他终有一天会发现自己身陷困境。

在这种情况下，我们就要付出努力去改变童年形成的某些信念，但这并不是一件容易的事。

有时候，人会突然发现自己身陷危机之中，例如下面这位认为自己必须时刻保持完美、优雅和风度翩翩的男性。这是一位受人尊敬的导演，神态威严，令人敬畏。然而，晚年的他患上了膀胱疾病，小便失禁。那些过去支撑他生活风格的条件如今已无法满足，他裤子上不时显现的污渍使他的高雅和尊严荡然无存。不过，这场危机也使他意识到，他仍然拥有作为一个人的一席之地。他变得谦虚起来。结果，他得到的敬仰或许稍有减少，但他受到的喜爱却大大增加了……

这是一个人的生活风格所能真正发生改变的方式之一，但其中也充满了艰难和痛苦。

当然，另一种方式是心理治疗。在治疗期间，人能认识到他自创了哪些指引自己人生的假设和规则。他会发现，这些假设和规则只是他主观解释的结果，而且这一切也可以按照不同的方式去解释。例如，如果他过去认为，他在这世间拥有一席之地的前提是所有人都喜欢他，那么通过治疗，他就会知道，这种期待不仅完全不现实，而且也会让他付出沉重的代价——总是压抑自己的欲望来取悦他人。他会知道，即便只有两个朋友真正喜欢他（最好是他的妻子也喜欢他），这世上也依然留有一片属于他的天地。

有了新的理解，我们就能调整目标（只要能让目标灵活一点就是足够好的改变了）。感觉改变了，行为就会改变——而生活，也将焕然一新。

第九篇 人为目标而生
驱动人生的是目标

心理学必须回答的最重要的问题是："我们如此奔忙到底是为了什么？"

阿德勒说，驱动我们的东西，我们在生活中所做的一切——我们的想法、我们的感受、我们的行为——不是缘由（reason），而是目标。我们的一切：所做、所想，甚至所感，都不是因为有什么东西让我们**被动反应**，而是因为我们想要实现我们自己所创造并选择的目标。

我们的行为都是有目标的，但这么说还不够，我们的想法也是有目标的。甚至于，我们记住什么，忘掉什么，也都与目标紧密相关。凡是对我们实现目标有用的，我们都会记住；凡是对我们实现目标没用的，我们都会遗忘。

最难理解的是：感觉也指向目标。阿德勒说，感觉是我们为实现特定目标而激发所需能量的一种方式。如果有人想制止朋友做某件事，他就需要激发愤怒情绪。后者能促使他大声喝止，同时也能让他的脸涨得通红，让人望而生畏，于是他的朋友就更有可能服从于他（或者他主观认为他的朋友会这样做）。

不过，我们要记住的是，我们的目标大都不为我们所知。

阿德勒认为，人类行为的所有方面都指向特定的目标，这一石破天惊的思想掀起了一场影响深远的变革。维克多·弗兰克尔[①]曾表示，阿德勒的革命性不亚于以"日心说"而闻名的哥白尼。在他看来，人类不是遗传、驱力、本能、经历或环境的产物或受害者，也不为这些因素所主宰，而是就算遭受过往影响也仍旧努力塑造自身、追求自身

[①] 维克多·弗兰克尔（Victor Frankel，1905-1997），医学博士，维也纳医科大学神经与精神病学教授。他创立了"意义治疗法"与"存在主义分析"，被称为继弗洛伊德的心理分析、阿德勒的个体心理学之后的维也纳第三心理治疗学派。其著作《活出人生的意义》获选"美国最有影响力的十本图书"之一。——译者注

目标的生物。

这一思想孕育了这世间所有的乐观。它开启了无数的可能，毕竟"缘由"在本质上是过去的事情，无法改变，而目标则关乎未来，可以调整。

人可以选择改变自己设定于童年时代、并且已经苦苦追寻数年的目标。成年人能够从不同于以往的角度看待问题，他能用全新的（或者不那么极端的）目标来置换过去的目标。这就是自由！这就是选择！过去的事已经发生，但是，我们如何反应则取决于我们为自己设定了怎样的目标。无论我们过去经历过什么，它们都不能决定我们当下的选择。

显然，我们必须承认，这一点并不容易做到。因为，在很多时候，我们甚至都不了解自己已经确定了什么样的目标。人如何能改变他意识不到的东西呢？所以，我们必须首先让过去的目标浮出意识的水面。例如，只有发现我们一直在努力显示自己比别人优越，我们才能明白，这样的目标让我们身心俱疲，同时也并没有给我们（当然也包括别人）带来多少快乐，于是我们才会调整目标。我们稍后还会回到改变目标的话题上来。

由于我们探讨的是人与人之间的关系，所以我们要在这里强调，很多事情都不能决定我们如何行动、如何反应（即便对我们有影响），特别是他人（包括妻子、丈夫和孩子，等等）的行为。也就是说，如果有人冲我们大喊大叫，那也并不意味着我们必须喊回去。别人喊叫只是一种"缘由"，是已经发生的事情，但我们如何反应却取决于我们的目标，取决于我们是想吵架还是想保持和平。别人是无法决定我们作何反应的。如果有人对我们施加压力，要求我们做自己不想做的事，那么我们只会以有助于我们实现目标的方式来做出反应。例如，如果我们想让对方高兴，我们就会按照对方的要求去做。如果我们想惹恼对方，让他知道他使唤不了我们，我们就不会那样去做。对方的行为永远都无法决定我们会怎样行动。

所有这一切都洋溢着乐观和令人鼓舞的气息，然而与此同时，我们也必须接受一个可怕的现实，那就是，我们要在相当程度上对自己所做的一切负责。一旦我们接受，我们的行为是指向特定目标的，而且这些目标又是我们自己设定的，那我们就找不到借口了。我们就不能再"依赖"童年不幸、健康不佳和遗传欠优来为自己开脱了——所有这些都成了无用的借口。

特别是对那些（我们所有人？）喜欢用"缘由"或他人的行为来为自己所做的有害的、会为自己和他人招致失败的行为充当解释、辩护并继续如此行事的人来说，阿德勒的思想会非常、非常、非常难以理解。

他们可能会害怕这样的思想——主张人朝着他们自己设定的目标前进，因为他们不想承担相应的责任！

阿德勒说，目标和实现目标的方式（它们决定我们的行为）大多不为我们所知。我们在很小的时候设定了这些目标，但我们已经忘记了当时的具体情形。我们不记得我们当时得出了什么样的结论，以及我们是如何得出这些结论的。所以，当我们发现有人在追求有害的目标，他的行为不只伤害自己也伤害他身边的人时，如果那个人不了解这一目标的形成过程，也不知道他还可以选择别的目标，那么我们就不会去责怪他，让他感到内疚。我们也不期待他做出不同的选择，改变他的行为。

第十篇 人可以自由选择
谁为我的人生负责？

欧女士写道：

"我是一个运气非常差的人，生活很艰辛。我嫁给了一个一无是处、挣钱很少的人。我不得不一边带孩子，一边工作，一直没机会去学我想学的东西，导致个人发展停滞。虽然现在孩子们已经长大，家里的情况也有所好转，但对我来说一切都晚了。我只能继续做那份工作，为我的养老金奔忙。"

真的是这样吗？她过去没有别的选择？她此刻也没有别的选择？

所谓缘由，本身即是过去发生的事情，是既定的条件，因而是不能改变的。所以，如果我们的行动是基于特定缘由的，那就必然意味着，一切都无法改变。

如果人生失败是**因为**苦难的童年，那么无论怎么做都将无济于事。

如果丈夫家暴是**因为**妻子的刺激，那我们又如何责备丈夫呢？

但是，目标属于未来。在那里，一切都可以改变。

因此，如果我们相信我们的所作所为就是为了实现我们的目标，那我们就拥有**选择的自由**。目标，是我们能够改变的。我们能改变我们认识、理解和感受事物的方式。[1] 因此，我们也能掌控自己的行为，谱写自己的人生篇章。**这就是阿德勒传达给我们的理念。**

但是，我们一定不能混淆（非常容易混淆）的是：阿德勒说人可以改变，他指的是人可以改变**自己**！包括**自己**的感知和行为。我们不能改变他人（显然事实也正是如此）。这些都是坏消息，我们当中的

---

[1] 是的！我们甚至能选择自己拥有什么样的感受来帮助我们达成目标。不是感受控制我们，而是我们控制感受。这是阿德勒理论中的难点，非常难以理解和接受。这样一来，人就必须为自己的行为负全责。——作者注

一些人听了一定会非常失望……我们必须把他人看作既定的条件（例如父母、孩子，到手了只能砸手里）。生活中充满了我们无法改变的既定事实（例如我们的家庭、种族和国家），但我们能选择如何在这些既定事实的基础上行动。阿德勒说：你经历过什么事情不重要，重要的是你打算在这些事情的基础上做些什么。换句话说：对于**任何一件事**，我们都有无数种理解和反应方式，而且我们能做出自己的选择。

例如，面对丧亲之痛，不同人的反应大不相同。有的人消极避世，有的人沉迷于对逝者的思念，也有人转而投身政治或社区活动。有的人会在余生中一直郁郁寡欢，而有的人却不会如此。如果换作更为常见的情形，那么不同人的反应就更是千差万别了。

下面的话来自一位患有晚期退行性神经疾病的教师，当时他已经全身瘫痪，不过幸好还能说话。他的话语充满了对生活的热爱和对社会的关心，他还坚持通过口述来写书。他用实际行动告诉我们，无论发生什么，人都能自由地理解和行动。他在一档广播节目中谈到："就算得了不治之症……人也能怀着乐观、希望和信念生活……积极地看待事物，看待自己……然后生活就会变成另一番模样……"**可能的理解和行动方式永远不会只有一种**。任何情况都可以从不同的角度去理解。对于如何反应和应对，我们也都拥有无穷无尽的选择。

这就是人生的挑战：拥抱自由，做出改变，为我们和他人带来欢乐和美好并减少痛苦。

为什么会有那么多人高举双手抵制选择的自由，甚至不愿一听呢？

因为其中还有一段隐藏信息——这是很难接受的部分——**所有人都要对自己的行为负责，因而也要对自己的命运负责**。

从接受自由选择原则的那一刻起，我们就再也找不到借口了。我们再也不能怪罪过去发生的事、基因、压力、教育、命运、他人的行为等任何其他因素了。对于发生在自己身上的事情，每个人都能自由地加以解释，进而做出不同的反应。

这种观念是极其难以接受的。一旦接受这种观念，很多人的自尊就会遭到沉重的打击。在他们眼里，这是一种指责。像是有人在向他们宣告："你的痛苦是你自己造成的。"这也像是我们在对前面提到的欧女士说，她没有学习，没有提高技能和生活质量的结果都是她自己造成的。这么说会让她更加难受，也会进一步损伤她的自尊。他们已经很痛苦了，可我们还要责骂他们自作自受。

不过，事实并非如此！因为，只要他不了解自己有什么样的生活风格和目标，不知道他对现实的感知是主观的，那么他就**什么都不能改变**。因此，在接受以上观念之前，他没有别的选择，没有掌控权，也不可能对自己的生活承担责任，因此他完全没有必要内疚。

这就像是有人被困在一个房间里，他以为房间是封闭的，可实际上却有一扇门，甚至有很多扇门！他可以自由地选择某一扇门打开，然后走出房间。但是，只要他没有看到这些门，甚至根本不知道它们的存在，或者不知道这些门其实没有上锁，那么我们就不该责怪他没能走出房间。

如果有人发现自己被困在某个房间里，那么心理治疗就能告诉他，哪些门是可以打开的。

我在前面的第八篇里谈到过另一种改变生活风格的方式，那就是遭遇深刻的危机，使过去的生活模式产生裂痕，进而使新的选择浮现出来。[①]

阿德勒理论的实践者与专业人士都认为：真正的改变只能通过以下两种方式之一达成，一是接受心理治疗，二是遭遇危机事件。

但问题是，阿德勒不是认为人有选择的自由吗？那么上面的结论是不是有些夸大？如果没有心理学，没有心理治疗，没有危机事件，难道人就不能在某一时刻做出不同于以往的选择？

有这样一对夫妻，妻子79岁，丈夫90岁。他们在一起已经很多年了，

---

① 在劳伦斯·洛杉（Lawrence LeShan）所写的《癌症扳道工》（*Cancer as a turning point*）一书里，他记录了他如何建议自知身患绝症的患者重新选择生活方式的过程。即便面对的是自知岁月无多的患者，他也依旧鼓励对方寻找真正适合他们的生活方式。许多人改变了他们对什么是生活中最重要的事情的看法，调整了他们的目标和行为，选择了新的生活方式，并且最终过上了令他们激动不已的生活。——作者注

可他们总是争吵不休，互相伤害和羞辱，即便当着外人的面（比如我）。

有一天，他们的朋友突然发现他们不再争吵了。问他们发生了什么事，妻子回答："我们从来没有谈论过这件事（他们没做过沟通练习，也没做过婚姻心理咨询），但是我猜，我们各自都得出了同样的结论：这么吵下去是没有意义的，吵赢了又能怎样？如果我们在友谊和爱中共度余生，对每一天都能健健康康地活着充满感激，那样会获得更多的快乐。"①

所以，我们或许能从当下挖掘出更美好、更令人愉快的东西？

如果把阿德勒的话稍稍修改一下，我们就可以这样说：

过去发生的事当然很重要，但更重要的是，我们选择如何面对它们。

这，便是自由选择的真意。

---

① 现在，他们一个 82 岁，一个 93 岁，流动在他们之间的爱意、相助和默契已经值得拍一部电影了。——作者注

《爱得太多的女人》

《纽约时报》畅销书第 1 名 风靡全球 35 年
心理学经典之作，改变万千女性的人生
"张德芬空间"两度推荐

　　《爱得太多的女人》首次出版于 1986 年，二十多年来风靡全球多个国家和地区。作者罗宾·诺伍德是一位心理治疗师，她在书中通过讲述大量爱情和婚姻故事，阐明了什么是"爱得太多"的女人，它的典型症状有哪些，它的根源在哪里，以及如何治疗和改变。书中观点鲜明，发人省醒，实例丰富，极富教育性和可读性。

[美] 罗宾·诺伍德 著

庞湃 译

北京联合出版公司

定价：40.00 元

《亲密伴侣——爱和婚姻的模式》

关于两性关系的经典之作
纽约时报畅销书榜 全球热销 30 年

　　这是一本关于亲密关系的经典之作，揭示了亲密关系中到底在发生着什么，伴侣双方在遵循什么样的关系模式，及其深层原因。

　　麦琪·斯卡夫——杰出的婚姻心理学专家——在对 200 对夫妻的访谈以及 32 对夫妻的深度访谈基础上，以大量的案例和通俗易懂、简洁流畅的语言，解释了亲密关系是如何形成的，以及在婚姻周期中是如何变化的。

　　更重要的是，她为我们提供了一把钥匙，能让夫妻们理解婚姻为什么经常失败以及如何取得成功。

[美] 麦琪·斯卡夫（Maggie Scarf）

谢春波 译

北京联合出版公司

定价：45.00 元